제4판

인간행동과 사회환경

박희숙 · 강민희

창지사

머리말

급속하게 변화하는 현대 사회 속에서 다양하고 복잡한 오늘을 사는 인간의 행동을 이해하는 것은 매우 중요한 일일 것이다. 특히 사회복지, 노인복지, 아동보육, 청소년복지, 장애인복지 등을 비롯한 사회복지의 다양한 실천 현장에서 일을 하기 원하는 학생들은 인간에 대한 기초지식을 올바르게 습득하여 많은 사람들에게 도움을 제공하기 위해서는 환경 속의 인간을 이해하고 나아가 이를 바탕으로 실천을 위한 구체적인 방법과 기술을 고민하여 적용할 수 있어야 한다.

따라서 이 책은 학생들에게 현대 사회 속에서 살아가는 보편적인 인간의 행동을 이해하고 기본적인 지식을 형성할 수 있도록 인간의 발달과 행동에 대한 이론적 기반을 제공하고자 한다. 이를 위하여 1부에서는 인간행동을 설명하는 이론들인 정신분석학적 접근, 행동주의적 접근, 인지적 접근, 인본주의적 접근, 맥락적 접근을 다루었고, 2부에서는 인간의 생의 주기를 총 여덟 단계로 나누어 각 발달 시기의 주요 과정과 이 과정에 특히 중요하게 영향을 미칠 수 있는 환경들을 중심으로 기술하였다. 즉, 태내기, 영아기, 유아기, 아동기, 청소년기, 성인 전기, 성인 중기, 노년기로 나누어 태내기와 태내환경, 영아기와 애착, 유아기와 놀이 환경, 아동기와 또래, 학교 및 미디어 환경, 청소년기와 교우관계, 성인 전기와 사회적 적응, 성인 중기와 자녀양육 및 직업성취, 노년기와 건강한 생활을 살펴보았다. 아울러 1부와 2부의 각 장 끝 부분에서는 이러한 지식들을 토대로 하여 현장에 적용하고 실천하고자 할 때 참고해야 할 내용들을 보다 심도 있게 기술하였다. 또한 책의 내용이 자칫 이론 위주로 진행되어 단조로운 수업이 되지 않도록 하기 위해 읽고 활용할 수 있는 다양한 자료들을 첨부하였다.

따라서 이 책의 3부에서는 건강하고 행복한 삶을 위해 도움이 될 수 있는 주제들—정체성, 정서지능, 분노 조절, 스트레스 대처, 회복탄력성, 몰입, 시간관리, 대인관계, 의사소통, 리더십—에 대해 다루면서 읽기 자료와 활동 자료들을 활용하여 공부할 수 있도록 하였다. 이러한 지식들은 학생들에게 인간에 대한 본질적 이해와 더불어 인간이 추구해야 할 바람직한 삶에 대해 심도 있는 통찰을 줄 수 있을 것이다.

3부의 내용은 1부와 2부를 모두 공부한 후에 별로도 다루어도 되나, 1, 2부의 내용을 학습하는 과정 중에 내용과 연관 지어 살펴본다면 더욱 흥미롭고 역동적인 분위기를 연출할 수 있을 것이다. 예를 들어 3부의 1. 정체성은 1부 정신분석적 접근과 2부의 청소년기와, 2. 정서지능은 1부 정신분석적 접근과 2부 모든 발달주기의 사회정서발달을 다루면서, 3. 분노 조절은 1부 인지적 접근과 2부 아동기~노년기 발달단계에서 함께 공부하면 좋을 것이다. 또한 3부의 4. 스트레스 대처는 1부 행동주의적 접근 및 2부 모든 발달주기에서, 5. 회복탄력성은 1부 맥락적 접근과 2부 아동기와 청소년기에서, 6. 몰입은 1부 인본주의적 접근과 2부 청소년기~노년기에서, 그리고 7. 시간 관리는 1부 행동주의적 접근 및 2부 청소년기~성인 전기에서 효율적으로 배울 수 있다. 마지막으로 8. 대인관계는 1부 정신분석적 접근 및 인본주의적 접근과, 9. 의사소통은 1부 인본주의적 접근 및 2부 각 발달주기 중 언어발달과, 10. 리더십은 2부 청소년기~노년기와 같이 다룬다면 큰 도움이 될 것이다. 수업에서 학생들을 소집단 혹은 대집단으로 나누어 읽기 자료와 활동 자료를 바탕으로 활용한다면 자연스럽게 토론 및 집단 활동이 이루어져 보다 창의적이고 활기찬 분위기를 만들 수 있을 것으로 기대한다.

전체 내용 중 박희숙교수는 2부와 3부 중 분노조절, 몰입, 대인관계, 의사소통, 리더십을, 강민희교수는 1부 및 3부의 정체성, 정서지능, 스트레스 대처, 회복탄력성, 시간 관리를 집필하였다.

이 책을 통해 학생들이 인간행동을 이해하고 더 나아가 인간행동에 영향을 미치는 여러 가지 환경 변인들을 포괄적으로 이해하는 데 도움이 되기를 바란다. 더 나아가 책의 내용이 인간의 이해를 바탕으로 하는 사회복지 현장이나 기타의 휴먼서비스의 실천 현장에서 유익하게 적용될 수 있기를 또한 소망한다.

이 책이 나오기까지 창지사 사장님을 비롯하여 애써주신 창지사 임직원 여러분께 감사를 드린다.

2023년 7월

저자

차 례

PART I 인간행동을 설명하는 이론

PART II 인간발달 단계별 행동 특성과 환경요인

PART III 건강한 적응을 위한 노력

PART I

인간행동을 설명하는 이론

성격 이론은 인간행동의 이해를 위한 중요한 이론적 지식기반을 제공한다. 레비(Levy, 1970)에 따르면, 우리가 인간의 성격에 대해 관심을 갖는 이유는 인간이 어떤 개체이고, 어떻게 그렇게 되었으며, 무엇 때문에 그러하고, 어떻게 하면 그가 변할 것이며, 그들이 서로 어떻게 다르고, 현재와 미래의 행동은 이렇게 될 것이라고 설명하기 위해서라고 하였다. 다시 말해 인간의 성격을 이해하게 되면 어느 정도는 인간이 왜 그렇게 행동하는지 이해할 수 있게 될 뿐 아니라, 성격에 관한 이론을 통해서 인간행동의 수정을 위한 유용한 지식과 방법까지도 얻을 수 있다.

그러나 어느 한 성격 이론만으로는 인간행동을 충분히 이해할 수 없다. 따라서 인간행동을 설명하는 다양한 관점의 성격 이론을 포괄적으로 학습하는 것이 필요하다. 따라서 PART Ⅰ에서는 정신 분석학적 접근의 이론으로 프로이트의 심리성적 발달 이론과 에릭슨의 심리사회적 발달 이론, 아들러의 개인 심리학, 융의 분석 심리학 등을 살펴볼 것이다. 행동주의적 접근으로는 고전적 조건형성과 조작적 조건형성 이론과 반두라의 사회학습 이론, 인지적 접근으로는 피아제의 인지발달 이론과 엘리스의 합리적 정서행동 치료, 인본주의적 접근에서는 로저스의 인간중심 이론과 매슬로의 욕구위계 이론, 그리고 맥락적 접근의 일반체계 이론과 생태학적 체계 이론을 논의할 것이다.

Human Behavior & The Social Environment

CHAPTER 1

정신 분석학적 접근

개요

정신 분석학적 접근은 인간의 행동을 마음(정신)의 움직임(정신 역동)으로 이해하고자 하는 이론으로 그러한 의미에서 '정신역동 이론'이라고도 불린다. 이 접근에서는 인간의 정신이 행동을 어떻게 자극하는지 그리고 인간의 정신과 행동이 개인의 사회 환경과 어떻게 영향을 주고받는지를 강조한다.

이 장에서는 정신 분석 이론을 창시한 프로이트의 심리성적 발달 이론과 무의식보다 자아의 영향을 강조한 에릭슨의 심리사회적 발달 이론, 그리고 개인 심리학이라고 일컬어지는 아들러 이론의 주요 개념과 특징, 그리고 프로이트의 영향을 받아 무의식을 강조한 융의 분석 심리학을 살펴본다.

1. 프로이트의 심리성적 발달 이론

프로이트(Sigmund Freud, 1856~1939)에 의해 창시된 정신 분석 이론은 개인의 성격뿐만 아니라, 심리치료, 문화현상까지 설명하는 방대한 심층심리 이론으로서 임상적 연구전통에서 생겨난 성격 이론이기도 하다. 그는 다양한 정신장애를 지닌 환자들을 면담하며 치료하는 과정에서 무의식과 성적인 욕구의 중요성을 깨달았다. 또한 자기분석의 경험에 근거하여 인간의 무의식적인 내면세계를 설명하는 성격 이론을 제시함으로써 인간 이해의 새로운 지평을 열어 현대를 사는 우리들에게 자신이 모르는 마음의 세계가 있다는 것을 가르쳐 주었다. 프로이트의 이론은 인생의 초기 경험이 인간의 성격발달에 미치는 영향을 강조하였으며 성적 에너지인 리비도의 욕구 충족이 발달에 큰 영향을 미친다고 보았기 때문에 심리성적 발달 이론(psychosexual development theory)이라고도 불린다.

1) 생애

프로이트는 1856년 현재는 체코의 영토가 된 모라비아(Moravia)의 작은 도시 프라이버그에서 태어났지만 주로 오스트리아 비엔나에서 생활하였고 영국 런던에서 사망하였다.

프로이트 가족의 배경은 그의 정신 분석 이론을 이해하는 데 고려해야 할 중요한 요소라고 할 수 있다. 프로이트의 어머니인 아말리에는 19세에 스무 살 연상이었던 아버지 제이콥 프로이트와 결혼하였다. 당시 아버지에게는 이전 결혼으로 얻은 장성한 두 아들이 있었다. 프로이트는 이복형의 아들과 비슷한 나이여서 경쟁심을 느끼며 자랐다고 한다. 아버지는 그 시대의 보통 아버지들이 그러하듯이 엄격하고 권위적이었으며, 반면에 어머니는 정이 많고 사려 깊게 보살펴 주는 분이었다.

프로이트는 25세에 비엔나 의과대학을 졸업했다. 이 무렵에 그의 인생에서 아주 중요한 브로이어(Joseph Breuer)를 만나고, 그로부터 최면술과 카타르시스로 치료한 환자 안나오의 이야기를 들었다. 이때부터 프로이트는 히스테리에 대해 깊은 관심을 갖게 되었다.

그러다 29세에 프랑스로 유학을 가게 되어 살페트리에 병원의 신경의학자인 샤롯 교수를 만나게 되었고, 그가 최면술로 환자를 고치는 것을 보게 되었다. 정신이 육체를 지배한다는 것을 자신의 눈으로 직접 확인했고, 이 과정에서 프로이트는 정신질환이 심리적인 원인에서 발생한다는 사실과 정신기능에 의식과 무의식의 두 가지 측면이 있다는 것을 깨달았다.

프로이트는 개원하여 최면술을 진료에 이용하면서 흥미로운 환자들을 많이 만났다. 상처받은 어린 기억에서 증세가 발생된 환자들이 대부분이었고 그 기억들은 항상 부모와의 관계에서 찾을 수 있다고 하였다.

그러던 중 프로이트는 1896년 10월에 아버지가 81세의 나이로 세상을 뜨자 알 수 없는 죄책감과 신경증 증세에 시달렸다. 이때 자신이 느낀 혼란스러운 감정을 가지고 자신의 꿈, 어릴 때 기억과 경험 등을 분석하면서 아동기 성욕에 관해 확신을 얻었고, 오이디푸스 콤플렉스(Oedipus complex) 개념을 발견했다고 한다. 즉, 꿈의 의미를 탐색하면서 아버지에 대해 느꼈던 강한 적대감과 어머니에 대한 성적 감정을 깨달았던 것이다.

몹시 질투했던 어린 동생이 죽은 후 일생동안 느껴야 했던 죄책감, 어린 시절에 목격한 어머니의 나체에 대한 강한 성적 흥분, 가부장적이던 아버지에 대한 증오와 반발 등 가족 내에서의 경험들이 프로이트로 하여금 인간의 심층 심리에 관심을 갖게 했으며 무의식을 인간행동과 성격의 결정요인으로 중요시하게 되었다.

프로이트의 일생 중 가장 창조적이었던 시기는 그가 생애 중 가장 심한 정서적 갈등을 경험한 시기와도 일치하는 40대 초반으로, 이때 프로이트는 죽음에 대한 공포와 그 밖의 다른 공포증과 더불어 다양한 정신적·신체적 장애를 겪으면서 이 시기 동안 자기분석이라는 어려운 과제를 수행하였다. 프로이트는 나치를 피해

1938년 영국으로 이주한 다음 해인 1939년 런던에서 사망하였다.

그의 명성은 1919년부터 그가 죽은 해인 1939년까지 최고조에 달했으며, 프로이트의 정신 분석 이론은 심리학과 정신의학뿐 아니라 문학, 예술, 종교를 망라한 20세기 인류문명 전반에 막대한 영향을 끼쳤다.

2) 주요 개념

(1) 정신의 수준

프로이트는 인간의 정신세계를 거대한 빙하에 비유하여 설명하는 지형학적 모델을 제시하였다. 구체적으로 그는 인간의 정신세계를 자각 수준에 따라 세 개의 층, 즉 의식, 전의식, 무의식으로 구분하였다.

① 의식

의식(consciousness)은 지형학적으로 볼 때 수면 위에 떠 있는 부분으로, 우리가 자신에게 주의를 기울이는 순간 바로 알아차릴 수 있는 경험과 감각들을 말한다. 의식은 우리의 감각 기관을 통해 인식하고 있는 모든 것을 의미하지만 이는 새로운 정보가 들어오고, 주의를 다른 곳으로 돌리면 대부분 전의식, 무의식으로 사라진다. 의식은 빙산의 일각에 불과하다.

② 전의식

전의식(preconsciousness)은 의식과 무의식의 중간 부분에 위치하고 있으며, 즉시 인식되지는 않지만 조금만 노력하면 기억할 수 있는 이용 가능한 기억이다. 예를 들어, 지난주에 맛있게 먹었던 음식, 친구가 입었던 옷 등의 내용은 관심이 사라지면서 전의식이 되지만, 조금 기억하고자 노력하면 바로 의식될 수 있는 경험이다.

③ 무의식

무의식(unconsciousness)은 인간 정신의 심층에 잠재된 부분으로, 가장 큰 부분을 차지한다. 깊은 곳에 감추어져 전혀 인식되지 않지만 인간행동에 결정적인 영향을 미치는 요소로 행동의 동기나 열등감, 상처받은 경험, 성적 욕구나 공격 욕구 등이 바로 무의식에 잠재되어 있다.

무의식은 금지된 욕망, 즉 드러내 놓지 못하고 눌러야 하는 성욕이나 공격성이 머물고 있는 곳으로 이러한 욕망들은 기회가 있으면 의식으로 나오려고 하는데 억압이라는 기제가 있어 쉽게 의식세계로 나오지 못한다. 더욱이 아동기의 성적이고 공격적인 행동이 벌을 받고 억눌리게 되면 불안을 일으킬 수 있고, 불안이 심하면 다시 억압하고, 원치 않는 불안이 고통스럽기 때문에 이를 자꾸 무의식 속으로 밀어 넣게 된다. 이렇게 자꾸 밀어 넣은 불안은 성인이 되어서도 없어지지 않아 분명히 문제가 있다는 것을 알면서도 건강하지 못한 행동을 자꾸 되풀이하게 된다. 이를 프로이트는 강박적 반복(repetition compulsion)이라고 했다. 손을 반복적으로 씻거나, 문이 잠겼는지 반복적으로 확인하는 행동 등 잘못된 행동인지 알면서도 되풀이하는 것 등이 강박적 반복의 실례라고 할 수 있다.

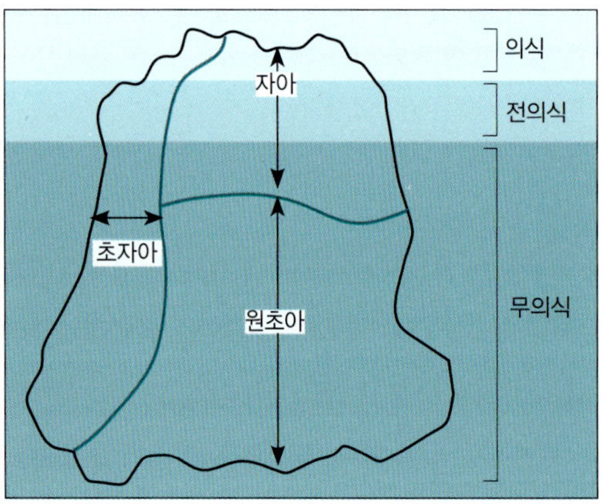

그림 1-1-1
프로이트 성격의 지형학적 모형과 구조적 모형

(2) 성격의 구조

프로이트는 인간의 마음속에 원초아(id), 자아(ego), 초자아(superego)라는 세 요소가 성격을 구성한다고 보았으며, 인간행동은 바로 이 세 가지 요소가 작용한 결과라고 보았다.

① 원초아

원초아(id)는 출생할 때부터 존재하는 정신에너지의 근원이자 무의식적으로 움직이는 본능적 충동의 집합체이다. 본능에 따라 움직이기 때문에 현실적 여건을 고려하지 않고 즉각적으로 욕구를 충족시키려는 쾌락의 원리(pleasure principle)가 작용한다. 또한 자기중심적이고 비현실적이며 비논리적인 원시적 사고과정이라는 특징을 가지며, 기초적인 심리적 과정이라는 의미에서 이를 일차 과정(primary process)이라고 부른다. 어린 유아는 이러한 원초아 상태에서 삶을 시작한다. 예를 들어, 배고픈 신생아는 자기가 어디에 있는지 주변에 누가 있는지 전혀 고려하지 못한 채, 지금 당장 먹을 것을 달라고 운다. 프로이트 관점에서 울고 있는 신생아는 순수한 '원초아' 그 자체라고 볼 수 있다.

어린 유아는 엄마와의 상호작용 속에서 욕구 충족이 지연되거나 좌절되는 경험을 하게 된다. 이러한 과정 속에서 때로 유아는 환경의 현실에 적응하는 심리적 기능을 발달시키게 되는데 이것이 곧 '자아'이다.

② 자아

자아(ego)는 환경에 대한 현실적인 적응을 담당하는 심리적 구조와 기능을 의미한다. 이러한 자아는 생후 6~8개월부터 발달하기 시작하며 2~3세가 되어야 자아의 기능을 제대로 수행하게 된다. 자아는 현실의 여건을 고려하여 판단하고 욕구충족을 지연하며 행동을 통제하는데, 이는 자아가 현실의 원리(reality principle)에 따라 작용하기 때문이다. 예를 들어 원초아의 충동을 적절히 만족시킬 수 있는 상황이나 대상을 발견할 때까지 그 욕구의 충족을 지연시킴으로써 즉각적인 만족을 추구하려는 원초아와 현실 사이를 중재하는 역할을 한다. 이처럼 자아는 감각과 운동, 지각, 추론, 판단, 기억, 언어 등의 인지적 기능을 비롯하여 감정조절, 만족지연, 좌절, 인내와 같은 다양한 적응적 기능을 담당한다. 성격구조 중 자아는 현실적이고 합리적이며 이성적인 사고과정을 따르며, 이를 이차 과정(secondary process)이라고 부른다.

③ 초자아

초자아(superego)는 4~5세경부터 발달하기 시작하는데, 프로이트의 성격 구조 중 가장 늦게 발달한다. 초자아는 부모의 칭찬이나 꾸중 등에 담겨 있는 사회적 가치와 이상을 동일시하는 과정에서 발달한다. 부모는 어린 자녀를 양육하면서 사회의 도덕과 윤리 규범에 따라 아이의 행동에 대해서 칭찬이나 처벌을 한다. 이런 경험이 반복되면서, 아이는 부모의 칭찬과 처벌에 일정한 규칙이 있음을 알게 되고 이를 자신의 심리적 세계 속에 내재화하는 데 이 과정에서 발달시키는 것이 바로 초자아이다.

초자아의 주요 기능은 무엇이 옳고 그른 것인지를 결정하는 것이다. 초자아가 인정할 수 없는 본능적인 욕구가 표출되려고 할 때 초자아는 자아가 그러한 본능을 표출하지 못하도록 경고하는 표시로 불안을 유발한다. 죄책감도 초자아에서 비롯된다.

프로이트는 초자아를 자아 이상과 양심이라는 두 가지 하위체계로 구분하였다. 부모로부터 받는 칭찬을 통해 발달하는 '자아 이상'은 도덕적으로 바람직하다고 간주하는 것과 관련되며, 부모에게 받은 벌은 '양심'을 형성하게 하여 도덕적으로 나쁜 것에 대해 판단할 수 있게 하고, 이를 통해 죄의식을 느끼게 된다. 초자아가 발달한 사람들은 행동의 선악을 판단하는 도덕적 규범이나 가치관으로서 도덕 원리에 따라서 기능하므로 법이라는 외적 잣대가 없이도 배려하며, 정직하고, 이타적으로 살아 갈 수 있는 사람들이다. 반면, 범법자, 범죄자, 양심불량자 등은 초자아 형성에 문제가 있는 사람들이라고 볼 수 있다.

3) 심리성적 발달단계

읽 • 어 • 보 • 기

자아 방어기제

성격을 구성하는 자아는 환경의 요구와 더불어 원초아와 초자아를 중재하는 성격의 중심구조로 이들을 잘 조절해야 하는 부담을 항상 지닌다. 자아는 그 기능이 약해지거나 다른 세력의 힘이 강해지면, 불안을 느낀다. 이와 관련하여 프로이트는 그의 저서인 『억압, 증상과 불안』(1926)에서 자아는 내면적 불안을 감소시키기 위해서 방어기제(defense mechanism)를 사용한다고 기술하였으며, 억압, 부인, 투사 등과 같은 기본적인 방어기제를 소개한 바 있다. 프로이트의 사후에 그의 막내딸인 안나 프로이트는 1936년에 저서 『자아와 방어기제』를 통해서 더욱 다양한 방어기제를 소개하였다.

◆ 억압

억압(repression)은 수용하기 힘든 원초적 욕구나 불쾌한 경험이 의식에 떠오르지 못하도록 무의식 속에 눌러두는 가장 일반적인 방어기제이며 불안의 원천이기도 하다. 외상 경험은 억압을 통해서 무의식에 저장되며 외상 기억의 과도한 억압은 히스테리 반응을 초래하기도 한다.

예 하기 싫고 귀찮은 과제를 하지 않고 '깜빡 잊었다.'고 말하는 경우

◆ 부정

부정(denial)은 엄연히 존재하지만 의식화되면 도저히 감당할 수 없는 위험이 불쾌한 현실에 대해 그 사실 자체를 부인해 버림으로써 그로 인한 불안을 회피하고 편안한 상태를 유지하려는 무의식적 방어기제이다.

예 사랑하는 사람이 사망한 후에도 마치 함께 살고 있는 것처럼 행동하는 경우

◆ 퇴행

퇴행(regression)은 현재의 불안한 상황이나 책임감으로부터 벗어나기 위해 이전의 발달단계나 행동양식으로 후퇴하는 기제이다.

예 동생이 태어나고 부모의 관심이 동생에게 집중되자 갑자기 대소변을 가리지 못하는 유아

◆ 전치

전치(displacement)는 어떤 대상이나 사물에 향했던 감정이나 욕구를 덜 위험한 대상이나 사물로 바꾸어 표출하는 것을 말한다. 즉, 실제로 있는 어떤 대상에 향했던 감정 그대로를 다른 대상에 표현하는 방어기제를 말한다.

예
- 아버지를 굉장히 미워하는 아이가 있다고 할 때, 아버지를 향한 미움을 아버지와 비슷한 연령대의 성인 남자에 대해 무조건 적대적인 감정을 가지고 표현하는 경우
- 일상에서 무의식적인 공격성을 공격적인 농담으로 표현하는 경우

◆ 투사

투사(projection)는 자신의 용납될 수 없는 충동, 감정, 생각 등을 무의식적으로 다른 사람의 것으로 간주하고, 남을 탓하거나 외부에 전가함으로써 불안을 해소시키고 열등감을 방어하려는 심리적 방어기제이다.

예 • 무슨 일이 생기면 무조건 상대방 탓을 한다.
• 직장 상사가 자기를 싫어한다고 생각하는 직원의 경우, 내면을 살펴보면, 부하직원 자신이 직장 상사에게 적개심을 가지고 있으며 자신의 적개심을 상사에게 투사하여 상사가 자신을 미워한다고 인식할 수 있다.

◆ 투입

투입(introjection)은 투사와는 반대되는 개념으로 외부 대상에 대한 적대적이거나 부정적인 감정을 자신의 탓으로 돌리고 자신을 향해 증오나 분노의 감정을 표현하는 기제이다.

예 • 엄마에게 야단맞은 아이가 화가 나서 자기 머리를 벽에 부딪치는 상황
• 다른 사람에게 향했던 분노가 자기를 향하는 자기공격이 되어 결국 우울증에 빠지게 되는 상황

◆ 반동 형성

반동형성(reaction formation)은 금지된 충동, 감정, 생각을 의식의 수준에서 반대되는 행동으로 대체하여 표현하는 방어기제를 말한다. 미움은 애정으로 대체되고, 관심은 무관심으로, 질책 대신 칭찬으로 표출된다.

예 미운 놈 떡 하나 더 준다.

◆ 합리화

합리화(rationalization)는 용납하기 힘든 상황이나 혹은 어떤 충동이나 욕구에 대해 그럴듯한 설명이나 이유를 대어 행동을 정당화시키는 것을 말한다.

예 포도를 따기 위해 노력했지만 결국 실패한 여우가 돌아서면서 '저건 신포도'라고 말하며 스스로 위안하는 이솝우화 '여우와 신포도'의 비유

◆ 승화

승화(sublimation)는 원초적이고 용납되지 않는 충동을 사회적으로 용납되거나 혹은 더 나아가 생산적이기까지 한 형태로 전환하여 표출하는 것을 말한다.

예 • 성적 충동이나 폭력에 대한 충동을 각종 예술, 종교, 문화, 과학 등으로 표출하는 것
• 권투 선수가 되어 시합을 하는 것은 타인에 대한 공격성을 대체하는 것

◆ 신체화

신체화(somatization)란 심리적 조건에 따라서 신체증상이 생기는 과정을 가르킨다. 예를 들어, 혐오감이 일과성 구토하는 형태로 표현될 수도 있다.

예 사촌이 땅을 사면 배가 아프다.

프로이트는 인간에게 선천적으로 부여된 에너지의 모양과 형태는 변하지만 총량은 변하지 않는다는 에너지 보존법칙이 적용된다고 주장하면서 인간이 가지는 이러한 에너지를 심리성적 에너지 혹은 리비도(libido)라고 명명하였다. 그는 인간이 성장함에 따라 리비도가 신체의 어느 부위에 집중되느냐에 따라 인간의 성격발달이 결정되고, 그 에너지가 얼마나 원만하고 적절하게 해결되는가에 따라 성격특성이 결정된다고 보았다. 구체적으로 심리성적 발달단계는 리비도가 입에 집중되는 구강기, 배설물의 보유와 배출에 집중되는 항문기, 성기와 이성 부모에게 집중되는 남근기, 리비도가 잠복하는 잠복기, 이성과의 사랑과 성관계로 향하는 생식기로 구분된다.

심리성적 발달 이론에 따르면 사람들이 리비도의 성적 욕구충족에 과도하게 몰두하거나 욕구불만이 클수록 나이가 들어도 발달이 이루어지지 않아 그 단계에 머무르려는 경향이 있는데 이를 고착(fixation)이라고 한다. 이에 비해 발달이 진행된 경우라도 심리적 어려움이나 좌절을 겪게 되면 욕구충족이 아쉬웠던 이전의 발달단계로 돌아가려는 퇴행이 일어난다.

(1) 구강기

구강기(oral stage)는 출생 후 약 1세 반에 이르는 시기로 리비도가 입, 혀, 입술 등 구강부에 집중되어 있다. 이 시기 영아는 자신의 생존을 전적으로 타인에게 의존하여 본능적인 만족을 얻으며 특히 리비도가 구강에 집중되어 있으므로 입을 통한 만족을 추구한다. 엄마의 젖을 빨아 영양을 공급받고 배고픔의 충동뿐 아니라 씹고 삼키는 활동 등을 통해 만족을 추구하고 긴장을 감소시킨다. 이 시기 영아에게 구강부위는 사회적·물리적 환경과 접촉하는 수단이 된다.

입을 통해 엄마와 상호작용하는 동안 영아는 만족감과 좌절감을 경험하며 외부 존재에 대한 기초적 인식을 형성하게 되는데, 이러한 경험들이 성격형성에 영향을 준다.

구강기의 욕구가 과도하게 충족되면, 구강기 수용적 성격을 형성할 수 있는데

이는 명랑하고 낙관적이며, 다른 사람을 잘 믿고, 의존적이고, 요구가 많은 성격적 특성이 있다. 반면에, 욕구가 과도하게 좌절되었을 때 입으로 씹고 깨물고 내뱉는 등의 구강기 공격적 성격이 유발될 수 있는데, 이들은 비관적이며, 냉소적이고, 논쟁적인 행동 특성을 갖는다. 또한 구강기에 고착된 성격의 소유자는 엄지손가락 빨기, 손톱 물어뜯기, 펜이나 연필 물기, 음주와 흡연, 수다 떨기와 같은 구강 만족과 관련된 습관적 행동을 나타낼 수 있다. 그러나 이 시기에 욕구가 적절하게 충족되면, 자신감 있고 관대하며 외부세계에 대해 신뢰감을 지니는 안정된 성격을 형성하게 된다.

(2) 항문기

항문기(anal stage)는 약 1세 반에서 3세까지의 시기로 성적 에너지인 리비도가 구강영역에서 항문영역으로 옮겨간다. 이 시기에 아동은 대·소변을 참거나 배출하면서 긴장과 배설의 쾌감을 경험한다. 항문기의 가장 큰 특징 중 하나가 배변훈련으로 훈련과정을 통해 아동은 처음으로 자신의 본능을 부모로부터 통제받는 경험을 하고, 동시에 쾌락을 지연시키는 방법을 배운다. 이 과정에서 아동은 불안과 수치심도 경험하지만 자율성과 자기 통제력도 발달시킨다.

그러나 아동의 배변훈련 시에 부모가 너무 조급하거나 억압적이면 성인이 되어서도 항문기에 고착된 성인으로 성장할 수 있다. 항문기 고착성격은 항문 폭발적 성격과 강박적 성격으로 구분할 수 있는데, 항문 폭발적 성격은 보통 지저분하고 정돈되지 않으며 낭비벽이 있는 행동특성을 보이고, 항문 강박적 성격은 고집이 세고 완고하며 검소하지만 인색한 특성으로 나타난다. 적절한 배변훈련은 생산적이고 창의적인 성격의 성인을 만드는 데 중요한 바탕이 된다.

(3) 남근기

남근기(phallic stage)는 만 3~6세 사이의 시기로서 성적 에너지가 아동의 성기에 집중되어 있다. 이 시기 아동의 행동 특징을 보면, 자신의 성기를 자세히 관찰하고 장난을 치기도 하고, 자신의 몸을 보여주거나 다른 사람을 몸을 보면서 쾌감을 얻고 성별에 대한 차이를 인식하기도 한다.

프로이트는 이 시기 아동들이 이성 부모에 대해 무의식적인 성적 소망을 가진다고 주장하였는데, 남아의 경우는 어머니의 관심을 바라고, 아버지에 대해서는 적대감과 두려움을 갖게 되는 오이디푸스 콤플렉스(Oedipus complex)를 경험하고, 여아의 경우는 반대로 아버지를 사랑하고 어머니를 경쟁자로 생각하는 엘렉트라 콤플렉스(Electra complex)를 경험한다. 오이디푸스 갈등을 겪는 남아는 자신이 어머니를 애정의 대상으로 여기고 아버지에 대해 경쟁의식과 적대감을 가지고 있다는 것을 아버지가 안다면 아버지가 자기를 해칠 수도 있다는 공포감을 느끼는데, 이를 '거세불안'이라고 한다. 이는 상상 속에서의 두려움이다.

여아도 이 시기에 아버지를 사랑하고 어머니를 경쟁 상대로 생각하여 어머니에게 적개심을 갖고 불안을 경험한다. 그러나 여아의 불안은 본질적으로 남아의 거세불안과 다르다. 여아의 불안은 남근이 없는 것에서부터 시작한다. 여아는 유아기에 자신의 남근이 거세되었다고 믿게 되어 어머니를 비난한다. 그리고 남근이 없다는 것을 인식하고, 남성의 성기를 부러워하게 되는 심리적 상태를 경험하는데, 이를 남근선망이라고 한다. 남자를 선망하면서 여아는 자신의 삶에서 해야 할 역할은 남자에게 순종하고 남자를 돕는 것이라고 받아들인다. 여아의 심리적 발달에 대한 이와 같은 남성중심적인 프로이트 방식의 해석은 당시 수많은 논쟁을 불러일으켰다.

이 시기 동성 부모에 대한 동일시 과정에서 부모의 가치관, 사고, 태도, 행동, 성역할 등을 자신의 것으로 내면화하게 되며, 그 결과 초자아가 형성된다. 이처럼 프로이트는 부모가 자녀의 성격발달에 중요한 영향을 미친다고 보았다.

이 단계에서 이성부모에 대한 애정적 만족이 부족하거나 지나치면 성인이 되어서도 남근기 고착 성격이 되기 쉽다. 성인 남성의 경우에 지나치게 거만하고 공격적이며 과시적이고 방종한 남근기적 성격의 소유자가 될 수 있다. 또한, 여성의 경우에는 유혹적이며 경박한 기질을 가질 수 있으며, 어떤 경우에는 이런 기질 대신 자기주장이 아주 강하고 남성을 능가하는 슈퍼우먼이 되기 위해 노력을 아끼지 않는 성격의 소유자가 되기도 한다. 프로이트는 오이디푸스 콤플렉스와 관련된 고통스러운 경험들이 나중에 성인기 신경증을 유발하는 주요 원인이라고 보았다.

(4) 잠복기

잠복기(latency stage)는 5~6세 이후 사춘기 이전까지 시기로, 리비도가 특정 신체부위에 집중되지 않고, 무의식 속에 잠복해 있는 단계이다. 이 시기에는 학업과 친구에 대한 관심이 증가한다. 성적인 욕구가 잠복하는 대신에 학교생활, 친구 교제, 운동, 취미활동에 관심을 쏟게 된다. 또한, 원초아가 약해지며 자아가 성숙하고 초자아가 확립되는 시기로 현실적 성취와 원만한 대인관계를 위한 적응능력이 발달하게 된다. 이 단계에 고착되면 성인이 되어서도 이성에 대한 친밀감을 갖지 못하고, 동성 간의 우정에 집착할 수 있다.

(5) 생식기

생식기(genital stage)는 사춘기 또는 청소년기 이후의 시기로서 신체적인 성숙과 더불어 성적인 측면에서 성인으로 발전하는 프로이트의 마지막 단계이다. 사춘기가 되면서 생식기관이 발달하고 성호르몬의 분비가 많아지면서 그동안 억압되었던 성적 감정이 크게 강화되고 성적 에너지가 성인 수준에 이른다. 동성 또래와 어울려 다니던 잠복기와는 달리 생식기 청소년은 이성에 대한 관심도 커진다.

이 시기 청소년들의 성적 욕구는 독서, 운동 등의 활동을 통해 승화시킬 수 있지만, 성적 에너지가 적절히 처리되지 못하면 권위에 반항하거나 비행으로 표출하거나 이성과의 적응에 문제를 보인다.

프로이트는 사춘기 이후 중요한 과제는 부모에게서 정신적으로 독립하는 것과 자아정체성의 확립이라고 보았다. 프로이트는 생식기를 통해서 성격형성이 완결이라고 보았다.

2. 에릭슨의 심리사회적 발달 이론

프로이트의 심리성적 발달 이론과는 달리 에릭슨(Erik Erikson, 1902~1994)의 심리사회적 발달 이론(psychosocial development theory)은 사회적 힘이 성격에 미치는 영향과 자아의 기능을 강조하는 이론이다. 에릭슨의 이론에서는 인간행동이 의식 수준에서 통제가 가능한 자아에 의해 동기화되며 인간은 직면하는 갈등이나 문제에 대한 합리적인 해결방안을 탐색하고 현실을 검증하고 해결할 뿐만 아니라, 때로 실패하더라도 그 과정에서 새로운 대안을 모색할 수 있는 합리적이고 창의적인 존재라고 규정하고 있다.

에릭슨은 환경 속의 인간을 이해하기 위해서는 인간을 전체적으로, 즉 인간을 신체생리, 심리적, 사회적 존재의 총합으로 보아야 한다고 지적하였다. 더불어 개인이 어떠한 심리적 상태에 처해 있더라도 모든 인간을 반드시 생물학적, 행동적, 경험적, 사회적 요인 간의 상호작용으로 이해해야 한다는 관점을 취하고 있다. 이러한 에릭슨의 심리사회적 이론의 특성은 인간의 발달단계를 전 생애로 확대하여 자아와 사회 환경 간의 상호작용에 심리적 위기에 따른 발달과업으로 설명하였다는 점이다. 에릭슨은 인간발달에서의 변화 가능성을 강조하였고, 병리적인 것보다는 정상적이고 건강한 측면의 발달을 강조하였다. 또한 성격 형성 과정에서 자아정체성의 확립과 더불어 사회문화적, 역사적 요인과 성격구조의 관련성을 중시하였다.

1) 생애

에릭슨은 1902년 독일의 프랑크푸르트 근교에서 덴마크인 아버지와 유대인 어머니 사이에서 태어났다. 부모는 에릭슨이 태어나기 전에 이혼하였고, 에릭슨이 3세가 되었을 때 어머니는 지방의 유대인 의사와 재혼하였다. 큰 키에 금발머리 그리고 푸른 눈의 에릭슨의 모습은 전형적인 북유럽인의 모습이었는데, 이러한 특

유의 외모 탓에 유대인 사이에서 이방인으로 취급당하였고, 학교 생활에도 잘 적응하지 못하였다. 에릭슨은 고등학교 졸업 후 1년간 유럽 이곳저곳을 여행하면서 자신이 누구인지 탐색하는 시간을 가졌는데 그는 스스로 이 기간을 정체성 형성의 유예기라고 명명하였다.

1927년 25세 때는 안나 프로이트가 설립한 어린이 연구소에서 예술, 역사, 지리를 가르치면서 정신 분석에 입문하게 되었으며, 정신 분석가가 되기 위한 수련을 하게 되었다. 그 후 정신 분석 수련을 마치고 1933년 비엔나의 정신 분석연구소에 들어갔다.

27세에 결혼한 후 미국에 정착하여 아동 분석가로 활동하였으며, 여전히 예일대학교에 재직하면서도 인디언 보호지역에 들어가 살면서 인디언들에 대해 연구했다. 이후 샌프란시스코로 이주하여 또 다른 인디언 족을 연구했는데, 이것이 프로이트와 달리 아동들의 생활과 성격에 영향을 미치는 상이한 문화 여건에 대한 연구를 한 배경이 되었다. 이와 같이 에릭슨은 인간발달에서 사회적 요소를 강조하였기 때문에 그의 이론을 심리사회적 발달 이론이라고 한다.

2) 주요 개념

에릭슨의 이론에서 가장 중심적인 개념 중의 하나는 자아이며, 자아가 지닌 잠재적 힘에 집중하였다. 그가 제시한 전 생애에 걸친 심리사회적 발달단계도 결국 자아의 발달과정을 설명한다.

(1) 자아정체성

자아정체성은 개인이 나는 누구이며 어느 위치에 있는가를 알고자 하는 인식과 노력의 결과로 형성된다. 에릭슨에 따르면, 자아정체성을 찾으려는 노력이 본격적으로 청소년기에 시작되기는 하지만, 실제로는 일생 동안 지속되는 과정이라고 보았다. 자아정체성이 형성되었다는 것은 다른 사람과 같은 동기, 흥미, 가치 등을 공유하고 있더라도, 자기의 성격, 능력, 가치관 등에 대해 비교적 명료하게 이해하고 있으며, 다른 사람과 구분되는 독특한 존재로서 일관된 자기 이해가 있다는 것을 의미한다. 이것은 개인의 이상과 행동, 그리고 사회적 역할을 통합하는 자아의 기능에 의해서 이루어진 결과라고 볼 수 있다.

(2) 점성의 원리

에릭슨은 인간의 발달은 이미 존재하는 것을 바탕으로 이루어지므로 이전 단계에서의 발달과업의 성취 여부는 다음 단계의 발달에도 지속적으로 영향을 주는 점성의 원리(epigenetic principle)에 따라 이루어진다고 보았다. 발달의 각 단계는 특정 단계가 우세하게 출현하게 되는 최적의 시간이 있고, 모든 단계가 계획대로 전개될 때 완전한 기능을 하는 성격이 형성될 수 있다는 것으로 각 발달 단계는 다음 단계의 발달과 무관하지 않으며 이전 단계와 어떤 방식으로든 연속적 관계성을 가지고 발달한다는 것을 의미한다.

3) 전 생애 발달단계

에릭슨은 전 생애의 발달단계를 8단계로 구분하고 각 단계마다 극복해야 할 심리사회적 위기를 제시하고 있다. 이러한 위기는 모든 사람에게 나타나는 보편적인 현상이지만 문화에 따라 이를 해결하고 지지하는 방식은 다를 수 있다고 보았다. 각 단계의 모든 위기는 긍정적 측면과 부정적 측면이 쌍을 이루어 제시되는데, 긍정적 측면이 더 많이 발달되어야 하지만 부정적 측면 역시 전혀 없어서는 안 된다. 또한 심리사회적 위기를 잘 극복하면 그 결과 각 단계마다 자아의 특질, 즉 기본적인 강점을 얻어서 자아는 더 강건해지지만 반대로 이러한 위기를 적절히 해결하지 못했을 경우 자아가 약화되어 심리적인 문제나 혹은 병리적인 문제가 나타난다고 하였다.

에릭슨은 발달단계를 점성의 원칙으로 설명하는데, 각 단계의 발달은 전 단계의 심리사회적 갈등의 해결과 통합을 토대로 이루어진다.

(1) 기본적 신뢰감 대 불신감

기본적 신뢰감 대 불신감(basic trust vs mistrust)은 생후 1세 반까지 영아가 경험하는 심리사회적 위기로 프로이트 이론의 구강기에 해당된다. 이 단계에서 영아는 전적으로 양육자에게 의존하며 신뢰감은 자신을 돌봐주는 양육자가 자신의 욕구를 배고프거나 도움이 필요할 때 자신의 욕구에 민감하고 일관성 있게 반응할 것이라는 확신에서 형성된다. 이 시기의 발달은 절대적 양육자인 어머니와의 관계의 질에 의해 결정된다. 어머니가 일관성 있고 스스로 확신 있는 양육태도를 보일 때 영아는 내적 확실성과 외적 예견력을 갖게 되어 자신이 배고프거나 힘들 때 누군가 자신을 돌봐 줄 것이고, 지금 당장은 아니더라도 조금 기다리면 해결될 것이라는 믿음을 갖게 된다. 이러한 신뢰가 형성될 때, 영아는 어머니와 떨어져도 불안이나 분노를 표현하지 않고 보채지 않고 기다릴 수 있다. 그러나 영아에 대한 어머니의 보살핌이 일관성이 없거나 예측할 수 없을 때 영아는 불신감을 형성하게 된다. 또한 주양육자인 어머니의 인정과 지지가 부족하거나 일관성이 없는 양육으로 타인과 자신에 대한 기본적 신뢰감을 형성하지 못하면 사회적 상호작용 역시 위축되는 경향이 있다.

(2) 자율성 대 수치심과 회의감

자율성 대 수치심과 회의감(autonomy vs shame and doubt)은 1세 반에서 3세까지 유아가 경험하는 심리사회적 위기로 프로이트 단계의 항문기에 해당한다. 이 시기의 유아는 근육과 신경이 성숙되어 대소변 통제가 가능해지고, 운동능력이 발달하여 스스로 이동할 수 있게 되면서 자신의 지적 능력과 운동기술을 사용하여 스스로 선택하고 결정하고 싶어 하는 욕구가 강해진다. 보다 새롭고 행동지향적인 의도적인 행동을 시도하면서 자율성(autonomy)을 획득하게 된다.

그러나 부모가 인내심이 없어서 유아 대신 일을 처리해 주거나, 반대로 유아의 행동에 대한 부정적인 통제가 빈번하게 이루어지거나 지나치게 엄격하게 대한다면, 유아는 자신의 통제 능력의 부족과 외부의 압력으로부터 자신을 조절할 수 없다는 무력감이나 수치심 또는 회의감을 강화시키게 된다. 자율성을 획득하느냐 수치심과 회의심이 우세해지느냐는 바로 외부로부터의 통제 정도에 달려 있기 때문에, 적절한 외부 통제와 함께 부모와 양육자가 생활공간 내에서 선택의 자유를 보장함으로써 유아가 자신의 행동을 결정할 수 있도록 기회를 주고, 성인에 대한 전적인 의존에서 조금씩 벗어나도록 돕는 것이 자율성 강화를 위해 바람직하다. 자율성을 유지하는 선에서 적절히 외부 통제를 받고 이 위기를 잘 극복하면 스스로 무엇인가를 잘하고자 하는 의지라는 덕목이 생겨 자아 강도가 높아진다. 반면 부모가 지나치게 억압하고 통제하는 경우에는 자아가 무력해지고 수치심이나 회의감을 갖게 되면서, 자신의 결정을 믿지 못하고 불안해하는 강박적인 성향을 갖게 된다(권중돈·김동배, 2005).

(3) 주도성 대 죄책감

주도성 대 죄책감(initiative vs guilt)은 3~6세까지 유아가 경험하는 심리사회적 위기로 프로이트 이론의 남근기에 상응하는 시기이다. 이 단계의 유아는 언어가 발달하고 운동능력이 발달하면서 더욱 많은 것을 행할 수 있고 자신의 활동에 대한 목표와 계획을 세우는 주도성이 발달하게 된다. 유아가 놀이를 통해 자기가 선택한 행동을 직접 해 보고, 스스로 추구한 행동에 대해 격려를 받게 되는데, 이런 경험들이 많을수록 주도성이 강화되며, 그 결과 목적이라는 덕목을 발달시키게 된다.

유아의 주도적 행동이 부모의 제재를 받을 수 있는 때, 부모의 제재가 일관적이지 않거나 따뜻함이 결여되어 있다면 유아는 자신의 주도적인 행동에 자신감을 잃을 뿐 아니라 나쁜 짓을 했다는 죄책감이 발달하게 된다.

이 단계의 유아들은 또래들과의 사회적 놀이에 참가하기 시작하며 관심도 자신에게만 머무르지 않고 주위 사람에게로 확대된다. 따라서 상상놀이 등을 통해 유아 자신이 되고자 하는 주변인물을 경험하는 활동들은 주도성을 발달시키는 데 도움이 된다. 이 단계에서는 어느 정도의 죄책감은 사회화 과정에 필수적이나 주도성을 너무 위축시키지 않아야 한다. 죄책감으로 위축된 유아는 어떤 일에서나 쉽게 체념하고 자신에 대해 무가치감을 갖게 되고 이는 삶에 대한 소극적인 태도로 발전할 수 있다(김윤정, 2011).

(4) 근면성 대 열등감

근면성 대 열등감(industry vs inferiority)은 6~12세 아동이 경험하는 심리사회적 위기로 프로이트 단계의 잠복기에 해당한다. 이 시기 아동의 세계는 가정에서 학교라는 조직사회로 확대된다. 유아기의 주된 활동이었던 놀이에 일(work)이 더해지면서 일을 잘해냈을 때 인정받게 된다는 것을 배운다. 에릭슨이 일컫는 일이란 학교에 다니는 것, 책임을 다하는 것, 조작기술을 배우는 것, 운동에 참여하는 것 등을 의미한다. 아동은 일에 몰두하면서 근면성을 발달시키고 인내와 근면이 주는 보상을 경험하게 되며, 역량이라는 덕목을 얻게 된다. 반면 계속적인 실수나 성취할 기회가 주어지지 않는다면 자신감과 근면성이 발달되지 않고 열등감을 느끼게 된다. 이러한 새로운 기능들은 주로 부모나 교사의 태도에 의해 길러지는데, 건설적이고 교훈적인 칭찬이나 강화는 근면성을 길러주지만 또래 친구와 비교한다든지 조롱하는 태도, 혹은 비난하거나 거부적인 양육태도는 아동들의 열등의식을 발달시키게 된다. 경우에 따라서는 실패를 경험하지 않더라도 아동이 자신이 설정한 기준이나, 부모, 형제자매의 기준에 미치지 못했다고 생각해서 자신에 대한 열등감을 갖기도 한다.

(5) 자아정체성 대 역할 혼미

자아정체성 대 역할 혼미(identity vs identity confusion)는 13~20세의 청소년이 경험하는 심리사회적 위기로 프로이트 단계의 생식기에 해당한다. 에릭슨은 8단계 중에서도 아동기와 성인 사이의 전환이 일어나는 청소년기 발달을 중요시하였다. 그 이유는 이 단계에서의 심리사회적 위기 해결이 성인기 성격에 가장 중요한 의미를 지닌다고 보았기 때문이다. 이 시기 청소년들은 호르몬의 급격한 변화와 함께 신체 변화를 경험하며, 진학문제와 함께 이성문제 등 많은 선택과 결정을 해야 한다. 또한 나는 누구인가, 일생을 어떻게 살아야 하는가, 무슨 일을 하고 살아야 하는가 등 자신의 존재에 대해 의문을 던지고 탐색을 하면서 자아정체성 형성을 위해 노력한다.

자아정체성이란 자기 자신의 독특성에 대한 비교적 안정적인 느낌으로 내가 누구인가를 아는 것이며, 이는 타인이 나를 보는 방식과 일관성이 있어야 한다. 이러한 정체감을 형성하기 위하여 청소년은 자기 자신을 과거로부터 현재까지 동일한 존재로 지각해야 하며, 다른 사람이 자기를 지각할 때 자기 자신과 동일한 모습으로 지각한다는 사실에 대해 확신을 가져야 하며, 이러한 일관성에 자신감을 가져야 한다. 정체성에 대한 답을 찾는 데는 동년배 친구들, 자신이 속한 집단의 내부 혹은 외부의 구성원들, 지도자들 그리고 다른 역할 모델들이 중요한 역할을 한다.

이 단계에서의 발달위기를 성공적으로 극복하게 되면, 성실, 즉 충성심을 유지할 수 있는 능력이 형성되는 반면, 정체성 혼란은 자기가 속한 집단이나 군중의 영웅에게 감정적으로 과잉 동일시하는 현상으로 나타난다. 자아정체성 대 역할 혼미 단계에서의 심한 갈등은 생소한 역할과 가치를 거부하는 성격적 특징을 낳는다(심의보 외, 2016).

(6) 친밀감 대 고립감

성인 초기는 직업을 선택하고, 이성과 밀접한 관계를 형성하는 등 인생의 다양한 과제에 직면한다(Forte, 2007). 성숙한 성인이 되기 위해서는 이러한 도전들을 통해 친밀감(intimacy)이라는 심리사회적 발달과업을 성취해야 한다. 친밀감을 발달시키지 못하면 고립감(isolation)을 경험한다. 전 단계에서 형성된 자신의 정체성을 타인과 연합하여 공동의 정체성을 확립하며 친밀감을 나누고 사회적 관계를 형성해간다. 특히, 이 시기의 성인은 특정 이성과 친밀한 관계를 유지시키려는 욕구가 생겨나서 궁극적으로는 배우자를 선택하게 되는데 이러한 과정에서 획득되는 친밀감은 결혼생활을 원만하게 유지하는 데 중요한 역할을 한다. 그러나 친밀감이 반드시 이성과의 결혼과 성적인 것만을 의미하는 것이 아니며 직장에서 동료와의 인간적인 접촉을 통한 친밀감 등 사회적 친밀감을 포함하고 있다.

친밀감은 다른 사람과 감정이나 가치관을 교류하는 성숙된 인간관계로 자아정체성이 확립된 사람이라면 얻을 수 있다. 특히 이 단계에 이성과 친밀한 관계를 형성하고, 나아가 결혼을 통해 배우자와의 관계를 배우고 성적 만족을 실현시키는 과정에서 사랑이라는 덕목이 자라나 자아를 강하게 한다. 그러나 이전 단계에서 자아정체성을 확립하지 못한다면 타인과의 관계에서도 친밀감을 형성하기 어렵고, 친구나 부모, 배우자에게서도 사회적인 위축을 느끼게 되어 결국은 고립감을 경험할 뿐만 아니라 타인을 밀쳐내는 배척이라는 성향을 갖게 된다.

(7) 생산성 대 침체성

생산성 대 침체성(generativity vs self-stagnation)은 중년기에 해당하는 성인이 경험하는 심리사회적 위기이다. 에릭슨이 말하는 생산성은 가정에서는 자녀를 낳아 교육하고, 사회적 전통을 전수시키며 가치관을 배양시켜 전달하는 것으로 부모로서의 역할을 함으로써 획득할 수 있고, 사회적으로는 직장에서 다음 세대를 지도하고 양성하는 데 관심과 노력을 기울이고, 학문적인 성취나, 예술적 업적, 기술적 생산 등을 통해서도 획득된다고 하였다. 생산성은 후세대를 양육하고 가르치며, 지도 감독하는 활동을 함으로써 이전 세대의 문화와 역사를 세대 간에 이어지게 만든다. 그러나 생산성이 결핍되면 성격이 침체되어 자신의 에너지와 기술을 오로지 자신의 욕구충족과 만족을 위해 사용한다. 이렇게 되면 사람들은 젊은 시절의 목표를 달성하지 못했다는 무능력감, 그리고 사회에 의미 있는 기여를 하지 못했다는 회의로 인해 자신의 인생에 보람을 느끼지 못할 뿐 아니라 자신의 삶이 잘못되었다고 인식하여 '중년의 위기'를 겪는다.

이 단계의 심리사회적 위기를 잘 극복하며 자아는 타인을 돌보는 능력, 즉 배려라는 자아특질을 얻는다. 그러나 위기를 잘 극복하지 못하면 타인에게 충분한 관심을 표현하지 못하는 부정적인 자아특질인 거부 또는 권위주의에 빠지게 될 가능성이 높다.

(8) 자아통합감 대 절망감

자아통합감 대 절망감(self-integrity vs despair)은 노년기에 해결해야 하는 심리사회적 위기이다. 지나온 시간을 회고하고 반성하며 인생의 의미를 최종적으로 파악하여 자아통합을 이루어 내야 하는데, 자아통합이란 자신의 삶을 되돌아보면서 자신의 인생을 수용하고 갈등, 실패, 실망 등을 성공, 기쁨, 보람 등과 함께 전체의 삶 속에 포함시키는 것이다. 이를 통해 자신의 삶을 수용하고 죽음을 두려움 없이 맞이할 수 있다. 만일 성취감과 만족감으로 생을 회고하며 성패에 잘 적응하고 수용한다면 자아통합감을 성취하지만, 통합감 달성에 실패하면 반대로 인생의 황혼기에 다시 시작하기엔 너무 늦었다는 것을 깨닫고, 지나온 생애를 후회하며 절망한다. 절망감은 자신의 인생이 실패의 연속이라는 후회에서 비롯된다. 또한 죽음의 두려움과 실패에 대한 미련으로 고통받는다. 노년기의 심한 절망감과 후회는 노인성 정신병, 우울증 등의 증상을 가져올 수도 있다. 이 시기의 심리사회적 위기를 잘 극복하면 삶에 대한 적극적인 관심과 지혜라는 특질을 얻게 되지만, 반대로 잘 극복하지 못하면 나약함과 자신에 대한 경멸에 빠진다.

3. 아들러의 개인 심리학

아들러(Alfred Adler, 1870~1937)의 개인 심리학(individual psychology)은 프로이트의 이론에 비해 성격형성에 있어서의 사회적 영향을 더욱 중시하며, 인간행동이 사회적 힘에 의해 동기화된다는 관점을 취하고 있다. 또한, 아들러에 따르면 인간은 의식을 가진 존재이므로 자기 행동의 이유를 알고 있으며, 자신의 열등감을 의식하고, 자신이 추구하는 목표를 알고 있을 뿐 아니라 스스로 결정을 내리며, 자신의 목적과 가치가 일치되는 여러 삶의 방식을 선택할 수 있는 목적 지향적이며 창조적인 존재이다(손병덕 외, 2008).

1) 생애

아들러는 오스트리아 비엔나의 유대인 가정에서 4남 2녀 중 차남으로 태어났다. 구루병으로 인해 네 살이 될 때까지 제대로 걷지 못했으며, 폐렴을 심하게 앓아 죽을 고비를 넘긴 뒤 의사가 되기로 결심했다고 한다. 아들러는 여러 형제 중 특히 형에 대한 경쟁심이 유별났으며, 건강한 형제들 사이에서 열등감을 경험하며 어린 시절을 보냈다. 열등감, 보상심리, 인정욕구 등을 주요개념으로 하는 그의 이론은 바로 이러한 개인적 경험에 기초하고 있다.

그는 처음에는 안과 전문의였으나 한동안 일반 의학에 종사한 후 정신과 의사가 되었으며, 저소득층 지역에 개원하여 의사로 활동하였다. 당시 주변에는 놀이공원이 있었는데, 아들러의 환자들 중에는 그곳에서 일하는 서커스 단원들이 포함되어 있었다. 아들러는 이들 서커스 단원인 환자들을 만나면서 그들의 특별한 기량이 신체적 열등감을 보상하려는 처절한 노력과 관련이 있다는 것을 깨닫게 되었다.

1901년 아들러는 당시 비엔나에서 활동하고 있던 프로이트로부터 비엔나 정신분석학회의 전신인 '수요모임'에 초청을 받았으며, 1902년부터 프로이트와 함께 연구하면서 이후 비엔나 정신 분석학회의 회장직도 맡았다.

그러나 프로이트나 비엔나 학회의 다른 회원들과는 상이한 자신만의 생각을 발전시킨 아들러는 1911년 정신 분석학과의 관계를 끊고, 프로이트와 결별했다. 이후 그는 개인 심리학회를 설립하여 독자적인 학문 세계를 구축해 나갔다. 『신경증의 형성』(1917)이라는 저서를 통해 자신의 이론에서 중요 개념인 '열등감', '우월성의 추구'를 정신건강에 도입하기 시작했으며, 1920년대에는 사회적 관심과 아동지도 및 교육에 관심을 가지면서 비엔나의 공립학교에 아동보호 상담소를 설립하여 정서불안 아동과 부모들을 대상으로 가족 상담을 시작하였다. 1934년 미국으로 이주하여 롱아일랜드 의과대학의 교수로 재직하였으며, 1937년 순회강연 중 심장마비로 사망하였다.

2) 주요 개념

(1) 우월에 대한 추구

아들러는 인간의 모든 행동을 동기화하는 힘은 완전성, 우월성, 자아실현에 있다고 보았다. 여기서 완전성, 우월성의 의미는 다른 사람보다 완전하고 우월하다는 것이 아니라 자기 자신의 가능성을 더 많이 실현한다는 것을 의미한다. 아들러에 따르면 인간은 선천적으로 우월을 향한 투쟁을 하는데, 바로 이 우월에 대한 추구가 인간을 보다 높은 단계로 발달할 수 있게 한다. 이는 융의 자아개념과 유사한 개념으로, '위대한 향상의 욕구(the great upward drive)'를 의미한다. 우월을 향한 추구는 다양한 방법으로 나타날 수 있으며, 모든 사람들은 자기 자신만의 일정한 투쟁 형태를 가지고 있다고 보았다. 예컨대 신경증적인 사람은 자존심, 권력, 자기 강화 등과 같은 이기적이고 자기중심적인 목적을 위해 싸우는 반면, 정상적인 사람은 우선적으로 사회적 목적을 위해서 투쟁한다(이상로·이관용 역, 1987).

(2) 열등감과 보상

아들러는 인간행동이 열등감을 보상하려는 욕구에서 생겨난다고 보았다. 열등감(inferiority)은 개인이 잘 적응하지 못하거나 해결할 수 없는 문제에 직면했을 때 상대적으로 자신이 무능력하고 부족하다고 느끼는 감정이다. 인간은 누구나 태어나면서 열등감을 지닌다. 그러나 인간은 자아실현을 향한 강한 의지를 가지고 있어 자신이 가진 열등감을 극복하려고 항상 노력하기 때문에 열등감이 약점이나 비정상적으로 작용하기보다는 오히려 성장을 위한 동기 유발의 근거로 작용한다. 따라서 모든 인간이 성숙해지고 자신의 잠재력을 실현하는 데 열등감은 필요하다고 보았다.

한편, 보상(compensation)은 열등감을 극복하기 위한 노력의 기본적인 힘으로 인간이 자신이 가진 열등감을 극복하려고 노력하면 자신을 개선하고 발전해 나갈 수 있지만, 열등감 극복을 위한 보상활동을 하지 못하는 경우에 절망하고 포기하게 된다.

아들러는 열등감과 보상과의 부조화에서 생기는 '열등감 콤플렉스(inferiority complex)'의 원인을 세 가지로 제시하였다.

① 신체적 결함 때문에 열등감을 느끼는 상황

신체적 열등감 그 자체로는 어떤 의미나 중요성은 없으나 신체적 결함이 주관적 열등감을 자극할 때 그 중요성이 생긴다. 아들러는 열등감이 완전이나 완성을 향한 힘으로 개인을 더 높은 수준으로 자기 발달하도록 동기유발시키기 때문에 신체적 결함을 가진 사람은 자신의 결함을 연습이나 훈련을 통해 보상받게 되지만, 이러한 보상의 과정에서 실패할 경우에는 병적 신경장애나 정신장애를 초래하게 된다.

② 응석받이 상황

응석받이는 자신이 세상에서 가장 중요한 존재이며 자신이 원하는 것은 무조건 다 채워져야 한다고 생각한다. 그래서 인생에 큰 어려움이 닥칠 때 스스로 할 수 있는 일이 없다고 믿고 열등감에 쉽게 빠지게 된다.

③ 거부당하는 아동의 상황

거부된 아동은 다른 사람들이 자신을 좋아하거나 필요로 하지 않는다고 믿기 때문에 타인을 신뢰하지 못하고 또한 자신감을 상실하게 되어 고립되며, 타인을 적대시하고 공격적인 성격이 되기 싶다. 이는 결국 타인과 협력하여 살아가는 데 개인을 무력하게 만들어 열등감에 빠뜨릴 수 있다.

(3) 사회적 관심

아들러에 의하면, 인간은 선천적으로 사회적 존재다. 사회적 존재로서 인간에게는 이상적인 공동사회 구현을 돕고자 하는 성향이 잠재되어 있는데 이를 사회적 관심(social interest)이라고 하였다. 사회적 관심에는 협동, 대인 및 사회적 관계, 집단에의 동일시, 공감 등을 비롯하여 훨씬 광범위한 개념들이 포함된다. 사회적 관심은 심리적 성숙의 주요한 기준이 되며, 이기적인 태도와는 상반된 것이다(오창순 외, 2015).

한편 사회적 관심은 선천적인 것이지만 지도와 훈련에 의해 의식적으로 개발될 수 있다. 따라서 양육자의 행동과 태도가 사회적 관심의 발현에 많은 영향을 미친다. 특히 이러한 관점에서 아들러는 교육의 유익함을 믿었다.

(4) 생활양식

모든 사람은 우월성 추구라는 목표를 가지고 있으며, 그 목표를 달성하기 위해 다름대로 다양한 노력을 한다. 만약 신체적으로 약한 사람이 있다면 그는 신체적 강화를 추구하기 위한 생활양식을 취할 수 있고, 또 지적 능력이 부족한 사람의 경우에는 지적 우월감 추구를 위한 생활양식을 취하게 될 것이다. 아들러에게 있어서 생활양식(style of life)은 열등감을 극복하고 우월을 향한 추구를 실현하기 위해 인간이 취하는 구체적인 대처 양식이며, 개인의 성격을 기능하게 하는 원리로 작용한다.

아들러에 따르면, 생활양식은 4~5세경에 형성되고, 그때부터 자신의 독특한 생활양식에 따라 자기 고유의 태도나 감정이 결정된다. 이후에는 기본적 양식이 구체화되고 특수화될 뿐 변화되지 않는다고 보았다. 즉, 아동 초기는 성격형성의 결정적인 시기이며, 특히 이 시기의 부모와의 상호작용이 아동의 성격이나 사회적 상호작용에 영향을 준다고 보았다.

아들러는 인생문제에 접근하고 해결하는 방법을 통해 개인의 생활양식을 알 수 있다고 보았으며, 개인의 일과 직업, 우정과 사회적 관계, 사랑과 결혼의 세 가지 주요 인생과업에 대한 태도와 행동에 따른 생활양식 유형을 제시했다. 이 분류는 '사회적 관심'이 한 차원이 되고 '활동 수준'이 또 한 차원이 되는 2차 모형이다. 사회적 관심은 개인의 이익보다 사회발전을 위해 다른 사람과 협력하는 것을 의미하며, 활동 수준은 인생문제를 해결하려는 개인의 에너지 수준을 말한다. 구체적으로 생활양식에는 회피형, 지배형, 기생형, 사회적 유용형이 있다.

① 회피형(avoiding type)

- 사회적 관심도 적고 활동도 하지 않는 유형으로 실패를 두려워하는 사람들로 인생과업으로부터 도피하는 유형이다.

② 지배형(ruling type)

- 인생과업에 공격적이고 반사회적으로 대처하며 활동 수준은 높으나 사회적 관심은 낮은 유형이다.

③ 기생형(의존형: getting type)

- 기생적인 방법으로 외부세계와 관계를 맺으며 타인에게 의존하여 대부분의 욕구를 충족하는 유형이다.
- 활동 수준은 중간 정도이며 사회적 관심의 수준은 낮다.

④ 사회적 유용형(socially useful type)

- 사회적 관심과 활동 수준이 모두 높아서 자신과 타인의 욕구를 동시에 충족시키는 한편, 인생과업을 완수하기 위해 타인과 협력하는 유형이다.
- 심리적으로 건강한 사람의 표본이다.

(5) 창조적 자기

창조적 자기(creative self)란 인간은 타고난 능력과 환경과의 상호작용에서 나온 경험을 해석하여, 자기 나름의 성격을 형성하는 창조성을 가지고 있다는 것을 의미한다. 인간은 스스로 인생의 목표를 세울 뿐만 아니라, 어떻게 인생의 목표를 추구해 갈지 역시 스스로 결정한다. 결국, 창조적 자기의 개념에는 본질적으로 인간 스스로가 자기 자신의 성격을 만든다는 아들러 자신의 철학이 담겨 있다.

프로이트는 인간을 여러 가지 힘, 주로 생물학적 힘에 의해 좌우되는 수동적 존재로 보았지만, 아들러가 본 인간은 자신의 성격을 창조하며, 자신의 목표와 기대의 실현을 위하여 스스로 노력하는 존재이다.

3) 성격 발달

아들러는 구체적인 발달단계를 제시하지는 않았으나 가족 상황 및 사회적 요인에 대해서 자기 자신이 어떻게 지각하느냐가 성격 형성에 영향을 미친다고 보았다. 또한 성격이 형성되는 데 사회적 요인이 어떻게 영향을 미치는지 관심을 갖던 중 아들러는 자신의 환자들을 통해 출생 순위가 성격과 밀접한 관련이 있음을 발견하였다. 특히 신경증 환자나 알코올중독자 혹은 범죄자들이 대개 맏이였으며, 갑작스러운 동생의 출현과 그로 인한 정서적 박탈감 경험이 이들의 어떤 성격적 특성을 형성하는 데 공통적으로 영향을 미쳤을 것이라고 판단했다. 맏이는 처음 태어나서 주위의 많은 관심과 보호와 애정을 경험하며 자신이 가족의 중심이라는 것에 익숙해진다. 하지만 둘째가 태어나면 자신의 지위를 빼앗기는 새로운 상황을 맞게 된다. 아들러는 이때의 맏이를 '폐위된 왕'에 비유하였는데, 이러한 상황이 맏이에게 마음의 상처가 될 수도 있으며 부모의 사랑과 관심을 받고 싶은 마음이 퇴행적인 행동으로 나타난다고 보았다. 그러나 부모가 맏이에게 사랑과 관심에 대한 확신을 주고, 동생을 받아들일 수 있는 훈련을 미리 한다면 이러한 위기는 잘 극복될 수 있다. 오히려 부모가 동생이 생길 것에 대하여 현명하게 준비시켜 준다면 맏이는 책임감이 강하고 독립적이며 규칙에 잘 따르고 적응력이 뛰어난 성인으로 성장할 수 있다.

반면, 둘째나 가운데의 경우, 손위 형제를 정복하려고 노력하며 반항적이고 질투가 많다. 만약 경쟁하기에 맏이가 너무 우월할 경우, 열등감, 현실도피 성향 또는 문제행동을 나타낼 수 있다. 그러나 아들러는 전반적으로 가운데가 손위나 손아래 형제들보다 더 잘 적응한다고 보았다.

막내 역시 문제아나 신경증적인 부적응을 나타내는 성인이 많다고 보았다. 막내는 가족의 애정이 집중되므로 정서적으로 안정되나 과잉보호의 가능성이 높다. 특히 지나친 애정 속에서 자란 아이들이 사회적 관심을 발달시키지 못하므로 사회가 자신의 자기중심적 욕구에 따르기를 기대하는 폭군이 된다고 지적한 바 있다.

그의 출생 순위에 관한 이론은 출생 순위 그 자체가 아니라 가족의 구성과 상황에 대한 각자의 지각과 경험의 차이가 성격적 특성에 주요한 차이를 만든다는 것을 강조하고 있다.

4. 융의 분석 심리학

정신과 의사이자 분석 심리학(analytical psychology)의 기초를 마련한 융(Carl G. Jung, 1875~1961)은 프로이트의 이론과 마찬가지로 무의식의 역할을 강조하였지만, 리비도를 성적 에너지가 아닌 광범위한 정신적 에너지로 간주하였다. 또한, 인간에 대한 관점에서 프로이트와 현저한 차이를 보이는데, 프로이트가 인간을 무의식적 동기에 의해 지배받는 수동적 존재로 본 반면 융은 인간을 생물학적, 심리적, 사회문화적 존재로 보았으며, 의식과 무의식 간의 본질적인 대립 양상을 극복하고 이를 하나로 통해 나가는 전체적인 존재로 본다. 융의 입장에서 인간은 실재했던 과거로부터 영향을 받으면서 현재를 살아가지만 과거에 얽매어 있는 것이 아니라 미래의 목표와 가능성을 달성하기 위해 노력하고 자신의 행동을 조절하는 존재이다.

1) 생애

융은 인간의 정신세계를 가장 넓고 깊게 탐구한 심리학자로서 불교를 비롯한 동양의 종교와 문화에도 깊은 이해를 지녔으며 동서고금의 지혜를 통섭하여 인간의 마음을 설명하고자 했던 위대한 인물이다. 그는 1875년 스위스 동북부의 작은 마을인 케스빌의 가난한 목사의 아들로 태어났다. 융의 부계는 아버지를 포함하여 총 6명의 목사를 배출한 가문이었고, 모계는 초자연적인 현상에 대한 믿음을 가진 집안으로 알려져 있다. 두 집안의 서로 다른 문화적 영향 아래서 융은 역사, 철학, 고고학, 심령 현상에 깊은 관심과 해박한 지식을 갖게 되었으며, 이는 이후 그의 이론의 토대가 된다. 하지만 안타깝게도 융은 유년시절에 까다로운 아버지와 심한 우울증을 앓았던 어머니의 긴장된 결혼생활 속에서 외롭게 성장했다.

대학에서 의학을 전공하여 정신과 의사가 된 융이 프로이트와 관계를 맺게 된 계기는 『꿈의 해석』을 통해서이다. 스위스에서 의사로 활동하던 중, 1900년 프로이트가 출간한 『꿈의 해석』을 접한 융은 정신 분석학에 심취하게 되었으며, 그는 곧 자신의 논문과 편지를 프로이트에게 보내 그와 인연을 맺게 되었다. 융은 1907년부터 프로이트와 공동 작업을 시작했으며, 프로이트는 한때 융을 자신의 아들이자 학문적 후계자로 여기기도 했다. 1912년 『무의식 심리학』이라는 저서를 출간하게 되었는데, 이 저서에서 융은 리비도의 개념을 성적인 것에 국한된 것이 아닌 전반적인 에너지로 정의함으로써 프로이트의 정신 분석과는 다른 분석 심리학을 수립하기 시작하였다. 프로이트의 수제자로 인정받았던 융이었지만 결국 1914년 프로이트와 결별하였다. 그 후 융은 한동안 심한 내적 불안과 혼란을 경험하였다.

큰 어려움을 이겨내고 무의식과 상징에 대한 지속적인 탐구 끝에 융은 모든 인간의 영혼에는 이른바 '집단 무의식'이 존재한다는 가설을 제시하였다. 집단 무의식의 개념이 심리학에 등장하며 그 이전까지 주목받지 못했던 신화, 전설, 꿈, 환상 등이 인간 정신을 이해하는 데 중요 역할을 하는 것으로 부각되었다. 인간의 정신 속에 끊임없이 반복 각인된 신화, 전설, 꿈, 환상 등은 어떤 기본적인 인간 상황을 나타내는 원형의 이미지라는 융의 생각은 심리학뿐만 아니라 예술과 과학에까지 지대한 영향을 마쳤다(김윤정, 2011).

2) 주요 개념

융에 따르면, 정신(psyche)이란 영(spirit), 혼(soul), 그리고 마음(mind)이라는 의미를 포괄하는 것으로 의식 및 무의식적인 사고, 감정, 행동을 포함한다. 정신은 생리적 충동에 예속되지 않는 독자적 실체로서, 의식, 개인 무의식, 집단 무의식의 세 수준으로 구분할 수 있다. 그 내부의 특수한 구조물은 다른 구조의 약점을 보상하거나 대립하거나 결합하여 하나의 종합을 이루는 방식으로 상호 작용하고 있다(Hall & Nordby, 1973).

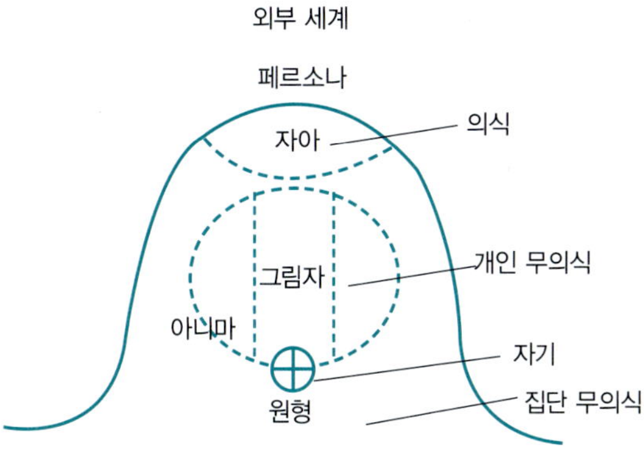

출처: Crain, W. (2000).

그림 1-1-2 융 이론에서의 정신의 구조

(1) 의식과 자아

의식(consciousness)은 개인이 직접 인식할 수 있는 정신의 한 영역으로, 여기서 중요한 것은 자아(ego)이다. 자아는 의식적인 지각, 기억, 사고, 감정 등으로 이루어져 있으며, 의식의 중심에 자리 잡아, 의식의 주인으로서 의식을 지배한다. 인간은 자아를 통해 자신을 외부에 표현하고 외부현실을 인식할 뿐만 아니라 자신의 내면세계를 탐색한다. 자아는 외부세계와 접촉하는 과정에서 자신이 속한 사회집단의 견해나 가치관 및 행동규범을 지각하게 되고, 그 집단의 요구에 적응하기 위한 여러 가지 행동양식을 익히게 된다.

(2) 페르소나

개인이 외부세계에 내보이는 이미지 또는 공개적으로 보여 주는 가면을 뜻하는 페르소나(persona)는 자아가 외부세계에 적응하기 위하여 사용하는 여러 가지 행동양식을 말한다. 페르소나는 진정한 자신이라기보다는 주위의 일반적 기대에 맞추어 만들어 낸 자신이며, 환경적 요구에 조화를 이루고자 하는 나의 모습으로, 그러한 의미에서 공적 성격(public personality)이라고 할 수 있다.

인간은 페르소나를 통해 타인과 관계하면서 좋은 인상을 주거나 자신을 숨기기도 한다. 페르소나가 인간 인격의 필수적인 부분이기는 하나 자신의 공적인 얼굴을 온전한 자기로 혼돈해서는 안 된다. 인간이 자신을 지나치게 페르소나와 동일시하면 자신의 개성을 깨닫지 못해 자아실현을 이룰 수 없다. 따라서 심리적으로 건강하려면 인간은 사회의 요구와 진정한 자기와의 균형을 이루어야 한다.

(3) 그림자

그림자(shadow)는 개인이 자신의 성격이라고 의식적으로 인식하는 것과 반대되는 특성을 뜻한다. '등잔불 밑이 어둡다.'는 말이 있듯이, 그림자는 자아의 어두운 부분, 즉 의식되지 않는 자아의 분신을 의미한다. 그림자는 자아개념과 불일치하기 때문에 의식으로부터 차단된 정신의 어두운 측면, 수용될 수 없는 성적·공격적 충동 등을 포함하고 있다. 지적인 사람의 어리석음이나 잘생긴 사람의 추한 면과 같이 긍정적인 자기상과 상반되는 무의식적인 부분으로, 스티븐슨의 소설 『지킬박사와 하이드』의 이야기에서 존경할 만한 지킬박사는 사회적으로 바람직한 페르소나이지만, 사악한 하이드는 그림자로 볼 수 있다.

그림자는 어떤 면에서는 프로이트가 말하는 원초아와 유사하다. 그림자는 잠재적으로 위험하고 강력한 콤플렉스로서 자아가 이를 받아들여 평화적으로 영혼 속에 받아들일 수 있는지 여부가 심리적 건강에 매우 중요하다. 한편 그림자를 적절히 표현하는 것은 창조력, 활력, 영감의 원천이 될 수 있다. 그림자를 과도하게 억압하면, 개인의 자유로운 표현이 억제되어 진정한 자신과 멀어질 뿐만 아니라 불안과 긴장 상태에 빠져들 수 있다. 따라서 그러한 개인들에게 있어서 치료의 목표는 그림자를 의식으로 가져와서 이를 인식하고 표현하도록 돕는 것이다(권석만, 2015).

(4) 아니마와 아니무스

융은 인간이 태어날 때 본질적으로 양성성을 가지고 태어났다는 양성론적 입장을 취하고 있으며, 이러한 이론적 입장을 반영한 것이 아니마(anima)와 아니무스(animus)의 개념이다. 구체적으로 페르소나가 외부로 드러난 모습이라면, 아니마는 남성에게 있어서 다정함이나 감성적 정서와 같은 여성적인 부분을 나타낸다. 아니무스는 여성에게 있어서 논리나 합리성과 같은 특징을 지니는 남성적인 부분을 말한다. 남성과 여성이 모두 반대 성에 해당하는 특성을 가지고 있다는 점은 남성과 여성이 모두 남성호르몬과 여성호르몬 모두를 분비한다는 생물학적인 사실로도 지지된다.

인간은 본질적으로 양성적 특징을 가지고 있으나 유전적인 성 차이와 사회적 압력으로 인해 남성은 남성적 측면을, 여성은 여성적 측면을 발달시키도록 요구받는다고 보았다. 이 때문에 발현되지 못한 반대편의 성은 인간의 정신 속에 그대로 아니마와 아니무스의 형태로 무의식에 존재하는 것이다. 융은 조화로운 성격을 지닐 수 있도록 남자는 아니마를 여성은 아니무스를 무의식 속에서 이끌어내어 표현해야 한다고 믿었다. 만약 그렇게 하지 않으면, 미성숙하고 틀에 박힌 남성상이나 여성상에 갇힐 위험이 있다.

(5) 개인 무의식

자아에 의해서 인정받지 못한 경험이나 사고, 감정, 지각, 기억 등을 의미한다. 개인 무의식에 저장한 내용들은 중요하지 않거나 현재의 삶과 무관하다고 여기는 것일 수 있다. 또는 개인적인 심리적 갈등, 미해결된 도덕적 문제, 정서적 불쾌감을 주는 생각들과 같이 여러 가지 이유로 억압된 개인적 경험을 토대로 이루어져 있다. 이러한 개인 무의식은 꿈을 만들어 내는 데 중요한 역할을 한다. 인간은 서로 양립할 수 없는 두 가지 길 중에 하나를 선택해야 하는 경우 선택하지 않은 다른 길에 대해 완전히 포기하는 마음이 생기기보다는 오히려 마음이 두 갈래로 나뉘고 나뉜 마음이 한 사람 안에서 서로 다른 두 개의 인격처럼 행동한다. 이렇게 분열된 인격이 콤플렉스가 인격화된 것이다. 예를 들어, 어머니의 한쪽 이미지는 양육하고 보호해주는 긍정적인 면이고, 다른 쪽 이미지는 간섭하고 소유하는 부정적인 이미지로 분열된다.

콤플렉스는 우리의 인격을 구성하고 있기 때문에 완전히 제거하기는 어렵다. 따라서 콤플렉스가 우리에게 어떠한 영향을 주는지 인식하고 의식적으로 콤플렉스가 미치는 영향력을 최소화시킬 수밖에 없다. 융은 콤플렉스를 측정하기 위해 단어연상검사를 하였고 콤플렉스를 의식화하는 것을 심리치료의 목표로 삼고 있다.

(6) 집단 무의식

무의식에 대해 융의 이론이 지닌 독특성 중의 하나가 바로 집단 무의식(collective uncon-sciousness)의 개념이다. 융은 유사한 내용의 신화들이 서로 다른 문화권에 공통적으로 존재한다는 것을 발견하고, 인종과 문화에 상관없이 모든 인류에게 공통적으로 유전되어 온 무엇인가가 있다는 점에 주목하였다. 비록 배우거나 경험하지는 않았지만 특정한 방법으로 생각하고, 느끼며, 지각하고, 행동하도록 모든 인류에게 공통적으로 유전되어 온 정신적 요인이 있으며, 그러한 잠재된 기억의 저장소를 집단 무의식이라고 명명했다. 융에 따르면 집단 무의식은 인간행동에 많은 영향을 미치며, 예술이나 꿈을 통해서도 표현된다.

집단 무의식은 수많은 원형(archetype)들로 구성되어 있다. 원형은 시간이나, 공간, 문화나 인종의 차이와 관계없이 모든 인간에게 보편적으로 존재하는 인간의 가장 원초적인 행동유형이며, 동시에 인간이 갖는 집단적이고 보편적인 선험적 심상을 말한다. 집단 무의식의 내용은 직접적으로 의식화되지는 않지만 여러 세대를 통해 계속적으로 반복되어 온 경험이 마음속에 축적된 것이다. 예를 들어 수없이 많은 세대에 걸쳐 태양이 한 지평선에서 다른 지평선으로 지나가는 것을 보았다. 이러한 인상적인 경험을 반복한 결과 결국 태양을 강하고 지배적인 대상의 원형으로 집단 무의식에 남게 하였다. 인간이 뱀에 대한 공포나 어두움에 공포 역시도 학습에 의해 형성된 것이 아니라 아득한 조상들이 무수한 세대를 걸쳐 공포를 경험했기 때문에 이 공포들이 우리의 정신에 새겨져 있다고 보았다.

(7) 자기

자기(self)란 의식과 무의식 모두를 포함한 전체 정신의 중심이다. 자기는 성격을 구성하고 통합하는 에너지를 제공하는 일을 한다. 자아가 의식의 중심이라면, 자기는 성격 전체의 중심이면서 동시에 역설적으로 성격 전체를 포함하고 있다. 또한 성격을 조화롭게 유지하고 통일시키며 안정을 유지하려는 무의식적 갈망이다. 융은 자기를 향해 가는 여정을 개성화(individuation) 과정이라고 하였다. 즉, 자아(ego)가 '일상적인 나', '경험적인 나'라면 자기는 '본래적인 나', '선험적인 나'이다. 자기는 조화로운 성격체계를 위해 노력하는 기능을 하며, 모든 성격체계를 볼 수 있고 통합시킬 수 있는 조정자의 역할을 한다. 개성화가 일어나지 않은 미숙한 사람들의 경우에는 자기가 무의식의 중심에 묻혀 있어서 다른 원형과 콤플렉스를 잘 인식하지 못한다. 그러나 개인이 성숙해지고 개성화함에 따라 자아와 자기의 관계가 밀착되어 모든 성격 구조에 대한 의식이 확대된다. 융은 자기의 실현이 인간 삶에 있어서의 궁극적 목표라고 보았다.

이런 점에서 융에 따르면, 예수와 부처의 이미지는 인간이 현대 세계에서 찾아볼 수 있는 고도로 분화된 자기 원형의 표현이다. 자기는 보통 중년에 이르기까지 뚜렷해지지 않으며, 중년이 되면 성격의 중심을 의식적인 자아로부터 의식과 무의식의 중간으로 옮겨 놓으려고 노력하기 시작하는 데 바로 이 중간 영역이 자기의 영역이다(이상로·이관용 역, 1987).

3) 성격 유형과 발달

(1) 성격 유형

융은 개인의 다양한 성격적 특성을 태도와 기능의 차이로 설명하고 있다. 우선 개인이 내면적 세계 또는 외부적 세계에 대해 갖는 관심과 에너지를 투여하는 방향성에 따라 외향성(extraversion)과 내향성(introversion)의 두 가지 태도로 구분했다. 외향성은 외부세계에 관심을 지니는 객관적 태도이며, 내향성은 내면세계에 관심을 두는 주관적 태도이다. 두 가지 태도는 서로 배타적으로 번갈아 나타날 수 있지만 의식에 공존할 수는 없다고 보았다. 개인은 상황에 따라서 외향적일 수도 있고 내향적일 수도 있다. 그러나 대부분의 경우 어느 한 쪽의 태도가 우세하다.

성격을 구성하는 기능에는 사고, 감정, 감각, 직관의 네 가지가 있다. 개인은 외부세계와 내면세계를 지각하고 이해하기 위하여 서로 다른 요소, 즉 사고, 감정, 감각, 직관을 이용한다. 사고(thinking)는 사물을 이해하고자 하는 지적 기능으로 여러 관념을 연결시켜 문제를 해결하는 역할을 한다. 한편, 감정(feeling)은 평가의 기능으로 어떤 관념이 긍정적 감정 또는 부정적 감정을 일으키는지에 따라 그 관념을 받아들일 것인지 물리칠 것인지를 결정하는 역할을 한다. 사고와 감정은 모두 이성에 의한 판단행위가 개입되기 때문에 합리적 기능이라고 지칭된다.

다음으로 감각(sensing)은 감각기관의 자극에 의해 생기는 모든 의식적 경험을 포함하고 있다. 직관(intuition)은 직접적으로 주어지는 경험이라는 점에서 감각과 비슷하나 감각은 자극의 근원이 분명한 반면, 직관은 갑자기 나타나며 그 근원과 과정을 설명할 수 없다는 특징을 가진다. 감각과 직관은 이성과 판단을 필요로 하지 않기 때문에 비합리적 기능이라고 지칭된다. 이때 비합리적이라 함은 이성에 반한다는 것이 아니라 그것과 관계없음을 의미하며 무이성적 또는 무비판적이다라는 것을 의미한다. 감각과 직관은 방향이나 지향성이 없으며 합리적 기능과 달리 목표가 없다. 감각은 무엇이 존재하는지를 알려주고 직관은 그것이 어디에서 와서 어디로 가는지를 알려준다.

앞서 제시한 두 가지의 태도와 네 가지의 기능을 결합하면 다음과 같은 여덟 가지의 성격유형이 나타날 수 있다(권석만, 2015)(표 1-1-1). 이러한 성격유형론은 성격검사인 MBTI 검사의 이론적 기반이 되었다.

표 1-1-1 융의 8가지 심리유형

기능	태도	
	외향	내향
사고	**외향적 사고형**은 객관적 사고가 특징이며, 객관적 세계에 관해 최대한 많이 배우고자 하는 과학자의 특성을 지닌다.	**내향적 사고형**은 생각이 내면으로 향해 있으며, 자기 존재의 현실을 이해하고자 하는 철학자나 실존심리학자가 그 표본이다.
감정	**외향적 감정형**은 생각보다 감정을 우선시하기 때문에 상황에 따라 감정의 변화가 심하고, 잘난 척하며, 감정적이고, 사치스럽다.	**내향적 감정형**은 자신의 감정을 남에게 감추는 경향이 있으며, 말수가 적고, 무관심한듯하여 마음을 헤아리기가 어렵다.
감각	**외향적 감각형**은 외부세계의 사실들을 모으는 일에 관심이 많고, 현실주의적이고, 실제적이며, 앞으로 있을 일을 미리 생각하기보다 세상을 있는 그대로 받아들이고 즐긴다.	**내향적 감각형**은 외부세계와 거리를 두고 자신의 내면적 감각에 몰두하며, 예술을 통해 표현하는 경우를 제외하면 자신을 표현하는 일에 어려움을 느낀다.
직관	**외향적 직관형**은 외부세계에서 새로운 가능성을 발견하기 위하여 동분서주하나 한 가지 일을 꾸준하게 추구하지 못하여, 이리저리 옮겨 다니는 경솔함과 불안함이 특징이다.	**내향적 직관형**은 내면세계에서 새로운 심상과 통찰을 추구하며 타인에게는 이해하기 어려운 괴짜로 보일 수 있는데, 예술가, 몽상가, 예언어 등이 이에 속한다.

(2) 성격 발달

융은 인간의 발달과정을 네 가지 단계, 즉 아동기, 청년기, 중년기, 노년기로 구분했으나 성격발달 자체보다 무의식의 변화과정에 관심이 많았다. 발달과정 중 특히 중년기에 초점을 두어 기술하였다.

아동기는 출생에서 시작하여 사춘기까지 계속된다. 아동의 발달은 근본적으로 본능적 에너지에 의해 움직인다. 따라서 이 시기 부모의 역할은 아동이 가진 에너지의 방향을 잡아주어 아동이 혼란스럽거나 무질서하지 않도록 하는 것이다. 융은 아동기부터 자아가 형성되기 시작한다고 보았다. 아동은 자신을 일인칭으로 말하기 시작하며 학교에 들어가면 부모의 세계, 즉 심리적 자궁에서 빠져나오기 시작한다.

청년기는 사춘기에 일어나는 생리적 변화로부터 시작한다. 생리적 변화는 정신적 측면에서도 혁명적인 변화를 일으키는데, 융은 이 시기를 '정신적 탄생기

(psychic birth)'라고 불렀다. 청년기에는 사회생활에 적응해 나가는 다양한 방법을 배우게 된다. 이러한 적응 방식을 잘 습득하게 되면 큰 어려움을 겪지 않지만, 아동기의 환상에 집착하여 현실을 인식하지 못하면 많은 어려움에 부딪히게 된다. 이 단계에서 생기는 정신적 문제는 성적 욕구에 의한 심리적 혼란과 밀접하게 관련되어 있으며 과민성과 불안정성에서 생기는 열등감이 문제가 될 수 있다. 청년기 문제의 공통적 특징은 아이의 원형, 즉 어른이 되기보다 아이에 머물러 있기를 원하는 경향에 의해서 영향을 받는다는 점이다. 이 시기에는 외부환경의 요구에 확고하고 단호하게 대처하는 능력을 발휘해야 하기 때문에 내향적인 사람보다는 외향적인 사람이 더 잘 적응할 수 있다.

중년기는 약 25세부터 40세 후반에 해당하는 시기로 융은 이 시기의 변화에 깊은 관심을 보였고 발달단계 중 가장 중요한 시기로 여겼다. 융은 두 가지 이유로 중년기에 대해 각별한 관심을 가졌다. 우선 자신이 중년기에 정신적 위기를 겪었으며, 위기를 겪으며 자신의 내면을 재검토하고 꿈과 창조적 작업을 통해 무의식을 탐색하는 경험을 하였다. 다른 하나는 의사로서의 경험과 관련되어 있다. 융의 환자 중 대다수가 성공한 중년기의 사람들이었음에도 불구하고 삶의 의미와 관련된 물음을 지니고 있었다. 이전에는 매우 중요하다고 생각되었던 것들이 더 이상 중요하지 않게 느껴지고 인생이 공허하며 무의미한 것처럼 생각되어 우울 상태에 빠지곤 했다. 중년기에는 특유의 적응문제가 발생하는데, 지금까지 외부세계에 대한 적응에 사용되었던 에너지가 새로운 정신적 가치로 방향이 전환된다. 즉, 젊은 시절의 외향적이고 물질주의적 관심에서 내향적이고 정신적인 영역으로 관심이 변화되거나 확대된다. 개인이 자신의 직업과 가정에서 안정된 자리를 잡아갈수록, 인생의 무의미함과 상실감을 경험할 수 있다. 융은 중년기를 행동을 통한 외부적 활동보다 내면적 사색과 명상을 통해서 자기를 실현하는 일에 관심을 가져야 할 시기로 보았다.

중년기를 전환점으로 하는 인생 후반기에는 정신 에너지의 흐름이 내부로 향하게 되고 자신의 내면세계에 대한 탐색이 강화됨에 따라 인생 전반에 분리되어 있는 자아가 자기애와 통합되면서 개성화를 이루게 된다. 이와 관련하여 융은 성인들이 자신의 생을 되돌아보고 무의식적 메시지에 귀를 기울일 때, 조만간 완전성과 중심성의 상징인 자기의 이미지와 만나게 된다고 주장하였다(심의보 외, 2016).

노년기에 접어들면서 사람들은 내세에 관심이 많아지며 자신의 무의식 세계에 더 깊은 관심을 갖게 된다. 융에게 있어서 노년기는 삶을 반성하고 지혜를 키우는 시기다. 나이가 많아질수록 자신의 삶의 경험을 이해하고 그러한 이해를 통해 삶의 의미를 이끌어 내는 데 많은 시간을 들여야 한다고 보았다. 인간의 심리적 발달은 노년기에도 결코 끝나지 않으며 나이에 상관없이 계속된다는 것이 융의 믿음이었다.

읽·어·보·기

적용과 실천

정신 분석학적 접근의 이론은 정신과 행동이 개인의 사회 환경과 어떻게 서로 영향을 주고받는지를 강조한다. 즉, 인간의 행동을 정신 내의 운동과 상호작용에 초점을 둔다. 정신 분석학적 접근의 이론에는 성격 형성 과정에 중점을 두고, 무의식과 성적 본능을 강조한 프로이트의 심리성적 발달 이론, 자아를 강조하며 인간의 전 생애에 걸친 발달과업과 위기를 체계화한 에릭슨의 심리사회적 발달 이론, 그리고 인간발달이 사회적 자극에 의해 동기화되며 인간의 행동은 한 개인의 경험에 의해서만 이해될 수 있다고 본 아들러의 개인 심리학, 사회문화적 속성과 집단 무의식의 중요성을 강조한 융의 분석 심리학이 포함된다.

정신 분석학적 접근의 이론에서 제시하는 개념은 인간의 행동을 설명하는 강력한 이론으로 인간서비스를 제공하는 모든 전문영역의 면담방법에 기초를 제공하였다. 특히, 정신 분석적 접근은 미시적 수준에서 볼 때, 인간의 발달에 있어서 주요 인물과의 초기 관계와 환경과의 상호작용 등에 초점을 두어 이해할 수 있도록 준거 틀을 제시하였고, 인간행동의 문제에 대한 통찰력을 증가시킬 수 있는 개입방법을 제시하였다(최옥채 외, 2013).

첫째, 프로이트와 융은 개별적인 실천을 하는 사회복지사가 클라이언트의 행동 및 배경을 이해하는 데 결정적인 도움을 주었다. 즉, 클라이언트가 자신의 심리사회적 문제나 여러 가지 성격상의 문제를 스스로 인식하지 못하여 효과적으로 대처하지 못하고 반복적으로 해를 끼치는 행동을 하는 경우, 정신 분석학적 접근의 이론은 그들의 행동을 설명할 수 있는 이해의 틀을 제공할 뿐 아니라 그들 스스로의 문제를 인식할 수 있도록 하는 정보를 제공하고 있다.

둘째, 정신 분석학적 접근의 치료방법들은 복지나 상담 등의 분야에서 활용되는 면담방법에 많은 영향을 주었다. 면담 시 왜 허용적이고 개방적이며 경청하는 태도를 지녀야 하는지에 대한 이론적 근거를 마련해 주었고, 대인 면담 시, 타인이나 클라이언트가 미처 인식하지 못한 행동의 동기와 욕구를 이해하고 통찰할 수 있도록 도움을 주었다.

셋째, 정신 분석학적 접근의 이론에서는 아동기와 모자관계를 중요시하며, 발달 과정에서의 발달과업 이행의 중요성을 강조한다. 이러한 강조는 사회복지사가 사회조사를 통해 개인의 역사를 이해하고, 얻어진 정보를 바탕으로 진단하며 개입할 계획을 세울 수 있는 이론적 근거가 된다.

넷째, 아들러의 치료 이론은 증상의 제거보다는 기본적인 삶의 전제나 왜곡된 삶의 동기를 수정해 주는 인지치료 이론의 출발점이라고 할 수 있다.

다섯째, 에릭슨의 이론은 사회제도가 성격 발달에 미치는 영향에 관심을 가짐으로써 '환경 속의 인간'이라는 사회복지실천의 기본 관점에 일치하는 이론적 기반을 제공하였다. 프로이트의 이론에서 매우 제한적으로 다루었던 사회적 관계를 친구, 학교, 사회, 더 나아가 다음 세대까지 포함하여 다루고 있어 사회적 관계에 관한 사회복지 접근에 타당성과 정당성을 제공한다고 평가된다.

CHAPTER 2

행동주의적 접근

개요

행동주의 이론에서는 인간의 행동을 과학적으로 연구하여야 한다는 전제와 함께 행동의 기원을 환경과 경험으로 설명한다. 이러한 행동주의 이론은 특정 행동을 학습하는 과정과 방법에 많은 관심을 두기 때문에 학습 이론(learning theory)이라고도 불린다. 이 장에서는 왓슨과 스키너를 대표로 하는 고전적 조건형성 이론과 조작적 조건형성 이론, 그리고 반두라에 의해 창시된 사회학습 이론을 살펴볼 것이다. 고전적 조건형성 이론과 조작적 조건형성 이론은 개인의 내적, 정신적 사건에 대한 고려 없이 외적으로 관찰 가능한 인간행동만을 연구의 대상으로 삼는다. 한편, 사회학습 이론은 학습이 일어나는 과정에서 인간의 내적 과정을 중요시하며 관찰학습이나 모델링의 중요성을 강조한다.

1. 왓슨의 고전적 조건형성 이론

고전적 조건형성 이론(classical conditioning theory)은 러시아의 생리학자인 파블로프의 동물실험을 통해 확립되었으며, 미국의 심리학자인 왓슨(John B. Watson, 1878~1958)에 의해서 인간행동에 적용되면서, 행동주의 학습 이론의 기초가 마련되었다.

1) 생애

왓슨은 미국 남부 캐롤라이나 주 그린빌의 한 농가에서 태어났다. 왓슨은 학창시절의 자신의 모습을 '게을렀고 말도 잘 듣지 않는 말썽꾸러기였으며, 늘 낙제점수를 맞는 아이'였다고 회상하였다. 그랬던 그였지만 대학과 대학원을 거치면서 동물을 대상으로 한 심리학 연구에 심취하게 되었고, 박사학위를 받은 후 존스 홉킨스 대학교에 교수로 자리 잡게 되었다. 대학에서 활발한 연구를 하던 중 1913년에 미국심리학회에서 발표한 '행동주의 입장에서 본 심리'라는 주제의 선언문은 행동주의 심리학의 창시자로 그의 이름을 알리는 계기가 되었으며, 그는 이후 생리학에 기반한 파블로프의 조건형성을 인간행동에 적용하며 행동주의 심리학을 가장 영향력 있는 심리학 이론 중 하나로 전환시키는 데 기여하였다.

왓슨은 인간행동의 형성에 미치는 영향요인으로 환경을 강조했으며 실제로 대중에게 자신의 행동기법을 통해 자녀를 원하는 아이로 만들 수 있다고 호언장담하였다. 또한 성인들이 지금 겪고 있는 문제는 어린 시절 잘못 형성된 습관의 문제라고 주장하였다. 그러나 이후 연구 조교와의 스캔들로 인해 대학에 남아 계속 연구하는 것이 어려웠고, 학교를 그만둔 그는 뉴욕의 광고업계에 진출하게 되었다. 행동심리학을 새로운 분야인 패스트푸드나 자동차 등의 광고에 적용하여 소비자들의 구매 욕구를 자극하는 데 활용하였다(Forte, 2007).

2) 주요 개념

(1) 고전적 조건형성

러시아의 생리학자인 파블로프(Ivan Pavlov, 1849~1936)는 개의 소화과정에 관한 연구를 통해 행동주의의 밑거름이 된 고전적 조건형성 이론을 탄생시켰다. 그는 개의 소화액 분비 메커니즘에 관한 연구를 진행하던 중, 주인의 발자국 소리만으로도 개의 침이 분비된다는 것을 발견하였다. 이 발견을 시작으로 그는 메트로놈 소리, 불빛, 색깔 등과 같은 자극들을 반복해서 먹이와 함께 제시하면, 대뇌의 작용에 대해 의해 해당 자극과 먹이가 짝을 이루게 되고 그 결과 먹이 제공 없이 자극만 제시하더라도 침을 흘리게 된다는 것을 밝혀냈다. 유명한 '파블로프의 개 실험'은 이를 증명한 것이다(그림 1-2-1). 이처럼 파블로프의 고전적 조건형성은 무조건 자극(unconditioned stimulus: UCS)에 대해 무조건 반사로 나타나는

그림 1-2-1 파블로프가 고안한 실험장치

반응을 이와는 아무 상관이 없는 제3의 중립 자극(neutral stimulus: NS)에 대해서도 반응유발능력을 가지게 하여 조건 자극(conditioned stimulus: CS)으로 변화시키는 과정을 말한다. 구체적으로 침의 분비는 음식에 대해 나타나는 무조건 반응(unconditioned response: UCR)이다. 그런데 침의 분비와 아무 관련이 없는 종소리에 침을 분비시키도록 학습시키는 원리가 조건형성이다. 개에게 종소리와 음식을 동시에 제시하는 것이 몇 차례 반복되자 나중에 개는 음식을 주지 않고도 종을 울리면 침을 분비하게 된다. 즉, 침을 분비하는 행동과 아무 상관이 없는 중립 자극인 종소리를 음식과 연합시켜 침을 분비하도록 학습시킨다. 이렇게 중립 자극에 반응을 하도록 조건 형성시키면 중립 자극은 조건 자극이 되고 그에 대한 반응은 조건 반응(conditioned response: CR)이 된다(그림 1-2-2).

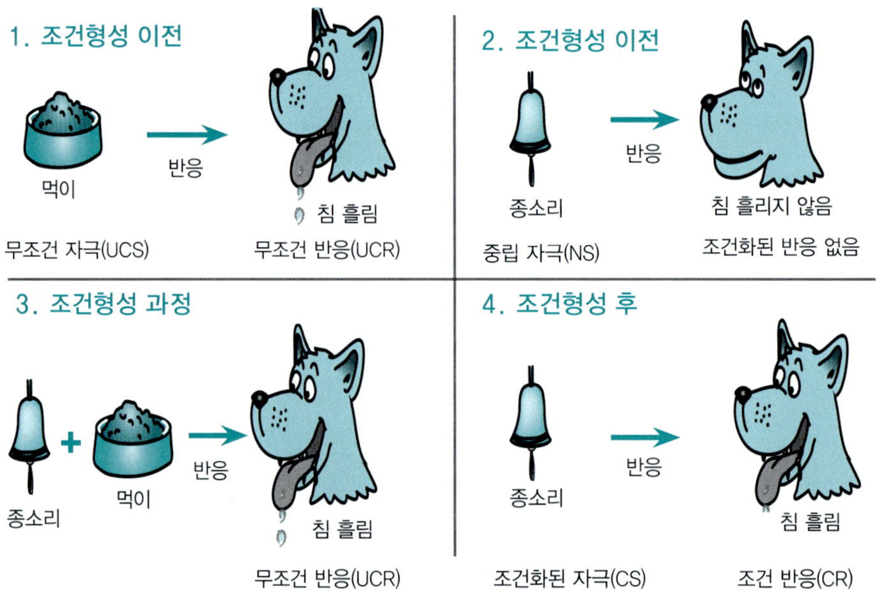

그림 1-2-2 파블로프 실험의 고전적 조건형성 절차

왓슨은 파블로프의 조건형성의 원리를 인간행동에 적용하고자 하였고, 공포증과 같은 정서 반응이 환경 자극에 의해 학습될 수 있다는 것을 실험으로 입증하였다. 그는 아동에게는 타고난 성향이 없으며 아동에게 영향을 미치는 것은 부모나 교사 등의 주요 타인들이며 그들의 양육방식이라고 보았다. 아동이 실제로 얼마나 순응적인지 입증하기 위해서 공포와 같은 정서 반응이 선천적인 것이 아니라 습득하는 것임을 실험으로 보여주었다. 왓슨이 실험대상은 흰쥐를 두려워하지 않는 11개월 된 유아 앨버트였다. 처음 9개월 된 앨버트를 만나서 흰쥐를 보여주었을 때 앨버트는 흰쥐를 무서워하지 않고 긍정적으로 반응하였다. 흰쥐를 향해서 먼저 기어갔고, 전에 개나 토끼와 놀았던 것처럼 놀았다. 그런 다음 2개월 후, 앨버트에게 공포 반응을 심어 주려고 시도했다. 흰쥐를 앨버트 앞에 지나가게 하고 지나갈 때마다 갑작스럽게 징소리를 내어 앨버트를 깜짝 놀라게 했다. 이러한 과정을 7~8회 반복했더니 앨버트는 흰쥐와 큰 소음을 연합하여 흰쥐에게 공포를 형성하게 되었고, 이러한 과정을 통해서 왓슨은 대중에게 공포를 쉽게 학습시킬 수 있음을 보여 주었다. 더 나아가 왓슨은 이 실험을 통해 인간으로 하여금 임의의 대상에 대해 공포를 느끼도록 조건화시킬 수 있음을 보여주었다.

(2) 자극 일반화

조건화가 일어난 후에 유기체는 조건화 과정에서 경험했던 조건 자극이 아니지만 이와 유사한 자극에도 반응을 나타내는 경향이 있다. 이를 자극 일반화(stimulus generalization)라고 한다. 예를 들어 조건화 과정에 특정 종소리가 조건 자극으로 사용되었다면 그 소리와 유사한 종소리에도 개가 침을 흘리는 반응을 할 수 있다. 이때 조건 자극 간의 유사성이 클수록, 예를 들어–두 종소리가 유사할수록–자극에 대한 반응 확률이 증가하며 일반화 정도는 더욱 커진다. 우리 속담에 '자라 보고 놀란 가슴, 솥뚜껑 보고 놀란다.'라는 말은 비슷한 자극에 대한 일반화된 반응의 예라고 할 수 있다.

(3) 자극 변별

자극 변별(stimulus discrimination)은 자극일반화와 상반되는 현상으로, 원래 조건 자극에만 조건 반응을 나타내고 다른 자극에는 조건 반응을 나타내지 않는 현상을 일컫는다. 파블로프의 실험에서 개에게 짧은 종소리를 제시할 때마다 고기를 주고, 긴 종소리를 제시할 때는 고기를 주지 않을 경우, 개가 짧은 종소리에는 타액을 분비하지만, 긴 종소리에서는 타액을 분비하지 않았다면 이를 자극 변별의 예라고 볼 수 있다.

(4) 소거

조건 반응이 획득된 뒤에 무조건 자극(예: 음식)이 제시되지 않고 조건 자극(예: 종소리)만을 계속 반복해서 제시하면, 조건 반응은 점점 줄어들다가 마침내는 일어나지 않게 된다. 이 현상을 소거(extinction)라고 한다.

(5) 자발적 회복

학습된 행동이 소거된 후 조건 자극만으로는 반응이 나타나지 않다가 일정한 시간이 흐른 후 조건 자극을 제시하면 다시 조건 반응이 재생된다. 이러한 현상을 자발적 회복(spontaneous recovery)이라고 한다. 마약, 알코올 중독 등의 약물 중독을 극복하기 어려운 이유도 바로 자발적 회복 개념과 관련된다. 코카인 중독자 자신은 중독을 극복했다고 생각하지만 흰색 파우더처럼 마약과 강한 결합을 이루고 있는 자극을 갑자기 접하게 되면, 예전에 경험했던 마약에 대한 강한 충동을 재경험하게 된다(Drummond et al., 1995).

2. 스키너의 조작적 조건형성 이론

스키너(Burrhus. F. Skinner, 1904~1990)는 고전적 조건형성 이론을 수용하였으나 이를 더욱 발전시킨 조작적 조건형성 이론(operant conditioning theory)을 제시하였다. 스키너가 볼 때 인간행동은 자극에 대한 반응에 의해 좌우되기보다는 자신이 한 행동의 결과에 의해서 더 많이 영향을 받는다고 보았다. 그의 관점에서 인간행동의 차이는 지금까지 행동 후에 어떤 강화를 받아왔는지의 차이, 곧 강화 역사의 차이라고 전제한다. 예를 들어, 운동선수가 국가대표로 선발되고 또 열심히 운동하는 것은 반사적 반응이라기보다 열심히 운동한 결과 수반되는 다양한 보상이나 성취감 등의 요인에 반응하여 하게 된 행동이다.

1) 생애

스키너는 1904년 미국 펜실베니아 주의 스키하나에서 법률가의 아들로 태어났다. 어린 시절에는 썰매, 그네, 마차, 뗏목, 연 등 다양한 물건을 디자인하고 만드는 것을 좋아했으며, 고교 시절에는 재즈 밴드의 연주자로 공연에 참여하기도 했다. 대학교 때에 그의 전공은 영문학이었는데, 졸업 후 작가가 되고자 했으나 자신에게 작가로서의 재능이 없다는 것을 깨닫고, 심리학 전공으로 대학원에 진학하였다. 그는 1931년에 동물행동을 전공으로 박사학위를 취득하였고, 동물의 신경체계에 관한 지속적인 연구 노력으로 1936년부터 1945년에 이르는 시기에는 행동주의 학파의 선구자적 위치를 구축하였다. 그리고 1958년부터 1974년 은퇴할 때까지 하버드 대학교 심리학과의 교수로 재직하였다.

스키너는 행동의 경험적 분석에 주된 관심이 있었으며 행동주의 심리학자로 교육과 심리학에 많은 영향을 미쳤다. 처음에는 쥐나 비둘기 등 하등동물을 연구하였고, 이후 동물행동 연구를 통해 발견한 행동의 원리를 성인과 자폐증 아동 연구, 인간 언어 분석, 학습기계의 고안에 적용하였다. 그는 스키너 상자(Skinner box)로 알려진 장치로 동물의 조작 행동(operant behavior)을 연구하였고, 온도가 조절되는 유아용 침대를 고안하여 자신의 딸에게 사용하였다.

스키너는 생전에 21권의 저서와 180편의 글을 남겨 미국 심리학 역사에 큰 영향을 미쳤으며, 미국 실험심리학 학회는 그에게 워렌상(Warren Medal), 특별과학 공로상 등을 수여하여 그의 공로를 인정하였다.

2) 주요개념

(1) 조작적 조건형성

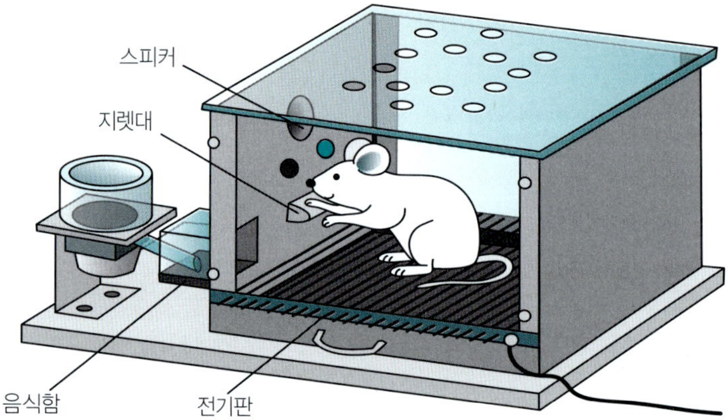

그림 1-2-3 스키너가 고안한 실험상자

스키너는 인간의 행동은 어떤 자극에 대한 반응으로 나타나기보다는 특정 행동 후에 뒤따르는 결과가 긍정적이냐 부정적이냐에 따라 그 행동이 유지되거나 혹은 통제된다고 전제하였다. 이를 증명하기 위해 조그만 상자를 고안하였는데 그 상자를 '스키너 상자(Skinner box)'라고 명명하였다(그림 1-2-3). 상자의 한쪽 벽에 지렛대를 장치하였고, 지렛대를 누르면 전원이 연결되어 먹이와 물이 나오도록 설계하여 실험을 진행하였다. 스키너는 상자 안에 배고픈 쥐 한 마리를 같이 넣었다. 쥐는 상자 안을 돌아다니다 우연히 지렛대를 눌렀고, 지렛대가 눌리자 먹이와 물이 제공되면서 쥐는 만족스럽게 배를 채울 수 있었다. 이런 실험을 반복적으로 실시하였는데, 시간이 지남에 따라 쥐가 상자에 들어가서 지렛대를 누르는 시간이 더 단축되었고, 지렛대를 누르는 행동이 더 자주 나타났다. 여기서 지렛대를 누르는 행동은 실험자가 의도한 조작 반응(operant response)이고, 먹이는 행동을 강화하는 자극이 된다. 이 실험을 통해 스키너는 어떤 행동을 한 결과가 만족스러우면 행동이 쉽게 재현되나 행동의 결과가 고통스럽거나 도움이 되지 않는다면 그 행동은 재현되지 않는다는 것을 발견하였으며, 인간의 행동은 행동 뒤에 어떤 결과가 주어지느냐에 의하여 형성되고 유지된다고 주장하였다.

스키너는 상자 안의 쥐 실험에서 자극과 반응 사이의 관계를 수정함으로써 자발적으로 행동이 변하도록 하는 자신의 행동 형성 기법을 조작적 조건형성(operant conditioning)이라 하였다. 조작적 조건형성에 의해 습득된 행동을 '조작 행동'이라고 한다. '조작'이라는 말이 의미하는 바는 바라는 결과를 얻기 위해 행해지는 노력을 의미한다. 즉, 쥐 실험에서 지렛대를 누르는 행동은 그 행동 자체가 의미를 가지는 것이 아니라, 행동 후에 뒤따르는 먹이를 얻기 위해 행해진 노력이므로 조작 행동이 된다.

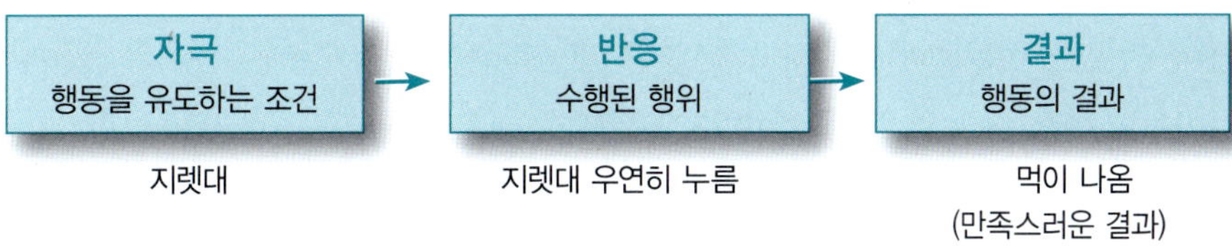

그림 1-2-4 조작적 조건형성 과정

(2) 강화

강화(reinforcement)란 어떤 특정 행동의 발생 가능성을 높이기 위한 과정을 말하며, 강화를 목적으로 제공되는 자극을 강화인(reinforcer)이라고 한다. 스키너의 쥐 실험의 예에서 보면, 먹이는 강화인이 되고, 이 강화인은 지렛대를 누르는 행동을 강화시킨다.

강화에는 정적 강화(positive reinforcement)와 부적 강화(negative reinforcement)가 있다. 정적 강화는 행동 뒤에 행동의 주체가 좋아하는 유쾌하거나 바람직한 자극–예를 들어, 음식, 돈, 칭찬–을 제공하여 행동의 빈도를 높이는 것이다. 예를 들면 방을 깨끗하게 청소한 아이에게 어머니가 칭찬을 하거나 아이에게 용돈을 줌으로써 이후에도 더욱더 자기 방을 깨끗이 하도록 유도하는 경우이다. 부적 강화는 어떤 행동을 했을 때, 행동 뒤에 따르는 불쾌하거나 혐오스러운 자극을 제거함으로써 반응 또는 행동의 빈도를 증가시키는 것을 말한다. 예를 들면, 귀찮은 사람을 피해서 걷거나 나무 밑에 가서 더위를 피하는 행동 등이 이에 해당한다.

표 1-2-1 강화와 처벌의 종류

자극의 종류	제시	철회
유쾌 자극	정적 강화 (반응 가능성의 증가)	부적 벌 (반응 가능성의 감소)
혐오 자극	정적 벌 (반응 가능성의 감소)	부적 강화 (반응 가능성의 증가)

(3) 처벌

처벌(punishment)은 부적 강화와 혼동되기 쉬운 개념이나 구분해야 할 개념이기도 하다. 정적 강화와 부적 강화는 모두 바람직한 행동을 증가시키는 것에 초점을 두고 있지만, 처벌은 바람직하지 않은 행동을 감소시키는 것에 초점을 두고 있다. 처벌에는 정적 벌과 부적 벌 두 가지 종류가 있는데, 정적 벌은 불쾌한 자극을 제공하여 바람직하지 않은 행동의 수행이 감소되도록 하는 것이며, 부적 벌은 소중한 특권 등을 철회함으로써 바람직하지 않은 행동을 감소시키는 것이다. 예를 들어 숙제를 하지 않는 학생에게 벌점을 준다면 이는 정적 벌에 해당하며, 동생과 싸운 형에게 엄마가 형이 좋아하는 게임을 하루 동안 하지 못하게 했다면 이는 부적 벌이 될 수 있다. 처벌은 행동을 통제하는 데 즉각적인 효과가 있으나 그 효과는 일시적일 수 있으며 때로 원치 않는 부작용을 초래할 수도 있다. 따라서 정적 강화는 최대화하고 처벌은 최소화하여 행동을 조절할 필요가 있다.

(4) 행동조성

행동조성(shaping)은 복잡한 행동이나 기술에 도달하기까지의 행동을 여러 단계로 나누어 세분화된 목표행동에 접근할 때마다 적절한 보상을 주어 최종적으로 특정 목표행동을 획득하게 하는 방법이다. 행동조성은 원하는 행동에 접근할 때마다 강화가 주어지기 때문에 점진적 접근이라고도 한다. 예를 들어, 아이가 대소변을 가리도록 행동을 학습시키는 경우에 먼저 아이의 배변욕구에 관한 의사표시에 강화를 하여 자기표현을 할 수 있도록 행동을 조성하고, 그 다음 단계에서는 바지를 내리고 변기에 앉는 행동까지 반복적으로 강화시킨다. 여기까지 도달하면, 그 다음 단계에서는 변기의 물을 내리는 행동을 차례로 강화시킴으로써 전체적으로 배변을 스스로 해결할 수 있도록 학습시키는 방법이다. 행동조성 방법은 언어지도나 대인관계지도, 정신지체나 자폐아동의 식사나 옷 입기 등 아동의 지적 학습, 기본 생활 습관 및 태도, 그리고 기능 습득 등 교육 현장이나 치료현장에서 광범위하게 활용되고 있다.

3. 반두라의 사회학습 이론

반두라(Albert Bandura, 1925~2021)에 따르면 행동이나 학습내용을 습득하는 방법으로는 크게 직접적인 방법과 간접적인 방법이 있다고 보았다. 간접적인 방법으로는 자극이나 강화 없이 환경 속에서 타인의 행동을 모방하거나 관찰을 통해 배우는 관찰학습 또는 대리학습이 있으며, 이러한 학습은 일상적인 사회장면에서 일어날 수 있기 때문에 그의 이론을 사회학습 이론(social learning theory)이라고 한다.

반두라는 인간은 강화와 벌 없이도 모방이나 관찰만으로 많은 것을 학습할 수 있는데, 이는 인간에게는 사고하고, 상상할 수 있는 인지적 능력이 있기 때문에 가능하다고 보았다. 그는 고전적 조건형성과 조작적 조건형성 이론을 받아들이면서도 인지적 요소를 이론에 포함시킴으로써 전통적 행동주의를 더욱 확장시키는 역할을 하였다.

1) 생애

반두라는 캐나다로 이주한 폴란드 출신의 부모 사이에서 태어났다. 그는 밴쿠버에서 대학을 졸업한 후 학습 과정에 대한 연구로 유명한 미국의 아이오와 대학에서 석·박사과정을 마치고, 스탠퍼드 대학 심리학과 교수로 재직하면서 인간행동을 이해하기 위한 접근으로써 사회인지적 이론의 개발에 열정을 쏟았다. 반두라는 인간의 학습에 대해 스키너의 이론이 설명하지 못하는 학습의 형태, 즉 직접적인 처벌과 보상의 경험 없이 인간이 새로운 행동을 습득한다는 것을 이론적으로 설명하고자 하였다. 구체적으로 반두라와 그의 동료는 비록 강화인이 제공되지 않더라도 아이들이 새로운 행동을 배운다는 것을 관찰하였으며, 대부분의 인간행동은 타인의 행동을 관찰함으로써 학습된다는 결론을 내리게 되었다. 인간은 다른 사람을 관찰하면서 그들이 어떤 보상을 받는지 혹은 어떤 처벌을 받는지를 알게 되고, 그 사람의 행동을 지배하는 규칙을 파악한다. 반두라에 따르면, 인간은 스키너가 주장한 것처럼 시행착오를 통해서도 배우지만 일상적으로는 타인의 행동을 모델링(modeling)함으로써 자신의 행동 역량을 증가시킨다. 특히 청소년의 공격성은 부모행동에 대한 모델링의 결과라는 이론적 설명을 최초로 내놓았다.

반두라가 전통적 행동주의 학자들과 뚜렷이 구분되는 특징은 눈에 보이지 않는 학습의 인지 과정에 관심을 가졌다는 것이다. 그리고 계속된 인간의 인지과정에 대한 연구와 관심은 행동주의 이론과 이후의 인지 과학자들의 이론을 연결해

주는 다리 역할을 하였다.

2) 주요 개념

(1) 상호결정론

반두라는 인간의 성격이란 개인적, 행동적, 환경적 요소 간의 지속적인 상호작용에 의하여 발달한다고 보았으며, 이를 상호결정론이라고 하였다. 상호결정의 과정은 그림에서 보는 바와 같이 환경(Environment)은 사람이 행동하는 상황을 제공하고 개인(Person)은 개인의 인지적 요소로 그 상황을 분석하여 어떤 행동을 선택할 것인지 결정하며, 행동(Behavior)은 사람의 상황 분석과 관련된 정보를 제공하고 그 환경을 수정한다. 즉, 자신이 무엇을 할 수 있다는 신념은 어떤 특별한 행동을 수행하는 것에 영향을 주고, 그 결과로 나타난 행동은 다시 환경에 영향을 준다. 환경은 다시 그 사람의 기대를 변화시키는 역할을 한다. 그러므로 환경, 개인, 행동 세 가지 요소는 서로에게 영향을 주며 상호의존적이다(최옥채 외, 2013).

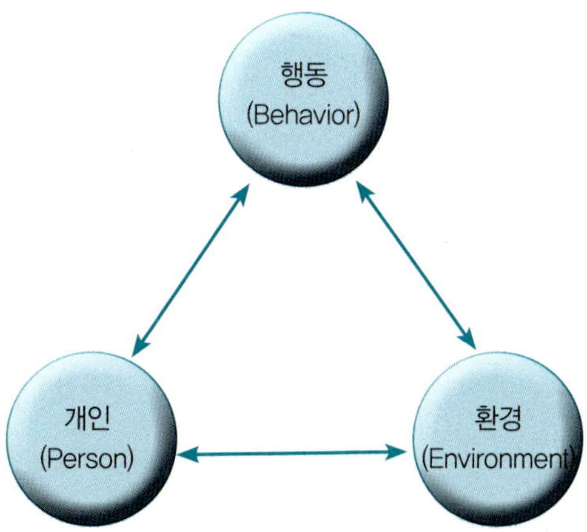

그림 1-2-5 반두라의 상호결정론

(2) 모델링

모델링(modelling)이란 모델이 어떤 대상이나 사람의 행동을 모방하는 것을 의미하는 것으로 반두라는 대부분의 행동법칙이 직접적인 학습경험에 따라 나타나기보다는 오히려 간접적인 가르침에 따라 전달된다고 보면서 모델링을 기본적인 사회학습의 기제로 제시하였다. 아동은 모델링을 통해 공격적 행동이나 친사회적 행동, 성역할 행동 등 다양한 행동들을 학습하게 된다고 주장하였다. 특히, 생의 초기에 아동은 보상과 처벌 없이도 단순하게 주변 사람들의 행동을 관찰하고 따라 함으로써 많은 행동을 획득한다.

(3) 관찰학습

반두라의 관찰학습은 다음의 네 단계로 이루어진다(이영 외, 2009).

① 주의집중 과정(attentional process)

관찰학습이 이루어지기 위해서는 우선 모델에게 관심을 집중해야 한다. 상대 모델에 대해 얼마나 주의집중을 하는지는 모델자극의 특성과 관찰자의 개인적 특성에 따라 결정된다. 모델이 매력적이고 존경받고 유능할 때 더 집중하게 되고, 성이나 연령 등이 관찰자 자신과 유사할 때도 주의집중도가 높아진다. 그에 반해, 주의를 기울이는 데 실패한 학습자는 행동을 제대로 모방할 수 없다.

② 파지 과정(retention process)

관찰된 내용이 기억되는 단계이다. 성공적인 학습을 위해서는, 즉 관찰에서 얻은 정보를 사용하기 위해서는 주의를 기울여 관찰한 것을 언어 혹은 심상 등의 형태로 기억 속에 저장하고 유지해야 한다. 효과적인 학습자는 관찰한 문제해결 전략이나 행동을 정신적으로 반복 시연하는 등 기억을 유지하려는 적극적인 노력을 한다.

③ 운동재생 과정(motor reproduction process)

관찰을 통해 기억 속에 저장된 정보들을 행동으로 전환하여 직접적으로 시연하는 과정이다. 이를 위해서 학습자는 관찰한 행동을 수행할 수 있는 신체적 능력을 가지고 있어야 하며, 자기 관찰과 타인의 피드백을 통해 행동을 수정하고 조정하기도 한다.

④ 동기화 과정(motivational process)

학습자가 모델의 행동을 기억하고 능숙하게 수행할 수 있는 신체적 능력을 가지고 있어도 행동으로 옮기고 싶은 마음이 없다면, 즉 동기화되지 않으면 행동으로 나타나지 않는다. 만약 학습자가 자신이 관찰한 행동을 모델링했을 때 보상이 주어질 것이라고 예측한다면, 그 행동에 대한 주의집중, 파지 운동재생 과정은 더욱 촉진될 수 있다.

동기화 과정은 직접강화, 대리강화, 자기강화에 의해 달라진다. 직접강화는 과거에 모델이 했던 행동과 비슷한 행동을 했을 때 자신이 직접 받은 강화이고, 대리강화는 모델이 한 행동을 보고 난 후에 받은 강화이며, 자기강화는 자신의 행동에 스스로 내리는 평가이다.

(4) 자기효능감

자기효능감(self-efficacy)이란 자신이 주어진 과제나 혹은 현재 노력하고 있는 것에서 성공할 수 있는 능력이 있는가에 대한 개인의 신념을 말한다. 즉, 자기효능감은 자신의 능력에 대해 스스로가 가지고 있는 믿음이다. 반두라는 한 개인이 주관적으로 자신의 효능감에 대해서 어떤 생각을 가지고 있느냐가 중요하다고 보았다. 이러한 효능감은 자기 자신을 확신하느냐, 불신하느냐에 대한 판단으로 어떤 행동을 결정하는 데 중요한 요소가 된다.

실제로 자신을 자기효능감이 높은 사람으로 판단하는 사람은 도전을 피하기보다 이를 선택할 가능성이 높은데, 그러한 판단의 기저에는 자신이 도전으로 인해 압도당하기보다는 충분히 이겨낼 수 있다는 믿음이 있기 때문이다. 이와 같이 도전정신을 갖고 있기 때문에 자기효능감이 높은 사람은 상황을 바꿀 잠재력을 가지고 있으며, 자기효능감이 낮은 사람보다 새로운 행동과 변화를 시도할 가능성이 높다(Parrish, 2010).

반두라는 자기효능감이 다음의 네 가지 요인에 의해서 영향을 받는다고 보았다. 첫째, 자기효능감은 성취경험의 영향을 받는다. 즉, 어떤 사람이 목표를 달성하기 위하여 시도한 결과 성공과 실패가 얼마나 많았느냐에 따라 자기효능감이 달라질 수 있다. 즉, 과거의 성공적 경험은 자기효능감을 높이는 반면, 실패한 경험은 자기효능감을 떨어뜨린다. 둘째, 자기효능감은 모델링을 통해서 획득한다. 비슷한 능력을 가진 타인이 성공하거나 성취를 이룬 경험을 관찰할 때 자기효능감이 높아진다. 셋째, 자기효능감은 주변으로부터의 언어적 설득 경험에 의해 영향을 받는다. 즉, 타인으로부터 무엇인가를 잘해낼 수 있다는 말을 얼마나 자주 듣느냐가 자기효능감에 영향을 미칠 수 있다. 넷째, 정서적 각성이 자기효능감에 영향을 미친다. 즉, 인간은 불안, 좌절 등과 같은 정서적 반응, 그리고 그것을 적절히 조절하는 능력에 의해서 자기효능감이 달라진다. 구체적으로 신체적·정서적으로 불안한 상태는 두려움이나, 높은 수준의 스트레스 등의 강한 정서를 유발하고, 이는 수행 능력뿐만 아니라 자기효능감을 떨어뜨린다(Bandura, 1997).

적용과 실천

전통적 행동주의 이론은 인간을 기계적이고 수동적인 존재로 본다는 점에서, 그리고 외적인 행동에만 초점을 두고 있다는 점에서 인간의 자기 결정과 역량강화를 중요시하는 인간서비스의 가치에는 부합되지 않는 측면이 있다. 그럼에도 불구하고 행동주의 이론은 사회복지를 비롯한 인간을 대상으로 한 서비스에 많은 영향을 미쳤는데, 이를 정리하면 다음과 같다.

첫째, 행동주의 이론은 행동상의 문제를 가진 대상을 만났을 때, 문제에 대한 정의를 내리는 데 유용한 틀을 제공한다. 예를 들어 공격적인 행동이 문제가 되는 아동이나 청소년을 만났을 때 문제 행동을 일으키는 선행 조건과 이 행동을 지속적으로 일어나게 하는 강화 요인이 무엇인지에 초점을 맞추어 문제를 정의할 수 있도록 해줌으로써 개입단계에서 어떻게 접근할지 결정하도록 해준다.

둘째, 행동주의 이론은 가정뿐 아니라 학교에서 부모와 교사에게 구체적인 훈육과 교수학습방법을 제공해 준다. 아동에 대한 개입에서 정적 강화를 통해 바람직한 행동을 지속할 수 있도록 격려하기도 하며 바람직하지 않은 행동을 수정할 수 있는 방법을 제공해 준다. 예를 들어, 바람직한 행동에 대해 토큰(예: 점수, 도장, 스티커 등)을 제공하여 미리 정해 약속한 양을 모으면 원하는 물건이나 활동과 교환할 수 있도록 하는 토큰경제(token economies) 등의 방법은 아동 행동지도에서부터 정신과 치료에 이르기까지 많은 상황에서 행동을 체계적으로 보상하기 위해 사용되고 있다. 그 외에도 다양한 행동수정 기법이 사회성 기술훈련, 금연, 다이어트, 학급 및 조직 관리, 통증 억제, 특수교육, 품행장애, 주의력 향상 및 충동행동 조절 등 크고 작은 각종 문제 행동을 개선하는 데 효과적으로 사용되고 있다.

셋째, 행동주의 이론은 객관적으로 측정 가능한 행동에 관심을 두었다. 따라서 사회복지 실천 현장에서 문제행동의 강도와 빈도 등을 양적으로 측정하도록 함으로써 개입을 통한 효과성과 목표 달성의 정도를 가시적으로 평가하는 데 도움을 주고 있다(최순남, 2002).

CHAPTER 3

인본주의적 접근

개요

인본주의적 접근의 이론은 인간 존재 자체가 존경받을 만한 가치가 있다는 인간중심적 관점을 전제로 하고 있으며, 또한 인간은 긍정적이고 합리적인 존재로 그러한 개개인이 경험하는 주관적 경험을 중요시한다. 뿐만 아니라 인본주의적 접근은 인간의 과거 경험이 현재의 행동을 결정한다는 정신 분석적 접근의 이론이나 인간행동이 환경에 의해 학습된다는 행동주의 이론과 달리 지금 여기에서 인간이 어떻게 생각하고 느끼느냐가 행동을 결정한다고 본다.

더불어, 인본주의 이론은 인간의 자유의지와 자아실현과 같은 긍정적인 측면에 초점을 두고 있으며, 누구나 자신의 잠재력을 실현하려고 하는 강한 의지와 경향성을 가지고 있다고 가정한다.

이 장에서는 이러한 인본주의적 접근의 두 이론인 로저스의 인간중심 이론과 매슬로의 욕구위계 이론을 살펴볼 것이다.

1. 로저스의 인간중심 이론

인본주의 철학에서는 인간은 기본적으로 선하며 존경받을 만하고 환경조건이 적당하기만 하면 자신의 잠재능력을 실현해 나갈 수 있는 존재라고 보았으며, 자신의 경험을 스스로 결정하며 행동을 자유롭게 선택하는 의지를 가진 존재라고 믿는다. 이러한 철학을 이어받은 로저스(Carl Rogers, 1902~1987)는 인본주의 가치를 인간중심 이론(person-centered theory)으로 구현하였다. 로저스는 인간에게는 선천적으로 자신을 유지시키거나 향상시키기 위한 자아실현 경향성을 가지고 있다고 보고, 인간의 삶에 있어 최우선 동기는 바로 자신을 실현하고 개발하는 것이라고 보았다. 또한, 내담자와의 치료적 관계에 있어 온정, 공감, 진실성, 긍정적 존중의 태도를 강조하였다.

1) 생애

1902년 미국 시카고 일리노이의 오크 파크에서 5남 1녀 중 넷째로 출생했다. 그는 자신의 가정을 가족 간의 유대가 강하고, 어떤 타협도 용납되지 않는 매우 엄격한 분위기였다고 묘사한 적이 있다. 특히 근본주의적 기독교 신앙을 가진 그의 부모님은 자녀에게 선택받은 자다운 도덕적 행동과 근면의 미덕을 강조했으며, 인자했지만 통제의 강도가 높은 양육 방식을 고수하였다. 로저스의 회고에 따르면 그의 부모님은 그가 12세 되던 해, 자녀를 도시 생활의 유혹에서부터 보호하기 위해 시카고에서 시골로 이사를 했다. 이로 인해 그는 다양한 사람들과의 사회적 관계를 원했으나 고립된 생활을 하며 대신 자연과 독서와 사색으로 유년 시절을 보냈다.

로저스는 1928부터 1939년까지 아동폭력방지협회에서 비행아동과 불우아동을 위한 치료활동을 했으며, 1940년에는 오하이오 주립대학의 심리학과 교수로 재직하였으며 1945년에서부터 1957년까지는 시카고 대학교의 심리학과 교수와 상담소장을 역힘한 바 있었다. 이 기간의 임상경험을 통해 로저스는 무엇이 클라이언트에게 상처를 주었으며, 어떤 방향으로 상처를 치료해야 하는지를 아는 사람은 치료자가 아닌 바로 클라이언트 자신이라는 것을 확신하게 되었다. 이에 따라서 치료자의 역할은 전문가로서의 권위로 진단하고 해석하고 평가하는 것이 아니라 클라이언트의 자원을 스스로 발견하고 탐색하도록 도와주는 것이라고 주장하게 되었다. 그의 이론을 인간중심 이론 혹은 치료라고 하는 이유가 바로 여기에 있으며, 이러한 그의 이론을 인간중심 이론 혹은 치료라고 하는 이유가 바로 여기에 있으며, 이와 같은 그의 이론적 접근은『내담자 중심 요법』이라는 저서에 담겨 출판되었다. 1957년에는 모교인 위스콘신 대학교에서 교수로 활동하였으며, 1964년에는 사직하고 캘리포니아 주 라졸라에 있는 서부 행동과학연구소와 인간연구소로 자리를 옮겼다. 이후로도 계속해서 자신이 고안한 다양한 심리요법을 강의나 워크샵을 통해 알리고 임상 장면에 적용하며 성격 연구의 혁신자로 활동하다 1987년 사망하였다.

2) 주요 개념

로저스의 이론은 '지금-여기(here & now)'를 강조하는 현상학적 이론(phenomenological theory)이다. 현상학은 인간에게 나타난 현상을 어떻게 경험하고 느끼는지를 연구하는 학문이다. 즉, 로저스는 현상학적 심리학자의 한 사람으로 사람이 어떻게 행동하는가 하는 것은 그 사람이 세계를 어떻게 지각하느냐에 달려 있다고 보았다. 이러한 이론적 전제하에 몇 가지 주요 개념은 다음과 같다.

(1) 무조건적인 긍정적 존중

무조건적인 긍정적 존중(unconditional positive regard)은 건강한 성격발달을 위한 중요한 요소이다. 긍정적 관심은 타인에게 사랑받고 가치 있는 존재로 수용되고자 하는 욕구로 이것은 조건 없이 있는 그대로 그 사람을 수용하거나 존경하는 것으로, 어떤 경우에서든지 주어지는 완전하고 진실된 사랑과 존중을 의미한다. 그렇다고 하여 부모가 아동을 양육할 때 아동이 하는 모든 말이나 행동을 수용한다는 것을 의미하는 것은 아니다. 아동에 대해 집착하거나 평가하지 않고 그 자체로 소중한 존재로 인정해 주며, 온정으로 수용하고 한 인간으로서 사랑받고 있음을 경험하도록 하는 것을 의미한다.

(2) 자아실현 경향성

로저스는 인간에게는 자아실현 경향성이라는 가장 기본적인 선천적 동기가 있다고 믿었다. 그에 따르면, 자아실현 경향성이란 다른 모든 생명체들과 마찬가지로 자신을 유지하고 향상시키며, 자신의 잠재력을 건설적인 방향으로 성취하려는 인간의 기본적이고 선천적인 성향을 의미한다. 그러나 모든 생명은 적절한 보살핌과 영양 공급을 받지 못하면 건강하게 성장할 수 없다. 인간 역시도 존중과 신뢰가 있는 환경에 놓일 때 비로소 긍정적이고 건설적인 방향으로 나아갈 수 있으며 자아를 실현해 나갈 수 있다. 따라서 어떤 환경이 제공되느냐에 따라 자아실현 경향성은 위축되거나 멈춰질 수 있다(김윤정, 2011).

(3) 완전히 기능하는 사람

완전히 기능하는 사람(the fully functioning person)이란 훌륭한 삶 또는 이상적인 삶을 사는 사람을 말한다. 로저스에 따르면 훌륭한 삶이란 어떤 목적지가 아니라 자유롭게 움직일 수 있는 방향이라고 하였다.

심리적으로 좀 더 자유롭고 완전히 기능하는 사람은 자신이 선택한 방향으로 움직이는 것이 가능하다. '완전히 기능하는 사람'은 자신의 잠재력을 알고 자신의 능력과 자질을 발휘하는 삶을 사는 사람으로 다음과 같이 다섯 가지 중요한 성격 특징을 가지고 있다(최옥채 외, 2013).

① 경험에 대해 개방적이다.

자신의 경험에 대하여 열려 있다는 것은 자신의 내부에서 일어나고 있는 것에 민감하며, 이를 억압하지 않는다는 의미한다. 자신의 감정에 민감하되, 충분하게 합리적으로 자신의 감정을 인식하고 사리 판단을 하여 상황에 적절하게 반응한다.

② 실존적인 삶을 산다.

실존적인 삶이란 인간 존재의 매 순간을 충분히 즐기며 사는 것을 의미한다. 현재의 자기나 미래의 자기는 지금의 순간으로부터 나오는 것이며, 개인의 자아와 성격은 경험을 통해 만들어지는 것이다. 완전히 기능하는 사람들은 삶을 과정 중심으로 사는 강한 경향성을 나타낸다.

③ 자신에 대한 신뢰를 가지고 있다.

많은 사람들은 일부 집단이나 기관이 지켜 온 사회적 규범에 의존하거나 타인의 판단이나 과거의 유사한 상황에서 자신이 행동했던 방법에 의존한다. 즉, 상당한 사람들의 의사결정은 외적 영향력의 출처에 의해서 좌우되지만, 완전히 기능하는 사람은 자신의 경험을 통해 자신이 해야 할 것과 하지 말아야 할 것을 결정한다.

④ 경험적 자유를 지닌다.

완전히 기능하는 사람은 미래가 자기 자신에게 달려 있다고 믿는다. 로저스 역시 인간의 행위가 생물학적인 신체구조나 사회적 압력, 과거의 경험에 의해서 강하게 영향을 받는다는 점을 인정한다. 그러나 인간은 자기가 선택한 인생을 자유롭게 살아갈 수 있는 존재로 보았다. 경험적 자유는 자신의 행동과 결과에 책임을 지는 것 역시도 오로지 자신뿐이라는 의미를 내포하고 있다. 완전히 기능하는 사람은 자신의 인생에서 많은 것을 선택하며, 자신이 원하는 것은 어떤 것이든 실제로 행할 수 있다.

⑤ 창조성을 지니고 있다.

완전히 기능하는 삶을 사는 사람은 창조적이며, 문화 내에서 건설적으로 살아가는 경향이 있다. 자신의 깊은 곳에 있는 욕구를 알고 그것을 충족시키며 살면서 사회에 얽매어 살아가지 않는다.

2. 매슬로의 욕구위계 이론

매슬로(Abraham Maslow, 1908~1970)는 인간은 근본적으로 선한 존재이며 존경받을 만할 뿐 아니라, 환경조건이 적당하기만 하다면 자신의 잠재능력을 실현해 나가려는 성향이 있다고 보았다. 그는 인간행동 연구에서 기본적으로 인간은 건전하고 창조적인 존재라는 것을 전제로 하고 있으며 그러한 바탕 위에 인간행동은 자신의 욕구를 추구하려는 동기가 발현된다고 보았다. 욕구위계 이론은 자신의 잠재력을 최대한 발휘하여 성격적 성숙을 도모하고, 자신이 원하는 추구하려는 인간의 동기를 다룬 성격 이론이다(이근홍, 2016).

1) 생애

매슬로는 1901년 뉴욕의 브루클린에서 7남매 중 장남으로 태어났다. 그의 아버지는 가난하고 교육받지 못한 러시아계 유대인 이민자였지만, 아들에 대한 기대가 컸다.

매슬로의 어린 시절은 냉혹하고 외로웠다. 그는 친구들과 잘 어울리지 못했고 대신 많은 시간을 도서관에서 책과 함께 보냈다. 매우 명석하였던 그는 법대에 진학하기를 바라는 아버지의 뜻을 따랐지만 흥미를 느끼지 못해 입학하던 해에 중퇴하였다. 그 후 위스콘신 대학교에서 심리학을 공부하였다. 처음에 그의 흥미를 끈 심리학 분야는 행동주의로서, 특히 왓슨의 연구에 매료되었다. 매슬로는 심리학을 통해 세상의 문제를 해결하고자 하는 욕구를 가지고 있었다. 그의 박사학위 논문은 원숭이의 성적 행동에 관한 관찰 연구였는데, 위스콘신 대학교에 있는 동물 실험실에서 연구하던 할로우(Harry Halow) 교수로부터 지도를 받았다.

매슬로는 정신 분석, 게슈탈트 심리학, 철학을 공부하면서 행동주의가 인간행동을 이해하는 데 도움을 주지 못한다고 생각하게 되었다. 그는 브루클린 대학에서 4년간 재직하면서 저명한 심리학자들과 교류하였는데, 그 중에서도 게슈탈트 심리학의 창시자인 베르트하이머(Wertherimer)와 문화인류학자인 베네딕트(Benedict)와의 만남이 그에게 큰 영향을 미쳤다. 실제로 두 학자들을 만나면서 자아실현을 한 인물의 삶에 대해 관심을 갖게 되었다. 그는 심장발작으로 1970년에 사망했다.

2) 욕구위계

매슬로에 따르면 인간의 동기가 작용하는 방식은 두 가지다. 그 중 하나는 결핍 욕구(deficiency needs)로서, 적절히 충족되지 못하였을 때 결핍을 극복하기 위해 목표지향적 활동을 한다. 음식, 물, 쾌적한 온도, 안전, 애정, 존경의 욕구들이 바로 결핍 욕구에 의해 작용하는 기본 동기이다. 두 번째는 성장 욕구(growth needs)다. 이는 오직 자기실현의 욕구에서만 작용하며 하위의 기본 욕구가 어느 정도 충족되어야 자기실현의 욕구에 도달할 수 있다. 매슬로는 욕구의 강도에 따라 기본 욕구와 성장 욕구를 다음과 같이 다섯 개의 층으로 배열하였다(오혜경 역, 2009).

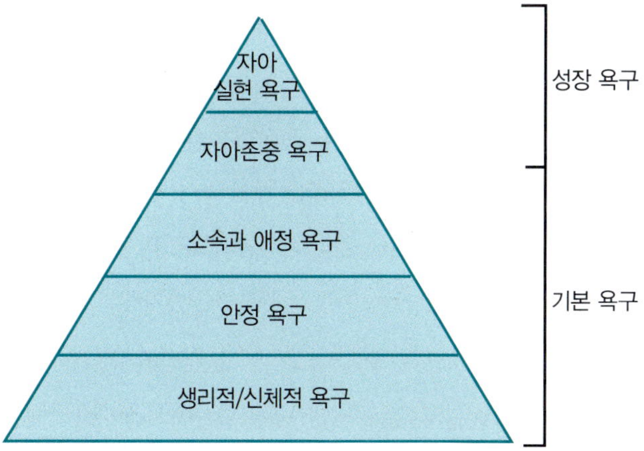

그림 1-3-1 매슬로의 욕구위계 구조

(1) 생리적 욕구

생리적 욕구(physiological needs)는 모든 욕구 중 가장 기본적이고 강력한 욕구로 음식, 물, 공기, 수면, 성, 추위나 더위로부터 감각자극에 대한 욕구 등이 포함된다. 사람들은 이러한 기본 욕구가 만족되지 않으면 더 높은 단계의 욕구를 충족시키려는 시도를 하지 않으려 한다. 항상, 배가 고픈 사람에게는 음식이 중요한 요소인 반면에 자유, 사랑, 소속 등의 다른 수준의 욕구는 관심의 대상이 아니다.

(2) 안전의 욕구

사람은 생리적 욕구가 충족되면 다음으로 안전의 욕구(safety needs)로 분류되는 새로운 욕구가 동기화된다. 안전의 욕구에는 안전, 안정, 보호, 질서, 불안과 공포로부터의 해방 등과 같은 욕구가 포함된다. 평생교육을 보장해 주는 직장을 선호하는 성향이나 다양한 보험에 가입하고 싶은 욕구 등이 모두 안전을 추구하는 욕구와 맞닿아 있다. 일반적으로 볼 때, 평화롭고 안정적인 사회구성원들의 경우, 안전의 욕구 자체는 행동의 동기가 되지 못한다. 그러나 비록 생리적 욕구보다 정도는 덜하겠지만 때로 안전의 욕구가 인간을 완전히 지배하기도 한다. 예를 들어,

내전과 테러가 일상화된 지역에서는 극단적이고 만성적인 안전 결핍 상태에 놓이게 되는데 이런 경우 안전의 욕구는 인간행동의 동기가 된다. 특히 안전의 욕구는 법과 질서, 권위가 실제로 위협당할 때 극대화된다. 혼돈이나 폭력의 위협이 발생하면 상위의 욕구를 느끼던 사람들조차도 강한 안전의 욕구를 느끼게 된다.

(3) 소속과 사랑의 욕구

생리적 욕구와 안전의 욕구가 충족되면 새로운 욕구를 느끼게 되는데 바로 소속과 사랑의 욕구(belongingness and love needs)이다. 여기에는 애정을 주는 것과 받는 것이 모두 포함된다. 소속과 사랑의 욕구 충족을 위해서는 많은 사람들이 친구나 가족과 같은 사회적 연결고리를 만드는 것이 중요한데, 산업화, 도시화에 따른 사회적 이동성의 증가로 인하여 점점 충족되기 어려워진다. 이러한 욕구의 충족을 위해서는 개인이 조직, 단체, 집단 등에 가입하여 활동하는 것이 필요하다.

(4) 존중의 욕구

대부분의 사람들은 자신에 대해서 안정적이고 호의적인 평가를 받고 싶은 욕구나 자기 존중 또는 자부심을 유지하고 싶은 욕구, 타인으로부터 존중받고 싶은 욕구를 가지고 있다. 매슬로는 이를 자기 존중의 욕구(esteem needs)라고 명명했는데, 이 욕구는 다시 두 가지로 구분할 수 있다. 하나는 타인에 의한 존중감이며, 다른 하나는 자신에 의한 존중감이다. 외부적으로 얻는 자기 존중은 명성, 존경, 지위, 평판 혹은 사회적 성공에 기초를 두고 있으며, 내적으로 얻는 자기 존중은 성취감, 적합성의 느낌, 숙달과 능력 등에 기반한다. 건강한 자존감은 외적인 명성이나 세상의 평가가 아니라 자신에 의한 존중을 바탕으로 형성된다. 자기 존중의 욕구가 충족되면 자신감이 생긴다. 능력과 힘을 가진 자신이 세상에 필요하고 가치 있고 유용한 존재라고 느낀다. 그러나 이 욕구가 충족되지 않으면, 열등감, 무력감을 경험한다(김윤정, 2011).

(5) 자아실현의 욕구

자아실현의 욕구(needs for self-actualization)는 인간의 욕구 위계 중 가장 높은 데 위치하고 있는 것으로 자신의 잠재력을 성취하고 실현하려는 욕망이다. 자아실현을 한다는 것은 자기가 원하는 것을 이루고 자신의 잠재력을 최고로 발휘하는 것이다. 인간에게 잠재력을 실현하고자 충동은 자연스러운 것이나 많은 사람들은 자신의 잠재력에 대해서 잘 모르고 있거나, 자신의 능력을 의심하고 심지어 두려워하는 경향이 있어서 자아를 실현할 기회를 스스로 소멸시키는 경우가 많다. 잠재력 계발을 위해서는 과거의 습관을 벗어나고 새로운 경험에 대한 개방이 필요하다.

3) 자아실현자의 특징

자아실현한 사람이란 자신의 존재 가치를 실현하는 사람들로 하위 단계의 욕구가 충족되어 있고, 자신의 잠재능력을 최대로 발휘하는 건강한 사람을 말한다. 건강한 사람은, 자기가 누구이며, 어디로 가고 있는지를 아는 사람이다. 매슬로는 기능, 능력, 잠재력 등을 충분히 사용하고 계발하고 있는가를 자아실현의 척도로 삼아 자아실현한 사람들의 특징을 다음과 같이 제시하였다(Maslow, 1970).

- 현실에 대해 효율적으로 지각하며 안정된 관계를 유지한다. 가식이나 거짓 등을 빨리 간파할 수 있으며, 타인을 정확히 지각한다.
- 불만 없이 자신의 약점과 강점을 받아들이고 다른 사람들을 수용한다.
- 행동, 내적 생활, 사고, 충동에도 꾸밈이 없고 자율적이며, 개인적인 윤리강령을 가진다.
- 자아 중심적이지 않고 문제 중심적이다. 또한, 자신보다 외부의 문제들에 관심을 가진다.
- 자신에게 해를 입히거나 불편해하지 않으면서 혼자일 수 있다. 일반사람들보

다 더욱 고독과 일상생활을 즐기는 경향이 있다.

- 물리적, 사회적 환경으로부터 비교적 독립되어 있다.
- 삶의 기본적인 것들에 대해 경외, 기쁨, 경이, 환희를 느끼며 감사하는 능력이 있다.
- 모든 인간에 대해 강하게 이입된 감정과 애정을 느끼며 동시에 인본주의를 지지한다.
- 보통 사람들보다 소수이기는 하지만 더 친밀하고 깊은 대인관계를 가진다.
- 민주적인 성격특성을 가지고 있어 누구에게나 조건 없이 우호적이며 모든 사람을 존중한다.
- 수단과 목적을 분명하게 구분하며 목적을 수단보다 훨씬 더 중요시한다.
- 유머감각이 있다.
- 때 묻지 않은 어린아이에 가까운 창조성을 지닌다.
- 자아 충족적이고 자율적이기 때문에 특정한 방식으로 생각하고 행동하라는 사회적 압력에 저항하며 극단적인 대립을 해소할 수 있는 능력이 있다.

적용과 실천

인본주의 접근의 이론은 인본주의 철학을 바탕에 두어 인간 본성에 대한 낙관적인 견해를 지니고 있으며, 인간의 잠재력에 대한 깊은 신뢰를 바탕으로 한다. 즉, 모든 인간은 자신의 내부에 건전하고 창조적인 성장을 위한 가능성을 가지고 있다고 믿는다. 사회복지 실천이 지닌 가치관 역시 기본적으로 이와 같은 인본주의에 근거를 두고 있다(최옥채 외, 2013).

로저스의 클라이언트 중심 접근이 강조하는 것들은 사회복지 실천에서 추구하는 가치의 본질이자 원칙이 되었기에 그의 공헌은 매우 크다고 할 수 있다. 예를 들어 로저스는 클라이언트가 자아실현을 할 수 있도록 치료적 환경을 제공하는 것을 강조한다. 그러한 환경은 클라이언트에 대한 무조건적 긍정적 관심과 무비판적인 수용을 통해 가능해지는데, 바로 이 두 가지는 사회복지사 및 사회복지 전문직이 추구하는 본질적 가치의 하나이다. 또한 로저스는 클라이언트와 평등한 관계를 맺는 것이 중요하며, 진실성 있고 공감적인 상호작용을 통해 클라이언트가 자신의 가치를 인식하는 경험을 가질 수 있다고 보았다. 뿐만 아니라 개인의 주관적 경험이 각자의 독특한 심리적 지각을 형성하기 때문에 경험과 의사소통기술, 자기결정과 선택을 중요하게 여긴다. 로저스가 제시한 이와 같은 실천 원칙들은 사회복지 실천에서도 기본적이고 핵심적인 원칙으로 적용되고 있다.

표 1-3-1 치료 과정에서의 필요충분조건

1. 클라이언트와 치료사는 마음과 마음으로 만난다.
2. 클라이언트는 불안정한 상태에 있고, 심리적으로 취약하며, 불안하다.
3. 치료사는 클라이언트와의 관계에 있어서 안정되어 있고, 심리적으로 통합되어 있다.
4. 치료사는 클라이언트에게 무조건적으로 긍정적인 존중을 나타내야 한다.
5. 치료사는 클라이언트의 내면에 대해 공감적 이해를 해야 하며, 의사소통을 위해 많은 노력을 기울여야 한다.
6. 치료사가 클라이언트와 의사소통을 하기 위해 기울이는 노력이 성과를 얻기가 쉽지는 않다.

출처: 박희숙·박영아(2010).

한편, 매슬로의 욕구위계는 사회복지사들에게 있어 실천의 우선순위를 결정하는 상황에 유용게 적용될 수 있다. 실제로 사회복지실천에서는 인간이라면 누구나 기본적으로 충족해야 할 욕구들을 기본 과제로 설정한다. 만약, 사회복지사가 클라이언트와 욕구를 사정하는 과정에서 기본적인 생존의 욕구를 간과한다면 그 보다 더 큰 실수는 없을 것이다. 그러나 인본주의적 접근을 적용하는 데도 한계는 있다. 예를 들어, 자폐증을 앓고 있다거나 심각한 충동조절 문제를 가진 클라이언트의 경우 자기결정이나 선택과 같은 인본주의 원칙들을 적용하는 것은 비현실적이다(Parrish, 2010). 따라서 상황과 클라이언트에 따른 욕구의 위계를 고려하여 사회복지 실천에 있어 인간에 대한 신뢰, 인간의 긍정적 변화 가능성에 대한 기본 전제를 이룰 수 있도록 해야 한다.

CHAPTER 4

인지적 접근

개요

인간과 동물의 차이는 사고할 수 있다는 점에 있다. 인지적 접근의 이론은 인간을 단순히 외부의 자극에 대한 반응자 또는 무의식적 요구를 지닌 생명체로 보지 않고 의식적인 사고를 하는 주체로 가정하며, 두뇌 구조의 변화와 함께 인간 경험 간의 상호작용으로 개인이 세상을 어떻게 받아들이고 해석하는지, 또한 문제가 생겼을 때 어떻게 해결하는지에 관심을 갖는다.

이 장에서는 인지적 접근의 대표적 이론인 피아제의 인지발달 이론과 인지치료 이론인 엘리스의 합리적 정서행동 치료 이론을 살펴보고자 한다.

1. 피아제의 인지발달 이론

피아제(Jean Piaget, 1896~1980)는 지식이 획득되는 과정(인지과정)을 분석함으로써 유기체와 환경 간의 적극적인 상호작용을 통해 인지발달이 이루어진다고 보았다.

피아제의 인지발달 이론(cognitive development psychology)에서는 인간을 매우 능동적인 학습자로 가정하며, 인간의 발달은 생물학적 요인에 의해서만 결정되는 것이 아니라, 많은 요인이 인간의 성장과 발달에 기여한다고 본다. 또한 인간은 이러한 환경적 자극을 능동적으로 중재할 수 있고 재구성할 수 있는 능력이 있으며, 지속적으로 성장 발달할 수 있는 잠재력을 지니고 있다고 본다.

1) 생애

피아제는 스위스의 뉴샤텔(Newchatel)에서 태어났다. 그의 아버지는 중세 역사학자였고 어머니는 매우 지성적이고 감성적인 여성이었으나 그녀의 신경증적인 경향은 가족에 긴장된 분위기를 조성하기도 하였다.

피아제는 10세에 공원에서 떼 지어 있는 참새들 사이에서 눈에 띈 흰색변종 참새를 신기하게 여기고 이에 대해 연구한 결과를 학술지에 발표하였다. 15세 때에는 스위스의 유명한 동물관련 학술지에 '연체동물에 관한 연구'를 발표하며 외국의 여러 학자로부터 초청을 받기도 하는 등 어려서부터 천재적인 과학자로서의 소질을 인정받았다. 그의 연체동물에 대한 관심은 계속되어 이를 주제로 1918년 21세의 나이로 박사학위를 취득하였으나, 이후 아동용 지능검사를 만들면서 아동 사고에 대해 관심을 갖게 되었고 남은 인생을 아동심리에 관한 연구에 매진하였다.

피아제가 아동심리를 연구하게 된 구체적인 계기는 1920년 파리의 비네(Binet)

실험실에서 아동용 지능검사를 만드는 과정에서 아동의 오답에 나타나는 일관성을 발견하면서부터이다. 이를 통해 아동은 나름대로 독특한 특성을 가지고 있으며 성인과는 전혀 다른 방식으로 사고한다고 생각하게 되었다. 이후 그는 아동의 독자적인 사고 특성을 알아보기 위해 개방적 면담을 고안하였다. 아동의 사고에 관한 성인의 선입견을 버리고 수학적·과학적 개념들에 대한 아동의 이해에 초점을 두어 연구하고자 하였다.

1925년 첫 아이인 재클린의 출생을 계기로 아동의 인지적 행동에 관한 연구가 시작되었으며 이후에도 지속적으로 자신의 세 아이를 직접 관찰함으로써 실증적으로 아동을 이해하고자 노력하였다.

피아제의 연구를 보면, 1921~1925년 사이에는 아동의 언어, 판단과 추리, 세계관, 물리적 인과 도덕관에 대한 연구가 활발히 이루어졌고, 이후에는 아동의 행동관찰과 개념형성에 관한 연구가 진행되었다. 아동의 감각운동적 활동은 주위의 사물을 탐구하고 이해하고자 하는 노력이며, 이는 바로 지적 활동의 원형으로 이후 출현하는 심상과 개념은 감각운동적 지식이 내면화된 형태라는 것을 밝혀냈다. 피아제는 아동심리학 분야에서 40여 권의 저서와 100여 편 이상의 논문을 발표하였고, 1980년 9월 84세의 나이로 사망하였다.

2) 주요 개념

(1) 도식

도식(schema)이란 인간이 주변세계를 인지하고 이해하는 데 사용하는 기본적인 지각의 틀 또는 이해의 틀이다. 즉 도식은 신체활동 혹은 정신활동의 패턴이라고 할 수 있다. 신체활동이란 빨기, 물기, 잡기 등과 같은 것을 말하며, 정신활동은 수학 등식을 푸는 것과 같은 활동을 말한다. 기본적인 반사능력을 가지고 태어난 신생아는 반사행동의 반복을 통해 잡기, 보기 등 점차 많은 도식을 발전시킨다. 도식은 인간이 환경에 적응하는 데 필수적인 인지구조로 조직화되므로 도식을 인지적 조직화의 기초단위라고 볼 수 있다.

피아제에 따르면 연령이 증가함에 따라 환경과의 적극적 상호작용을 통해 경험이 많아지면서 인지구조, 즉 도식이 질적으로 발달한다. 인간이 발달한다는 것은 자기 자신과 그 주위에 있는 환경 속에서 세상을 이해하는 도식도 변화한다는 것을 의미한다.

(2) 적응

적응(adaptation)은 유기체가 자신의 주위 환경조건을 조정하는 능력으로 유기체가 주위환경과 조화를 이루며 생존하기 위해 변화하는 과정이다. 인간의 환경에 대한 적응은 동화와 조절의 상호작용에 의해서 일어난다.

① 동화

동화(assimilation)란 새로운 환경 자극 혹은 새롭게 입력되는 정보를 이미 자신이 가지고 있던 도식이나 구조에 맞춰 처리하는 인지적 과정이다. 사람들은 외부로부터 새로운 정보나 대상을 접할 때, 이미 가지고 있는 이해의 틀로 이해하고 해석하려고 한다. 예를 들어 네 발로 다니는 동물은 개라고 이해하고 있는 유아가 고양이를 보면 일단 개와 비슷한 동물이라고 이해하는 경우가 동화에 해당된다. 그러므로 동화는 도식이나 인지구조의 양적 확대와 관련된다.

② 조절

예를 들어, 네 발이 달린 동물은 모두 '개'라고 알고 있던 유아가 개와 고양이 간의 차이를 발견하여 네 발로 다니는 동물 중 '멍멍'하고 짖는 것은 개이고, '야옹'하고 우는 것이 고양이라고 구분하게 된다면 이때는 기존에 자신이 가진 이해의 틀을 수정하고 재조직화할 필요가 있다. 이와 같이 기존의 도식이나 구조로 환경 내의 새로운 자극을 받아들이는 것이 어려울 때, 이미 있던 도식이나 인지구조를 새로운 자극에 알맞게 능동적으로 변화시키는 인지과정이 조절

(accommodation)이다. 따라서 조절은 기존의 도식에 동화시킬 수 없는 새로운 정보를 접했을 때 기존의 도식을 수정함으로써 인지구조를 재조직화하는 것이므로 인지구조의 질적 변화와 관련된다.

(3) 평형화

평형화(equilibrium)는 동화와 조절의 상호작용을 통해 긴장과 갈등이 해소된 상태이다. 긴장이란 새로운 상황에 대한 과거의 반응양식과 새로운 문제에 적응하기 위한 새로운 반응양식 사이에 생긴 불평형 상태를 의미한다. 인간은 평형화를 이루기 위해 새로운 행동을 자신의 기존 구조를 통해 이해하거나 새로운 인지구조를 발달시켜 적응하게 되며, 이러한 과정을 통해 더 높은 수준의 평형을 이루게 된다. 그러므로 인지발달은 인지적 평형과 불평형 상태의 지속적인 과정에서 이루어지는 것이다. 평형은 사고의 균형을 의미하며, 유기체는 환경과의 상호작용을 통해서 항상 균형을 추구하면서 발전해 나간다. 여기에서 균형은 정지된 상태가 아니라 계속적으로 움직이는 동적인 상태이다.

피아제는 인간의 인지발달이 동화와 조절이라는 적응과정을 통하여 내면적인 평형이 이루어지면서 가능하다고 보았다. 이러한 평형은 새로운 사태에 접할 때 균형이 깨지게 되며, 따라서 평형상태를 다시 회복하기 위해 적응과정이 되풀이됨으로써 보다 높은 수준의 인지발달이 이루어지게 된다고 하였다. 한편 동화와 조절이 이루어지는 과정은 모든 연령과 인지발달 단계에서 동일하며, 평형화는 모든 연령단계에서의 인지발달을 설명해 줄 수 있는 보편적인 원리이다.

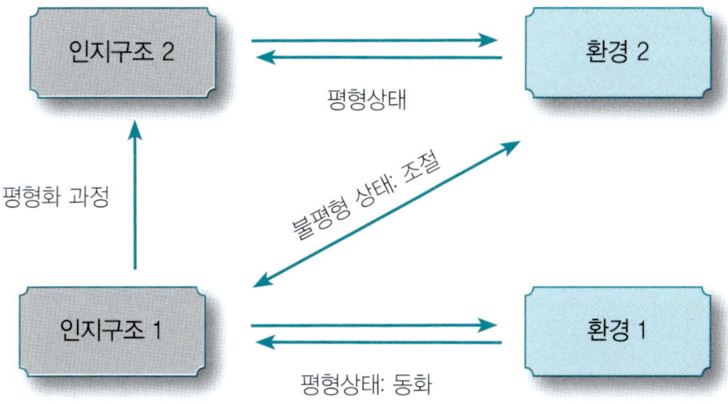

출처: 박영아·박희숙·강민희(2015), p. 60.

그림 1-4-1 인지구조의 적응과 평형화 과정

(4) 조직화

조직화(organization)는 습득한 것을 인지구조 속에서 체계화하는 것으로, 상이한 도식들을 서로 결합하고 확장해 나가는 것을 말한다. 예를 들어, 영아가 자신이 보고 있는 물체를 잡으려고 하는 행동은 보는 행동과 잡는 행동을 결합하려 하는 것이 일종의 조직화 행동이다. 조직화란 분리된 체계나 구조를 응집력 있는 고차원의 체계나 구조로 통합시키려는 선천적인 경향성이다. 다양한 정보를 논리적으로 종합하는 것도 조직화의 한 양상이다.

3) 발달단계

피아제에 따르면 인지능력의 발달은 아동과 그를 둘러싼 환경과의 상호작용에 의해 단계적으로 발달하며 발달단계의 순서는 불변한다고 하였다.

그러나 순서는 불변하여도 각 단계를 지나는 속도에는 개인차가 있을 수 있으며, 이러한 발달은 성인으로부터의 학습이나 유전적 요인에 의해서 영향받는 것이 아니라 아동의 환경과의 능동적 상호작용으로 일어난다.

(1) 감각운동기

감각운동기(sensory motor stage)는 단순한 반사들을 나타내는 출생부터 상징적 사고가 시작되는 2세경에 끝난다. 감각운동기는 아동이 보고 듣고 만지는 등의 감각과 신체적 운동으로 환경과 상호작용하면서 이 세상을 이해한다. 이때의 행동양식은 대부분 자극에 대한 반응으로 과거에 대한 기억이나 미래에 대한 계획이 아닌 순전히 감각운동에 기초하여 이루어진다.

감각운동기 동안 대상영속성이 발달하기 시작하는데, 대상영속성이란 어떤 사물이 자신의 눈에 보이지 않더라도 계속해서 이 세상에 존재한다는 개념이다. 예를 들어 장난감을 이불 아래 숨기고 "장난감이 없어졌네, 어디 갔지?" 했을 때 유아가 장난감을 덮고 있는 이불을 치워 장난감을 찾아냈다면 이는 대상영속성 개념을 획득했다는 것이며, 이는 곧 유아에게 사물이 시야에서 사라져도 대상을 정신적으로 표상할 수 있는 기초적 능력이 발달했음을 의미한다.

(2) 전조작기

전조작기(preoperational stage)는 2~7세경의 유아에게 해당하는 단계이다. 조작이란 신체적 운동보다는 사고를 통해 수행되는 도식의 변환을 말한다. 전조작기 유아는 언어를 사용하면서 물건이나 사건을 기억하고 표상하는 것은 가능해지지만, 조작능력에는 한계가 있어 변형된 경험을 논리적으로 환원시키지 못하고, 지각에 의한 직접적 경험으로 사물이나 사건을 이해한다. 피아제는 전조작 단계를 다시 2~4세경의 전개념적 사고기(preconceptual period)와 4~7세 사이의 직관적 사고기(intuitive period)로 구분하였다.

2~4세까지의 전개념적 사고단계에서는 상징적으로 사물을 조작할 수 있도록 해주는 표상기술을 획득하게 된다. 즉, 이 단계에서는 마음속으로 사물의 이미지를 만들 수 있으므로 모방, 상징화나 상징놀이가 가능하고 언어 기술이 발달한다. 따라서 유아는 표상기술을 사용하여 더 이상 만지거나 보지 않아도 과거에 일어났거나 미래에 일어나기를 원하는 사건을 표현할 수 있게 된다. 상징놀이를

통해 사회, 신체, 내적 세계를 실험하고 이해하며, 현실적으로 불가능한 것도 상상을 통해 다룰 수 있고, 언어적 제한성을 보충할 수 있다. 또한 이 시기 아동은 자기 중심적 사고를 가지고 있다. 모든 현상을 자기중심적으로 생각하는데, 자신이 좋아하는 것을 다른 사람도 좋아하고 자신이 느끼는 것을 다른 사람도 느낀다고 생각한다. 자신의 왼손과 오른손은 구별하지만, 상대방의 왼손과 오른손은 잘 구별하지 못한다. 이러한 자기중심적 사고는 다른 사람의 관점을 고려하지 못하는 데에 기인한다.

피아제는 4~7세 사이를 직관적 사고단계라고 불렀는데, 직관적 사고란 대상이 갖는 가장 현저한 지각적 속성에 의해 대상의 성격을 판단하는 것으로 유아기에 중심화된 사고양상을 의미한다. 즉, 크기, 모양, 색깔과 같은 한 가지 두드러진 속성에 근거하여 대상을 이해하려는 사고 특성을 말한다.

직관적 사고는 유아가 아직 사물이나 사건의 여러 측면의 내재된 규칙이나 조직을 동시에 이해하지 못하기 때문에 나타나는 것이다. 이와 같은 유아의 직관적 사고의 양상은 보존개념, 분류, 서열화 과제를 통해서 잘 나타난다. 우선 보존개념이란 수, 길이, 넓이, 부피 등 사물의 형태나 순서를 바꾸어 여러 가지 다른 방법으로 제시하더라도 사물의 속성이 변하지 않는다는 것을 아는 것이다. 우선 전조작기에는 어떤 대상을 단 한 가지의 지각적 특성에 의해 판단하는 직관적 사고 때문에 보존개념이 획득되지 않는다. 또한 유목 간의 부분과 전체의 논리적 관계 및 상위유목과 하위유목 간의 위계관계를 이해하지 못하여 분류와 서열화가 불가능하다. 직관적 사고는 7~8세경 아동이 구체적 조작기에 접어들면서 극복된다(Piaget, 1983).

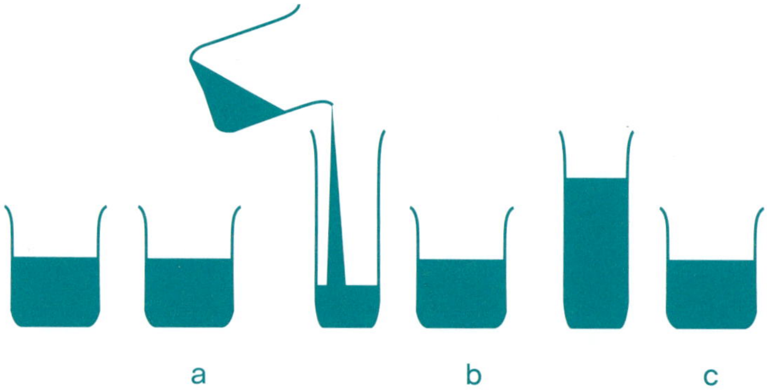

그림 1-4-2 보존과제: 어느 비커의 물이 더 많을까?

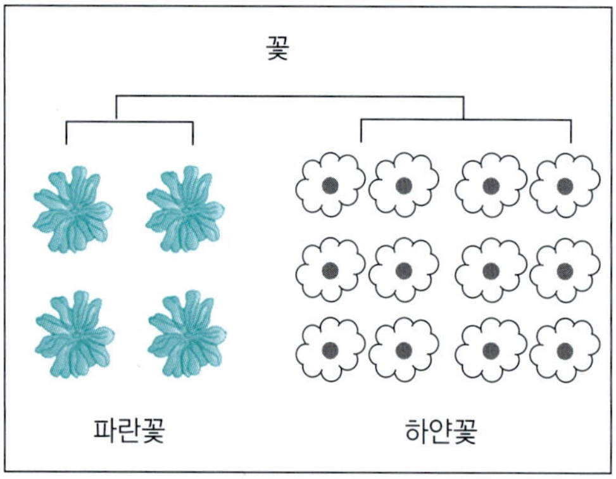

그림 1-4-3 유목화 과제: 하얀꽃하고 꽃 중에 어떤 것이 더 많니?

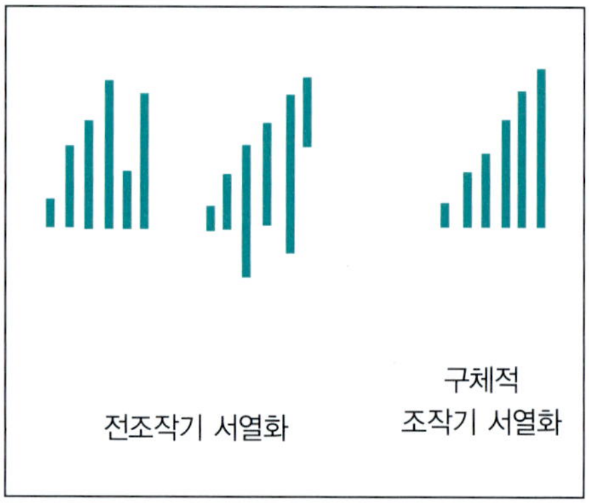

그림 1-4-4 서열화 과제: 막대를 순서대로 놓아보세요.

(3) 구체적 조작기

구체적 조작기(concrete operational stage)는 7세에 시작하여 11, 12세 정도까지 지속된다. 구체적 조작기에는 비로소 논리적 사고가 가능하나 직접적 경험을 통한 구체적 사물이나 행위에 대해서만 논리적 조작이 가능하다는 제한이 있다. 이러한 제한 하에, 사물 간의 관계성을 이해할 수 있으며, 또한, 구체적 조작기에는 전조작기의 특성인 자기중심성을 극복하기 시작한다. 타인의 사고, 감정, 상황 등을 그 사람의 관점에서 이해할 수 있는 조망수용능력이 발달하면서, 사회적 상호작용이 보다 원활하게 이루어진다.

(4) 형식적 조작기

형식적 조작기(formal operational stage)는 피아제 인지발달의 마지막 단계로서 12세 이후부터 성인기까지 지속된다. 이 단계에 이르면 개인의 사고는 자신의 지각이나 경험보다는 논리적 원리의 지배를 받는다. 실제적인 상황을 넘어 추상적 사고를 할 수 있기 때문에 과학적으로 추리하며, 가설을 세우고 체계적으로 검증할 수 있다. 예를 들어 '만약에 세 아이가 있는데, 경서가 민서보다 작고 승지보다 크다면 세 아이 중에서 누가 가장 클까?'와 같은 질문에 대해 구체적 조작기 아동은 이들을 한 줄로 세워 봐야 답을 얻을 수 있지만 형식적 조작기 아동은 직접 세워 보지 않고도 추론을 통해 그 답을 찾아낼 수 있게 된다. 형식적 조작기에는 추상적 사고뿐 아니라 체계적이고 조합적인 사고가 가능해져서, 가능한 모든 변인들을 체계적으로 고려하고, 그들 간의 관련성을 파악하여 적절한 문제해결 방법을 찾아낼 수 있게 된다.

2. 엘리스의 합리적 정서행동 치료

엘리스(Albert Ellis, 1913~2007)는 비합리적인 신념과 사고방식이 인간의 정서적 부적응과 정신병리를 유발하는 핵심적 요인이라고 가정하였다. 이에 앨리스는 내담자가 가진 믿음을 합리적인 신념체계로 대신하도록 함으로써 정서와 행동을 적응적으로 변화시키고 삶의 전반적 변화를 유도하는 것을 치료 목표로 삼았다. 엘리스는 이와 같은 접근방식을 취하는 자신의 심리치료 방법을 합리적 정서행동 치료(rational emotive behavior therapy: REBT)라고 하였다.

1) 생애

엘리스는 1913년 펜실베니아의 피츠버그에서 3남매 중 장남으로 태어났다. 어릴 때 뉴욕으로 이주해서 일생의 대부분을 그곳에서 살았는데 출장이 잦았던 아버지와 집안일을 등한시하던 어머니 때문에 모든 일을 스스로 처리하는 방법을 일찍부터 터득해야 했다.

어린 시절 엘리스의 건강은 좋지 않았다. 5세 때 편도선염이 악화되어 응급수술을 받아야 했고 이 수술 후에는 급성신장염이 발병하여 8번 정도 병원에 입원하기도 했다. 또 한 번에 10개월 동안 입원했던 적도 있었다. 입원 동안에도 어머니의 따뜻한 돌봄이나 아버지의 병문안도 거의 없었으며, 찾아오는 사람 한 명 없이 몇 주를 홀로 보낸 적도 많았다.

엘리스가 12세가 되었을 때 부모는 이혼을 했다. 그후 아버지로부터 어떤 재정도 받지 못했고, 어머니마저 자신의 관심과 쾌락 추구에 몰두하며 자녀를 잘 돌보지 않았다. 엘리스는 어린 시절의 자신을 극도로 부끄럼을 타는 내성적인 아이로 묘사하고 있다. 학교에서는 가능하면 남 앞에 나서는 것을 회피했으며, 좋아하는 소녀에게 데이트 신청을 해 본 적도 전혀 없었으며, 반에서 시를 발표하거나 상을 받기 위해 연단에 나가야 할 때는 불안으로 가슴이 두근거리고 땀을 흘리며 빠져나갈 구멍을 찾곤 했다고 한다.

엘리스는 어려웠던 환경에서 성장했기 때문에 자기가 자신 선천적인 능력들을 발휘하며 살 수 있었고, 그 과정에서 문제해결자로서의 역량을 갖게 되었다고 밝힌 바 있다. 정서적 비참함에 포기보다는 역경을 이겨내기 위한 방법을 찾는 과정에서 타고난 지적 능력이 더욱 잘 발휘될 수 있었다고 주장하였다.

20세 초반에 엘리스는 자신의 가장 큰 심리적 어려움이었던 '대중 앞에서 연설할 때의 공포'와 '여성에게 다가가는 공포'를 극복하기 위해 다양한 시도를 하였다. 이때의 시도경험이 나중에 REBT의 치료기법을 발전시키는 데 영향을 미치는데,

그 중 하나가 브롱크스 식물원에서의 '위험 감수하기 훈련'이다. 엘리스는 브롱크스 식물원에서 한 달 동안 100여 명의 여성에게 다가가서 데이트 신청을 했다. 그 중 1명의 여성만이 데이트에 동의하였으나 결국 그녀도 약속시간에 나타나지 않았다고 한다. 데이트에 성공하지는 못했지만, 이러한 경험을 통해서 엘리스는 사회공포로부터 벗어날 수 있었을 뿐 아니라 행동변화의 중요한 특징, 특히 초기에는 두려운 상황에 도전하기가 매우 힘들지만 반복적으로 자신을 던지고 노출시킴으로써 오랜 시간 지속된 자기 파괴적 정서와 행동을 변화시킬 수 있다는 것을 직접 체험을 통해 깨닫게 되었다.

엘리스는 한때 소설가를 꿈꿨지만 자신의 심리적 어려움을 극복하는 경험을 통해 다른 사람을 돕는 전문적 직업을 갖기로 결심하고 임상심리학 대학원에 진학하게 된다. 콜롬비아 대학교에서 박사학위를 받은 엘리스는 1947~1953년에는 '카렌 하니 정신 분석연구소'에서 정신 분석 훈련을 받으면서 자신의 심리치료에서도 정신 분석 기법을 적용하였다. 그러나 점차 정신 분석의 문제점을 인식하면서 자신만의 이론을 구축하기 시작하였다. 그는 정신 분석 과정에서 내담자가 아무리 많은 통찰을 얻고 초기 아동기의 사건을 아무리 잘 이해해도 증상이 사라지지 않을 뿐만 아니라 새로운 증상이 나타난다는 것을 발견했다. 그 이유에 대해서 엘리스는 내담자가 어린 시절에 자신의 무가치성에 대해 잘못된 생각을 단순히 주입받았기 때문이 아니라 그보다는 자신과 다른 사람에 대한 역기능적인 신념을 스스로 적극적으로 재주입하기 때문이라는 것을 깨닫게 되었다. 내담자들의 자기 파괴적인 비합리적 신념을 변화시키기 위해서는 적극적인 지시적 개입이 필요하며 이러한 개입을 통해서 단기간에 더 나은 치료효과를 가져올 수 있다고 확신하게 되었다.

엘리스는 1955년 처음 자신의 치료적 접근을 '합리적 치료(rational therapy)'라고 명명하였다. 1961년에는 정서적 측면의 중요성을 강조하기 위해서 '합리적 정서치료(rational emotive therapy: RET)'라고 이름을 바꾸었고, 1993년에는 자신의 치료기법에 행동적 측면이 상당 부분 포함되어 있다는 점을 받아들여 공식적 명칭을 '합리적 정서행동 치료(rational emotive behavior therapy: REBT)'로 바꾸게 되었다. '행동'이라는 용어가 추가된 이유는 REBT가 치료목표의 달성을 위해서 행동의 변화에도 초점을 맞출 뿐만 아니라 성공적인 치료의 증거로서 행동의 변화를 중시하기 때문이다(Corsini & Wedding, 2000).

엘리스는 노년기에도 심리치료뿐 아니라 저술과 강연을 하며 REBT의 보급과 정교화를 위해 열정적인 삶을 살았다. 평생 자신의 치료 이론을 몸소 실천한 엘리스는 2007년 7월 24일 93세의 나이로 사망하였다.

2) 주요 개념

(1) 비합리적 신념

비합리적 신념(irrational belief)이란 우리의 안정된 삶을 방해하고 많은 정서적, 행동적 문제를 야기하는 것으로, 주로 어린 시절부터 부모와 사회, 문화로부터 영향을 받아 형성되는데, 그 예는 다음과 같다.

- 나는 내가 알거나 내게 중요한 모든 사람들에게서 사랑과 인정을 받아야 한다.
- 나는 내가 하는 모든 일을 성공적으로 수행해야 한다. 만약 이번 일에 실패하면 나는 무능력한 사람이 될 것이다.
- 내가 하고 싶은 대로 솔직하게 말하면 다른 사람들은 나를 싫어할 것이다.
- 나는 무슨 일을 제대로 한 적이 없으며, 이번 일도 결코 성공할 수 없을 것이다.
- 내가 사귀던 사람과 헤어진 것은 내가 사랑받을 만하지 못하기 때문이며, 나는 혼자 쓸쓸히 늙어 갈 것이다.

이외에도 엘리스는 지나치게 낙관적인 경향, 자신이 다른 사람보다 우월하고 완벽하다는 것을 입증해 보이려는 욕구에서 벗어나지 못하는 경향, 핑계를 대며 게으름을 피우는 경향 등 다양한 비합리적 신념체계의 예를 제시하였다(권중돈·김동배, 2005).

(2) 합리적 신념

합리적 신념(rational belief)은 객관적 현실에 근거하여 다른 사람과의 불필요한 갈등을 피하고 편안한 감정을 느낄 수 있도록 하는 사고를 말하는 것으로 우리의 행동을 효과적으로 통제하는 신념이다. 대부분의 사람들은 자신의 행동 방향을 결정짓고 통제할 때 합리적 신념을 사용하고 있다. 그러나 어떤 사건에 부딪혔을 때는 합리적 신념을 외면하고 순전히 비합리적으로 대응하는 경우도 있다(조흥식 외, 2010). 따라서 엘리스는 개인이 가지고 있는 특정한 비합리적 신념을 찾아내고 이를 보다 현실적이고 합리적인 신념으로 대체하도록 돕는 것이 정서와 행동상의 문제를 해결하는 핵심이라고 본다.

(3) 자기대화

자기대화(self-talk)란 어떤 상황이나 사건에 대한 개인적인 판단 및 평가를 말한다. 사람들은 어떤 사건이 일어나면 자신의 신념체계에 기반을 둔 자기대화를 계속 하게 되는데, 이것이 반복되면서 태도, 가치, 신념을 형성하게 된다. 이는 결국 자아개념에 영향을 주게 되어 그 개인의 전반적인 감정과 행동을 결정하게 된다. 이것을 흐름도로 나타내면 다음과 같다.

그림 1-4-5 자기대화의 경로

합리적인 신념에 의한 자기대화와 평가는 인생의 목표를 달성하는 데 도움을 주지만 비합리적인 신념에 의한 자기대화와 평가는 부정적 정서를 유발하고 역기능적 행동을 수행하게 한다. 합리적 정서행동 치료는 바로 모든 정서적 문제의 원인이 그 상황에 대해 스스로 말하는 자기대화에 달려 있다고 전제한다. 자기대화에 따라 감정과 행동이 달라지므로 자기언어가 변화되면 그에 따른 감정과 행동도 변화될 것이라고 본다.

3) ABCDE 모델

합리적 정서행동 치료에서는 비합리적 신념을 가지고 있는 사람의 경우 부정적인 자기대화를 하게 되고 이것이 정서나 행동상의 문제로 이어질 수 있다고 가정하고 있다. 따라서 합리적 정서행동 치료는 내담자나 클라이언트가 가진 신념이 부적절하고 비합리적이라는 것을 인식하도록 하고 보다 합리적이고 긍정적인 자기대화로 대체할 수 있도록 돕는다.

엘리스의 합리적 정서행동 치료는 그림 1-4-6에서와 같이 ABCDE 모델로 설명될 수 있다. 개인에게 혼란을 야기하는 어떤 사건(activating event: 촉발사건)이 일어나면 사람들은 자신이 갖는 태도나 사고방식이나 신념체계(belief)에 의거하여 그 사건을 해석한다. 그리고 그 해석에 따라 특정 감정과 행동이 유발되는데 이것이 결과(consequence)이다. 비합리적인 신념은 부적절한 정서와 행동을 야기하는데, 이때 치료자는 클라이언트가 가지고 있는 비합리적인 신념이나 사고에 도전하는 논박(dispute)의 과정에 개입하게 된다. 논박의 결과로 나타나는 효과(effect)는 합리적 신념으로 대체한 뒤 느끼게 되는 수용적이고 긍정적인 감정으로 보다 적절한 행동이다.

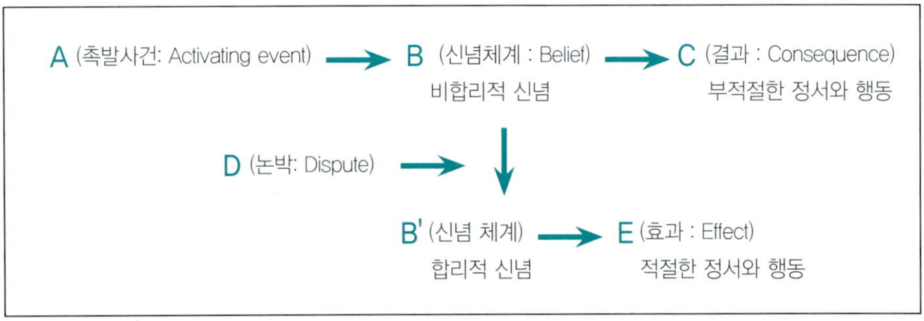

출처: 김윤정(2011). p. 150.

그림 1-4-6 합리적 정서행동 치료의 ABCDE 모델

적용과 실천

이 장에서는 피아제의 인지발달 이론과 엘리스로 대변되는 합리적 정서행동 치료 이론을 살펴보았다. 피아제의 인지발달 이론에서는 인간의 환경에 대한 적응을 강조하며 자발적 상호작용을 통해 발달이 이루어진다고 보았다. 또한 피아제의 인지발달 이론은 사회복지 현장보다는 교육 장면에서 보다 널리 활용되고 있다. 피아제는 아동의 사고가 성인의 사고와 질적으로 명확한 차이가 있다고 전제하며 아동의 이해 수준에 적절한 교육활동의 필요성을 강조하였다. 더 나아가 아동은 스스로 주변 세계를 탐색함으로써 지적 성취를 이루므로 학습은 교사가 주도하는 것이 아니라 아동 자신으로부터 비롯된다고 보았다. 따라서 교사가 학습에 있어 주도적으로 아동에게 지식을 주입시키기보다는 아동의 인지 수준을 고려하여 그들의 흥미에 맞는 환경을 마련해주어야 한다고 보았다. 그럼으로써 아동이 학습의 주도자로서 능동적인 문제해결을 할 수 있게 된다.

엘리스의 합리적 정서행동치료 이론은 인간이 환경 요인을 어떻게 지각하는가에 초점을 두어 잘못된 인지적 왜곡이나 비합리적 신념을 바르게 바꿈으로써 문제가 되는 정서와 행동을 통제할 수 있다고 가정한다. 이와 같은 입장을 갖는 엘리스 이론이 사회복지설천에서 갖는 함의 다음과 같다.

첫째, 개인과 환경의 상호작용을 강조하여 사회복지실천의 '상황 속의 인간'에 대한 개입과 맥을 같이한다. 사회복지사들은 인간의 사회적 기능을 증진시키기 위하여 인간과 환경의 상호작용을 이해하고 평가해야 한다. 이런 측면에서 엘리스 이론은 개인이 환경 속의 다른 사람의 행동이나 사건, 상황에 어떤 의미를 부여하고 있는가에 접근할 수 있는 이론적 틀을 제시하고 있다.

둘째, 엘리스 이론에서 인지는 현실을 해석하여 정서와 행동에 영향을 주는 매개요인으로 작용한다. 즉, 인간은 환경을 주관적으로 이해하여 개인의 인지를 구성하는데, 이것이 개인에게 '현실'이 된다. 사회복지실천은 클라이언트가 있는 곳에서 출발해야 하는데, 이는 사회복지사들이 클라이언트가 보는 관점에서 문제를 이해하고 개입하여야 한다는 것을 의미한다. 이처럼 엘리슨 이론은 사회복지실천 영역에서 클라이언트가 지각한 현실이 중요하다는 인식의 이론적 근거를 제공하고 있다.

셋째, 매우 위축되고 박탈된 집단이 사회적 영향을 전혀 고려하지 못하고, 모든 문제를 자신의 탓으로 돌릴 때, "내가 부족하고 잘못되어 문제가 생기는 거야"와 같은 잘못된 인지와 비합리적 신념을 갖게 되는데 이를 올바르게 변화시키는 '권한부여(empowerment) 접근'의 근거가 되었다는 점에서 사회복지실천에 중요한 함의를 갖는다.

CHAPTER 5

맥락적 접근

개요

맥락적 접근은 인간과 환경 간의 상호작용을 이해하는 하나의 패러다임으로 개인을 이해하기 위해 개인의 심리적 기능 혹은 그 가족의 어려움에만 초점을 두는 것이 아니라 개인과 그의 가족 그리고 보다 큰 사회 환경 간의 상호작용에도 관심을 둔다. 즉, 인간의 문제를 해결하기 위해서 개인과 그들 주변 체계 간의 상호 연관성을 고려하여 실천에 접근함으로써 개인에게만 초점을 맞춘 기존의 접근과는 다른 방식으로 문제에 접근할 수 있도록 해준다.

이 장에서는 먼저 버틀란피의 일반체계 이론을 살펴보고, 브론펜브레너의 생태학적 체계 이론을 살펴보고자 한다.

1. 버틀란피의 일반체계 이론

일반체계 이론(general system theory)은 개인과 집단 그리고 보다 더 큰 환경 사이의 관계와 상호작용 유형을 이해하는 데 적용할 수 있는 유용한 이론이다. 생물학자인 버틀란피(Ludwig von Bertalanffy, 1901~1972)에 의해 창시되었는데, 그는 과학이 수많은 전공분야로 나누어지는 것을 반대하면서, 기계든, 생물이든, 혹은 사회이든, 어떤 체계에 보편적으로 적용될 수 있는 개념과 원칙들을 구상해왔고, 그러던 중 아주 작은 한 세포가 모여 세포조직을 이루고, 조직이 모여 기관을 이루며, 기관이 모여 한 생물체를 이룬다는 법칙은 인간의 사회 체계를 포함하는 모든 생태계를 관통하여 적용할 수 있다고 법칙이라는 생각에 이르게 되었다(Martin & O'Connor, 1989). 이에 일반체계 이론을 사회과학에 도입하게 되었으며, 그 결과로서 우리는 인간과 환경 간의 관계를 체계라는 개념으로 이해하기 시작하였다. 버틀란피에 따르면, 체계가 적응적으로 살아남기 위해서는 체계를 구성하는 요소들이 역동적이고 지속적으로 에너지를 상호교환해야 한다.

1) 생애

버틀란피는 1901년 비엔나 인근에서 여러 학자와 법관을 낳은 명문가에서 태어났다. 버틀란피의 어머니는 17세에 34세였던 아버지와 결혼하였으며, 버틀란피가 10세가 되던 해 이혼하였다가 재결합하였다. 외동이로 자란 그는 10세까지는 학교에 다니지 않고 가정교사를 두어 집에서 공부하였으며 대학 진학을 앞두고 철학을 전공할지 생물학을 전공할지 고민하다 결국 생물학을 전공하게 되었다. 인간은 언제든지 철학자가 될 수 있지만 생물학자는 그렇지 않다고 생각한 것이 결정의 이유가 되었다. 버틀란피의 아내는 그의 연구조력자로 활동했으며, 버틀란피 사후에 남편의 연구를 정리하여 편찬하는 일을 해냈다. 버틀란피는 비엔나, 런던, 몬트리올, 오타와 캘리포니아 등지의 대학에서 교수로 재직하였고, 뉴욕주립 대학교 교수로 재직하던 중 1972년 심장마비로 사망하였다.

2) 주요 개념

일반체계 이론은 세계 속의 대상들이 상호 관련되어 있다는 기본적인 개념을 가지고 자연과학의 원리를 사회과학에 적용시키고자 하였다. 이 이론은 인간과 환경의 상호작용을 이해하는 데 있어 체계가 성장하거나 변화하면서 안정성을 유지해 가는 속성과 방법을 설명한다.

(1) 구조적 특성

① 체계

체계(system)란 상호 연결된 구성원들 또는 부분들이 모여 구성된 조직화된 전체를 말한다. 가족, 학교, 사회서비스 기관, 지역사회, 정부 등은 모두 체계라고 할 수 있다. 이들 각각의 체계는 더 작은 독립된 부분들로 구성되어 있다. 예를 들어, 학교체계는 행정 직원들, 교사들, 그리고 학생들이라고 하는 독립된 부분으로 이루어지며, 각 부분은 전체로서의 학교체계가 기능하도록 돕는다. 체계 간의 정보교환이 원활하지 않을 때 폐쇄적 체계가 된다. 체계에 정보교환이 필요한 이유는 체계 자체가 변화하는 속성을 지니고 있기 때문이다.

그러나 체계는 외부 체계와의 정보교환을 통해 변화하면서도 일관성을 위해 항상성을 유지하려는 경향성을 동시에 가지고 있다.

② 경계

모든 체계는 외부로부터 자신을 구분지어 주는 경계(boundary)를 가지고 있으며, 이와 같은 경계는 두 가지 주요 기능을 한다. 첫째, 체계에 속하는 구성원의 범위를 구분지어 줌으로써 체계의 정체성을 규정해 주는 역할을 해주며, 동시에 주위 환경과의 내적, 외적 교환을 통제하는 기능을 한다(Chess & Norlin, 1988).

사회체계가 성장하고 발달하려면 다른 체계들로부터의 에너지가 투입될 수 있게 어느 정도 개방되어야 한다.건전한 체계는 반투과성의 경계를 가지고 있으며 이 경계를 잘 유지한다.

③ 개방체계와 폐쇄체계

개방체계(open system)는 반투과성의 경계를 가지고 있어서 에너지나 자원을 다른 체계들과 교환한다. 즉, 체계 내에서 자유로운 정보와 자원의 교환을 허용하고, 외부에서 체계 내부로, 그리고 내부에서 체계 외부로 자유로운 에너지 흐름을 인정하는 체계를 말한다.

이에 반해, 폐쇄체계(closed system)란 다른 체계들과 상호작용하지 않으므로 다른 체계로부터 투입도 없고, 다른 체계에 산출을 전하지도 않는다. 체계가 폐쇄적이면 시간이 지나면서 고립되고 침체되며 효과적인 기능이 상실되는 상태에 이르게 된다(그림 1-5-1).

이상적으로 볼 때 경계는 자신을 방어할 수 있을 만큼 충분히 견고해야 하며, 또 성장을 위해 정보와 자원 그리고 에너지의 교환이 이루어질 수 있을 만큼 충분히 투과적이어야 한다.

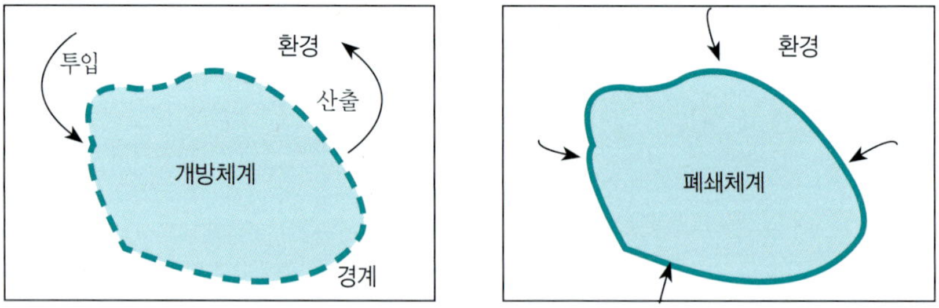

그림 1-5-1 개방체계와 폐쇄체계

④ 전체성

체계는 그것을 구성하고 있는 부분들의 전체가 되면서 동시에 자신보다 큰 체계의 부분이 된다. 따라서 체계는 부분성(partiality)과 전체성(wholeness)을 동시에 갖고 있다. 이때 하나의 전체로서의 체계는 부분과 부분 간의 관계와는 다른 특성을 지닌다. 하나의 체계는 그 자체로서 하나의 전체이면서 동시에 다른 체계의 상위체계이며 또 다른 체계의 하위체계이다.

(2) 역동적 특성

① 평형화

평형화(equilibrium)는 외부 세계와의 교류나 체계 내에서 변화가 거의 없는 상태를 의미하는 것으로 체계는 지속적으로 변화하면서도 균형 상태를 유지하고자 특성을 가지고 있다. 이러한 균형은 주로 폐쇄체계에서 나타나며, 지나친 균형 상태는 체계의 발달을 방해하기도 한다.

② 항상성

항상성(homeostasis)은 모든 유기체에서 발견할 수 있는 것으로 외부로부터 위협이나 변화가 있을 때 체계가 동일성과 균형을 회복하려는 자연적 경향을 의미한다. 체계 역시도 균형과 일관성을 회복하고 유지하려는 항상성 유지 경향성을 가지고 있다.

③ 엔트로피(entropy)와 넥엔트로피(negentropy)

엔트로피(entropy)는 체계 구성요소 간의 상호작용이 감소에 따라 유용한 에너지가 감소하는 상태를 말한다. 이 상태가 지속되면 체계가 서서히 무질서와 혼돈 상태를 향해 나아간다. 예를 들어, 가정에서 부부 사이가 좋지 않아 대화가 없어지고 긴장이 흐르게 됨에 따라 부모-자녀관계도 불안정해지고 자녀들이 일탈에 빠지는 등의 역기능적 행동이 증가될 때 엔트로피 상태라고 볼 수 있다.

한편, 넥엔트로피(negentropy)는 체계 외부로부터 에너지를 유입함으로써 체계 내부에 유용하지 않은 에너지가 감소된 상태를 의미한다. 이때는 유용하지 않은 에너지가 감소되므로 체계의 질서와 법칙이 유지된다. 예를 들어, 부부갈등으로 인해 가족 내 엔트로피가 증가 상태에 있었던 부부가 외부 자원인 부부 상담의 도움을 통해 부부관계가 회복되었고 이로써 가족 전체가 화목해져서 질서가 회복된 경우라고 볼 수 있다.

(3) 과정적 특성

① 투입(input)-전환(through-put)-산출(output)

투입(input)은 체계가 환경으로부터 에너지와 정보를 체계 내부로 받아들이는 것을 의미한다. 프로그램을 운영하는 등의 방법으로 구성원들의 지각된 욕구를 충족시켜 주거나 기회를 마련해 주는 등의 필요로 하는 지원을 하는 것이 예시될 수 있다.

전환(through-put)이란 체계가 투입시킨 에너지, 자원, 정보 등을 산출로 변환시키기 위해 적절하게 변형시키는 과정이다. 체계가 목표달성을 위해 상호작용하는 실제 행동들이 포함된다.

산출(output)이란 투입된 에너지, 자원, 정보 등을 전환과정을 통해 결과물로 내놓는 것을 의미한다. 자원 사용이 비효율적이면 프로그램 운영이 재미가 없으며 참여율이 저조할 수 있고, 운영이 비능률적이면 운영자가 탈진하는 등 산출이 비효율적일 수 있다.

② 피드백

피드백(feedback)이란 체계의 작동을 점검하고 적응적 행동이 필요한지를 판단하여 이를 수정하는 능력이다. 피드백은 두 가지 종류로 나뉜다. 긍정적 피드백은 체계가 목표와 관련하여 적절하게 행동하고 있으며, 그와 같은 행동이 더욱 요청된다는 의미를 전달한다. 반면, 부정적 피드백은 체계가 목표 달성에 도움이 되지 않는 방식으로 행동하고 있을 때 이를 알려줌으로써 체계가 목표와 조화를 이룰 수 있는 행동으로 수정하게 한다. 체계는 피드백을 통해 목표를 달성하기 위한 노력을 보다 효과적으로 조정할 수 있다.

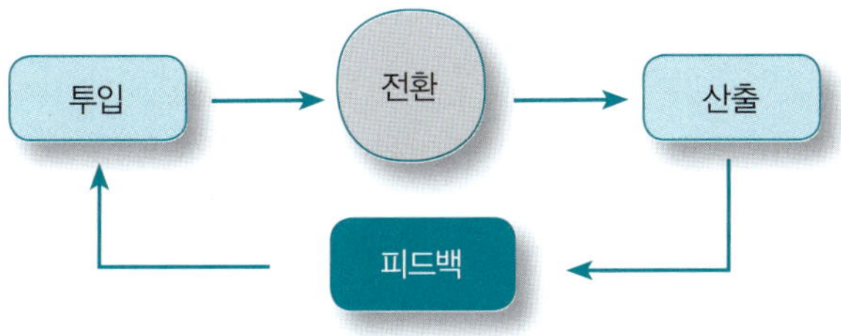

그림 1-5-2 체계의 투입-전환-산출 과정

2. 브론펜브레너의 생태학적 체계 이론

'생태학(ecology)'이란 자연환경이 그 주변의 생물과 어떻게 상호작용을 하는지 다루는 분야를 말한다. 브론펜브레너(Urie Bronfenbrenner, 1917~2005)는 이와 같은 생태학적 개념을 인간발달에 적용하였다. 그의 생태학적 체계 이론(ecological systems theory)에 따르면, 인간은 환경의 영향을 받기만 하는 존재가 아니라 환경을 재구성하며 성장하는 역동적인 실체이며, 환경도 상호조절 과정을 통해 인간에게 영향을 미치기 때문에 개인과 환경 간의 상호작용은 상호 호혜적인 특성을 갖는다(Bronfenbrenner, 1979). 브론펜브레너는 인간은 발달하면서 환경을 극복하고 적응하며 새롭게 창조해 나가는 능력을 지니고 있음을 강조하며, 적응과정에서의 인간의 능동성과 유능성을 인정하였다(이영 외, 2009).

1) 생애

모스크바에서 태어난 브론펜브레너는 6세 때 가족들과 함께 미국으로 이주하여 코넬, 하버드, 미시간 대학교에서 수학하였다. 1942년에 박사학위를 취득한 후에는 군에 입대하여 제2차 세계대전에 참전하였으며 의료부대에서 근무하였다(Forte, 2007).

이후 코넬 대학교의 인간발달 및 심리학과의 교수로 재직하였으며, 교수로 재직하는 동안 빈곤층 미취학 아동들에게 긍정적 교육 환경을 조기에 제공함으로써 취학 이후 순조로운 발달을 지속할 수 있도록 돕고자 하는 취지로 설계·운영된 미국의 헤드 스타드(Head Start) 프로그램의 주요 설계자로 참여하였다.

2) 주요 개념

(1) 환경체계

브론펜브레너는 인간의 발달과 행동에 영향을 주는 환경은 마치 크기가 다른 여러 개의 인형이 들어 있는 러시아 인형처럼 겹겹이 쌓여 위계적으로 영향을 미친다고 보았다. 가장 안쪽에 있는 러시아 인형을 개인이라고 가정하면, 그 개인이 들어 있는 다음 인형은 가장 즉각적이고 가까운 환경체계이며, 이것은 다시 그보다 더 큰 환경체계인 그 다음 크기의 인형 안에 속한다. 인간의 경우 다섯 수준의 체계가 개인을 둘러싸고 있으며 구체적인 체계의 특성은 다음과 같다.

① 미시체계

미시체계(microsystem)는 한 개인이 매일 직접 접하게 되는 가장 가까운 체계로 가장 밀접한 상호작용이 일어나는 체계이다. 이러한 의미에서 즉각적인 장면(immediate setting)이라고도 한다. 가족, 교사, 학급, 직장, 친구, 이웃, 종교단체 등의 물리적 환경 및 관계들이 포함된다.

② 중간체계

두 번째 수준인 중간체계(mesosystem)는 미시체계와 미시체계 간의 관계로 다른 말로 미시체계들의 체계라고 할 수 있다. 대표적인 예로 부모와 교사와의 관계, 부모와 친구관계 등을 예로 들 수 있다.

③ 외체계

외체계(exsosystem)는 개인이 직접 참여하거나 직접 관계를 맺는 것은 아니지만 거기서 일어나는 일이 개인의 발달 직·간접적으로 영향을 주는 여러 사회 환경으로 구성된다. 부모의 직장, 부모의 친구, 형제가 속한 학급, 교육청, 의료기관 등의 환경체계를 예로 들 수 있다. 부모 직장의 출퇴근 시간, 육아휴직 제도의 유무 등 다양한 근무조건은 자녀의 발달에 영향을 줄 수 있으며, 학교정책을 결정하는 교육청 등이 어떤 결정과 지침을 전달하느냐에 따라 학교에서의 교육방법 등이 달라질 수도 있다.

④ 거시체계

거시체계(macrosystem)는 맥락의 가장 바깥층으로, 다른 모든 수준의 체계보다 큰 사회적, 문화적 요소들을 포함하는 환경으로 예를 들면, 문화적 가치와 종교적 가치, 법, 관습, 사회의 정치·경제 시스템, 윤리, 전쟁이나 경기 침체, 자연재해와 같이 지속적으로 사회 전반에 영향을 미치는 요인들이 이에 해당한다.

⑤ 시간체계

시간체계(chronosystem)는 다른 말로 연대기적 체계라고 한다. 인간에게 영향을 주는 환경의 영향은 시간에 발달과정에 따라서 다를 수 있으며, 동시에 사회 역사적 상황에 따라 다를 수 있다. 예를 들어 한 개인의 인생에서는 어렸을 때 경험하지 못한 결혼이나 이혼을 인생의 특정 시점에 하기도 하며, 또 사회의 일원으로 특정 시기에 사회에서 일어나는 상황이나 사건들을 공유하기도 한다. 한국전쟁이나, 혹은 1990년대 말 경기침체 등의 역사적 사건들은 사회 구성원들의 행동과 발달에 영향을 미치고 바로 시간체계로 설명할 수 있다.

이상에서 언급한 다섯 수준의 환경체계들은 서로 교류하면서 인간의 전 생애에 걸쳐 행동과 발달에 영향을 미친다.

시간경과에 따른 사람과 환경의 변화

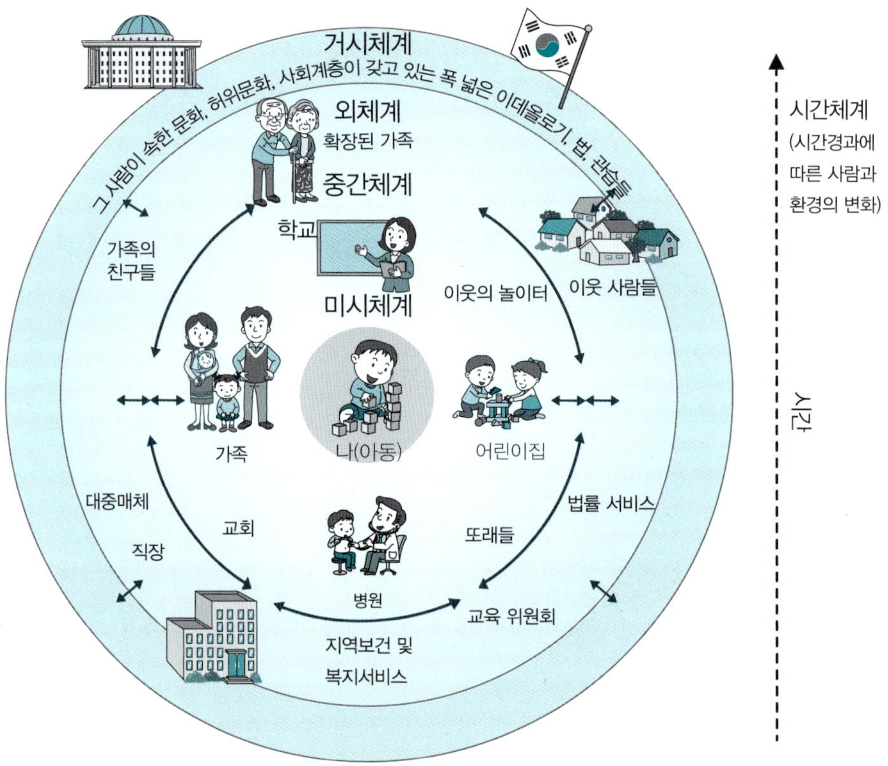

그림 1-5-3 다섯 가지 환경체계의 수준

적용과 실천

맥락적 접근은 인간과 환경의 상호작용 및 양자 간의 관계를 역동적이고 변화하는 과정으로 본다. 또한 인간이 모두 체계에 의해 영향을 받는다고 보고 체계에 초점을 두며, 어떻게 체계가 자신을 유지하며, 다른 체계에 영향을 미치는지, 어떻게 전체 체계로서 기능하도록 하는 데 기여하는지에 관심을 둔다. 이러한 사회복지 실천의 초점을 개인의 행동을 포함한 사회 환경으로 확장시킴으로써 인간을 보다 폭넓은 입장에서 이해할 수 있도록 해주었다는 공통점이 있다. 여기에는 버틀란피의 일반체계 이론과 브론펜브레너의 생태학적 체계 이론이 있다.

일반체계 이론은 체계를 이해하는 데 있어, 체계가 여러 부분으로 이루어져 있으며, 부분 간의 상호작용과 상호의존적 관계를 이해하도록 하며 특히 체계의 한 부분의 변화는 전체로서의 체계와 또 부분에 영향을 미친다는 것이다. 이러한 개념은 현실 속에서 체계를 관찰하고 구성요소 간의 관련성을 파악하여 조직화할 수 있는 방법을 제시하여 주었다. 따라서 사회복지실천에서 클라이언트와 상호작용하는 체계의 다양성과 역동을 볼 수 있도록 한다. 인간의 행동을 단순한 원인에 입각하여 설명하기보다는 다양한 변인 간의 상호작용의 결과라는 틀을 제공하여 사회복지실천가들이 개인행동에 초점을 두는 것에서 빠져나와 체계의 구성원 간의 역동적 상호작용에 초점을 두게 하였다. 궁극적으로는 클라이언트의 문제나 욕구를 사정하는 범위와 수준을 확대하여 문제해결에 필요한 여러 가지 대안을 제시하고 다양한 수준의 개입을 시도하는 근거를 마련해 주었다.

생태학적 체계 이론에 따르면 인간은 환경의 여러 요소와 밀접하게 연결되어 끊임없이 상호교류하며 또한 그들을 변화시키며 환경에 지속적으로 적응한다. 이것은 사회복지실천에서 클라이언트의 다양하고 복합적인 욕구와 문제를 해결하기 위하여 여러 가지 사회적 자원을 활용할 수 있도록 한다. 인간은 환경을 분리하지 않고 상호작용하는 단위로 보았기에 개인과 환경을 이분화하지 않고 상호작용 그 자체에 초점을 두도록 한다. 또한 서로 다른 개인은 동일한 환경에 대해 서로 다르게 반응하며, 동일한 환경에 대해서도 만나는 시간에 따라 다른 방식으로 상호작용할 수 있다는 것을 이해할 수 있게 하였다. 따라서 시간을 비롯한 인간을 둘러싼 다양한 환경의 중요성을 인식하는 계기를 마련하였다.

PART II

인간발달 단계별 행동 특성과 환경요인

인간발달이란 생명이 시작되는 수정 순간부터 일생 동안 연령의 증가와 함께 일어나는 양적·질적 변화를 의미한다. 인간발달의 영역은 신체발달, 인지발달, 사회정서발달로 나누어지며, 생물학적 부모로부터 물려받은 타고난 특성뿐 아니라 환경의 영향을 받아 진행된다. 인간발달에게 영향을 미치는 사회 환경의 특성이나 범위는 발달단계에 따라 달라진다.

2부에서는 인간의 발달단계를 태내기(수정~출생 전), 영아기(출생 후~만 2세), 유아기(만 2~6세), 아동기(만 6~12세), 청소년기(만 12~20세), 성인 전기(만 20~40세), 성인 중기(만 40~65세), 노년기(만 65세 이후)로 나누어 각 단계에서 주요 발달 특성과 사회적 맥락을 살펴보고, 이에 대한 지식을 인간발달을 다루는 현장에 적용하는 방안에 대하여 알아본다.

Human Behavior & The Social Environment

CHAPTER

1

태내기와 태내환경

개 요

태내기는 생명이 시작되는 수정이 이루어진 순간부터 출생하기까지 기간을 말한다. 즉, 남성의 정자와 여성의 난자가 결합하여 새로운 개체가 형성되고 수정 후 약 280일 동안 어머니의 체내에서 자라게 된다. 이때 정자와 난자가 가진 염색체의 결합 형태에 따라 한 개체의 유전과 성이 결정된다. 태내기는 매우 짧은 기간이지만, 인간 발달의 토대가 이루어지는 중요한 시기이며 기본적 신체구조와 기관이 이 시기 만들어진다. 또한 이러한 과정에서 태내환경은 출생 후 만나는 환경만큼이나 태아에게 많은 영향을 미친다. 임산부의 심리적 건강을 유지하는 것과 건강한 출산을 준비하기 위해 주변 사람들의 관심과 보살핌도 매우 중요하다.

1. 태내기 발달과정

새로운 한 생명의 시작은 여성의 가임기 동안 난자와 정자가 만나는 순간 이루어진다. 인체 내 가장 큰 세포인 난자와 가장 작은 세포인 정자는 각각 23개씩의 염색체를 가지고 있으므로 이들이 결합한 수정란은 46개의 염색체를 가지게 된다. 태내기 발달은 수정란이 모체의 자궁 내에서 성장하는 기간(약 280일)을 의미한다. 태내기 동안 각종 신체기관이 형성되고, 기능이 시작되며, 기관의 크기와 무게가 급속히 증가한다. 태내기 발달은 발아기, 배아기 및 태아기의 세 단계를 거쳐서 이루어진다.

1) 발아기(수정~2주)

발아기(germinal period)는 난관에서 수정된 수정란이 자궁벽에 착상되기까지의 시기이다. 수정란은 수정 직후 세포분열을 시작하면서 3, 4일 후 자궁벽에 자리 잡고, 자궁벽에 완전히 착상하기까지는 10~14일 정도 소요된다. 이 기간 동안 양막과 양수가 만들어지면서 자궁 내의 환경은 태아의 정상적인 성장을 돕기 위해 변화한다.

2) 배아기(2~8주)

배아기(embryonic period)는 자궁 내에서 태반이 완전히 발달하고, 탯줄이 태아와 태반을 연결한다. 탯줄을 통하여 배아의 성장을 위한 영양분과 산소가 공급되고, 이산화탄소와 배아의 분비물이 배출되어 모체의 혈액 속으로 들어간다. 이 시기 동안 중요한 신체 기관과 신경계가 형성되고 점차 인간의 기본적인 형태가 갖추어진다. 배아기 동안 수정란의 내면은 외배엽, 중배엽, 내배엽의 세 가지 층으로 분리된다. 외배엽은 머리카락, 손톱, 발톱, 치아, 피부의 외층, 감각세포, 신경계를

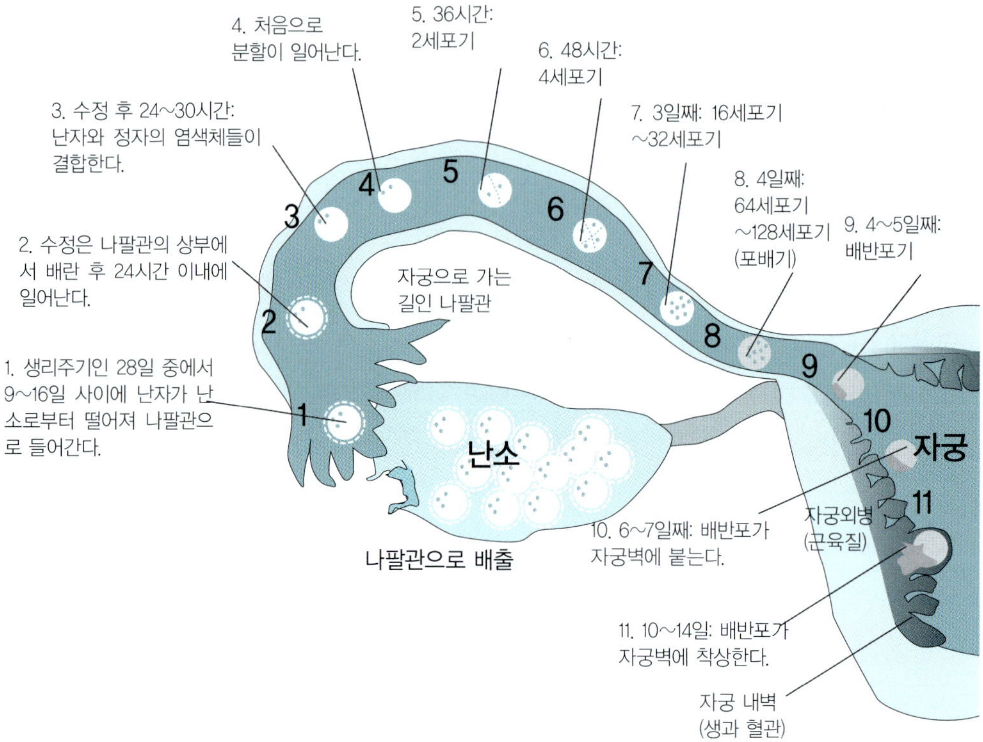

그림 2-1-1 수정란의 착상 과정

출처: 유효순(2015)

형성하게 되고, 중배엽은 골격근육, 순환기관과 피부의 내층을 형성한다. 내배엽에서는 호흡기관, 폐, 췌장, 간, 침샘, 갑상선 등의 기관들이 형성된다.

이처럼 배아기에는 신체의 중요한 기관들이 급속하게 형성되기 때문에 태내 환경의 영향을 민감하게 받게 된다. 따라서 어머니의 영양결핍, 질병, 약물 등 부정적인 환경은 이 시기의 발달에 치명적인 영향을 미칠 수 있다.

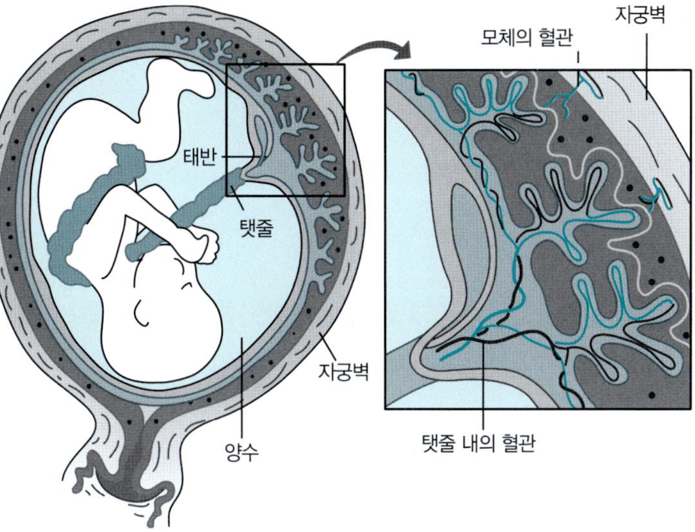

그림 2-1-2 수정자궁 내 태아와 태반

출처: 최경숙(2006). p. 68

3) 태아기(8주~출생)

태내 발달의 마지막 단계인 태아기(fetal period)는 수정 후 3개월부터 출산까지의 시기로 이 기간에는 배아기 동안 형성된 신체 각 기관의 구조가 보다 정교해지고, 기능이 더욱 원활해지는 등 주로 크기와 기능의 변화가 이루어진다. 3개월경에는 남아와 여아의 성구별이 가능하며, 4개월 말경에 모체는 태동을 느끼게 된다. 호흡기와 순환계가 완전히 기능하지 못하는 7개월 이전에 조산하면 태아가 생존할 수 있는 확률이 매우 희박하다. 태아가 스스로 호흡할 수 있는 조건과 기능을 갖추는 7개월경부터 생존 가능성이 높아진다고 할 수 있다. 태아기 말기에는 신경계의 성숙이 이루어지고, 근육에 피하지방이 형성되어 간다.

2. 유전의 영향

1) 유전자의 전달

부모로부터 물려받은 쌍으로 된 유전자가 자식에게 전달되어 유전적 형질을 나타내게 된다. 부모님과 나 사이 비슷한 점과 다른 점들을 관찰할 수 있듯이 직접적으로 관찰할 수 있는 특징을 표현형(phenotypes)이라고 하며 이는 부분적으로는 개인의 유전자형(genotypes)에 달려 있다. 유전자형은 우리의 독특한 모든 특징에 영향을 주는 복잡한 유전정보로 이루어진다. 난자와 정자는 생식세포로 유전인자를 운반하는 세포이며 체세포 분열과 달리 감수분열 과정으로 이루어진다. 즉, 체세포 분열은 유사분열로 46개의 염색체가 분열하는 동안에도 그대로 유지되나 성세포의 감수분열은 46개의 염색체의 절반인 23개의 염색체를 갖는다(최경숙, 2006). 개개의 염색체는 여러 유전인자를 포함하고 있으며 주로 2가지 물질인 DNA와 단백질로 구성된다. 이 중 DNA는 유전인자로서 핵심적인 기본 물질을 지니고 있어 DNA 분자 내의 염기들이 나타내는 화학적 구성 또는 DNA의 염기 배열순서는 인간의 성장, 발달을 결정하며 인간 행동에 영향을 주게 된다(최경숙, 2000). 부모로부터 물려받은 모든 생물학적 유전은 이 23쌍의 염색체 안에 들어 있다. 이 가운데 22쌍은 남녀 모두 갖고 있는 서로 같은 쌍의 염색체로 상염색체(autosome)라고 하고, 마지막 23번째 쌍의 염색체를 성염색체(sex chromosome)라고 한다. 여성은 이 쌍을 X염색체가 두 개인 XX라고 부르며 남성은 X와 Y가 하나씩인 XY라고 하여 태아의 성을 결정한다.

이때, 하나는 우성이고 다른 하나가 열성이면 우성 유전자가 발현되고 숨어 있는 열성 유전자의 영향은 억제된다. 또한 어떠한 환경에서는 우성과 열성 관계가 성립되지 않고 부모에게 물려받은 유전자 모두가 함께 영향을 주거나 중간 정도로 나타나게 된다(Berk, 2007).

23개의 염색체 중 23번째 염색체 쌍은 태아의 성별을 결정해 준다. 두 개의 X

염색체를 가지면 여성, 한 개의 X 염색체와 한 개의 Y 염색체를 가지면 남성이 된다. 이때 X 염색체에 결함이 있을 경우 여성은 X가 두 개이므로 결함이 있는 X 염색체 관련 질환을 가질 가능성이 작다. 그러나 남성의 경우 X 염색체에 결함이 있으면 X가 하나이므로 결함을 가질 가능성이 높기에 대부분의 X 염색체에 관련한 질환은 남성에게 나타나기 쉽다. 예를 들어 유산, 유아동 사망, 출산 결함, 학습장애, 행동장애, 정신지체 등의 유병률이 모두 남아에게서 훨씬 높다(Halpern, 1997). 따라서 이러한 성차는 유전적으로 원인이 될 확률이 높다.

2) 염색체 이상

결함이 있는 유전자 이외에, 염색체의 이상은 주로 심각한 발달 문제를 일으키기도 한다. 대부분의 염색체 이상은 난자와 정자가 만들어지는 중 감수분열할 때 염색체 쌍이 제대로 나눠지지 않거나 염색체 일부분이 손상되는 것 등이 원인이 된다. 일반 염색체와 성염색체의 이상으로 구분해 볼 수 있으며 이러한 오류는 신체적, 정신적 질환을 나타내게 된다.

(1) 다운증후군

염색체 이상 중 가장 잘 알려진 것이 다운증후군(Down's syndrome)이다. 대략 800명 중 1명꼴로 발생하며 그 중 95%는 21번째 염색체가 감수분열 중 문제가 있기 때문이며 정상적으로 두 개의 염색체가 되어야 하는 것이 3개가 된 경우로, 삼체형(trisomy 21)이라 불리기도 한다. 드물게는 21번째 염색체의 하나가 다른 염색체로 이동한 전위형(translocation 15/21), 혹은 감수분열 초기에 오류가 생겨 모든 체세포 중 일부만 결함이 나타나기도 한다.

다운증후군을 가지고 태어난 경우 지적장애, 기억과 언어 문제, 제한된 어휘력, 운동발달의 지체 등을 나타낸다. 또한 특유한 신체적인 특징, 키가 작고 땅땅한 체격, 편편한 얼굴, 내민 혀, 낮은 코 등 뚜렷한 신체 특성을 보인다. 또한 태어나면서 백내장이나 청각 손실, 심장과 장기의 결함을 가지기도 한다. 의학의 발전으로 인해 과거에 비하면 오늘날 다운증후군 아기들의 생존율은 높아졌으며, 60~80세까지도 생존한다고 한다(Roizen & Patterson, 2003). 이렇게 길어진 기대 수명에도 불구하고 40세가 지나면 치매 증상을 동반한 알츠하이머병을 보이게 된다.

독특한 얼굴 생김새로 인해 음식섭취에 있어 어려움을 겪으며, 눈과 손의 협응이 서투르고 지속적으로 물체를 탐색하는 데 어려움을 보이게 된다. 그러나 부모가 주변 환경에 참여하도록 열성적으로 도와주면 더 잘할 수 있고 적절한 발달개입 프로그램을 받으면 지적 수행을 제외한 사회정서, 운동 기술의 발달이 향상될 수 있다. 따라서 환경적 요인이 다운증후군 아동의 발달에 중요하다고 볼 수 있다.

다운증후군 아이를 가질 확률은 어머니의 연령과 함께 급격히 증가한다. 유전학자들은 여성의 난자가 나이가 들면서 더 약해져 염색체가 감수분열이 되어야 할 때 정확하게 분리되지 않는다고 한다(Berk, 2007).

(2) 성염색체의 이상

23번째 쌍의 염색체는 성염색체로 남녀가 다르다. 여자의 두 개의 X 염색체(XX)와 남자의 하나의 X와 하나의 Y 염색체(XY)로 나타난다. X 염색체 안에 있는 어떤 유전인자들이 Y 염색체 안에는 동일한 유전인자가 없을 수 있기에 남자에게서 성염색체와 관련된 열성 특성을 나타나게 한다(최경숙, 2006). 즉, 남자의 성염색체 XY 가운데 X 염색체 안에 결함을 나타내는 열성 대립유전자가 있다면 그 결함은 나타나게 되는데, 왜냐하면 여성의 경우에는 X 염색체가 두 개이므로 그 결함에 대한 열성 대립유전자가, 정상발달을 관장하는 우성인자인 다른 X 염색체 안의 대립 유전자와 상호작용하여 표현형으로 나타날 수 있기 때문이다. 우성과 열성 유전의 원리를 따르는 인간의 여러 특성들이 있으며 많은 장애와 질병은 열성 대립유전자의 결과이다. 대표적인 우성–열성 특징으로는 정상 머리–대머리, 정상 시력–근시, 혈액형 Rh+ – 혈액형 Rh– 형 등이다.

성염색체의 이상은 사춘기까지는 알 수 없고 사춘기가 늦어지는가의 여부에 의해서 확인될 수 있다. 염색체가 더 있거나(X 또는 Y) 여성에게 두 개의 X 염색체 가운데 하나의 염색체가 없는 것이다. 가장 흔한 경우는 성염색체 X가 하나 더 많은 XXX(triple X 증후군) 증후군과 XXY(클라인펠터 증후군) 증후군이다. 두 증후군 모두 지능이 낮기는 하나 독특한 언어적 문제인 읽기, 어휘와 쓰기의 어려움을 보인다. 또한 성염색체 중 두 번째 염색체의 전체나 일부가 상실되어 X염색체 하나만을 가지게 된 터너증후군과 Y염색체가 하나 더 있는 남성인 XYY 증후군이 있다.

3. 태내발달에 영향을 미치는 환경요인

전체 임신의 45% 정도는 임신 사실을 알기도 전에 자연 유산이 될 수 있다. 대부분 유산은 심각한 질병, 즉 염색체가 없거나 여분의 염색체가 발달을 가로막는 것 등이 원인이 된다. 유산의 10~20%의 경우는 임신 사실을 안 후 유산이 되어 상당한 부부에겐 고통을 줄 수 있다.

유산의 위험을 극복한 대부분의 태아는 정상적으로 태어난다. 그러나 미세한 결함을 가진 경우 수많은 다른 요인과 결합하여 심각한 결과를 만드는데, 대부분은 유전적 요인들에 의한 결함이고, 태내기 환경적 요인들이 또한 영향을 주게 된다.

1) 기형발생물질의 영향

태내 발달 동안 환경의 영향은 술과 약물 등 임산부가 먹는 것에서부터 공기 오염, 방사선 등과 같은 것에 이르기도 한다. 이러한 것들을 기형발생물질(teratogen)이라 하는데, 이것들의 영향은 쉽게 회복되기도 하나 태아를 죽음에 이르게도 할 수 있다.

태내기 중요한 기관들의 기초 구조가 생성되는 때가 기형발생물질의 민감기이며 여러 기관계가 이 물질의 영향에 대해 각각 다른 민감기를 가지고 있다(그림 2-1-3). 만일 계획되지 않았거나 임신 사실을 모르는 경우 환경 속 기형발생물질을 주의하지 않으면 태아에게 돌이킬 수 없는 영향을 끼치기에 가임기 성관계가 가능한 성인들에게 이러한 사실을 주지시키는 것이 필요하다.

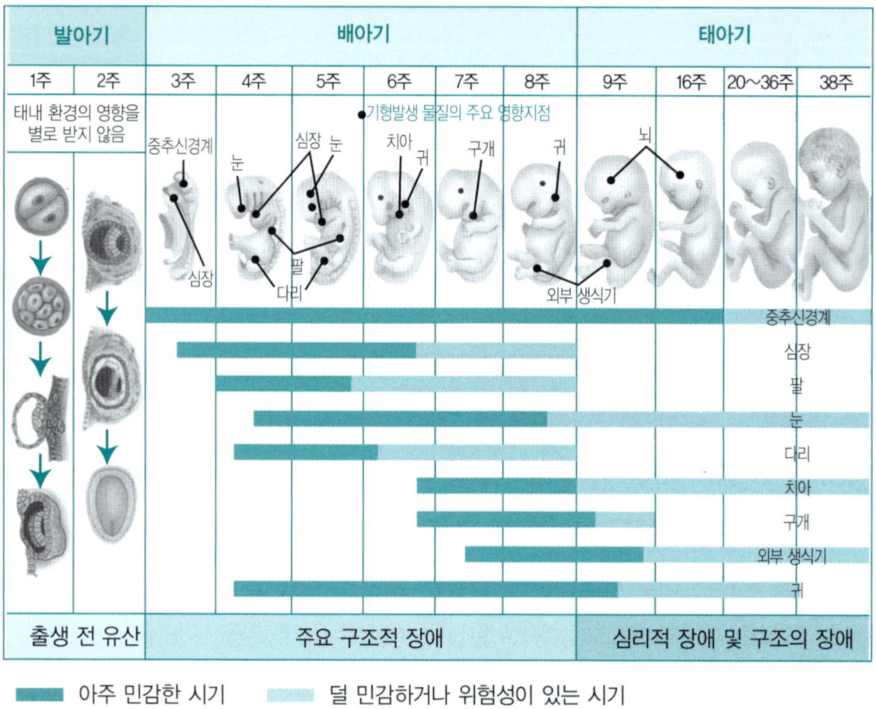

그림 2-1-3 기형발생물질의 영향

출처: 최경숙(2006). p. 70.

기형발생물질의 양과 노출 기간 또한 대단히 중요하다. 얼마나 많은 양에 얼마나 오랜 기간 노출되었느냐에 따라 그 영향으로 인한 결함이 커질 것이다. 또한 몇 가지 물질이 결합하여, 축적되어 영향을 줄 수 있다. 이러한 물질을 받아들이는 수용도에는 임산부와 태아에게 개인차가 있다. 대부분의 사람에게는 해가 없는 물질이 유전적 소인을 가진 극소수의 사람들에게는 영향을 미칠 수 있다. 반대로, 임산부는 바이러스에 감염되었더라도 태아에겐 작용하지 않는 경우도 있다. 또한 잠복 효과가 존재하는데, 이러한 효과가 길게는 몇 년 동안 나타나지 않다가 이후 발생될 수도 있다.

(1) 약물

몇 가지 약물들은 임신 중 복용해도 해가 없다고 하나, 이러한 것들 중 기형발생물질로 밝혀진 것들이 있다. 따라서 임산부나 임신했다고 생각되는 여성, 혹은 임신을 곧 하려고 하는 여성들은 반드시 의사의 처방이나 허락을 받고 약물을 복용해야 한다. 대표적인 해로운 약물은 담배와 술이다.

- 태내기에 미치는 어머니 흡연의 효과 중 가장 잘 알려진 것은 출생 시 저체중 문제이다. 그러나 유산, 조산, 심장박동률과 수면 중 호흡의 손상, 유아 사망, 아동기 이후의 천식이나 암과 같은 다른 심각한 가능성들도 증가한다고 한다(Berk, 2007). 흡연하는 어머니가 낳은 신생아는 소리에 덜 주의하고 근육긴장을 더 많이 보이며, 만지거나 시각적으로 자극했을 때 더 흥분하기 쉬우며, 더 자주 우는데, 이러한 결과들은 뇌 발달에의 부정적인 영향이 지속되는 것이라고 한다(Law et al, 2003; Sondergaad et al, 2002). 또한 태어나기 전 담배에 노출된 아동은 아동기와 청소년기에 더 짧은 주의 지속 시간, 낮은 기억력, 낮은 지능검사 점수, 많은 행동 문제들을 가진다(Cornelius et al, 2001).

- 담배에 있는 중독성 물질인 니코틴은 혈관을 수축시키고 자궁으로 가는 혈류량을 줄이며 태반이 비정상적으로 자라게 한다. 이렇게 되면 태아의 체중이 증가하는 것을 방해하게 된다. 니코틴은 또한 어머니와 태아 모두의 혈류의 일산화탄소의 농도를 높인다. 일산화탄소는 적혈구에서 산소로 대체되는데, 산소가 부족하게 되면 태아의 중추신경계를 손상시키고 신체 성장을 더디게 할 수 있다(Berk, 2009).
- 임산부가 술을 마시게 되면, 알코올이 혈액을 타고 태반을 통해 태아의 혈관과 양수로 들어가게 되어 태아 몸에 직접 알코올이 주입되거나 양수와 섞여 태아가 마시게 된다. 성인과 달리 태아에게는 알코올 대사 능력이나 분해 능력이 없어, 태아에게 알코올의 영향은 오랫동안 남게 된다. 태아알코올증후군은 태아가 정기적으로 많은 양의 알코올에 노출되어 태어났을 때 갖게 되는 기형이다. 이러한 임산부의 알코올 남용은 태아알코올증후군 외에도 주의력 문제 및 과잉행동을 포함한 다양한 신경학적 결함과 관련된다. 경미한 알코올의 섭취도 태아에겐 장·단기적인 영향을 미치며 짧은 시간 많은 양의 알코올을 마시는 폭음은 같은 양을 오랜 시간 동안 마시는 것보다 더욱 해롭다고 한다.

(2) 방사능과 환경오염 물질

X선은 태내발달 단계 중 배아기와 태아기에 가장 위험한 영향을 미친다.

방사능으로 인한 결함은 제2차 세계대전 시 히로시마와 나가사키의 폭탄 투하 및 1986년 우크라이나의 체르노빌에 있는 핵발전소 사고 이후 살아남은 여성이 낳은 아동의 사례에서 나타났다. 이 아동들은 조산, 소두증(발달이 불충분한 뇌), 신체 이상이나 더딘 신체 성장 등을 보였다. 또한 아동기 중반 이후 비정상적인 뇌파 활동, 낮은 지능검사 점수를 보였으며 방사능에 노출되지 않은 아동보다 언어장애 및 정서장애가 2~3배 더 높게 나타났다(Berk, 2007). 이는 산업현장에서의 방사능 유출이나 병원에서의 X선 촬영 시 나오는 낮은 수준의 방사능도 아동기 여러 질병이나 유산·사산 위험률을 높일 수 있음을 시사하는 것이다.

(3) 직업적 환경 속 위험요소

일터에도 위험인자들이 존재한다. 많은 여성들이 태아에게 나쁜 영향을 줄 수 있는 직업 환경에서 일을 하는데, 예를 들어 고속도로 정산원의 경우 수많은 자동차 매연 등이, 농촌에서는 살충제, 공장에서는 수많은 화학물질 등이 영향을 줄 수 있다. 고용주나 고용인들 모두 이러한 위험인자로부터 임산부를 보호할 방법들을 강구해야 한다.

2) 모체 환경

임산부는 태아 환경의 가장 직접적인 부분이다. 바람직한 어머니가 되는 것에 영향을 줄 수 있는 것으로는 임산부 연령, 영양상태, 스트레스 수준 등이다.

(1) 연령

임산부 연령이 20세에서 35세 사이일 때 건강한 아이가 출생할 확률이 높다. 나이 든 임산부는 건강상 문제가 있을 수 있고 나이든 난자는 정상적인 세포분열이 어려워 사산이나 다운증후군의 가능성을 증가시킬 수 있다. 반면, 아주 어린 십 대 임산부들은 대부분 조산의 가능성과 영아 사망률도 높아진다(Ekwo & Moawad, 2000). 이들은 또한 낮은 사회계층에 속해 있을 수 있기 때문에 부적절한 영양공급, 소홀한 산전 관리의 확률이 높다.

(2) 영양

태아의 영양은 어머니의 영양 섭취에 달려 있다. 부적절한 영양섭취는 특히 태아의 뇌 뇌세포 성장에 영향을 주고 이러한 아기들은 반응이 늦거나 매우 까다로운 특징을 보이게 된다.

영양섭취는 빈곤한 가정에서 많은 다른 영향들과 결합이 되어 태내발달에 더 나쁜 영향을 줄 수 있다. 임신 말기 영양이 부족하면 소두증에 저체중아를 낳을 확률이 높아지고 임신 초반기부터 영양이 좋지 않으면 심각한 신체적 결함을 일으킬 수 있다.

(3) 질병

임신 중 발병한 모체의 질병은 대부분 태아에게 영향을 주지 않는다고 알려져 있지만, 어떤 것들을 영향을 준다. 예를 들어 풍진(rubella)은 태아에게 많은 치명적 발달 결함을 초래하는데, 기형, 시각장애, 청각장애, 지능 등이다. 이것은 흔한 질병은 아니나, 가임기 여성은 검사를 하여 항체가 없을 때 미리 예방접종을 해두어야 한다.

성적 접촉으로 감염되는 질병인 매독은 전 세계적으로 증가하고 있으며 태아에게 위험요소가 되고 있다. 이것은 태아의 중추신경계 결함을 초래한다. 생식기의 포진은 더욱 심각한데 출산 시 산도에서 태아가 직접 접촉하게 되면 시각장애나 뇌손상, 사망에 이르게 된다. 에이즈를 일으키는 인간면역바이러스(HIV)의 감염은 때때로 출산 시 자궁을 통해 태아에게 들어오거나 수유 시 젖을 통해 감염되기로 한다.

(4) 스트레스

임신 기간에 다양하고 심한 정서적 스트레스를 경험할 때 아기 또한 다양한 어려움이나 위험을 겪을 수 있다. 어머니의 강한 불안감은 유산이나 조산의 비율을 높이고 출생 시 저체중, 유아기 호흡기 질환, 소화 장애와 관련된다(Mulder et al, 2002). 이는 두려움과 불안을 경험할 때 흥분성 호르몬이 혈류에 분비되어 '싸우거나 도망칠' 준비를 하게 하는데, 이때 많은 혈액이 뇌, 심장, 팔, 다리 근육, 몸통으로 보내져 방어 반응을 하게 되므로 자궁을 포함한 위장 등 다른 기관으로 향하는 혈액의 흐름이 줄어들어 태아는 충분한 산소와 영양분의 공급을 받지 못하게 된다. 만일 이러한 스트레스 상태가 오랜 기간 지속되거나 자주 경험된다면 태아에게 위험한 상황을 초래할 수 있다. 또한 이러한 어머니의 스트레스는 결국 임신기 동안 흡연이나 약물 섭취, 출생 시 저체중, 임신 후 어머니의 불안, 낮은 사회경제적 지위와 다른 위험한 영향 요인과 함께 작용하여 학령기 아동의 불안, 분노, 공격성, 과잉행동을 예측하도록 한다(Berk 2009).

4. 태교

태교는 임신 중 가르침이다. 임신 중 어머니의 신체, 정신건강을 위해 마음가짐을 잘 가지고, 뱃속에서 자라는 태아를 위해서 가르치는 것을 중요시하였다. 동양에서는 예로부터 인간생성의 시초를 태(胎)에 두어 임신부의 언행, 섭생, 행동 등에 의해 태아의 선한 기질과 악한 기질이 일차적으로 형성된다고 하였다. 정서적, 심리적, 신체적으로 건강한 아기를 낳기 위해 임신한 여자는 매사에 조심하고 나쁜 생각이나 거친 행동을 삼가야 한다고 믿었다. 이러한 태교의 현대적 의의는 첫째, 과로를 피하고 둘째, 음식 및 영양을 충분히 섭취하고 셋째, 약물복용을 금하고 넷째, 행동 및 정서의 관리를 다루고 있는 것이다. 또한 태교는 생명의 존엄성을 강조하고 태아에게 인격을 부여했으며, 인간의 교육이란 생명이 잉태되기 이전부터, 또한 임신 중에도 이루어져야 한다는 교육관에서 근거하고 있다.

읽 • 어 • 보 • 기

태교신기(胎教新記)

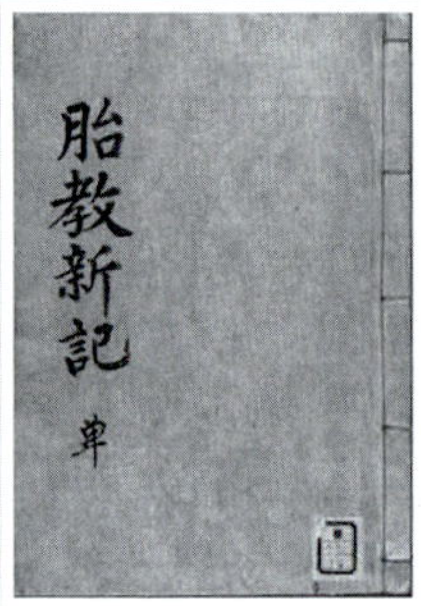

조선 정조 때 사주당 이씨가 쓴 세계 최초의 태교책으로 알려져 있는 『태교신기』는 1801년 저자인 이사주당 자신이 성리학 이론 및 기존 의서(醫書)에서 태교 관련 정보를 뽑고 민간에서 전래되는 관습들을 모아 자신의 네 자녀를 양육한 경험적 지식을 종합하여 저술한 독자적인 태교 전문서이다. 직접 체험하고 경험한 결과를 정리한 기록이기에 후대 사람들의 각별한 관심을 이끌 수 있는 것이다. 사주당은 이 책을 통해 태교라는 말에 인성의 형성과 가르침이라는 철학적 의미를 부여하였다. 조선시대에 통용되던 태교는 생활 속에서 의식주 등을 삼가는 데 중점을 두었다. 사주당 태교는 하나의 철학으로 재탄생했으며 여성들도 수신해야 할 존재로 탈바꿈하기에 이르렀다. 또한, 많은 사람이 태교를 여성의 임무로 한정시킨 데 비해 사주당은 『태교신기』에서 아버지의 하루 마음가짐의 중요성을 언급하여 아버지 태교를 강조하고 그동안 임산부의 역할로만 여겨오던 태교를 부부와 온 가족이 함께해야 하는 일로 확장시켜 한 단계 발전된 태교방법을 제시하였다는 점에서 큰 의의가 있다. 글이 완성된 후 아들 유희가 장과 절을 나누고, 한글 해석 글을 덧붙여 태교의 경전이라고 할 수 있는 『태교신기』가 완성되었다.

이 책은 2부작 총 10개 장으로 구성되어 있다. 각 장의 내용은 다음과 같다.

① 제1장 지언교자(只言教字): 자식의 기질의 병은 부모로부터 연유한다는 것을 태교의 이치로써 밝혔다.

② 제2장 지언태자(只言胎字): 여러 가지 비언(臂言)을 인용하여 태교의 효험을 설명하였다.

③ 제3장 비론태교(備論胎教): 옛사람은 태교를 잘하여 그 자식이 어질었고 오늘날 사람들은 태교가 부족하여 그 자식들이 불초(不肖)하다는 것을 말하고, 태교의 중요성을 강조하였다.

④ 제4장 태교지법(胎教之法): 태교의 대단(大段)과 목견(目見) · 이문(耳聞) · 시청(視聽) · 거처(居處) · 거양(居養) · 행립(行立) · 침기(寢起) 등 태교의 방법을 설명하였다.

⑤ 제5장 잡론태교(雜論胎教): 태교의 중요성을 다시 반복 강조하고, 태교를 반드시 행하도록 권하였다.

⑥ 제6장 극언불행태교지해(極言不行胎教之害): 태교를 행하지 않으면 해가 있다는 것을 경계하였다.

⑦ 제7장 계인지이미신구기위유익어태(戒人之以媚神拘忌爲有益於胎): 미신 · 사술(邪術)에 현혹됨을 경계하여 태에 유익함을 주려고 설명하였다.

⑧ 제8장 잡인이증태교지리신명제이장지의(雜引以證胎教之理申明第二章之意): 잡다하게 인용하여 태교의 이치를 증명하고, 제2장의 뜻을 거듭 밝혔다.

⑨ 제9장 인고인이행지사(引古人已行之事): 옛사람들이 일찍이 행한 일을 인용하여 놓았다.

⑩ 제10장 추언태교지본(推言胎教之本): 태교는 장부(丈夫)에게 책임이 있으니 부인에게 가르쳐 주도록 하고, 이 책에 대하여 극찬하였다.

태교 십계명

첫째, 스승의 가르침 10년이 어머니의 10개월 교육만 못하고, 어머니의 10개월 교육이 아버지가 잉태시키는 하루를 삼가는 것만 같지 못하다.

둘째, 마음에서 허욕이 생기지 않게 하고 몸에서 사기가 생기지 않게 하여 자식을 낳는 것은 아버지의 도이다.

셋째, 예가 아니면 보고 듣거나 말하지도 움직이지도 생각하지도 아니하여 심지와 몸을 순정하여 그 자식을 기르는 것은 어머니의 도이다.

넷째, 태교는 임신부 혼자 하는 것이 아니니 온 가족이 항상 공경하고 삼가하여 분하고 흉하거나 급한 일을 말하지 말아야 한다.

다섯째, 사람 마음은 소리를 듣고 감동하므로 임신부는 음악, 시끄러운 소리, 욕, 주정하는 소리 듣기를 삼가며 시를 외우고 책을 읽거나 조용하고 좋은 음악을 들어 성정을 순화시킨다.

여섯째, 항상 마음을 맑게 하고 조용하게 거처하여 온화하고 알맞게 하며 머리와 몸, 입, 눈을 단정하게 하고 정신을 통일한다.

일곱째, 분해도 사나운 소리를 하지 말며, 화나도 악한 말을 하지 말며, 희롱하는 말을 하지 말며, 사람을 속이거나 해치는 말을 하지 않는다.

여덟째, 엎드려 잠자지 말며, 구부리고 잠자지 말며, 배불리 먹고 잠자지 말며, 몸을 덮지 않고 잠자지 말며, 무더운 더위나 너무 추운 날에는 낮잠을 자지 않는다.

아홉째, 태교는 반드시 마음을 바르게 하는 데 있으니, 이는 보고, 듣고, 앉고, 일어서고, 잠자고, 먹는 것을 삼가는 데서 시작한다.

열째, 부모가 태교를 하지 않으면 자식이 재주만 없을 뿐 아니라 형체도 온전하지 못하며 질병이 많으며 난산하거나 비록 태어나더라도 요절할 수 있으니 누구를 탓하랴.

출처: 사주당(2011).

적용과 실천

태내기 적용과 실천

생명의 시작은 출산이 아닌, 수정의 순간임을 명심하고 태내기 발달이 인간의 전체 발달과정에서 얼마나 중요한지 인식해야 한다. 태내기 발달과정과 기형발생물질에 대한 인식을 위해 청소년기부터 지속적인 교육이 필요하다. 성과 임신, 생명의 신비, 생명과 환경과의 관계성을 깨닫게 하고 그 과정에서 자연스럽게 우리 사회의 문제들을 함께 풀어가려는 노력을 강구해야 한다.

임산부의 연령, 영양상태, 질병 등은 태아발달에 큰 영향을 미치므로 가급적 최고의 건강상태를 유지하고 있을 때 임신을 하고 출산하는 것이 바람직하다. 가임여성과 배우자는 임신 전 철저한 의료적 진단을 받을 수 있도록 하고, 임신한 부부를 대상으로 유전적 질병, 흡연, 음주, X선 촬영 등의 방사선, 약물복용 등으로 인한 선천적 장애의 예방방법과 대책을 알려야 한다. 만일 임신부의 건강을 위협하는 조건이 존재할 경우, 철저한 의료적 진단과 그에 따른 개입이 이루어져야 한다.

최근 만혼의 경향과 더불어 서울대병원 산부인과 박중신 교수팀은 2016~2020년 출산 산모의 나이를 분석한 결과를 발표했다. 총 6,378명 중 51.6%가 35세 이상 산모였고, 40세 이상은 9.2%였다. 절반 이상이 흔히 말하는 고령 산모이다(하이닥, 2023). 이러한 임산부들은 임신 중 당뇨병이나 출산 시의 어려움, 태아의 기형 및 다운증후군과 같은 유전적 결함을 가진 아이를 출산할 확률이 높아 실제로 임신 20주 이상 임신부에게 고혈압, 부종, 단백뇨 등의 증상이 나타나는 임신중독증에 걸린 임산부는 연평균 24%의 증가율을 보인다고 한다(뉴시스, 2019). 그러나 사회의 변화에 따라 이제는 일찍 결혼해서 일찍 아이를 낳자고 하는 이야기보다는 이러한 문제를 어떻게 해결하는가에 문제의 초점을 두어야 한다. 최근에는 고령의 임산부라도 균형 잡힌 영양 공급과 적절한 운동, 철저한 산전 관리와 검사 등을 통해 얼마든지 건강한 아이를 출산할 수 있다고 한다. 또한 젊은 임산부에 비해 계획된 임신, 경제적인 안정을 기반으로 아이 양육에 더욱 집중하고 좋은 환경을 만들어 줄 수 있다. 따라서 임산부의 연령과 임산부의 건강상태, 생활환경 등을 고려하여 그에 따른 다양한 개입이 체계적으로 이루어져야 한다.

또한 결혼한 부부가 임신을 하지 못하면 가정의 해체로까지 이어질 수 있기 때문에 불임에 대한 대책도 마련되어야 한다. 우리나라의 난임 환자 수는 한 해 20만 명에 육박하고 매해 빠른 속도로 증가하고 있다. 여성에 비해 남성 불임환자 수가 크게 늘었는데 갈수록 난임환자가 증가함에 따라 난임치료 및 진료비도 크게 늘어나고 있는 만큼 고액의 비급여 치료비 등을 감안할 때 정부의 정책적 지원 하에 민영보험 역할을 강화할 필요가 있다. 최근 5년 새 불임 치료와 난임 시술 진료비는 각각 96.5%(연평균 18.4%), 68%(연평균 13.9%) 증가했다(뉴스핌, 2023). 국민건강보험공단에 따르면 국내 난임 환자 수는 지난 2006년 14만 8892명에서 2020년 22만 8382명으로 5년동안 4% 증가했다(매일경제, 2022). 따라서 적극적인 임신과 출산의 의지가 있는 부부를 대상으로 한 불임정책은 또한 우리 사회의 큰 문제로 대두되는 저출산 해결을 위한 효과적인 대안이 될 수 있다. 이를 위해 불임증가에 대한 연령별 원인분석과 불임의 지역적 격차의 원인을 찾아내기 위한 심층적 연구 및 임신을 지원하기 위한 방안에 대한 연구가 필요하다.

CHAPTER 2

영아기와 애착형성

개요

영아기는 출생에서 24개월까지의 시기이다. 첫 성장 급등기로서 신체발달이 급격하게 이루어지고, 기본적인 운동기능과 언어발달이 활발히 이루어진다. 성격발달의 기초가 되는 대부분의 정서를 나타내며, 이후 사회성 발달에 중요한 영향을 미치는 애착관계를 통하여 타인과의 정서적 유대관계를 맺게 된다. 또한 활발하게 변화하는 뇌발달 과정을 알아보고 뇌발달에 미치는 환경적 측면의 중요성을 살펴본다.

1. 영아기 발달과정

신생아기가 끝나는 생후 2주부터 약 2년까지를 영아기라고 한다. 아기가 점차적으로 자신의 신체를 잘 조종할 수 있게 되고, 후반부로 가면서 언어발달이 이루어지며 상징적인 의미를 자기 경험에 부가하면서 상징적 사고가 발달한다.

출생에서 생후 2주까지를 신생아기라고 따로 분류하며, 출생에서 약 2년까지를 영아기라고 한다. 생후 2년 동안 신체 발달은 매우 크게 변화한다. 출생 시 신생아는 머리가 몸에 비해 매우 커서 스스로 가누지 못하고 반사에 의해 움직이게 된다. 그러나 점차 몸을 뒤집고 상체를 들어올리고 기어다니다가 출생 후 12개월이 되면 스스로 앉고, 서고, 붙잡고 일어서서 움직이다가 걸음마를 할 정도로 발달하며 이후 다양한 신체발달 및 운동발달이 이어지게 된다.

1) 신체 및 운동

(1) 신체발달

신체발달은 머리에서 다리 쪽으로, 중심에서 외곽 쪽으로 또 전체에서 부분으로 이루어진다.

① 머리에서 다리로

신체적 성장과 신체 기능 분화의 방향이 머리에서 시작하여 다리 방향으로 내려가는 것을 의미한다. 머리 내에서도 머리 윗부분인 뇌와 눈이 먼저 발달하고 턱과 같은 아랫부분이 발달하게 된다.

② 중심에서 외곽으로

신체의 중심에서 발달이 시작하여 외곽 말초 방향으로 나아가는 것을 말한다. 먼저 몸통과 팔의 통제가 가능하고 이후 손과 손가락 통제가 나중에 이어진다.

③ 전체에서 특수부분으로

큰 근육을 포함하는 운동능력이 먼저 가능하고 이후 글씨는 쓰거나 젓가락을 사용하는 작은 근육을 사용하는 운동기능으로 발달한다.

일반적으로 영아의 평균 신장은 1년 내 약 50% 정도 증가한다. 따라서 생후 1년이면 약 76~77cm로 성장하고, 생후 2년이 되면 성인 키의 절반에 이르게 된다. 체중 또한 늘어나 생후 1년 후 몸무게는 출생 시보다 약 3배, 2년 차에는 성인의 1/5~1/6에 도달한다.

영아의 골격은 성인의 골격보다 크기가 작고 수도 적을 뿐만 아니라 매우 유연하고 부드럽다. 손발, 손목, 발목을 예로 들면 출생 시 뼈의 수가 성인의 것보다 훨씬 적다. 예를 들어 손목뼈의 경우 성인은 9개인데 반해 첫 돌 무렵에는 3개뿐이다. 나머지 6개는 아동기에 계속 발달하여 청년기에 완성된다. 부드러운 뼈가 단단해지는 과정을 경화 또는 골화라고 한하는데, 사춘기가 될 때까지 꾸준히 경화 현상이 일어난다. 골격과 마찬가지로 근육조직도 영아기에는 작고 약하나 청년기까지 꾸준히 발달하며 점점 두꺼워지고 단단해진다.

태아는 임신 6주 정도부터 위턱과 아래턱이 형성되기 시작해 출생 이후에도 계속 발육하여, 영아의 유치(젖니)는 빠르면 생후 3~4개월 보통 아래쪽 앞니부터 시작해 서서히 옆으로 하나씩 나기 시작한다. 유치는 생후 6~7개월부터 나기 시작해서 만 6~7세까지 자라며, 아동기까지만 유치의 기능을 한다. 유치는 어차피 빠질 치아라는 생각에 충치가 생겨도 관리하지 않는 경우가 많으나 영구치를 평생 건강하게 유지하려면 유치부터 잘 관리해야 한다. 배설 기능은 10개월이 지나면서 신경 및 뇌가 발달하여 방광의 감각을 느낄 수 있고 18~24개월이 되면 방광이 좀 더 커져서 보다 많은 양의 소변을 모을 수 있고 대변이 나오는 느낌을 지각할 수 있어서 배변훈련을 시작할 수 있는 적절한 시기가 된다.

(2) 운동발달

운동기능의 발달은 영아가 새로운 세계를 탐색하기 위하여 중요한 역할을 한다. 운동기능은 대근육 운동과 소근육 운동으로 나누어진다.

대근육 운동(gross motor)은 앉고, 기고, 걷고, 오르고 하는 동작들로, 팔과 다리, 복부 근육을 이용해서 몸을 크게 움직일 수 있게 하며 영아가 움직이고, 주변을 탐색하도록 하고 다른 영역이 성장하는 기초가 된다. 영아의 대근육 운동발달은 목 가누기–뒤집기–기기–서기–걷기의 순서로 이루어진다. 발달의 순서는 일정하지만 발달시기와 속도는 개인차가 크다.

소근육 운동(fine motor)은 잡기, 쥐기, 놓기, 쓰기, 쌓기, 자르기 등 작고 정교한 움직임을 조절하는 운동이다. 이러한 소근육 운동은 눈과 손의 협응, 두 손 사용의 협응, 사물의 조작력, 손가락의 민첩성과 힘이 조화를 이뤄야 하며 장차 아동의 지각능력, 모방 기능과 관련이 깊고 쓰기 학습에 필수적이다. 영아기 소근육 운동은 팔–손–손가락의 순서로 발달한다. 물건을 잡기 위해 처음에는 팔 전체와 몸통을 사용하고 다음으로 손바닥 전체를 이용한다. 10개월경이 되면 손가락을 사용해 작은 물체를 집을 수 있게 된다. 소근육 운동 역시 대근육 운동처럼 전체적인 순서에는 큰 변화가 없으나 발달 시기는 개인차가 크다.

2) 인지

태어나서 2년까지는 언어와 같은 상징적인 기능이 작용하지 못하고, 단지 감각과 운동의 행동적 도식을 만들어 외부환경을 이해하고 적응해 간다. 따라서 이 시기를 피아제는 감각운동기라고 부른다(최경숙, 2006). 따라서 영아들은 주로 감각기관을 통하여 외부 세계와 상호작용한다. 이 과정에서 감각정보를 지각하고, 조직하고, 환경에 반응하는 도식을 형성함으로써 인지발달을 이루어가기 시작한다.

영아기에는 감각정보의 80%가 시각을 통해 전달되나 출생 시 영아의 시력은 시각조절에 필요한 뇌 회로가 충분히 성숙되어 있지 않아 시력이 매우 약한 편이며 가시거리가 20~38cm 정도에 불과하다. 1~2개월경에는 사물에 초점을 맞추고 응시하며 사람얼굴의 윤곽을 지각할 수 있고 2~3개월이 되면 삼원색의 기본색과 사람의 눈·코·입을 구분하고, 4~5개월 정도가 되면 시각조절능력이 성인수준에 도달하게 된다. 생후 6개월 정도에는 낯익은 얼굴과 낯선 얼굴, 남녀의 얼굴은 구별할 수 있게 되며, 11개월경에는 성인과 같은 망막을 갖게 되어 첫돌 무렵에는 시력이 1.0에 가까운 정상시력을 갖는다.

청각 능력은 생후 6개월까지 크게 향상되나, 영아의 청각적 탐지 능력은 성인보다 떨어진다. 영아는 5개월 이후가 되면 촉각만 가지고도 사물을 구분할 수 있고, 6개월 정도가 되면 온도의 변화를 구별할 수 있다. 생후 6개월에서 1년 사이 두 가지 이상의 감각에 대한 정보를 연결하고 통합하는 능력을 발달시키게 된다.

영아기는 피아제의 인지발달 첫 번째 단계인 감각운동기에 해당한다. 피아제에 의하면, 영아들은 자신의 눈, 귀, 손, 그리고 다른 감각운동 장치들을 통해서 생각한다. 출생 후 영아들은 빨고 잡고 바라보는 등의 반사적인 행동들을 주로 하게 되다가, 기본 욕구에 의해 발생한 우연적인 행동들을 반복하게 된다. 영아들은 앉을 수 있고 물건을 잡기 위해 손을 뻗기도 하는 등의 행동들이 가능해지면서 외부세계로 관심을 향하게 된다. 이후 목표 지향적인 행동을 할 수 있게 되며 행동의 원인과 결과를 알 수 있게 되어 대상영속성의 개념을 획득해 나간다. 약 2세가 되면 영아들은 인지적으로 커다란 성취를 하게 된다. 머릿속으로 표상이 가능해지고 초보적이나마 상징에 대해 이해하고 이러한 내용을 놀이나 언어로 나타낼 수 있게 된다. 이후에는 대상, 사람, 공간에 대한 이미지나 심상 그리고 유사한 대상들이나 사건들을 하나로 묶는 개념 혹은 범주와 같은 표상을 발달시키게 된다. 또한 현재 일어나지 않은 행동을 기억하고 모방할 수 있는 능력인 지연모방과 일상적이거나 상상력을 요하는 활동을 하는 가장놀이를 할 수 있게 된다. 따라서 감각운동기가 끝나 가면서 정신적 상징들은 사고의 주요 도구가 된다(Berk, 2007/2009).

한편, 영아의 언어발달은 출생 시의 울음으로부터 시작하여 두 단어로 구성된 문장을 사용하게 된다. 영아기의 언어발달은 울음과 쿠잉(cooing: 꾸르륵하고 목 울리는 소리를 내는 행동), 옹알이 및 몸짓말 단계에서 발달한 자신만의 비언어적 의사표현이 보다 민감하고 세분화된 반응으로 나타나는 시기이다. 즉, 비언어적 표현에서 언어적 표현으로 이동하는 과도기이다. 일반적으로 생후 13개월이 되면 영아는 첫 말을 시작한다고 알려져 있다. 18개월이 되면서 습득되는 단어의 수가 급증하고, 18~24개월 사이에 단어와 단어의 결합이 가능해지고 언어적 이해가 급속도로 이뤄진다.

영아는 그들 스스로가 의미 있는 첫 말을 하지 못할 때에도 주변에서 들리는 사람들의 말을 알아들을 수 있다. 이러한 청각적 이해능력은 그들 주변의 언어 환경을 반복적으로 경험함으로써 특정한 언어적 표현과 현상과의 관계를 이해하는 데 매우 중요한 역할을 한다.

3) 사회정서발달

정서는 자신이 현재 경험하고 있는 느낌과 감정을 타인에게 표현하는 의사전달의 기능을 한다(최경숙, 2006). 영아의 정서는 양육자의 행동에 영향을 미치는 의사소통 수단이 된다.

영아기의 여러 가지 정서는 각기 다른 시기에 나타난다. 예를 들어 출생 시에는 흥미, 고통, 혐오와 만족의 정서를 나타낸다. 그 외 일차적 정서인 노여움, 슬픔, 기쁨, 놀라움과 공포가 생후 2.5~7개월에 나타난다. 이러한 일차적 정서는 정상적으로 발달하는 모든 영아들에게 거의 같은 시기에 나타나며 모든 문화권에서 나타나기에 선천적이라고 한다(Izard, 1982). 이후 인지가 발달하면서 주위의 물체를 스스로 통제할 수 있음을 발견하였을 때 3~8개월 된 영아가 놀라움과 기쁨의 정서를 학습한 후 통제의 방해를 받게 되면 노여움이나 슬픔의 정서를 나타내게 된다. 이차적이고 복합적인 정서인 당황, 수치, 부러움, 자긍심은 자의식이 생겨나는 생후 1년이 지난 후 나타난다.

낯가림과 격리불안은 영아기 불안과 공포의 정서 표현이다. 낯가림(stranger anxiety)은 낯선 사람에 대한 불안반응으로 생후 약 6~8개월경에 나타난다. 낯선 이에 대해 불유쾌한 표현 혹은 긴장된 행동을 드러내는 것으로 낯선 이가 접촉하려면 경직된 태도를 보이거나 얼굴을 돌리는 행동을 보인다. 이는 영아가 친숙한 사람과 그렇지 않은 사람을 식별할 수 있다는 것을 의미한다. 격리불안(separation anxiety)은 부모와 분리될 때 나타내는 슬픔이나 실망으로 낯가림보다 늦은 생후 약 9개월경에 나타난다. 3개월경의 영아는 어머니의 얼굴을 보며 행복하거나 슬프거나 화가 난 표정을 구분하며 8~10개월에는 불확실한 상황에서 타인의 정서를 통해 어떻게 행동할지를 판단한다. 영아는 자신이 다른 사물이나 사람과 관계없이 존재한다는 것을 알고부터는 자신이 누구인지를 인식하기 시작하며 18~24개월경이 되면 거울 속 자신의 모습과 실제 자신을 구분할 수 있게 된다.

영아는 6개월경에 다른 사람들의 정서를 인식할 수 있게 되면서 정서조절과 사회적 정서표출규칙을 학습하기 시작하며 이는 의사소통의 기능을 하며 이 시기가 지나면서 사회적 참조능력도 발달되어 정서의 초기 사회적 기능은 더욱 확대되어 간다. 사회적 참조(social referencing)는 낯선 상황에서 자신의 행동을 선택하기 위해 타인의 정서를 참조하는 것으로 8~10개월 사이에 나타나며 부모에서부터 시작하여 다른 사람들에게로 참조범위가 확대되어 간다.

때로는 정서를 표현해야 할 상황, 표현해서는 안 되는 상황을 구별해야 하기에 영아들은 정서를 표현하는 것만큼 및 자신의 정서를 스스로 조절하도록 훈련하고 학습해야 한다. 영아들은 스스로를 달래기 위한 수단으로 엄지를 입에 넣고 빨며, 생후 1년경이 지나면서 부정적 정서를 감소시키고 노여움이나 슬픔을 억제하기 위해 자기 몸을 흔들거나 스스로 장난감으로 관심을 돌려 탐색하고 입술을 깨무는 등의 책략을 서서히 발달시켜나가게 된다(최경숙, 2006).

2. 뇌 발달

인간의 뇌는 정교하며 살아 있는 구조이다. 다른 기관보다 빠르게 성장하여 아동기에 어른의 뇌 크기에 도달한다.

1) 뉴런의 발달

인간의 뇌 속에는 1억에서 2억 개의 뉴런(neuron), 즉 뇌세포가 존재하고 정보를 저장하거나 저장된 정보를 전달하기 위해 다른 뉴런과 매우 조밀하게 연결된다. 뉴런 간의 연결은 시냅스(synapse)이다. 뉴런은 뇌세포전달물질이라는 화학물질을 분비하면서 세포 간 메시지를 전달한다.

뉴런 간의 의사소통을 만들고 발달시키는 것이 뇌의 성장이라고 할 수 있다. 태내기 배아 속 관 모양의 원시적인 뇌에서 뉴런이 만들어져 이동하면서 뇌의 주요 부분을 구성한다. 임신 약 6개월경에 뉴런의 형성과 이동이 마무리된다. 이후 하나의 뉴런이 자리를 잡으면 옆 뉴런과의 시냅스를 만들며 점차 뇌 세포를 늘려간다. 유아기 및 초기 아동기 동안 뇌 세포의 성장은 놀라울 속도로 증가하는데, 뇌는 성장하면서 필요보다 훨씬 많은 시냅스를 만든다. 이러한 시냅스의 생존에는 환경 자극이 필수적인데, 주변 환경에 의한 입력으로 뉴런이 자극받게 되면 시냅스가 만들어지고 훨씬 더 복잡한 능력을 지원하는 정교한 체계를 형성하게 된다. 반면, 환경을 통한 자극을 받지 못한 뉴런은 시냅스를 잃게 되는데, 이 과정을 시냅스의 가지치기(synaptic pruning)라고 한다. 전체 40%의 시냅스는 성인기에 도달하기 전 아동기와 청소년기에 사라진다. 따라서 아동기 뇌 발달을 위해 어떠한 적절한 자극을 제공할 것인가는 시냅스 형성기 때 가장 중요한 것이다.

또한 지방물질이 뇌 섬유를 싸서 정보 전달의 속도를 높여주는 수초화(myelination)가 유아기, 아동초기 일어나 시냅스 간 정보전달의 효율성이 높아진다. 이 과정은 청소년기까지 점진적으로 계속 진행된다. 뇌 섬유와 수초화의 극적인 증가는 뇌의 전반적 크기를 증가시키는데, 출산 시 뇌는 거의 성인 뇌 무게의 30%에 달하고, 만 2세가 되면 70%, 만 6세에 90%에 달하게 된다.

2) 대뇌피질의 발달과 뇌의 가소성

대뇌피질은 호두와 같은 모양으로 뇌를 싸고 있다. 대단히 복잡한 구조를 이루며 뇌 무게의 약 85%를 차지하고 수많은 뉴런과 시냅스로 구성되어 있다. 그리고 인간만의 독특한 지적 능력을 가능하게 한다. 뇌 구조 중 대뇌피질의 성장이 가장 늦게 마무리되므로 다른 뇌 구조에 비해 환경의 영향에 더욱 민감하다.

대뇌 피질은 국소화(lateralization)되어 좌뇌와 우뇌의 기능이 분화된다. 그러나 그러한 발달 과정에서 상당한 가소성(plasticity)을 가지기에 발달 초기에는 많은 부분 특별한 기능을 수행하지 않고 있다. 따라서 대뇌피질은 학습 능력을 가지게 되는데, 만일 국소화가 완성되기 이전인 어렸을 때 심각한 질병 등으로 뇌의 한 부분이 손상되면, 뇌의 다른 부분이 손상된 부분의 기능을 담당할 수 있다는 것이다. 그러나 일단 뇌의 좌우 반구가 국소화되고 나서 어느 한 부분이 손상된다면 그 부분의 회복이 쉽게 되지 못하거나 안 될 수 있다.

초기 경험은 대뇌피질의 조직화에 상당한 영향을 준다. 예를 들어 영아기 혹은 아동기에 수화(공간 기술)를 학습한 청각장애 성인은 언어 처리할 때 우반구에 더 의존하였다. 또한 언어발달이 빠른 영아들은 같은 나이 언어발달이 느린 영아들과 비교해서 좌반구 기능분화를 더 보였다. 마찬가지로, 운동 및 인지 과제 수행 시 일정한 피질 영역에 집중되어 활성화를 보이는 청소년이나 성인에 비해 아동들은 대뇌피질의 분산된 활성화를 보였다. 즉, 운동, 인지, 언어 기술을 학습하는 과정에서 기능분화가 촉진되게 된다.

fMRI 연구는 4세까지는 피질의 많은 부분에서 시냅스를 과잉생산하기 때문에 이때 보여주는 높은 뇌 혈류량 수준은 높은 에너지 요구량을 나타낸다(Santrock, 2003). 환경 자극이 증가됨에 따라 뇌 세포들은 더욱 정교화되어 가고 시냅스 가지치기와 주변 뉴런의 소멸이 일어나며 뇌의 가소성이 감소하게 된다. 8~10세가 되면 피질 주변의 에너지 소비가 거의 성인 수준으로 떨어지게 된다.

3. 애착형성의 중요성과 기질

애착(attachment)은 두 사람의 밀접한 정서적 애정관계를 말하며 서로 가깝게 있고자 하는 욕구를 특징으로 한다(최경숙, 2006). 영아기에는 영아와 양육자 간 밀접한 정서적 유대가 만들어진다.

바울비(Bowlby, 1989)는 영아와 부모와의 관계는 아이가 부모를 부르는 신호들로부터 시작된다고 하였다. 시간이 지나면서 진정한 애정적 관계가 발달되면 정서 및 인지적 능력이 향상되고, 따뜻하고 민감한 양육들로 이어진다.

1) 애착발달 단계

출생에서 24개월까지의 애착 발달 과정은 다음 4단계를 거쳐 양육자와의 밀접한 유대를 맺어가는 것으로 진행된다(Schaffer & Emerson, 1964).

(1) 1단계 : 비사회적 단계(출생~6주)

잡기, 미소, 울기, 성인의 눈 쳐다보기 등의 신호들을 만들어 타인과의 가까운 접촉을 이루게 한다. 어른이 반응을 하면 영아는 위안을 얻기 위해 계속 그가 곁에 있도록 한다. 엄마의 냄새, 목소리 등을 구분하며 곧 엄마의 얼굴을 알아볼 수 있게 되나 낯선 사람이 오는 것도 크게 상관하지 않기에 엄마와 애착을 맺었다고 보기는 어렵다.

(2) 2단계 : 무분별 애착단계(6주~6, 7개월)

이 시기 아기는 양육자와 다른 사람을 구분하여 반응한다. 엄마에게 더 미소 짓고, 웃고, 옹알이하고 엄마가 안아줄 때 더 금방 달래진다. 부모로부터 고통을 위안받는 경험은 자신의 행동이 주변 사람들에게 영향을 미친다는 것을 알게 되며 양육자가 언제든 신호에 반응할 것이라는 기대와 신뢰감을 얻게 된다.

(3) 3단계 : 특정대상 애착단계(7~24개월)

양육자에 대한 애착이 명백하며 격리불안을 보인다. 2세 가까이 되면서 엄마가 떠나면 강하게 울기보다 엄마에게 가고, 따라가고, 매달리며 엄마가 곁에 있도록 노력한다. 또한 애착대상을 안전기반 삼아 주위를 탐색한다.

(4) 4단계 : 다수애착 단계(24개월 이후)

2세 말 무렵, 빠르게 발달하는 표상과 언어발달은 부모의 행동을 이해하고 예측하고 영향 요인들을 이해하도록 해준다. 따라서 격리불안 행동도 감소하고 그들 목적을 달성하기 위해 요구와 설득을 하여 엄마와 협상할 수 있게 된다.

2) 애착의 유형

1~2세 아동들의 애착의 질을 측정해 보기 위해 아기가 엄마와 함께 있다가 낯선 사람이 들어오고 엄마가 잠시 나가 엄마와 떨어져 낯선 이와 함께 있다가 재회하는 낯선 상황(strange situation)이라는 실험실 기법을 사용한다. 이 실험에서 보이는 아기 반응에 기초하여 안정 애착과 3가지 불안정 애착 및 분류되지 않는 몇 아기들이 있음을 알아내었다.

- 안정애착(secure attachment): 엄마를 안전기반으로 삼는다. 엄마와 헤어지면 울거나 울지 않을 수 있고 낯선 이보다는 엄마를 선호한다. 엄마와 재회하면 적극적으로 접촉하려 하고 울음을 즉각 그치게 된다.

- 회피 애착(avoidant attachment): 엄마가 있어도 엄마에게 주의를 기울이거나 반응하지 않고 엄마가 떠나도 흔히 별로 고통스러워하지 않고 오히려 낯선 이에게 더 반응한다. 재회 시 부모를 피하거나 천천히 반기고 안아주면 안기지 않는다.

- 저항 애착(resistant attachment): 엄마가 나가기 전, 아기들은 엄마와 잘 떨어지지 않으려 하고 방을 탐색하려 하지 않는다. 엄마가 떠나면 대부분 고통스러워하고 엄마가 돌아와서 안아주면 매달리면서 동시에 때리거나 밀어버리는 등의 행동을 보이며 분노, 저항행동, 화를 함께 보인다. 또한 안아주어도 계속 울고 매달려 있으면서도 좀처럼 쉽게 안정되지 못한다.

- 혼란 애착(disorganized/disoriented attachment): 가장 불안정한 애착 유형이다. 재회 시 아기는 혼란스러운, 모순된 행동을 보인다. 무반응하거나 우울한 표정으로 엄마에게 접근하며 엄마에게 안겼을 때 쳐다보지 않거나 한다. 혼란스러운 표정을 보이고, 어떤 아기들은 진정된 후 다시 울음을 터뜨리고 혹은 이상한 굳은 자세를 취한다.

3) 안정애착과 관련된 요인들

많은 연구들은 안정애착을 형성하기 위해서는 영아에게 신속하고 일관되게, 그리고 적절하게 반응해 주고 부드럽고 따뜻하게 안아주는 민감한 양육이 중요하다고 한다. 반면 불안정 애착된 아동들의 부모는 신체 접촉이 덜하고 어색하게 대하고, 냉담한 태도로 행동하고 때로는 부정적이며 화를 내고, 거부하는 태도를 보인다고 한다.

안정애착된 아기들에 비해 회피애착된 아기들은 과잉자극을 받기도 한다. 예를 들어 아기들이 고개를 돌리거나 잠에 빠졌는데도 엄마들은 계속 그들에게 이야기하는 경우가 있다. 이 영아들은 과도한 상호작용을 피하려 한다. 저항애착

아기들은 종종 일관되지 못한 양육을 받는데, 엄마들은 아기의 신호에 민감하지 않고, 아기가 탐색하기 시작하면 저지하고 아기의 주의를 자기에게로 돌리려 한다. 그 결과, 아기들은 엄마에게 지나치게 의존하면서 동시에 엄마가 참여하지 않는 것에 화를 낸다.

양육이 매우 부적절하면 이것은 애착 붕괴의 강력한 예측인자가 된다. 학대받은 아이들은 혼란 애착을 형성할 확률이 높다. 사랑을 받지 못해 정신적 상처를 가진 우울한 엄마는 이러한 유형의 행동을 또한 보이게 된다.

(1) 영아의 특성

영아의 특성도 애착에 영향을 준다. 신생아의 질병은 양육을 매우 힘들게 한다. 스트레스가 많은 빈곤한 가족에서의 이러한 어려움은 불안정 애착과 연결된다. 그러나 양육에 시간과 정성을 들이고 특별한 노력을 하며 자신의 아이를 긍정적으로 생각하면 애착의 위기를 가진 신생아도 안정된 애착을 형성할 수 있다.

예민하고 자주 무서워하는 아기는 엄마와 떨어질 때 엄마의 민감성과 관계없이 매우 불안해한다고 한다. 즉, 정서적으로 까다로운 아기들은 이후 불안정하게 애착을 형성할 확률이 높다.

(2) 가족 환경

애착은 부모와 아이 간의 커다란 맥락 속에서 살펴야 한다. 실직, 결혼의 실패, 금전적 문제, 그 외 다른 스트레스 등은 아기의 안전감에 직접적으로 영향을 미치고 화를 잘 내거나 양육이 즐겁지 않은 성인을 만들게 된다.

새로운 형제의 출산도 애착의 질을 결정하게 하는데, 첫 아이의 경우, 어머니가 둘째 형제를 낳고 우울하고 불안하고 적대적이 될 경우 애착의 문제를 가질 수 있다. 그러나 아버지의 협조가 있고, 둘째의 출산에 대해 잘 대처하고, 큰아이가 동생 육아에 잘 적응하고 참여할 때 다시 안정 애착을 유지할 수 있다고 한다. 즉, 사회적 지지, 특히 엄마-아빠의 좋은 관계 그리고 아빠와 엄마 상호 간의 양육분담 등은 가족 스트레스를 줄이고 안정애착을 향상시킬 수 있다.

(3) 아버지의 역할

아기들은 엄마뿐 아니라 아빠, 형제, 조부모, 그리고 양육 도우미 등 다양한 사람들과 애착을 만들어간다. 각 사람들과 아이 간의 경험에 따라 애착의 질은 다양할 수 있다. 바울비(1969)는 그렇지만 영아는 고통스러울 때 단 한 사람에게 애착 행동을 집중하며 불안하거나 슬플 때 아기는 그 사람에게 위안받기를 원한다. 그러나 이러한 경향은 2세를 정점으로 변하게 된다.

엄마와 마찬가지로, 아빠의 양육 민감성도 안정애착을 예측해 준다. 양육 시간과 비례하는데, 1~5세 사이 전일로 아이 양육에 참여한 아빠의 경우 아이와 떨어지는 것에 불안을 보였다(Berk, 2007/2009).

그러나 아기가 성장함에 따라 엄마는 신체적 돌봄과 애정 표현에 많은 시간을 보내고 아빠는 즐거운 상호작용에 시간을 더 보내게 된다. 또한 엄마와 아빠는 다르게 놀아주는데, 엄마는 놀잇감을 가져와서 영아와 이야기하고 양손으로 두드리거나 까꿍놀이 등과 같은 관습적 놀이를 하는 반면 아빠는 보다 흥미롭게 몸을 높이 올리고 받는 등의 놀이로 많은 자극을 주었다.

4) 기질

기질(temperament)은 생애 초기에 나타나는 것으로, 외부 세계에 반응하고 자기를 통제하는 데 있어 안정되게 나타나는 개인차이다. 반응성은 정서적 각성, 주의, 운동 활동성의 속도와 강도를 의미한다. 자기 통제는 그러한 반응성을 조절하는 전략을 말한다. 기질은 구성하는 심리적 특질은 성인 성격의 기초를 만든다(Berk, 1999).

1956년 토마스와 체스(Thomas and Chess)가 뉴욕 종단연구를 하였는데, 이 연구는 기질 발달에 대한 최초의 조사로, 141명의 아동을 초기 영아기부터 성인기까지 추적하였다. 그 결과, 기질은 아동이 심리적 어려움을 경험할 기회를 증가시킬 수도 있고, 혹은 반대로 고도의 스트레스를 주는 가정생활의 부정적인 효과로부터 아동을 보호할 수도 있음을 보여주었으며, 또한 토마스와 체스(1991)는 양육방식이 아동의 기질을 상당히 조절할 수 있다는 것도 발견하였다.

(1) 기질의 유형

토마스와 체스(1991)는 활동 수준, 생물학적 리듬의 규칙성, 산만함, 접근/회피, 적응력, 주의 길이와 지속성, 반응의 강도, 민감성, 기분의 9개 차원을 기준으로 부모와의 면접을 통해 얻은 유아와 아동의 행동에 대한 자세한 기술을 평정하고 비슷한 특징들끼리 묶음으로 세 가지 기본 유형으로 기질을 구분할 수 있었다.

- 순한 아이(easy child, 표본의 40%): 영아기 때 규칙적인 일과를 빨리 만들고, 대개 쾌활하며, 새로운 경험에 쉽게 적응한다.
- 까다로운 아이(difficult child, 표본의 10%): 일상생활이 불규칙하며, 새로운 경험에 더디게 반응하고, 부정적이고 강하게 반응하는 경향이 있다.
- 더디게 반응하는 아이(slow-to-warm-up child, 표본의 15%): 비활동적이고, 환경 자극에 대해 온순하고 자제하는 반응을 보이고, 기분이 부정적이고, 새로운 경험에 느리게 반응한다.

나머지 35%는 어떠한 범주에도 들지 않고 기질적 특징들이 혼합된 독특한 형태를 보였다.

(2) 기질의 안정성

기질은 성격의 개인차에 대한 유전적 기초를 가진다. 광범위한 기질적 특질과 성격 특질에서 일란성 쌍생아가 이란성 쌍생아보다 더 유사하다고 한다(Caspi, 1998; DiLalla, Kagan, & Reznick, 1994).

환경 또한 기질에 강력한 영향을 미친다. 예를 들어 지속되는 영양적, 정서적 박탈 등은 부적응적인 정서적 반응성을 낳고 열악한 시설 등에서 자란 영아들은 스트레스 사건에 쉽게 압도되며 빈약한 정서조절 능력으로 인해 잦은 분노 표현을 하게 되고 부주의하며 충동통제가 어렵다.

(3) 기질과 아동 양육: 적합성 모델

기질이 어떻게 환경과 함께 바람직한 결과를 만들어 낼 수 있는지 설명하기 위해 적합성 모델(goodness-of-fit model)이 제안되었다. 적합성은 개인의 기질과 환경적 요구가 조화를 이룰 때 가장 적절한 발달이 이루어질 수 있다는 개념이다(Sanson & Rothbart, 1995). 양육자는 아동의 기질을 이해하고, 이에 적절한 양육 방식을 찾아내어, 아동의 개별 특성에 적합하고 융통성 있게 대처해야 한다. 예를 들어, 까다로운 아이(새로운 경험으로부터 철회하고 부정적으로 강렬하게 반응하는)는 자신의 성향과 맞지 않는 양육 방식을 종종 경험하는 데, 이것은 나중에 아이를 높은 적응 위험에 빠뜨린다. 까다로운 아이의 부모는 화가 나서 처벌적인 훈육을 자주하게 되는데 통제능력의 발달을 해치며 아이가 반항과 불순종으로 반응하면 부모는 점점 더 스트레스를 받게 된다. 결국 부모들은 강압적 방법을 계속 사용하면서 때로는 받아주면서 비일관된 훈육을 하게 된다. 반대로, 부모들이 긍정적이고 민감할 때 영아와 유아들이 정서를 조절하고 까다로움을 감소시킬 수 있도록 도움을 준다.

적합성 모델은 '영아들은 어른들이 수용해야만 하는 독특한 성향을 가지고 있음'을 알려준다.

적용과 실천

영아기 적용과 실천

영아기의 활발한 뇌의 성장을 돕기 위해 환경적 박탈이 일어나지 않도록 신경을 써야 한다. 뇌발달 과정에서 선천적인 프로그램이 중요하나, 환경 역시 중요한 영향을 미친다. 초기 뉴런의 생성과 시냅스 생성단계에서는 유전 요인이 중요한 역할을 하나, 뉴런과 시냅스가 정교화되는 선택적 소멸 과정에서는 환경자극의 역할이 중요하게 작용한다. 이 과정에서 풍부한 자극이 주어지는 환경은 아이의 대뇌피질 두께를 증가시키고 반면 자극이 없는 빈약한 환경에서는 대뇌피질의 부피가 얇아질 수 있다. 걸음마 하는 영아들과 유아기에는 영양, 사랑과 애착관계와 같은 정서적 환경, 교육적 환경과 놀이 환경이 중요한 영향을 미치게 된다.

출생 직후 발견되는 다양한 유전적 질환, 선천적 질환들, 예를 들어 다운증후군, 지적장애, 자폐, 정서장애, 야뇨증, 시각, 청각장애가 있을 수 있다. 영아기 유전적 요인이나 출산과정상의 문제로 인하여 신체 내부기관의 결함, 선천적 질병 및 장애를 가지고 있는 경우에는 생존에 필요한 여러 가지 기능을 하는 데 어려움을 겪을 수 있으며 부모 및 가정, 사회와의 상호작용에도 많은 제한을 가지게 된다. 이러한 선천적 질병이나 장애가 있는 영유아가 조기진단 및 치료와 교육을 받을 수 있는 기회를 제공해야 한다. 영아기 조기 진단은 발달과 연결되는 중요한 부분이며, 발달장애의 정도가 더욱 심각해지는 것을 막으면서 발달을 지원할 수 있는 중요한 부분이다. 또한 장애아를 둔 부모나 가족에 대한 지지적 서비스를 제공하여 부모의 고통과 가족 내 갈등을 덜어줄 수 있어야 한다. 영아의 발달을 평가하고 필요할 경우, 의학적 진료를 받을 수 있도록 해야 한다. 지적장애를 보이는 영아는 조기에 치료를 받을 수 있도록 하고 부모에게 지지적인 상담 등을 받을 수 있도록 해야 한다. 영유아가 언어발달에 장애를 가질 경우 조기에 언어치료를 받을 수 있는 기회를 제공하고 부모교육 프로그램을 개설하여 언어발달을 촉진시킬 수 있는 환경을 조성해야 한다(장수한 · 김현수, 2008).

영아에게 운동지체의 문제와 감각 및 지각의 문제가 있을 수 있다. 머리 들기, 앉기, 서기, 걷기 등 발달의 지체가 있을 경우 외부세계에 대한 자유로운 탐색과 호기심, 흥미 등에 있어 제한이 있을 수 있으며 이로 인한 인지발달, 정서 · 사회성 발달에도 박탈이 있을 수 있다. 부모와의 상담을 통해 영아의 운동발달 상태를 평가하고 필요시에는 의학적인 진료를 받을 수 있도록 해야 한다. 영아는 감각을 통해 양육자와 접촉하고 관계를 형성하기에 감각 및 지각의 장애는 매우 부정적인 영향을 줄 수 있다. 따라서 감각 및 지각발달에 대해 관심을 갖고 이와 관련한 발달의 지체가 있다고 부모가 보고할 경우 지체하지 않고 정확하게 진단받고 조기에 적절한 치료를 받을 수 있도록 의료기관과의 연계가 잘 이뤄져야 한다.

CHAPTER 3

유아기와 놀이 환경

개요

만 2세 이후부터 만 6세까지의 유아들은 신체 및 운동기능의 발달에 의해 활동량이 증가하고, 주변 환경에 대해 보다 활발한 탐색을 하게 되고 놀이 활동과 상상력이 풍부해지는 시기이다. 놀이세계를 통해 점차 더 많은 시간을 또래와 상호작용하며 다양한 발달을 이루고 부모와의 다양한 경험을 늘려가게 된다. 언어발달이 이루어져 다른 사람과 보다 왕성한 의사소통을 이루고, 자기주장이 강하게 나타나며 전조작기 사고의 한계를 보이기도 한다.

1. 유아기 발달과정

1) 신체 및 운동

유아기 키와 몸무게는 꾸준히 자라면서 영아기에 비해 발달의 속도는 조금 느려지나 근육의 양이 늘어 팔다리, 몸통의 모양이 영아기와 달리 단단해지며 신체비율이 더욱 성인에 가까워지나 개인차도 크게 나타난다. 뇌는 계속해서 성장하여 5세가 되면 성인 크기의 90%에 해당한다. 3~6세에는 전두엽 피질이 가장 빠르게 성장하고 6세부터 사춘기까지는 측두엽과 두정엽이 빠르게 발달한다. 유아기에는 다양한 활동을 할 수 있게 되어 끊임없이 움직이면서 자신의 운동 능력을 시험해 보는 시도를 한다.

(1) 키와 몸무게

만 3세부터 6세까지의 유아기 동안 신장과 체중은 증가하나 유아기는 영아기에 비해 키와 몸무게의 성장 속도가 점차 완만해진다. 생후 첫 6개월 동안에 3kg에서 8.5kg까지 늘던 몸무게는 두 돌 이후부터는 건강한 유아의 경우 몸무게는 해마다 약 1.5~2.5kg씩 늘어난다. 키는 2세에서 5세까지 해마다 거의 7cm씩 증가하여 5세 무렵에는 키는 출생 시의 2배, 몸무게는 5배 정도가 된다(김신옥·민혜영·이혜란·홍길회, 2014).

(2) 뇌발달

생후 2~3년 동안 뇌는 급격히 발달한다. 뉴런의 수는 출생 전후 가장 많은 뉴런을 갖고 있다가 발달과정을 통해 필요한 만큼의 뉴런과 시냅스를 만들어가면서 불필요한 것들을 버리는 '과잉 생성 후 선택적 소멸과정'을 거쳐 감소하지만 유아의 적극적인 탐색 활동을 통해 시냅스가 급속도로 만들어지면서 두뇌의 무게가 현저하게 증가하게 된다. 유아기에는 일생 중 뇌신경 회로가 가장 활발하게 발달하고 대뇌피질이 역동적으로 변화하게 된다. 특히 대뇌피질 중 전두엽이 점차 효과적으로 작용하고 성장한다. 전두엽의 발달에 따라 인성이 형성되고 판단력 및 조절능력, 종합적 사고가 발달하게 되며 브로카(broca) 영역의 발달로 인해 언어의 이해력이 증가하여 복잡한 언어생활이 가능해진다. 사태를 전체적으로 처리하고 리듬, 동작 및 정서를 담당하는 우뇌의 발달이 주를 이루며 뇌량의 급격한 발달을 통해 유아기 성장이 고조된 우뇌와 좌뇌를 연결시키게 된다(김신옥 외, 2014).

(3) 운동발달

유아기에는 다양한 대근육 운동이 활발하게 발달한다. 만 3세~4세에는 팔을 흔들면서 걷기, 발을 번갈아 가면서 계단을 오르내리기, 더 부드럽게 달리고 출발과 멈춤을 더 잘 조절하기, 때에 따라 두 발로 뛰어오르고 한 발을 먼저 들어 올려서 사물을 뛰어넘기, 사다리나 정글짐, 미끄럼틀, 나무를 오르내리기 등이 가능하다. 만 4세~5세에는 발을 번갈아 가며 계단을 오르내리기, 성인처럼 걷기, 한 발로 뛰기 등을 할 수 있게 된다. 이와 같이 유아기에는 운동발달이 빠르게 진행되지만 자기중심적 경향으로 인해 위험 상황을 판단하거나 결과를 예측하는 능력이 부족해 사고를 당하는 경우가 발생하기도 하여 어른들의 주의가 필요하다.

유아기에는 대근육과 함께 소근육도 발달하게 된다. 3세경에는 눈과 손의 협응력이 증진되어 옷의 단추를 풀 수 있고, 신발을 신을 수 있으며, 엄지와 집게손가락을 사용하여 숟가락이나 크레파스를 쥘 수 있다. 4세경에는 혼자서 옷을 입고 벗을 수 있으나, 복잡한 구조의 옷은 잘 입지 못한다. 스스로 손발을 씻고 양치질을 하며, 신발을 신을 수 있고 신을 벗으면 짝 지어 나란히 놓을 수 있으며 신발 끈을 맬 수 있게 된다. 젓가락을 사용하며 도형의 윤곽을 따라 가위질을 할 수 있다. 5세경에는 사각형과 삼각형을 그리며, 숫자를 모방해서 그릴 수 있다. 6세경에는 글자 및 숫자, 다양한 형태의 도형을 모방하여 그릴 수 있다.

2) 인지

유아기는 피아제의 인지발달 단계 중 전조작기에 해당하는데, 이 시기에는 언어와 놀이에서 상징적 사용 능력이 발달한다. 또한 전조작기는 자기중심성, 물활론, 중심화 같은 비논리적인 사고를 가진다. 감각운동기에서 전조작기로 발달하는 가장 뚜렷한 이정표는 상징과 심상을 사용하는 것이다. 전조작기 유아는 사물에 대한 상징과 심상을 머릿속에서 사용할 수 있는 표상능력을 가지게 된다. 유아의 상징 사용은 그림이나 언어 또는 놀이에서 나타난다. 특히 상징놀이에서는 '~인척' 하는 가장의 요소를 역할, 사물, 장소, 행동에 적용시킨다. 전조작기는 다시 전개념적 사고기(preconceptual period)와 직관적 사고기(intuitive period)로 나누어진다.

(1) 전개념적 사고기

전개념적 사고기(preconceptual period)는 전조작기의 초기단계인 2~4세경을 말하며 상징적 기능이나 추론이 보이기 시작하는 시기이다. 이 시기에는 언어, 그림 등 여러 가지 기호적 기능을 사용할 수 있다. 이 시기 상징놀이(symbolic play)는 전조작기 상징적 사고의 특성이 잘 드러난다. 상징놀이는 실제 상황이나 사물을 가상적인 상황이나 사물로 상징화하는 놀이로, 소꿉놀이, 기차놀이, 병원놀이, 시장놀이, 학교놀이 등 전조작기 유아들의 대부분의 놀이가 이에 해당된다.

(2) 직관적 사고기

직관적 사고기(intuitive period)는 4세 이후 시작되는 전조작기의 후반부이다. 유아들의 사고는 한순간 상황의 한 측면에 제한되고 그 순간 물체가 보이는 것에 강하게 영향을 받게 된다. 자기중심성, 물활론, 중심화와 비가역적 사고, 실재론은 이 시기 대표적인 인지특성이다.

① 자기중심성(egocentrism)

자기중심성은 유아가 타인의 생각, 관점이나 감정을 이해하지 못하고 자신의 입장에서만 세계를 바라보는 경향을 말한다(최경숙, 2006). 지금의 자기 이외의 입장에서 생각하는 것이 어렵고 자기 자신과 타인과의 구별도 명확하지 않다. 따라서 이러한 경향으로 인해 유아들은 주위 세계에 대해 이해하는 데 한계를 가지게 된다. 예를 들어 유아에게 산의 모형을 보여주고 유아가 앉은 자리에서 보이는 산의 그림을 고르게 한 후 맞은편에 앉은 인형이 보는 산의 모습을 그림으로 고르라고 하면 여전히 자신이 본 모습의 산 그림을 고르게 된다. 이처럼 자기중심적인 시각 조망을 가지게 되어 자신의 입장에서만 사물을 이해할 뿐 타인의 관점을 추론하지 못한다. 그리고 자기중심적인 언어를 사용하기에 대화할 때 듣는 사람을 고려한 내용으로 이어나가지 않고 자신이 하고 싶은 이야기 위주로 대화를 하게 된다.

② 물활론(animism)

물활론은 무생물도 생명과 의식이 있는 존재라는 생각이다(최경숙, 2006). 구름, 해, 달, 시계, 자동차 등은 무생물임에도 불구하고 모두 움직이기에 살아 있다고 믿는다. 또한 자신들처럼 생각할 수 있고 감정도 느낄 수 있다고 생각한다. 유아들은 인형들도 살아 있다고 생각하여 이불을 덮어주거나 음식을 먹여주기도 한다.

③ 중심화(centration)

중심화는 여러 요소들이 관련되어 있는 데도 불구하고 물체의 한 요소에만 집중하는 경향이다(최경숙, 2006). 중심화 사고로 인해 유아는 보존개념(사물의 성질인 수, 부피, 질량 등이 형태나 모양이 달라져도 바뀌지 않는다는 개념)이나 유목화(개체들을 상위 집단과 하위 집단으로 나누고 그것들의 상호관계를 이해하는 능력) 같은 논리적 조작이 불가능하다. 예를 들어 액체량 보존실험에서 유아에게 같은 양의 액체가 들어 있는 두 개의 동일한 컵을 제시한다(본서 그림 1-4-2 참고). 이후 한 컵의 액체를 모양이 다른 컵에 옮겨 붓고 액체의 양이 같은지 물어보면 7세 이전 유아들은 대부분 양이 다르다고 대답한다. 유아들은 컵의 높이와 넓이 두 가지 차원을 동시에 고려하지 못하고 컵의 '높이' 혹은 '밑면의 넓이' 한 가지만을 고려하여 판단하므로 보존과제에 실패하게 되는 것이다.

④ 비가역적 사고(reversibility)

비가역적 사고는 어떤 변화가 일어나면 머릿속에서 정신적으로 조작을 거꾸로 수행할 수 있는 능력이다(최경숙, 2006). 유아들은 가역성을 획득하지 못했기에 직관적 사고를 하게 되며 액체량 보존실험에서 머릿속으로 컵의 물을 같은 컵이었을 때의 상태로 되돌려 보지 못하여 실패하게 된다. 유아들에게 가역성이 부족함을 보여주는 또 다른 예로, 유아들은 유아 자신에게 형제가 있다는 것을 알고 있어도 그 형제에게 자기 자신이 형제가 될 수 있다는 것을 알지 못한다.

⑤ 실재론(realism)

실재론은 마음속에 생각한 것이 현실에 존재한다고 믿는 것이다(최경숙, 2006). 어떤 물체의 이름을 그 물건의 성질의 일부로 보거나 꿈이 실제 현상이라고 믿는 것도 실재론의 반영이다. 유아들은 꿈에서 보았던 사람이나 사건 또는 현상들이 정말 있었으며 깨어나면서 사라졌다고 생각한다. 다른 사람들도 유아 자신의 꿈을 볼 수 있으며 꿈을 꾸는 동안 그 꿈의 내용이 실제로 일어난 것이라고 믿는다.

(3) 정보처리 능력의 발달

유아기 동안 표상 능력이 진보하여 주의를 기울이고 정보를 조작하고, 기억하고 문제를 해결하는 데 보다 효율적이 되도록 한다. 또한 자신의 정신적 과정을 점점 더 정확히 인식하게 되어 학업 성취에 중요한 지식을 획득해 나가기 시작한다.

유아기에는 아동기에 비해 과제에 집중하는 시간이 상대적으로 짧고 쉽게 주의가 분산된다. 특정한 과제에 주의를 유지하는 능력은 영아기에 시작하여 유아기까지 계속 발달하게 된다. 즉, 주의를 다른 데로 돌리고 싶은 충동을 억누르고 목표에 의식을 모으는 능력은 유아기를 거쳐 꾸준히 증가한다. 또한 먼저 행동의 순서를 생각하고 목표에 도달하기까지 주의를 할당하는 계획을 세우는 능력도 늘게 된다. 과제가 너무 친숙하거나 너무 복잡하지만 않으면 유아들도 계획을 세우고 이에 따른 수행이 가능하다(Berk 2007/2009).

유아기에는 기억능력이 크게 발달한다. 이는 몇 가지 측면에서 이유가 있다(김신옥 외, 2014). 첫째, 연령에 따른 변화가 없는 감각기억과 장기기억 용량보다는 단기기억 용량의 증가로 인한 것이다. 이로 인해 활용할 수 있는 지적 공간이 늘어나 주위를 정보를 더 많이 다룰 수 있게 된다. 둘째, 정보를 체계적으로 저장하고 인출할 수 있는 기억 책략이 점차 발달하게 된다. 그러나 유아기 기억 책략의 사용은 아주 초보적이어서 아동기에 들어서야 본격적으로 기억 책략을 성공적으로 사용할 수 있다. 셋째, 기억과 기억과정에 대한 지식인 상위 기억이 발달한다. 즉, 자신이 지금 정보를 기억하는 데 한계가 있기에 이 과제에는 어떤 기억 책략이 효과적인지에 대한 지식 등을 말한다. 그러나 대부분의 유아는 자신의 기억능력을 과대평가하는 등 정확히 파악하지 못한다. 아동기에 들어서면 상위 기억 능력이 더욱 증가하게 된다. 네 번째, 지식 기반의 확대이다. 어떤 주제에 대해 많이 알고 있을수록 학습과 기억이 쉬워진다. 유아기 점차적으로 지식기반이 확정되어 정보처리에 증가를 돕게 된다.

또한 사람에게 눈으로 볼 수 없는 마음이 있다는 것을 알게 되면, 2~3세경에 욕구나 정서, 그리고 정신적 상태, 의도적인 행위나 욕구를 나타내는 단어를 사용할 수 있게 된다. 또 3세경에는 안다, 기억한다, 생각한다와 같은 인지적 용어를 사용할 수 있게 되고, 그 후 추측하는 것과 아는 것, 믿는 것과 상상하는 것, 의도한 것과 그렇지 않은 것을 더 잘 구분할 수 있게 된다(Santrock, 2003).

3) 언어

언어 규칙 체계에 대한 많은 지식의 발달과 더불어 어휘 습득량과 문법발달이 비약적으로 이루어진다. 언어 사용에서 자신이 습득한 문법적 형태소를 적용시킬 수 없는 상황에까지 확대 적용시키는 과잉일반화, 그리고 반복, 혼잣말, 집단적 혼잣말과 같은 자기중심적 언어가 나타난다. 유아기의 언어발달에 있어 환경은 매우 중요한데, 특히 부모의 상호작용 방법과 언어적 모델로서의 역할이 중요시된다.

(1) 어휘발달

유아기 초기에는 알고 있는 단어의 수가 약 200~300개 정도이나 5세경 단어의 수는 약 2,500개에 이를 정도로 증가하게 된다. 유아들이 빨리 어휘를 학습하게 되는 이유는 새 단어들과 그 기본 개념을 연결하는 빠른 대응(fast-mapping)이라는 처리과정 덕분이다. 즉, 짧은 순간 어떤 단어를 한 번만 듣고도 그 단어의 의미를 습득하는 것이다. 예를 들어 유아들은 단어를 들으면 그 단어가 대상의 부분을 지칭하는 것이 아니라 완전한 하나의 대상을 지칭하는 것으로 간주하여 망설이지 않고 대상의 명칭을 빠르게 익힐 수 있다(Berk 2007/2009). 또한 이 시기에는 단어의 의미를 정의할 수 있으며, 접사나 어미, 조사 등을 적절히 사용할 수 있다.

(2) 문법발달

이어문의 단순한 의미에 기초한 표현들에서 유아의 문장이 길어지면서 문법적 요소들과 연계되면서 어순의 사용이 보다 문법적으로 되어 간다. 다양한 문법적 형태소가 나타나며 여러 시제의 동사가 문장에 사용되어 성인 언어와 아주 유사해진다. 문법적 형태소(grammatical morphemes)는 의미를 나타내는 형태소에 결합하여 문법적 관계를 지시하는 형태소이다. 한글의 경우에는 여러 가지 격조사가 나타나기 시작하는데 예를 들어, 공존(랑, 하고, 도, 같이), 장소(에, 로, 한테), 과거(었), 미래(ㄹ), 주격(가), 목적(을, 를), 도구(로) 등이다(조명한, 1982). 그러나 유아가 문법을 사용할 때 처음에는 성인과 다른 방식으로 사용하는 경향이 있고, 문법적 형태소 사용에 있어 주격조사인 '가'를 행위자 뒤에 붙인다는 규칙을 알게 되면 이 규칙을 모든 명사, '동생가 나빠', '수박가 맛있어' 등과 같이 과잉일반화하여 적용시킨다. 또한 부정문에서도 유아는 처음에는 단순히 '안'을 문장 앞에 첨가하여 '안 계란 먹어'와 같이 부정문을 만든다. 즉, 부정 형태소인 '안'을 문장 앞에 배치하는 오류를 범하게 된다. 유아기는 알고 싶은 욕구와 호기심이 최고조에 도달하여 '이게 뭐야?'라는 질문을 끊임없이 하면서 의문을 제기한다. 점차 의문형 어미와 의문사를 사용하여 의문문을 만든다. 한국어의 경우, 지(이게 뭐지?), 까(이게 뭘까?), 니(이게 뭐니?), 냐(이게 뭐냐?) 등과 같은 의문형 어미와, '뭐, 어디, 누가, 언제, 왜, 어디서, 어떻게'와 같은 의문사를 모두 사용하여 의문문을 만들게 된다(이화도, 2009).

(3) 의사소통발달

2세경이 되면 유아들은 교대로 말해야 한다는 것과 상대방을 바라보면서 말해야 한다는 등 상황이나 사람에 대한 요인들을 인식하여 효율적인 의사소통을 추구하기 시작한다(최경숙, 2006). 그러나 전조작기 인지적 특성의 영향으로 자기중심적인 언어를 보이게 된다. 예를 들어 유아들끼리 서로 번갈아가며 말을 하나, 의미의 전달이 아닌, 단어를 단순히 반복하거나 혼잣말을 하는 집단적 독백의 형태를 나타내게 된다(Piaget, 1926).

(4) 언어적 환경의 중요성

성인이 유아의 언어 발달을 촉진해 주는 언어적 환경은 특히 결정적인 영향을 미칠 수 있다. 예를 들어 유아의 말에 구체적으로 반응해 주거나 질문하는 방법이다. 이때 폐쇄형 질문보다는 개방형 질문이 사고, 감정, 의견을 좀 더 명백하게 표현할 수 있게 한다. 그리고 유아 언어 확장을 위해 성인의 민감한 반응이 요구되는데 그 방법으로 확장, 확대, 촉진의 방법이 있다. 먼저, 확장(expansion)은 문법적으로 불완전한 유아의 문장을 완성된 문장으로 반응하는 것이다. 예를 들면, 유아가 "배 부서졌어."라고 말하면 성인은 "배가 부서졌어."라고 덧붙여 준다. 확대(extension)는 의미적으로 문장을 넓혀 주는 것이다. 예를 들면, 유아가 "곰이다."라고 말하면 성인이 "엄마 곰이네."라고 말해 준다. 촉진(stimulation)은 유아의 말이 완전한 문장이 되기까지 질문을 하면서 언어를 자극하는 방법이다. 예를 들어, "배가 왜 부서졌니?"라고 질문하면 유아가 "파도 때문이에요."'라고 말하고 "언제 배가 부서졌지?"라고 말하면 "아침에 파도 때문에 배가 부서졌어요."라고 말하는 등 유아는 점차 긴 문장으로 완성해 간다. 또한 언어 모델로서의 역할 및 적절한 읽기 자료들의 제공을 포함하여 다양한 경험을 함께하도록 한다(이하원·박희숙·원선아, 2016). 이외에도 좋은 언어모델로서 역할을 하며 유아들과 함께 놀이하며 책을 읽어주며 언어 자극들을 제공해야 한다.

4) 사회정서

유아기의 정서는 자주 변화하고 반응도 강하다. 정서 이해 능력이 증가하여 상황에 따른 정서의 차이를 이해하게 된다. 정서조절은 부모나 타인의 조절로부터 자신이 스스로 조절해 나가는 방향으로 변화한다. 주도성 발달과 함께 자신에 대한 이해가 향상되나 자신의 신체적 특성이나 소유물로 자신을 기술한다. 성역할의 발달은 남녀 성차, 염색체와 호르몬 같은 생물학적 요인, 성정체성의 발달 및 성도식의 형성, 그리고 부모, 또래, 교사와 대중매체 등 유아의 사회적 관계가 영향을 미친다. 유아기 초기에는 놀이 친구에 대한 신체적 공격이 증가하나 점차 언어적 공격이 나타나고 7세 이후에는 공격성이 점차 감소한다. 강압적 가정환경 내 가족 구성원 상호작용이 공격성을 조장하는 기반이 된다. 독립성을 격려하고 온정적이고 합리적인 설명을 통해 아동을 통제하는 양육 방법은 자녀를 유능하고 안정감 있으며 자제력이 있는 유아로 키운다.

(1) 정서발달

유아기의 표상, 언어, 자기 개념의 획득은 정서발달을 촉진하게 된다. 정서를 표현하는 능력과 이를 이해하는 능력이 증가하게 된다. 유아들은 정서의 이해가 증가해 감정에 대해 더 잘 이야기 나눌 수 있고 타인의 정서적 신호에 더 적절하게 반응할 수 있게 된다. 또한 정서의 자기조절, 특히 강한 부정적 정서에 대처하는 능력이 높아진다. 그리고 자의식적인 정서와 공감을 자주 경험하게 되며 이는 도덕성 발달에도 영향을 주게 된다(Berk, 2007/2009).

언어발달은 유아들의 정서적 자기조절 향상에 도움을 주게 된다. 따라서 예를 들어 불쾌한 장면이나 소리를 차단하기 위해 눈이나 귀를 막거나 스스로에게 "이제 곧 가게 될 거야."와 같이 말을 하며 책략을 사용하게 된다(Thompson, 1990). 유아들은 성인이 감정을 다루는 것을 관찰함으로써 자신의 정서를 통제하는 전략을 얻는다. 감정을 통제하는 책략을 제시하고 설명해주는 부모는 아동의 스트레스 관리 능력을 강화시키는 반면 부모가 긍정적인 정서를 거의 표현하지 않거나 유아의 감정을 중요하지 않은 것으로 치부해 버리거나 부모 자신의 분노를 통제하는 것에 어려움을 보이면 유아는 이후 계속적으로 정서를 다루는 데 어려움을 가지게 된다(Berk, 2007/2009). 유아의 기질도 정서적 자기 조절에 영향을 미쳐 부정적인 정서를 강렬하게 경험하는 경우 혼란스러운 사건으로부터 주의를 전환하거나 감정을 억제하는 데 어려움을 가지게 된다. 이 경우 짜증이나 공격적 반응으로 대처하게 되어 또래나 교사 등과 좋은 관계를 맺지 못하게 된다.

(2) 자아 및 성역할 발달

유아들은 주로 구체적이고 신체적인 것, 즉 자신이 갖고 있는 것이나 자신이 잘하는 일회성 활동에 한정하여 자아개념을 가지나 "유치원에서 나는 혼자 놀기를 좋아해요."와 같이 여러 상황이나 반복적인 상황에서 흔히 하는 행동들을 인식하여 표현할 수 있다고 한다. 이러한 서술은 이후 아동기에 자신의 심리적인 특징을 서술할 수 있는 기초로 작용할 수 있다(최경숙, 2006).

또한 4세경이 되면 자신이 바라는 것과 믿는 것은 동일하지 않을 수 있고 두 가지 모두 사람의 행동에 영향을 줄 수 있음을 이해한다. 사람들이 틀린 믿음을 가질 수 있고 이에 따라서 잘못된 행동을 하게 되는 것을 이해하는지 측정하는 틀린 믿음 과제(false-belief task)를 4세 정도가 되면 이해할 수 있게 된다. 유아에게 두 개의 닫혀 있는 작은 상자(친숙한 과자 상자와 상표 없는 상자)를 보여 주면서 "과자가 들어 있을 것 같은 상자를 골라 봐!"라고 말한다. 유아들은 거의 항상 상표가 있는 상자를 고른다. 그런 다음 두 상자를 열어 유아의 믿음과는 반대로 상표가 있는 것은 비었고 상표가 없는 상자에 과자가 들어 있음을 보여 준다. 그 다음 손가락 인형을 아동에게 소개하면서, "얘는 OO이야. 얘는 과자가 먹고 싶어. OO가 어디에서 과자를 찾을 거라고 생각하니? 왜 거기서 찾아볼 거라고 생각하니?"라고 물어본다(Bartsch & Wellman, 1995). 3세 이전 유아들은 대부분 인형이 상표 없는 상자에서 과자를 찾을 거라고 답하는 데 반해, 4세 유아들은 사람들이 잘못된 믿음을 가질 수 있음을 이해하여 과자가 상표 없는 상자에 있던 것을 봤음에도 불구하고 인형은 상표 있는 상자에서 과자를 찾을 것이라고 대답하고 이를 설명할 수 있었다.

성역할의 기준은 특정한 성에 적합하다고 생각되는 가치관과 행동양식 등이다. 이 기준은 그 사회에서 남자와 여자가 어떻게 행동하기를 기대하는가에 달려 있고 이것을 바탕으로 성별에 대한 고정관념을 만든다. 일반적으로 많은 문화에서 여아에게 표현적 역할(친절하고 협동적이고 애정적이고 타인의 요구에 민감한 성향)을 지향하도록 가르치고, 남아들에게는 도구적인 역할(지배적이고 독립적이고 경쟁적이고 자기주장적인 성향)을 강조하는데, 현대 사회에서는 아들, 딸 모두에게 똑같이 성취를 강조하며 부드러움과 높은 적응력을 강조한다. 따라서 양성성(androgyny)은 한 개인이 남성성과 여성성을 모두 동시에 소유할 수 있다는 것을 시사하는 개념이다(Bem, 1974). 이러한 양성성이 높은 유형은 보다 유연하고 유능하며, 심리적으로 건강하며, 양성적 특성을 가진 유아들이 자아존중감이 높고, 또래에게 인기가 많으며, 더 잘 적응하였다(Allgood-Merten & Stockard, 1991). 부모는 적극적인 역할을 하며 자신의 성에 맞는 놀이는 물론 반대 성의 아동들이 흔히 노는 놀이로도 놀게 하고 가사 일에도 남자 일, 여자 일 나누지 않고 가족이 함께함으로써 성 고정관념에 노출되지 않도록 하여 양성성을 키울 수 있다(최경숙, 2006).

2. 놀이 환경

놀이는 쉽게 정의되지 않지만 특정한 속성을 지니고 있다(Frost, 1992). 놀이는 본질적으로 유쾌하고 즐거운 것이며, 내재적으로 동기화된 것이다. 놀이는 목표보다는 과정이 더 중요한 비생산적인 활동이며, 자발적이어서 아동이 활동을 자유롭게 선택하고 그 과정에 적극적으로 참여한다. 이러한 보편적인 특성 이외에도 놀이는 인지, 언어, 세상에 대한 지식, 지각과 운동 발달, 사회성과 정서 발달과 같은 다양한 측면들과 체계적인 관련이 있다.

놀이와 인지 발달의 관계는 많은 학자들의 관심을 받아왔다(Hughes, 1999). 아동은 자신의 인지 발달과 일치하는 방식으로 놀이한다. 걸음마기 유아는 자신이 작동해서 소리가 나거나 움직이는 장난감을 가지고 놀 때와 감각적 활동을 할 때 즐거워한다. 3~7세 아동은 가장놀이를 통해서 세상에 대한 자신의 이해를 검증한다. 더 나이가 많은 아동은 복잡한 규칙을 가진 다양한 게임을 한다. 특히 학령 전 아동은 놀이를 통해 측정, 등가(等價), 균형, 공간 개념, 보존 개념, 탈중심화, 가역성, 논리적 분류와 같은 다양한 인지 기술을 발달시킨다(Hughes, 1999). 또한 놀이는 창의성 및 언어발달과 관련되며, 다른 아동과 함께 하거나 사물을 가지고 하는 놀이는 관련된 기술을 사용하고 연습하게 한다. 또한 대인관계를 학습하고, 아이디어를 제안하고 동료들의 견해를 받아들이는 것 등을 배울 수 있다.

언어는 놀이에서 체계적으로 사용되며, 놀이의 주제로도 사용될 수 있다. 언어는 잠재적인 놀잇감이 된다(Garvey, 1977). 아동은 소리를 가지고 놀이를 하며, 단어를 만들어내고, 성인이나 다른 아동의 목소리를 모방하면서 이를 즐기고, 리듬과 운을 가지고 자기 말을 반복한다. 더 나아가 많은 아동은 단어가 가지고 있는 여러 의미에 기초하여 농담을 하고, 놀이를 할 때 소리 내기나 억양, 잠깐 멈추기 등과 같은 말의 모든 측면을 사용한다. 혼자 놀이에서 자신의 수행을 연습하고, 사회적 맥락에서 자신의 언어를 수정해 나간다. 놀이에서 사용하는 언어는 일반적인 대화에서 사용하는 언어보다 더욱 복잡한데, 더 많은 형용사와 부사를 사용하고, 문장의 길이가 길어진다. 실제로 놀이에서 아동이 보이는 인지 기능의 수준은 같은 아동이 학교에서 보여주는 수준보다 훨씬 높다.

1) 사회적 참여 정도에 따른 놀이의 유형

아동이 사회적 활동에 참여하는 정도에 따라 놀이의 유형을 달라진다. 놀이 유형의 발달은 연속적으로 획득되긴 하지만, 각 유형마다 독립적으로 중요한 특성들을 가지고 있다(Smith, 1978).

(1) 비참여(unoccupied) 활동

어떠한 과제나 사회적 참여에도 관여하지 않는다. 이들은 대부분 주위를 둘러보거나 여기저기 배회하지만, 특정한 과제에 몰두하지 않는다.

(2) 방관자적(onlooker) 행동

다른 유아를 관찰하고 때로 이들과 대화를 나눈다. 이들은 특정 활동을 적극적으로 관찰한다.

(3) 혼자 놀이(solitary play)

다른 유아와 상호작용하지 않고, 혼자서 독립적으로 놀잇감을 가지고 놀이한다.

(4) 병행놀이(parallel play)

독립적으로 놀이를 하지만, 같은 활동에 참여하고 있는 다른 유아들과 함께 활동한다. 선택한 활동으로 인해 같은 활동을 하고 있는 다른 유아들과 같이 있다. 같은 탁자에서 함께 퍼즐을 하고 있는 두 유아는 이 놀이 유형의 전형적인 예이다.

(5) 연합놀이(associative play)

다른 유아와 함께 놀며 상호작용을 한다. 서로 별개의 놀이를 하지만, 장난감을 교환한다든지 서로의 행동에 대해 언급하는 등의 상호작용이 나타나는 사회적 참여가 이루어진다.

(6) 협동놀이(cooperative play)

어떤 물건을 만들거나 공통된 목표를 달성하기 위해서 집단으로 놀이를 한다. 수건 돌리기와 같은 단순한 게임이나 블록을 함께 쌓고 있는 놀이 등이 예가 된다.

혼자 놀이와 집단 놀이가 2~5세 아동들에게 순서대로 나타나는 것은 아니며(Rubin, Maconi, & Homung, 1976), 각 놀이 유형마다 어느 정도의 인지 수준이 요구된다. 대부분의 유아들은 상황에 따라 두 가지 형태의 놀이 유형에 모두 참여한다. 또한 혼자 놀이가 반드시 미성숙한 놀이 형태는 아니다. 혼자 놀이는 새로운 행동 유형을 형성하게 하고 창의성을 연습하게 하는 반면, 사회적 놀이는 개별 아동 간의 유대를 향상시키는 역할을 한다(Dolgin, 1981).

2) 여러 가지 놀이 활동

(1) 탐색활동

사물을 조작하고 시험해 보는 것은 진정한 놀이와 어느 정도 차이가 있지만, 놀이의 한 범주로 간주된다. 탐색 행동을 하는 아동은 환경을 둘러보고, 유심히 바라보고, 느끼고, 냄새 맡고, 입에 넣어보고, 흔들고, 들어 올리고, 움직이고, 작동시키고, 세밀히 조사해 보거나, 기타 방법으로 손에 쥔 사물의 속성을 조사한다. 새로운 사물에 대한 탐색은 놀이 행동에 앞서 일어나며(Hutt, 1971), 탐색은 사물을 조사하고 사물에 대해 배우고 문제를 해결하는 첫 단계가 된다.

(2) 사물놀이

유아는 놀이할 때 다양한 놀잇감, 재료, 그리고 사물들을 사용한다. 사물의 신기성은 유아의 주의를 끌며, 탐색을 자극한다. 그러나 사물의 복잡성이 흥미 유지에 더 중요하다. 이것은 모든 연령과 모든 사물에 해당된다. 유아는 실제 물건(가정용품, 가구, 나뭇잎과 막대기, 동물), 재구성한 재료나 교구(기억 게임, 퍼즐, 끼우기 놀잇감), 구성 자료(블록, 물감, 진흙, 골판지), 유동적 자료(물, 모래, 눈), 장난감(자동차, 인형, 작은 소품 들) 등 어떠한 물건을 가지고도 놀이를 할 수 있다.

(3) 극놀이

극놀이 혹은 가장놀이는 유아의 놀이에서 가장 분명하게 나타나는 유형 중의 하나이다. 극놀이는 약 12개월경에 시작되어, 5~6세경에 가장 많이 나타난다. 다른 유아와 놀이하는 경험과 기회가 늘어나면서, 다른 유아와 놀이의 목표, 주제, 그리고 놀이 자료들을 공유하는 사회극 놀이에 참여하게 된다. 아동기에도 가장놀이에 참여하지만, 학교와 집단 게임에 보내는 시간이 더 늘어난다. 불우한 환경에서 자란 유아는 가장놀이 기술이 늦게 발달하며, 사회극 놀이를 하는 시기가 짧다(Weinberg & Starkey, 1994). 다른 유아들과 가장놀이나 극놀이를 하기 위해서는 한 사물을 다른 사물로 대체하거나 변형하는 사물 대체(object substitution), 아무런 사물이 없을 때에도 행동으로 사물 사용을 모방하는 사물 꾸며내기(object invention), 시간과 장소의 변형, 역할 수행을 학습해야 하는 역할놀이 등의 기술이 있어야 한다.

(4) 구성놀이

유아는 가장놀이를 하기 위해 사물을 가지고 놀지만, 이러한 사물을 조작하면서 놀기도 한다. 2, 3세의 유아는 어떤 구조를 만들어서 이것을 집이라고 이름 붙이며, 자동차나 장난감이 있는 혼합 블록과 같은 다양한 구성 자료들을 조합하기도 한다. 4세 유아의 구성물은 더 세밀하고 정교하다. 담요, 상자, 블록으로 집을 만들거나 소형 인형, 트럭, 병정으로 장난감 나라를 만든다. 타악기로 음악을 만들기도 한다. 미술작품으로 자신의 그림에 관심을 보이기 시작하고 종이 위에 그린 모양을 자르기 시작한다. 5~6세 정도가 되면, 유아들은 소근육이 충분히 발달되어 다양한 것을 계획하고 만들 수 있다. 단순한 꿰매기와 뜨기를 할 수 있고, 가장놀이에 필요한 의상이나 소품을 만들기 시작한다.

(5) 동작놀이

대부분의 신체 게임은 걷기, 달리기, 점프하기, 한 발로 뛰기, 건너뛰기, 그리고 차기 등과 같은 유아의 기초 운동기술 발달과 더불어 이러한 기술을 조합하여 힘, 지구력, 균형감, 조화성을 발달시킨다. 반복적인 활동을 존중하고, 동작놀이에 대한 관심을 유지해 주며, 위험을 이해하도록 도와주며, 사회적, 신체적 도전을 지원하며 거친 신체놀이에 있어 폭력성을 주의해야 한다.

(6) 게임

게임은 동료들을 포함하고, 규칙이 있으며, 매우 사회적이다. 유아의 사회적 기술이 성숙해짐에 따라 점차 복잡한 게임으로 점차 발달해간다. 취학 전 유아는 술래잡기 놀이나 리더를 따라 하거나 '수건 돌리기'와 같이 중심인물과 같이 하는 어떠한 게임도 할 수 있다. 5~7세 정도가 되면 유아는 '우리 집에 왜 왔니'와 같은 수용거부 게임, 눈싸움과 같은 공격하고 방어하는 게임으로 놀이를 하며 또한 7~8세경에는 지배와 복종 게임, 카드 게임과 보드 게임으로 놀이를 한다. 또한 야구와 축구의 수정된 형태로 공터에서 하는 스포츠 놀이를 한다(Kostelnik, Whiren, Soderman, Stein & Gregory, 2002/2005).

3. 또래 관계

자기인식이 보다 정확해지고 언어능력이 발달하면서 타인의 사고와 감정을 이해하고 소통하는 데 능숙해지는 만큼 또래와의 상호작용 기술 또한 향상된다. 또래들은 같은 수준과 속도로 상호작용하기 때문에, 이들은 계속해서 대화를 이어가고, 협동하며, 목표를 설정하는 것에 참여한다. 아동은 또래와 서로 애착을 형성하고 공동의 관심을 만들며 우정이라는 특별한 관계를 형성해간다.

1) 유아기의 우정

유아기 서로 상호작용하면서 최초의 우정을 형성한다. 성인에게 우정은 동료애, 나눔, 생각과 느낌을 주고받기, 상대방이 어려울 때 염려해 주는 상호적인 관계이다. 성숙한 우정은 시간이 지나도 변하지 않으며 갈등이 있어도 지속된다. 유아들은 친구를 '내가 좋아하는' 그리고 가장 많은 시간 동안 함께 노는 사람이라고 말한다. 그러나 4~7세 아동은 우정을 즐거운 놀이, 놀잇감을 나눠 갖는 것 정도로 여긴다. 유아기 우정은 사회적 지지를 제공하여 친구들과 함께 유치원 생활을 했거나 새로운 친구를 쉽게 사귀었던 아동은 더욱 순조롭게 학교에 적응한다. 아동은 우정을 통해 학업적·사회적 유능감을 촉진시키는 방식으로 자신을 학습

환경에 통합된다.

2) 유아기 또래 관계에 대한 부모의 영향

아동은 또래와의 상호작용을 위한 기술을 가정에서 처음으로 획득한다. 부모는 직접적으로 아동의 또래 관계에 영향을 미치려 하며 부모와의 양육 행동과 놀이 행동을 통해 간접적으로 아동의 또래 사회성에 영향을 미친다.

또래와 놀이 활동의 기회를 자주 제공해 주는 부모의 유아는 보다 넓은 또래 연결망을 가지며, 사회적으로 더 능숙하다. 부모는 함께 놀이하는 기회를 가지며 또래와 접촉을 시작하는 방법을 보여준다. 놀이집단에 참여하고 갈등을 다루는 방법에 대한 부모의 능숙한 지도는 유아의 사회적 유능감, 또래 수용과 관련이 있다(Parke et al., 2004).

부모의 다양한 양육 행동이 또래 사회성 촉진을 직접 목표로 하진 않지만 결과적으로 영향을 미친다. 가령, 부모와의 안정 애착은 유아기부터 아동기의 반응적이고 조화로운 또래 관계, 넓은 또래 연결망, 따뜻하고 지지적인 우정과 관련된다. 안정 애착에 기여하는 민감성과 표현적인 의사소통은 중요하다. 몇몇 연구에서는 정서적이고 긍정적인 부모-자녀 간의 대화와 놀이가 유아기 친사회적 행동과 긍정적 또래 관계를 예언한다고 하였다(Clark & Ladd, 2000).

4. 조기교육

영유아를 대상으로 하는 조기교육은 다양한 형태로 이루어지고 있다. 조기 교육은 비교적 어린 시기에 교육적 개입을 통해 발달을 촉진해 주는 활동이다. 그러나 최근에는 더욱 어린 나이의 영유아에게 주로 인지나 언어 영역에 집중하여 과도한 조기교육 과열 현상이 일어나고 있다. 조기 사교육은 "학령기에 도달하지 않은 아동들을 대상으로 학원이나 가정에서 이루어지는 특기 또는 과외교육으로 아동의 발달 단계적 특성이나 능력에 맞는 교육이라기보다는 인지적 자극을 중심으로 한 과도한 학습 자극"을 가리킨다(우남희·현은자·이종희, 1992). 부모들은 자녀의 소질과 재능개발, 학업에 필요한 지능개발, 초등학교 준비를 위해서라고 하나(박수진, 2001), 사실은 자녀들이 좀 더 일찍 다양한 교육을 받아 다른 아이들과의 경쟁에서 이기기를 바라는 부모들의 경쟁심리가 있고 자녀가 학령기에 가까워질수록 초등학교 학업에 직접적으로 도움이 되는 내용으로 많이 시키고 있다(이기숙, 장영희, 정미라, 홍용희, 2002).

그러나 너무 일찍부터 어려운 인지과제를 하게 하거나 너무 많은 교구를 시킬 경우 다음과 같이 뇌 발달에 심각한 영향을 줄 수 있다고 한다(김유미, 2009).

- 어릴 때부터 많은 정보를 처리하도록 하면 뇌에 무리가 와서 훗날 학업활동에서 의미 있게 정보를 처리하여 학습하는 데 어려움을 줄 수 있다.
- 과도한 학습 콘텐츠 시청 위주의 교육방식은 빠른 속도와 과도한 자극으로 인해 주의력의 문제를 촉진한다.
- 부모가 원하는 쪽으로 아동의 행동을 통제하고 제한을 주게 되어 자기주도성에 해가 된다.
- 학습에 대한 지나친 요구는 많은 스트레스를 주어 기억을 담당하는 뇌의 부분이 위축될 수 있다.
- 학습에 대해 부정적 태도가 만들어질 수 있다. 너무 어려운 수준의 과제를 가르치기 위해 어쩔 수 없이 강압적인 방법으로 지도하다 보면 아이의 뇌가 학습에 대한 부정적 견해를 갖게 된다.
- 아이를 자꾸 혼내는 부모의 행동이 아동에게도 학습되어 타인의 정서를 이해하거나 조절하지 못하는 사람이 되게 할 수 있다.
- 발달단계에 비해 난이도가 너무 높은 과제를 도입할 경우, 반복되는 실패로 인해 좌절감이 높아져 무기력하고 자발적으로 동기부여를 하기 어려워진다.

따라서 과도한 학습경험은 인지발달을 촉진하기보다는 오히려 인지발달과 정서발달을 모두 해칠 가능성이 있음을 볼 수 있다. 이로 인해 일시적인 효과를 얻을 수 있다 하더라도, 아이들이 앞으로 배울 많은 것들을 생각한다면 얻은 것보다 잃은 게 더 많을 수 있다.

적용과 실천

유아기 적용과 실천

유아기는 신체 성장 발육에 있어 매우 중요한 시기이며, 이 시기에는 왕성한 신진대사와 계속적인 성장 발육이 이루어진다. 또한 생명유지에 필요한 영양 이외에도 성장 및 활동에 필요한 영양 요구량이 매우 많은 시기이며, 건강의 기초를 다지는 시기이므로 유아기 영양 섭취와 건강관리는 대단히 중요하다. 유아기에 영양 불균형 상태에 있거나 질병에 걸리면 신체 성장이 지체되고 운동능력 발달에도 영향을 주어 또래 상호작용에서 고립되며 사회적 발달이 제한되게 된다. 유아를 양육하는 부모나 보육기관 · 유아교육 종사자들을 대상으로 유아들에게 적절한 영양급식이 이루어질 수 있도록 교육이 실시되어야 한다.

유아기 안전사고의 방지를 위해 부모들의 주의와 관심을 유도해야 하며 기관에서는 유아들이 안전한 환경에서 생활할 수 있도록 정기적으로 안전관리와 수시로 안전점검이 이루어질 수 있도록 하여야 한다. 그러나 최근에는 TV나 컴퓨터, 스마트폰 게임, 놀이공간의 부족 등으로 인해 신체활동량이 줄어들어 체력이 저하되는 현상을 보이고 있다. 유아들이 활동할 수 있는 공간을 만들고 발달 수준에 적합한 놀이기구를 배치하며 체계적인 신체활동 프로그램 제공을 통해 유아들의 건강한 심신발달을 도모할 수 있게 하여야 한다.

인지발달 측면에서, 다양하고 풍부한 경험을 통해 학습을 위한 지식기반을 축적해 나가야 한다. 경제적 이유나, 다른 요인으로 인하여 문화적 경험의 기회가 제한되거나 결핍될 경우 인지발달에 부정적인 영향을 줄 수 있다. 이를 위해 질 높은 보육 및 교육 프로그램을 확대하고 재정적 지원을 강구해야 하며 모든 유아들이 평등하게 보호 · 교육받을 수 있는 사회적 여건이 조성되어야 한다.

또한 유아의 언어적 환경은 언어를 습득하고 숙달하는 데 결정적인 영향을 미친다. 언어 환경 중에서도 특히 부모가 유아와 어떻게 언어적으로 상호작용하는가, 어떤 언어적 자극을 제시하며, 모델로서 역할을 제대로 수행하고 있는지가 매우 중요하다. 언어적으로 반응적인 부모들은 적절한 놀이와 읽기자료를 제공하며, 다양한 경험을 제시하는 경향이 있다. 최근 조기교육 열풍에 의해 초·중등학생들을 물론 영유아들까지 다양한 형태의 사교육을 받고 있어 조기 사교육의 문제가 날로 심각해지고 있다. 조기 사교육은 교육의 종류가 점차 증가하고 있으며, 특히 학습 중심의 사교육이 심화되고 있다. 사교육의 문제는 주로 반복 학습과 암기력, 문제풀이 훈련에 치우쳐 있어 고차원적인 사고능력의 함양을 저해할 수 있다. 유아기 발달에 필요한 다양한 감각을 자극하는 통합교육, 전인교육과 상반되며 창의적인 사고가 요구되는 미래세계에 대처할 수 있는 교육환경을 마련하기 위한 방안을 연구하여야 한다.

CHAPTER

4

아동기와 또래, 학교 및 미디어 환경

개요

아동기는 생활의 중심이 가정에서 학교로 옮겨가는 시기이다. 이 시기에 아동은 초등학교를 다니며 공동생활을 통해 타인을 이해하고, 부모 영향권에서 벗어나 또래 간의 접촉이나 승인에 민감한 반응을 보이며, 또래 집단이나 대중매체의 영향을 많이 받게 된다. 보다 폭넓은 사회적 관계 속에서 사회생활에 필요한 여러 가지 기술과 방법을 터득하고 자신이 속한 문화의 가치관과 행동양식을 획득한다. 이 시기 중요한 과업은 정서적으로 자기 자신을 통제하고, 자신의 사회적 역할을 인식하며 일상생활의 여러 문제에 대한 적절하고 효율적인 적응 방식을 습득하는 것이다.

1. 아동기 발달과정

1) 신체 및 운동

유아기가 끝나고 아동기에 들어서면서 뇌가 성인 크기의 90%에 달하고 신체가 계속 성장한다. 아동기 신체 성장은 천천히, 일정한 속도로 진행된다. 여아들은 아동기 초기 남아들보다 키가 약간 작고 체중도 가볍지만 약 9세가 되면 이런 경향이 역전된다. 여아들의 성장급등이 남아들보다 2년 정도 일찍 시작된다. 하체가 빨리 자라기에 남아, 여아 모두 다리가 더 길어 보인다. 여아들은 남아들보다 체지방을 약간 더 많이 가지며 남아들은 근육이 약간 더 많다.

아동기 중기가 되면 뼈가 더 길어지고 넓어진다. 뼈에 인대가 확실히 붙지는 않았다 해도 점차적으로 인대가 뼈에 붙으면서 근력이 증가하고 유연성이 커져 옆으로 재주넘거나 물구나무서기를 할 수 있다. 신체가 강해지면서 신체운동의 욕구가 더욱 커진다. 뼈가 성장하면서 그에 따라 근육도 늘어나야 하기에 밤에 다리가 뻣뻣해지고 아픈 성장통을 경험하게 된다(Berk, 2007/2009). 아동기에는 20개의 유치가 모두 빠지고 영구치로 대체되며 이 변화는 여아에게서 조금 빠르게 진행된다. 턱과 턱 끝이 점차 자라고 얼굴이 길어지면서 새로 나온 영구치들이 자리를 잡게 된다.

아동기 동안 달리기, 점프하기, 뛰기와 공을 다루는 기술이 더 발달한다. 운동장을 가로질러 전속력으로 달리기, 재빨리 줄넘기를 뛰어넘기, 축구공을 차거나 드리블하기, 친구가 던진 공을 야구방망이로 맞히고, 발꿈치를 들고 균형을 잡을 수 있다. 이러한 운동 기술은 신체적 유연함과 탄력성, 갑자기 방향을 바꾸고도 안정감 있는 균형성, 민첩성, 공을 세게 던지거나 멀리 달리거나 높이 뛰어오를 수 있는 힘에 의해 가능해진다.

소근육도 아동기 동안 발달한다. 상당히 정교한 근육의 통제가 필요한 악기 연주도 가능해진다. 아동기가 되면 글자의 크기와 간격이 일정해지고 더 정확히 쓸 수 있게 되어 아동의 글자를 알아보기 쉬워진다. 아동기의 그림도 더 발전한다. 입체적으로 그리기, 깊이 단서를 이용한 원근법, 삼차원을 표현하기 위한 중첩되게 그리기, 상세히 그리기 등의 기술을 자유롭게 사용한다(Braine et al, 1993).

2) 인지

피아제의 인지발달 단계에서 아동기는 구체적 조작기(concrete operational stage)에 해당된다. 전조작기의 자기중심성이나 중심화 특성이 점차 사라지며 유연한 정신활동이 이루어지기에 논리적 사고가 가능해지고 보존, 포함, 서열, 수, 공간 등 다양한 개념들을 정확하게 이해할 수 있다. 정보처리의 속도는 빨라지고 여러 가지 효율적인 기억과 인출 책략을 자발적으로 사용할 수 있기에 효율성이 더해진다. 상위인지와 상위기억을 활용하며 어휘력이 증가하고 다양한 구조의 문장을 구사할 수 있고 의사소통 기술이 정교해진다.

(1) 구체적 조작 사고의 특징

구체적 조작기에는 전조작기에서보다 더 성숙한 인지구조가 형성된다. 그러나 다음 단계인 형식적 조작기만큼 추상적이거나 복잡한 수준에는 도달하지 못하고 관찰될 수 있는 구체적 사물을 다루는 데는 논리를 가지고 접근하나, 가설적이고 추상적이거나 순전히 언어만을 가지고 다루는 문제에는 아직 미숙하다(최경숙, 2006).

아동의 사회적 경험이 증가함에 따라 가족들, 또래들과의 경험 속에서 언어 사용이 활발해지고 이 과정에서 생각을 비교하며 평가하게 된다. 이 과정에서 자신의 생각의 잘못된 점을 발견하는 등 자기중심성을 감소시키고 사고의 폭을 넓히게 된다. 따라서 다른 요소들을 보지 못하고 한 요소에만 집중하는 중심화 경향에서 벗어나 탈중심화를 이루게 된다.

구체적 조작기의 논리적 조작은 가역성을 통해 이루어진다. 가역성은 어떤 현상을 확인한 후 머릿속에서 이전의 상태로 전환시킬 수 있는 정신활동이다. 구체적 조작기의 논리적 조작은 대표적으로 분류, 보존 및 서열 등에서 나타난다.

사물들을 하나 이상의 특정 차원에 의해 나눌 수 있는 인지능력(최경숙, 2006)인 분류개념에서 아동은 전체와 부분과의 관계, 상위유목과 하위유목과의 유목 포함 관계를 완전히 이해할 수 있게 된다. 또한 아동들은 눈에 보이는 지각적 특성에 의해서가 아니라 논리적 조작에 근거하여 보존문제를 쉽게 풀 수 있다. 액체량 보존과제를 예를 들어보면 모양이 변화했더라도 변화하기 이전과 같은 대상이기에 질량이 변화하지 않음(동일성의 원리), 머릿속에서 거꾸로 조작할 수 있어 양의 변화가 없다는 것(가역성), 높이나 넓이 등 한 차원으로 잃어버린 것은 다른 차원으로 보상될 수 있다는 것(보상성) 중 하나 이상을 이해함으로써 해결한다. 서열은 사물을 증가하거나 감소하는 순서대로 배열하는 능력이다(최경숙, 2006). 전조작기에는 같은 과제를 가지고 시행착오적 조작을 반복했다면 구체적 조작기에 오면 전체 중 가장 작은 것을 고른 후 다시 나머지 중 가장 작은 것을 고르는 방식으로 구성할 수 있다. 수평과 수직개념을 포함하는 공간개념은 수평과 수직의 참조기준을 찾아가는 방식으로 발달된다.

(2) 정보처리 능력의 발달

아동기에는 사고의 속도가 증가하고 뇌의 수초화와 시냅스 가지치기와 같은 생물학적인 변화에 의해 다양한 인지 과제에서 정보를 처리하는 것이 증가하게 된다. 작업기억 내에 정보를 더 많이 저장하고 많은 정보를 조작할 수 있어 정보처리의 효율성이 높아져 더 복잡하고 효과적인 사고를 할 수 있다. 지금 하고 있는 과제나 작업에 방해되는 자극을 통제하는 능력인 억제력도 발달하게 된다. 또한 주의는 더욱 선택적이고 적응적이며 계획적이 되어 학교에서 성공하는 데 중요하게 작용한다.

시연, 조직화, 정교화의 기억 책략이 발달하게 되어 의도적인 정신 활동을 자발적으로 활용하게 된다. 지식기반이 성장하여 점점 더 정교하고 위계적으로 구조화되어 네트워크를 이루게 된다. 이러한 지식 기반은 또한 책략 사용과 기억에 도움을 준다. 즉, 어떤 주제에 대해 더 많이 알면 새로운 정보가 더 의미 있고 친숙해지기에 관련 정보를 더 쉽게 자동화하고 저장하고 인출하게 된다(Berk, 2007/2009).

3) 언어

아동기 어휘, 문법, 의사소통은 유아기처럼 눈에 띄지는 않으나 계속 발달한다.

어휘는 유아기에 비해 약 4배 이상 증가하는데, 평균 하루에 약 20개 단어를 새로 배우게 된다. 음성언어의 경우 특히 말을 더 잘하는 사람과의 대화를 통해 도움을 받는데, 예를 들어 부모가 복잡한 단어를 사용하고 그 뜻을 설명해주면 더욱 도움이 된다고 한다(Weizman & Snow, 2001). 문자언어는 음성언어보다 훨씬 더 다양하고 복잡한 어휘들이 포함되기에 아동기부터 청소년기에 이르기까지 읽기 경험이 어휘 발달에 크게 영향을 미친다.

아동기 동안 복잡한 문법을 완전하게 구성하고 다루게 된다. 수동형, 비교법, 가정문의 의미 사용이나 부정문의 활용을 숙달할 수 있게 된다.

언어의 의사소통 측면도 발달한다. 점차 자신이 뜻한 바를 말로 잘 표현하게 되며 어른에게는 더 정중하게 부탁할 수 있게 된다. 아동기 기억력과 다른 사람의 입장을 이해하는 능력이 발달하면서 이야기는 더욱 조직화되고 더 상세하며 표현이 풍부해진다. 이렇게 음성언어로 이야기를 분명하게 만드는 능력은 독해능력을 도와줄 뿐만 아니라 장차 더 길고, 분명한 이야기를 쓸 수 있게 돕는 역할을 한다.

4) 사회정서

아동기 자기 인식과 사회적 민감성이 발달하면서 정서 능력도 발달하게 된다. 자의식적 정서와 정서 이해, 정서적 자기조절 등이 일어난다. 자의식적 정서는 긍지, 자긍심, 혹은 죄책감 같은 정서로서 개인적인 책임감에 의해 통제된다. 즉, 성인의 통제가 없어도 성취로 인해 긍지를 느끼게 되고 거짓말 등 의도적인 잘못을 하면 죄책감을 느끼게 된다(Ferguson, Stegge, & Damhuis, 1991). 긍지는 더 큰 도전을 하게 하고 죄책감은 반성하도록 하기에 특히 부모나 성인이 과도하게 비난을 하면 자아존중감이 떨어진다. 아동기에는 자신의 정신활동을 이해할 수 있게 되면서 행복함이나 슬픔 등에 근거한 내적 상태를 표현할 수 있게 된다. 또한 '시원섭섭함', '웃기면서 슬픈' 등 한 번에 하나 이상의 정서를 가질 수 있음을 이해한다. 이러한 정서 이해는 인지 발달과 사회적 경험, 특히 성인들이 아동의 감정에 민감하고 정서에 관한 이야기를 나누는 분위기가 자주 이루어지면 발달하고 이를 바탕으로 공감능력을 발전시키게 된다. 정서적 자기조절은 여러 비교 상황 속에서 자아존중감을 위협하는 부정적 정서를 스스로 관리하는 방법으로 작용하게 한다. 변화될 수 있는 상황이라면 문제를 확인하고 무엇을 할지 계획하여 이를 수행하는 문제중심 대처(problem-centered coping)를 하게 되고, 결과를 바꿀 수 없는 상황에서는 고통을 줄이는 방법으로 정서중심 대처(emotion-centered coping)를 하게 된다. 이러한 정서적 자기조절 능력은 점차 정서적 자기효능감으로 이어져 어떠한 정서적 경험도 자신이 통제할 수 있다는 신념을 갖도록 한다. 정서를 잘 조절하는 아동은 기분이 명랑하고 공감능력이 높고 친사회적인 특징을 갖는 반면, 정서를 잘 조절하지 못하면 충동적으로 부정적 감정을 자주 폭발시키기에 친사회적이지 못하고 또래들에게 거부당한다(Berk, 2007/2009).

사회성 발달의 측면에서는 조망수용(perspective taking) 능력이 크게 발달한다. 이것은 다른 사람들이 어떻게 생각하고 느낄지를 추론해 보는 능력이다. 조망수용 능력은 자기 개념, 자아존중감, 타인 이해 및 다양한 사회적 기술들을 가능하도록 한다. 조망수용 능력을 증진시키기 위해서는 주위의 성인과 또래들이 자신의 입장을 이야기하는 것을 들어보는 경험을 자주 하면 도움이 된다. 그로 인해 공감과 동정을 잘 이해하고 표현하며 사회적 문제 상황에 잘 대처할 수 있게 된다. 자주 화를 내거나 공격적인 아동은 공감능력을 포함한 조망수용에 어려움이 있을 수 있다.

10~11세경이 되면 대부분의 아동들은 자율적 도덕단계에 도달한다. 이 단계의 아동들은 사회적 규칙은 그 사회 사람들의 합의에 의한 것으로써, 변경할 수도 있다는 것을 알게 된다. 옳고 그름에 대한 판단도 이제는 행위의 객관적인 결과만을 보지 않고, 행위자가 속이려 했다거나 규칙을 위반하려 한 의도에 더 비중을 두게 된다. 초등학교 고학년 이후부터는 도덕추리와 도덕행동의 일관성이 나타나기 시작한다. 도덕성의 중요한 지표 중 하나는 유혹에 넘어가지 않고 얼마나 저항할 수 있는가인데, 이러한 능력을 고취시키기 위해 금지된 행동과 대체되는 행동을 강화해줌으로써 도덕적 통제를 가르칠 수 있다.

문제행동을 고치기 위해 어쩔 수 없이 벌을 주게 될 때에는, 아동이 자아통제를 내면화하도록 도와주기 위해 금지된 행동을 하는 것이 왜 나쁘며 왜 죄책감을 느껴야 하는지에 대한 적절한 근거를 설명해 주어야만 한다(Hoffman, 1981). 또한 아동 자신을 착하고 정직하게 생각하도록 하면 유혹에 저항할 수 있는 가능성을 높이며 동시에 죄책감과 양심의 가책을 느끼게 할 수 있다. 모델링 또한 아동의 도덕발달에 중요한 역할을 하기 때문에, 주위의 성인들이 올바른 행동을 보여주는 것이 효과가 있다. 마지막으로는 부모의 양육태도에 있어서, 아동이 잘못했을 때 무조건 화를 내거나, 더 이상 사랑해주지 않겠노라 하며 애정을 담보하여 협박하는 방식을 사용하거나, 권력을 행사하는 것은 좋지 않다. 행동이 왜 잘못되었는지, 다른 사람에게 어떠한 영향을 미칠지, 어떻게 그러한 손상이나 상해를 되돌릴 수 있겠는지를 설명하고 함께 이야기해 보는 '귀납적 훈육의 방법'을 사용할 때 아동으로 하여금 인지, 정서, 행동적 차원 모두를 통합하여 도덕성 성숙에 이르도록 도와줄 수 있다(최경숙, 2000).

아동기에는 또래와 상호작용하는 빈도와 시간이 증가한다. 부모의 양육 방법, 신체 특성, 인지 능력은 아동이 또래에게 받아들여지고 호감을 주는 데 영향을 주는 요인이 되고 우정은 친밀감과 유사성에 기초한 상호호혜적인 관계로서 또래와 우정을 나누면서 아동은 긍정적인 자아존중감을 발달시키고 또래로부터 지지를 얻게 되어 학교에서 잘 적응할 수 있게 된다.

2. 학교 환경

또래 관계와 같은 비공식적 세계와는 달리, 학교는 아동들이 장차 사회 구성원이 되기 위해 필요한 지식과 기술을 전수받도록 만들어진 공식적 기관이다. 학교는 아동들에게 배우려는 동기와 기억, 추론, 문제해결 방식, 사회적 도덕적 이해에 영향을 주며 발달에 중요한 영향을 미친다.

1) 교사와의 관계

교사는 아동들의 동기, 성취, 긍정적 또래 관계를 발전시키는 데 도움을 준다. 그러나 많은 교사들은 전체 의미를 파악하고, 새로운 상황에 지식을 적용하는 등의 고등사고 과정보다는 단순하고 반복적인 연습을 강조한다.

물론 교사가 모든 아동들과 동일한 방식으로 상호작용하지는 않는다. 그러나 대체로 행동이 바르고 공부를 잘하는 학생들은 격려와 칭찬을 많이 하고 고분고분하지 않은 학생은 교사와 갈등이 많고 교사로부터 야단도 많이 맞는다. 특히 저소득계층 집단 아동들에게는 교사와 학생 간 관계가 좋으면 학업성취와 사회적 행동이 잘 발달한다. 성적이 좋고 행동상의 문제가 적고 사회계층이 높은 학생들이 교사와 더욱 민감하고 지지적 관계를 형성한다.

교사의 기대는 공부를 잘하는 학생들보다 공부를 못하는 학생들에게 더 크게 영향을 미친다. 공부를 잘하는 학생들은 이미 잘하고 있기 때문에 교사가 긍정적으로 대해도 변화의 폭이 크지 않지만 교사들이 비판적이면 잘하다가도 뒤떨어질 수 있다. 반대로 교사들이 공부를 못하는 학생들을 믿어주면 "나는 다 잘할거야."라며 자신이 해석한 상황을 믿게 되는 자기충족적 예언을 갖도록 하여 이 아동들이 발전하도록 도와줄 수 있다.

2) 성취동기와 자기 효능감

성취동기(achievement motivation)는 어떤 목적한 일을 이루겠다는 결심을 하게 하는 내적 의욕이다. 이러한 동기는 얻고자 하는 결과를 위해 노력하며 칭찬, 보상, 위협, 충고 등의 외부적 자극에 의한 외재적 동기(extrinsic motivation)와 과제를 수행하는 과정에서 느끼는 만족감, 승리, 경쟁, 학습, 경험 등이 보상으로 주어지는 내재적 동기(intrinsic motivation)로 구분된다. 두 동기 모두 아동들의 행동을 이끄는 데 도움을 줄 수 있으나 장기적으로 보면 어떠한 목표를 성취하는 데 외재적 동기보다는 내재적 동기가 훨씬 강력한 영향을 발휘한다. 단지 좋은 성적이나 칭찬, 돈을 벌기 위해 일하는 경우보다는 공부나 일 자체가 재미있어서 하는 경우가 더 높은 성과를 낼 수 있는데, 외재적 동기에 의해 일이나 공부를 하다가 기대한 결과를 얻지 못하면 의욕이 상실될 가능성이 크지만, 내재적 동기에 근거하면 상황의 변화와 관계없이 공부나 일을 꾸준히 할 수 있기 때문이다.

또한 내재적 동기와 관련되는 것이 자기효능감이다. 자신이 어떠한 과제에 숙달될 수 있고 좋은 결과를 낼 수 있다는 신념인데, 성취 여부에 결정적인 요인이 된다고 한다(Bandura, 2000). 학생의 특성과 학교의 특성이 상호작용하여 학생의 성취에 영향을 미칠 수 있는데, 효율적인 교육이 이루어지기 위해서는 학습자와 교육기관 간의 적합성이 있느냐가 중요하다. 예를 들어, 교사는 높은 능력을 가진 학생들에게는 높은 기준을 제시하고 이에 도전하도록 요구하며 빠르게 향상되는 것을 보여줌으로써 최대의 성취를 기대할 수 있다(Bropy, 1979). 반면 능력이 상대적으로 떨어지며 열악한 환경의 학생들에게는 학업성취와 진보를 요구하기보다는 따뜻하게 격려해 줌으로써 동기를 유발하는 방법이 더 효과적이다(최경숙, 2000).

3) 또래와의 관계

아동기 발달에는 또래들이 점점 더 중요해진다. 또래들 사이의 접촉은 조망수용 및 자신과 타인의 이해에 중요한 역할을 한다. 이러한 발달은 상호작용을 촉진한다. 유아기와 비교하여 학령기 아동들은 설득과 협상을 통하여 갈등을 점점 더 효과적으로 해결하게 된다(Mayeiux & Cillessen, 2003). 나누기, 돕기 및 다른 친사회적 행동도 또한 증가한다. 이러한 변화와 더불어 공격성이 감소하는데, 특히 신체적 공격성이 가장 많이 떨어진다(Tremblay, 2000).

(1) 또래 집단

아동기 중기 정도 되면 또래 집단을 형성하고 그 집단에 속하고 싶은 강한 욕구를 보인다. 또래 집단(peer group)을 형성하는데 이 집단에서 행동에 대한 나름대로의 가치와 기준을 만들고 지도자 아동과 구성원 아동 사이의 일종의 사회적 구조가 생긴다. 또래 집단은 근접성, 성, 인기도의 유사성에 따라 조직화된다(Cairns, Xie, & Leung, 1998). 이러한 집단들은 '또래문화'를 만드는데 이 문화에는 자기들만의 독특한 어휘, 옷 입는 방식, '나가서 노는 장소'들이 포함된다. 또한 자주 거부당하는 아동들도 존재한다. 예를 들어 교사에게 잘 보이려고 애쓰거나, 이상한 종류의 옷을 입거나, 또는 교사에게 고자질을 잘하면 심한 비판의 대상이 된다. 이러한 관습은 또래들을 하나로 묶어서 집단정체성을 형성하도록 한다. 이 집단 안에서 아동들은 협동, 리더십, 지도자를 따르는 것 및 집단목표에 충성하는 것과 같은 여러 가지 사회적 기술을 학습한다.

(2) 친구 관계

또래 집단은 아동들에게 더 큰 사회적 조직에 대한 통찰력을 가지게 하는 반면 일대일 친구관계는 신뢰감과 민감성 발달에 기여한다. 친구관계는 상호적인 관계이고 서로의 성격특성을 좋아하고, 서로의 필요와 욕구에 반응한다. 일단 친구관계가 형성되면 믿음이 친구관계를 형성하는 중요한 특성이 된다. 좋은 친구관계가 유지되기 위해서는 친절하게 행동하는 것이 중요하고 친절한 행동은 상호 간의 신뢰를 의미한다. 고학년 아동들은 다른 사람이 필요할 때 돕지 않는 것, 약속을 어기는 것, 다른 사람에 대해 뒷이야기를 하는 것과 같이 신뢰를 깨는 것은 친구관계를 끊을 정도의 심각한 일이라고 본다. 이러한 특징 때문에 학령기 아동들의 친구관계는 선택적이다. 또한 아동발달에 미치는 친구관계의 영향은 친구의 성격에 따라 달라진다. 친절하고 연민의 마음을 가진 아동들은 서로의 친사회적 경향을 강화하고 공격적 아동들은 서로의 반사회적 행동을 강화한다(Berk, 2007/2009).

(3) 또래 수용

또래 수용(peer acceptance)은 좋아하는 정도, 즉 한 아동이 또래 집단으로부터 학급동료로, 중요한 사회적 파트너로 받아들여지는 정도를 말한다. 또래 관계와 달리 '좋아하는 정도'는 상호관계가 아니라 일방적 관점이 될 수 있다. 그럼에도 불구하고 친구관계에 도움을 주는 사회적 기술은 또래 수용 또한 증진시킨다. 더 잘 받아들여지는 아동일수록 친구가 더 많고 그들과 더 긍정적인 관계를 가지는 경향이 있다(Gest, Graham-Bermann, & Hartup, 2001). 연구자들은 사회적 선호를 측정하기 위해 자기보고를 사용하여 또래 수용을 평가한다. 예를 들어 아동들에게 '아주 좋아하는' 또는 '아주 싫어하는' 친구를 말하게 한다(LaFontana & Cillessen, 1999). 이러한 결과에 의해 또래 수용의 네 가지 범주가 만들어진다.

① 인기 아동(popular children)

좋아하는 아동이 많고 싫어하는 아동은 적다. 비교적 친절하고 생각이 깊다. 이러한 친사회적 인기 아동들은 보통 학문적 능력과 사회적 능력을 겸비하고 있어서 공부도 잘하고 또래들과도 민감하고, 다정하고, 협동적인 방식으로 의사소통한다(Cillessen & Bellmore, 2004).

이와는 다른 유형의 인기 아동들은 사회적으로 능숙하지만 호전적인 태도로 동경을 받는다. 이러한 반사회적 인기아동 집단에는 운동을 잘하고 문제를 일으키고 성인의 권위에 도전하는 낮은 사회적 계층의 남자 아동들과 다른 아동을 무시하거나, 내쫓거나, 소문을 퍼뜨려서 자신의 지위를 높이는 관계적 공격성을 보이는 아동들이 포함된다(Cillessen & Mayeux, 2004). 이들이 보이는 공격성에도 불구하고 그들은 발달된 운동능력과 세련된 사회적 기술 때문에 또래들이 '멋지다'고 생각한다. 또래들의 존경이 그들의 적응문제를 막아 보호막 역할을 하지만 연령이 증가하면서 또래들은 이러한 사회적 지위가 낮은 공격적 친구들을 점점 더 싫어하게 되고 마지막에는 거부한다.

② 거부 아동(rejected children)

싫어하는 아동이 많고 좋아하는 아동은 적다. 거부 아동들은 다양한 범위의 부정적인 사회적 행동을 보인다. 가장 큰 하위 유형인 공격적 거부 아동들은 신체적이고 관계적 공격, 과잉행동, 부주의 및 충동적 행동을 아주 많이 보인다. 공격적 인기 아동들보다 더 극단적으로 호전적이고 조망수용과 정서 조절 또한 부족하다. 또래들의 행동을 적대적으로 해석하여 그들이 겪는 사회적 문제를 다른 사람 탓으로 돌린다(Coie & Dodge, 1998; Crick, Casas, & Nelson, 2002).

위축된 거부 아동들은 수동적이고 사회적으로 서툴다. 이런 소심한 아동들은 사회적 불안에 쉽게 압도당하고 다른 친구들이 자신에게 어떻게 할지에 대해 부정적 기대를 하고, 조롱당하거나 공격당할 것을 걱정한다(Ladd & Burgess, 1999). 이미 유아기부터 아동들은 거부 아동들을 제외시킨다. 거부 아동들은 학급활동에 덜 참여하게 되므로 외로움은 점점 더해가고, 학업성취도 떨어지고, 학교를 피하게 된다. 거부 아동들은 일반적으로 거의 친구가 없거나 전혀 없는데 이는 심각한 적응문제를 보일 수 있다.

③ 양면적인 아동(controversial child)

일부 또래로부터 가장 좋은 친구로 지목되면서도 또 다른 또래로부터는 싫어하는 아동으로 지목되기도 한다. 이 아동들은 긍정적 행동과 부정적 행동을 모두 보이므로 또래들의 평가에 일관성이 없다. 그들은 적대적이고 파괴적인 동시에 긍정적이고 친사회적 행동도 한다. 비록 일부 또래들은 이들을 싫어하지만 사회적으로 완전히 배타당하지 않는다. 그러나 반사회적 인기 아동들과 같이 그들은 때로는 다른 아이들을 따돌리고, 자신의 지배력을 지켜 가기 위해 계산된 관계적 공격성을 사용하기도 한다.

④ 소외 아동(neglected child)

상호작용이 적고 학급 또래들이 수줍음을 잘 탄다고 평가하지만 평균 아동들 정도로 사회적 기술을 가지고 있다. 그들 스스로는 특별하게 외롭다거나 불행하다고 하지 않고, 그들이 원할 때에는 언제든지 다른 친구와 놀 수 있다.

거부되는 아동들의 또래 관계와 심리적 적응을 증진시키기 위한 다양한 중재 프로그램이 있다. 대부분의 또래들에게 상호작용을 어떻게 시작하고, 게임에서 어떻게 협동하고, 친절하게 정서적으로 반응하고 수용하는 것과 같은 긍정적 사회적 기술을 가르치고, 모델링하고, 또 강화한다. 이런 프로그램에 참여하면 실제 사회적 능력과 또래 수용이 지속적으로 증진된다. 거부 아동들은 학업에 대한 자기존중감이 낮아서 교사나 또래들에 대한 부정적 반응이 커지므로 학업에 대해 집중적으로 개인지도를 하면 학교성취와 또래 수용도 모두 증가한다.

많은 공격적 거부 아동들은 자신들의 사회적 기술이 부적절하다는 사실을 모른다. 반대로 위축된 거부 아동들은 또래 문제에 대해 학습된 무기력을 발전시킬 가능성이 높고 반복적으로 거부를 받으면 아무도 자신을 좋아하지 않을 것이라는 결론에 이른다. 두 유형의 아동들 모두 또래 문제를 올바르게 귀인하도록 도와주는 것이 필요하다.

마지막으로, 거부 아동들이 사회적으로 무능한 것은 아동의 기질과 부모 양육방식 사이의 부조화 때문에 생기는 경우가 많기 때문에 아동에만 초점을 맞춘 중재로는 충분하지 않을 수 있다. 부모와 아동 상호작용이 변해야 원래의 행동방식으로 돌아가지 않게 된다.

3. 미디어 환경

1) TV의 영향

초등학교 아동에게 미치는 TV의 영향에 관해서는 책 읽는 시간이 줄고 창의력을 뺏을 수 있고 성-고정 관념화된 신념을 심어주고 놀이에서 언어적, 신체적 공격성을 높일 수 있다. 청소년기에 TV를 많이 보면 공동체 활동이 급격히 줄어드는 결과를 낳는다. 그러나 TV가 가지는 좋은 점도 있다. 질 높은 TV 프로그램을 통해 아동들이 세상 지식을 습득하는 도구로 잘 이용한다면 인지, 정서, 사회적 발달을 강화할 수 있는 강력하고 경제적인 수단이 될 수 있다.

(1) TV 폭력

전반적으로 TV 프로그램의 내용 절반은 폭력 장면을 담고 있다. TV 폭력은 적대적인 생각과 정서 및 언어적 신체적 공격성을 고취시킨다. 특히 유아나 어린 초등학생의 경우 내용을 여과 없이 잘 받아들이는 경향 때문에 TV 속 폭력을 더 모방할 수 있다. 폭력적인 프로그램은 단기적으로는 부모 및 또래 간의 관계에 있어 영향을 주고 장기적으로는 부정적 결과를 가져오게 된다. 폭력적 TV 프로그램은 공격적이지 않은 아동들에게조차 적대적인 사고와 행동을 자극하고 공격성을 강화한다. 폭력에 약간만 노출되어도 시청자들은 실제 생활 속 공격성에 내성을 가지게 되므로 폭력물을 많이 시청하는 아동들은 이 사회에 더 많은 폭력이 존재한다고 믿게 된다.

(2) 인종 및 성 고정관념

아동에 대한 교육 프로그램은 평등성과 다양성에 기반을 두어야 함에도 불구하고 TV 속 상업적 오락물들은 인종과 성의 고정관념을 전달한다. 미국의 경우 흑인 및 다른 소수민족들은 폄하되며 소수민족들이 출현한다 해도 흔히 부수적이거나 하류계층의 역할, 하인이나 비숙련 노동자로 나오게 된다. 또한, 여성 주인공이 남성보다 덜 나온다. 약 20년 전과 비교하면 오늘날 여성 주인공들은 직업이 있는 것으로 묘사되긴 하나 대부분 젊고, 매력적이고, 친절하고, 온정적이고, 희생적이고, 낭만적이거나 가족 내 역할로 묘사된다. 반대로 남성 주인공은 독단적이고 힘을 가진 사람으로 묘사된다. 성 고정관념은 특히 만화, 예능 프로그램, 그리고 아동과 젊은이를 위한 오락 프로그램에서 더욱 두드러진다. 따라서 TV 시청은 아동의 성-고정관념화된 신념과 관련되나 그렇지 않은 내용은 이러한 편견을 줄일 수도 있다. 여성과 소수민족에 대한 긍정적인 묘사는 보다 호의적 시각을 가지도록 하여 나와 다른 인종에 대한 긍정적인 믿음을 가질 수 있도록 할 수 있다.

(3) 상업주의

사람들에게 물건을 파는 것을 목적으로 하는 마케팅 산업은 폭발적으로 증가하였고 TV를 매개로 이루어져왔다. 3세가 되면 큰 소리와 빠르게 진행하는 화면, 소리 효과 등에 의해 정규 프로그램과 광고를 구분할 수 있게 된다. 아동들이 많이 보는 프로그램은 그 자체가 상품인 많은 캐릭터와 소품들(인형, 장난감, 모형 완구, 기타 장신구 들)로 가득 차 있기 때문에 아동들은 프로그램과 광고를 구분하기 힘들다. 더욱이 유아와 초등학교 저학년 아동들은 TV 광고의 목적을 잘 이해하지 못하고 시청자를 도와주는 것이라고 생각한다. 8, 9세가량이 되면, 광고는 팔기 위한 목적이라는 것을 알게 되며, 11세가 되면 광고주들이 팔기 위한 목적을 달성하기 위해 매우 영악한 기법들을 사용한다는 것을 이해할 수 있다.

그럼에도 초등학교 고학년이나 청소년들에게 광고는 매력적이다. 광고는 가족 스트레스, 비만, 물질주의, 약물 남용 등 아동 및 청소년 문제와 관련된다.

(4) TV의 잠재력

교육학자들은 TV는 특히 경제적 수준이 낮은 아동들의 학습과 사회적 기술을 강화하는 데 있어 잠재력을 가질 수 있다고 하였다. 유아기 때 교육적 프로그램을 보는 것이, 고교 때 학업 성취, 독서, 성취에 더 중요성을 두게 하고 확산적 사고 검사(창의성 측정)에서의 높은 점수를 받는 것과 연관됨을 보고하였다(Anderson et al., 2001).

협동, 도움, 위안 등의 활동을 담은 TV는 아동들의 친사회적 행동을 증진시킨다. 그러나 많은 TV는 친사회적인 것과 반사회적 내용을 혼합한다. 친사회적 프로그램은 폭력적인 내용을 완전히 배제해야 아동들의 친절하고 돕는 행동들을 증진시켜줄 수가 있다.

반면, 아동이 오락 프로그램을 보면 다른 가치 있는 활동을 못하게 된다. 유아와 초등학교 아동이 TV를 많이 보면 볼수록 독서나 다른 사람과의 상호작용이 줄어들게 되나, TV를 적게 볼수록 학업기술 검사 점수가 높게 나온다고 한다(Huston et al., 1999). 따라서 교육적 프로그램은 분명히 득이 되지만, 오락 프로그램 등을 특히 많이 볼 때 아동의 학교 성공과 사회적 경험에 방해를 줄 수 있다.

2) 컴퓨터 게임

아동 및 청소년은 가정에서 오락을 목적으로 컴퓨터를 많이 하게 된다.

(1) 컴퓨터 게임

대부분의 컴퓨터 게임은 폭력성을 기본으로 하여 속도와 활동성을 강조하는데 즉, 적을 향해 총을 쏘거나 적을 피하는 식이다. 또한 더욱 복잡한, 탐험하고, 모험하는 게임을 하게 되는데, 일반적으로 정복과 공격, 혹은 야구나 축구와 같은 스포츠 게임들의 주제를 다룬다. 또한 가상의 현실로 들어가서 하나의 인물로 역할을 맡는 시뮬레이션 게임들을 좋아한다.

속도와 활동성의 컴퓨터 게임은 남아와 여아에게 동일하게 선택적 주의력과 공간적 기술을 촉진해 준다(Okagaki & Sternberg, 1993). 그러나 대부분의 게임 소프트웨어는 폭력성 및 남자들이 선호하는 스포츠를 강조하였기 때문에 여아들은 별로 좋아하지 않는다. 많은 연구들은 폭력적 게임을 할 경우 폭력적인 TV를 시청하는 경우처럼 적대성과 공격성이 향상된다고 한다(Anderson et al., 2001). 더욱이 비디오 게임은 인종과 성에 대한 고정관념으로 가득 차 있다(Dietz, 1998). 또한 컴퓨터 속 가상현실 경험의 결과에 대해서는 별로 알려진 것이 없다. 연구자들은 그 내용에 따라 어떠한 가상현실 게임은 상상력을 촉진할 수 있을 것이고 반면에 비협동성, 무감각성, 반사회적 행동 등을 증가시킬 것이라고 예측하였다(Singer & Singer, 2005).

가끔씩 사용하는 사람과 비교하여 '열성적인' 게임 이용자는 별로 유쾌하지 않은 가족 관계나 학교생활에서 도피하기 위해 게임을 사용하는 위축된 청소년일 수 있다. 몇몇 소수는 하루 몇 시간을 게임하며 중독이 된다. 즉, 게임하지 않을 때도 지속적으로 게임만 생각하며, 자신이 게임을 너무 많이 하고 있다고 생각은 하나, 그만두지 못한다. 가상현실 게임을 과도하게 할 경우 현실과 가상 생활 간의 경계를 흐리게 할 위험이 있다. 게임들이 폭력적일 때, 이러한 것에 개입하지 않는 부모들, 반사회적 친구들, 학교에서 이방인이 될 경우가 합쳐지면, 위험한 청소년들과 함께 흉악한 행위에 가담하게 할 수 있다.

게임이 주는 부정적 영향으로는 학업에 지장을 주며, 대부분의 부모들은 게임에 대한 부정적 태도를 가지고 있으므로 게임을 계속하는 자녀들과의 마찰이 많아 부모와의 관계에 부정적 영향을 끼치게 된다. 또한 건강과 관련하여 운동부족과 비만, 시력장애, 수면에 부정적인 영향을 주게 된다(이영호, 2006). 또한 최근의 게임들이 좀 더 자극적인 요소를 추가하게 됨으로써 아동들은 더 많은 폭력적인 장면을 접하게 된다.

초등학생 7만명 이상이 인터넷과 스마트폰 사용 시간 조절에 어려움을 겪는 것으로 조사됐는데 이는 초등학생 6명 중 1명인 셈이며 인터넷과 스마트폰 과의존 위험군 학생은 이전 해(16.0%)에 비해 증가(6만5천127명·16.3%)하였다(여성가족부, 2023). 따라서 스마트폰 과몰입 예방 집단 상담 프로그램 등을 통해 자기조절능력을 증진하여 정신건강문제를 예방하는 노력들이 다양하게 진행되고 있다(수도권일보, 2020).

(2) TV와 컴퓨터 사용 조절하기

부모의 노력에 따라 아동의 TV 및 컴퓨터 사용에 노출되는 시간이 좌우될 수 있다. 부모들은 TV 시청의 위험성에 대해 교육받아야 하고 어떻게 통제하는지를 알아야 한다(표 2-4-1).

표 2-4-1 TV와 컴퓨터 사용 조절하기

전략	효과
TV시청과 컴퓨터 사용 시간을 제한하라	부모는 영유아의 TV 시청과 컴퓨터 사용을 제한하기 위해 TV와 컴퓨터 사용을 제한하는 명확한 규칙을 제공하고 이러한 규칙을 잘 지켜야 한다. TV나 컴퓨터가 아동이 자는 방에 있으면 당연히 많이 사용될 수밖에 없고 이러한 활동을 감시하기도 어려우므로 옮기도록 한다.
TV나 컴퓨터를 보상이나 벌의 수단으로 활용하지 말라	TV나 컴퓨터를 행동의 보상이나 벌의 수단으로 사용하지 말아야 한다. 바람직한 행동을 했을 때 이 행동에 대한 보상으로 TV나 컴퓨터를 더 보여주거나, 잘못한 행동을 했을 때 처벌로 TV나 컴퓨터 시간을 제한하면 아동은 더욱 TV나 컴퓨터에 끌리고 집착하게 된다. 효율적으로 아동의 시청 행동을 수정하기 위해서 부모는 TV나 컴퓨터에 초연한 자세를 취하는 것이 좋다.
TV를 공청하라.	부모는 가능하면 함께 TV나 컴퓨터를 이용하는 시간을 가져서 TV나 미디어에서 보이는 모습이 현실과는 어떻게 다른지 생각해 볼 수 있도록 질문을 하고 함께 이야기를 나누며 화면에 보이는 행동 이면의 모습 및 제작 과정 등을 설명하고 함께 토론하면 아동이 TV콘텐츠를 이해하고 평가하도록 도울 수 있다.
TV의 내용과 일상의 학습경험을 연결하라	TV에 나오는 내용을 일상의 학습경험과 연결해 볼 수 있다. 부모들은 TV 속에서 본 내용을 주변 상황에서 적극적으로 찾아보고 참여하도록 격려하여 경험을 확장해 줄 수 있다.
TV와 컴퓨터 사용의 좋은 모델이 되어라	부모 자신이 과도하게 TV와 컴퓨터, 스마트폰을 사용하지 않고 자제하는 모습을 보이고, 해롭거나 바람직하지 않은 콘텐츠를 제한하는 것은 아동의 미디어 행동에 영향을 줄 수 있다. 그리고 함께 인터넷의 기술과 안전한 사용법을 이야기한다.
안전하게 인터넷을 사용하는 방법을 알려주기	인터넷과 같은 연결망 서비스의 사회적 위험성을 이해하도록 도와줘야 한다. 온라인에서 할 수 있는 올바르고 적절한 행동을 가르쳐 주고 개인정보 노출이나 온라인으로 익명의 사람들을 만나는 것의 위험성 등을 알려줘야 한다.
항상 따뜻하고, 수용하며, 합리적인 접근을 취하라	평소 아동 양육에 권위 있는 양육 방법을 사용하여 합리적인 방법으로 성숙한 행동을 요구하는 따뜻하고, 함께하는 부모가 되어야 한다. 이러한 부모는 TV와 컴퓨터를 현실도피의 수단으로 사용하지 않고 아동에게 교육적이고 친사회적인 콘텐츠 위주로 경험하도록 할 수 있다.

출처: Berk(2014).

읽·어·보·기

"스마트폰 중독되면 뇌 크기 변한다"

스마트폰 중독이라는 단어가 흔할 정도로 많은 사람들이 스마트폰을 손에서 놓지 않고 있다. 그런데 스마트폰도 중독되면 뇌의 모양과 크기를 물리적으로 변하게 한다는 충격적인 연구 결과가 나왔다.

메디컬익스프레스(Medicalxpress)의 보도에 따르면 독일 하이델베르크대 연구진은 이와 같은 연구 결과를 국제학술지 '중독행위'(Addictive Behaviors) 최신호에 발표했다.

연구팀은 스마트폰 중독자 22명을 포함한 스마트폰 사용자 48명을 대상으로 뇌 MRI 검사를 시행한 결과, 중독자는 뇌의 몇몇 부위에서 회백질 양이 적은 것으로 나타났다.

회백질은 사람의 감정, 말, 시각, 청각, 기억 및 자제력을 통제하는 역할을 한다.

연구팀은 "통제집단(비중독자 그룹)과 비교했을 때 스마트폰 중독인 개인은 좌뇌 전방섬상세포군피질(anterior insula cortex), 하측두피질(inferior temporal cortex), 해마주위피질(parahippocampal cortex)의 회백질이 적게 나타났다"고 밝혔다. 이 중 전방섬상세포군피질의 경우 해당 부위의 회백질 부족이 심각한 중독과 연관돼 있다는 연구 결과가 기존에도 발표된 바 있다.

또 스마트폰 중독자의 두뇌 활동은 스마트폰을 사용해도 중독되지 않은 일반인들보다 상당히 떨어져 있는 것으로 확인됐다.

연구팀은 "특히 스마트폰 중독자에게서 나타난 뇌섬엽의 회백질양 감소는 약물 중독자의 뇌에서 나타나는 것으로 밝혀졌던 변화라 다소 충격적"이라고 덧붙였다.

출처: 헬스인뉴스(2020. 2. 6).

적용과 실천

아동기 적용과 실천

아동기 영양문제와 관련하여 생활형편이 어려운 아동들의 경우 영양결핍을 초래할 수 있으므로 결식아동에 대한 급식 서비스나 경제적인 지원이 필요하다. 결식아동에 대한 현황 파악과 실질적인 실천방법 마련을 위해 노력해야 한다. 학교에서는 질적으로 높고 전문화된 학교급식 체제를 마련하고 그 밖의 다른 방법을 통해 결식아동을 지원할 수 있어야 한다. 최근 문제가 되고 있는 아동기 비만의 문제 또한 심각하다. 1980년대부터 단백질, 지방, 육류 등의 섭취가 늘어나고 경제발전에 따른 생활양식의 변화로 인해 성인 및 아동 비만 유병률을 증가시켜 비만이 중요한 보건 문제의 하나로 대두되었다. 식량은 풍부해져 영양 섭취가 과다해진 반면, 도시형 문화생활이 확대되어감에 따라 자신의 신체를 움직일 수 있는 시간과 범위가 축소되었다. 이러한 현상은 아동들에게까지 영향을 미쳐 열량은 과잉섭취하고 컴퓨터, 스마트폰과 TV 앞에 앉아 있는 시간이 늘어날 뿐 아니라 교통의 발달과 놀이공간의 협소화 등으로 활동시간이 줄어 비만을 불러일으키게 되었다. 각종 만성 퇴행성 질환의 발생과 진행을 가속화하고 수명 단축시키는 원인이 되기도 한다. 또한 우울증, 당뇨병, 지방간, 고혈압, 고지혈증과 같은 성인병이 나타나고, 성장 발달상의 장애를 일으킬 수 있으며, 심리 · 정서적 영향도 성인기 시작된 비만보다 심각하여 인성형성에 영향을 미친다고 한다. 아동비만관리는 체중관리와 동시에 성장과 발달에 필요한 영양을 적절히 섭취하여야 하고, 성인의 프로그램과는 다른 여러 요인을 포함하여야 한다. 학교급식의 여러 가지 프로그램을 통해서도 영양교육과 올바른 식습관을 형성하도록 도와야 한다.

최근 아동학대도 중요한 사회문제로 부각되고 있다. 아동학대는 현행 아동복지법 제2조에 따르면, "보호자를 포함한 성인에 의하여 아동의 건강 · 복지를 해치거나 정상적 발달을 저해할 수 있는 신체적 · 정신적 · 성적 폭력 또는 가혹 행위 및 아동의 보호자에 의하여 이루어지는 유기와 방임을 말한다."고 규정하여 적극적 가해 행위뿐만 아니라 소극적 의미의 방임 행위까지 정의에 명확히 포함하고 있다. 신체적 해를 가하거나 자유를 박탈하거나 신체를 노동화하여 착취하는 것을 포함하며 아동의 정서발달이나 사회성 발달에 치명적 손상을 가져올 수 있을 정도로 언어적 혹은 정서적으로 공격하는 것, 아동이 공포를 느낄 정도로 고립시키거나, 아이가 감당할 수 없는 모욕을 주는 것을 의미한다. 또한 고의적이며 반복적으로 아동에게 의식주를 제공하지 않거나 장시간 아동을 위험한 상태에 방치하는 물리적 방임 및 유기, 아동의 무단결석을 허용하는 등 교육적 방임, 예방접종을 제때에 하지 않거나 필요한 치료를 소홀히 하는 의료적 방임, 아동과의 약속에 무신경하거나 아동의 마음에 상처를 입히는 등 정서적 방임 등이 학대에 포함된다. 이렇게 학대의 각 유형마다 증상들이 조금씩 다르게 나타나지만, 중요한 것은 학대는 유아 및 아동에게 발달상 치명적인 손상을 미친다는 것이다. 최근에는 두 가지 유형 이상의 중복학대와 방임이 문제가 된다. 이러한 학대를 방지하기 위해 사회 전체의 협조와 인식이 매우 중요하며 아동학대 발생 후 개입하는 것도 필요하지만 아동의 발달에 치명적 손상을 입히는 학대가 발생하지 않도록 아동학대 예방사업을 활성화하는 것도 중요하다. 피학대아동의 학대유형, 학대 정도 등을 고려하여 상담 및 치료, 가정방문, 가사지원서비스, 경제적 지원, 지역자원 연계 프로그램 등 다양한 아동복지서비스가 개발되고, 제공되어야 한다. 대부분이 친부모인 학대 행위자로 하여금 부모교육 및 치료 프로그램에 의무적으로 참여하도록 구체적이고 강력한 장치가 있어야 한다. 더불어 학대 유형, 학대 정도, 학대 부모의 특성에 맞는 개입 프로그램, 예를 들면 가족치료, 생활기술훈련, 경제적 지원, 스트레스 관리, 가정방문 프로그램 등의 개발을 통해 다양한 서비스가 제공되어, 아동학대 재발을 방지하도록 해야 할 것이다.

장애아동의 조기치료와 재활을 위해 조기치료기관이나 특수교육기관들이 확충되고, 장애아 복지에 대한 전문적인 훈련을 받은 사회복지사나 전문가들이 전문적인 서비스를 제공할 수 있어야 한다.

아동기 학습장애는 읽기, 쓰기, 셈하기 등의 인지적 과제에서 그 아동의 연령에서 기대되는 수준에 미치지 못하는 학습 불능의 상태를 말한다. 학습장애는 지능에는 큰 문제가 없으면서 학업성취도가 낮고 읽기 능력이 극히 제한되며 집중력이 떨어진다. 또한 주의력결핍 과잉행동장애(ADHD)의 형태를 함께 보이기도 한다. 자아개념과 그 아동에 대해 다른 사람들의 태도에 영향을 미치게 되어 학교생활을 힘들게 만든다. 실패감, 낮은 자아존중감, 무기력 등을 경험할 수 있다. 이러한 학습장애아에 대한 특성 및 정보를 부모나 교사에게 잘 인식하도록 하며 이를 치료할 수 있는 상담 및 심리치료 등을 통해 적절한 개입을 하여야 한다.

그 밖에 부모의 맞벌이로 인해 낮 동안 혼자 지내는 자기보호 아동, 가정해체나 경제적 어려움 등으로 시설에서 보호받는 아동, 만성질병 아동, 소년소녀가장 아동과 한부모 가정 및 조손가정 아동, 담배와 알코올 등 약물남용의 문제 및 아동 비행, 따돌림 아동에 대한 여러 가지 개입과 예방 및 상담 프로그램 등을 체계적이고 지속적으로 전문가에 의해 실시해 나가야 한다.

CHAPTER

5

청소년기와 교우관계

개요

청소년기는 이차 성징이 일어나 급속한 신체변화와 성적 성숙이 이루어진다. 청소년은 아동기에서 성인기로 넘어가는 과도기 지점에 위치한다. 이로 인한 심리적 불균형과 혼란, 정체성의 문제를 경험하기도 한다. 청소년기 추상적·가설적 사고의 발달로 인해 보다 효율적으로 과제를 처리하고 자신의 신체 이미지에 대해 관심이 증대하며 또래들과의 유대관계는 더욱 강화된다. 청소년기 자아정체성 형성과 친구관계, 우정, 이성친구와의 관계를 알아보고, 부모와의 새로운 관계형성에 대해 살펴본다.

1. 청소년기 발달과정

청소년기는 아동기가 종결되면서부터 성인기가 시작되기까지의 변화기이다. 청소년 발달의 생물학적으로는 이차 성징이 나타나면서 시작된다. 이차 성징은 여자에게는 초경과 남자에게는 사정, 목소리 변화 등의 출현으로 알 수 있다. 청소년 시기는 에릭슨의 심리발달 이론 8단계 중 5단계의 정체성 대 역할 혼란에 해당된다. 청소년기에는 자신이 곧 성인이 될 것임을 자각하고, 성인으로의 미래 역할에 대하여 질문하기 시작한다. 이러한 정체성과 관련된 고민은 전 생애 동안 지속해서 발생한다.

아울러 청소년과 청년기는 미래의 가능한 역할을 시험하게 된다. 에릭슨은 최종 정체성을 성취하기 이전에 일정 기간 자유시험기를 가진다고 하였고 '심리 사회적 유예'라는 용어를 사용하였다. 사회학적으로 청소년기란 신체적 성장과 정서적 사회적 발달의 차이점에서 오는 사회적 현상이라 할 수 있다.

1) 신체 및 운동

사춘기는 초기 청소년기 나타나는 골격과 성의 빠른 성숙기를 말한다. 사춘기는 갑작스러운 현상은 아니고, 점진적인 과정이라고 할 수 있다. 월경이나 수염, 몽정 등이 사춘기의 신호이긴 하나, 눈에 띄게 나타나지 않을 수도 있다.

수염이 나거나 엉덩이가 커지는 변화들은 호르몬의 분비로 이루어진다. 혈액을 통해 강력한 화학 물질이 분비되는데, 이러한 현상은 청소년기 극적으로 집중된다. 남자에게 분비되는 테스토스테론은 고환 및 신장, 목소리의 변화 등을 생기게 하고, 여자에게 분비되는 에스트라디올은 가슴과 자궁, 골격의 변화를 가져온다.

우리나라 청소년의 평균 키와 몸무게가 세대를 거듭하면서 증가하는 것과 동시에 성의 성숙 시기도 점차 빨라지는 추세를 보이고 있다. 우리나라 청소년의 사춘기 시작 연령은 여아는 11.3±1.3세이고, 남아는 12.1±1.5세로서 남녀 간 시작 시기의 차이는 약 8개월이다. 또, 성 성숙의 총 변화 기간은 여아는 평균 3.6년, 남아는 평균 3.3년이다(박미정·이인숙·신은경·정효지·조성일, 2006).

2) 인지

피아제에 따르면 11세경부터 형식적 조작기(formal operational stage)에 들어서는데, 이 시기에 그들은 추상적, 체계적, 과학적으로 사고하는 능력을 발달시킨다. 구체적 조작기 아동이 '현실에 대해 조작할' 수 있는데 반해, 형식적 조작기 청소년들은 '조작에 대해 조작할' 수 있다. 더 이상 사고의 대상으로 구체적 물체나 사건을 필요로 하지 않으며 내적인 반영을 통해 새롭고 보다 더 일반적인 논리 규칙을 알아내게 된다(Inhelder & Piaget, 1958).

가설 연역적 추론은 문제에 부딪쳤을 때 가설이나 결과에 영향을 줄 수 있는 변인들을 예측하는 것으로 시작한다. 그 후 실제 세상에서 어떤 추론이 있을 수 있는지 확인해 보기 위해 변인들을 체계적으로 분리하거나 결합시키면서, 그 가설로부터 논리적이고 검증 가능한 연역적 추론을 한다. 또한 실제 세계의 상황을 참조하지 않고 명제의 논리(언어적 진술)를 평가하는 명제적 사고(propositional thought)를 청소년의 능력이라고 할 수 있다. 피아제는 언어가 아동의 인지발달에 중심적인 역할을 한다고 보지 않았지만, 청소년기에서 언어의 중요성을 인정하였다(Berk, 2000). 형식적 조작은 언어에 기초한 고등 수학에서의 상징체계를 요구하며 추상적 개념에 대한 언어적 추론을 포함한다.

정보처리 이론가들은 뇌 발달 실험에서 청소년의 인지적 변화에 포함된 다양한 기제들을 언급하였는데(Case 1998; Kuhn & Franklin, 2006). 주의는(적절한 정보에 집중되도록) 보다 더 선택적이 되고 변화하는 과제의 요구에 더 적응적이 된다. 추론능력이 증가하고 책략은 더 효과적으로 사용되어 정보의 저장, 표상, 회상을 증진시킨다. 지식이 증가하여 책략 사용을 용이하게 해 준다. 상위인지(사고에 대한 자각)가 확대되어, 정보습득과 문제해결을 위한 효과적인 책략을 발견하는 새로운 통찰력을 갖게 해 준다. 인지적 자기조절이 증진되어, 사고를 매 순간 탐지하고 평가하고 새로운 방향을 제시하게 해 준다. 사고의 속도와 처리 용량이 증가한다. 그 결과로 더 많은 정보를 한 번에 작업기억에 담을 수 있고 더 복잡하고 효율적인 표상으로 결합한다.

3) 사회정서

청소년기는 자아정체성(identity)이 주요한 성격발달의 과제가 되며 생산적이고 행복한 성인이 되기 위한 중요한 단계이다(Erikson, 1968). 진정한 자기 모습을 알기 위해서는 수많은 선택을 하여야 하는데, 도덕적, 정치적, 종교적인 이상형을 선택하며, 직업, 대인관계, 지역사회 참여, 성적 지향성 등을 선택하여야 한다(Berk, 2000).

청소년기 동안 자신 삶에 대한 목표(vision)는 더욱 복잡해지고 잘 구조화되고 일관성을 갖게 된다. 어린 아동들과 비교할 때 청소년들은 자신의 여러 면에 대해 점점 더 긍정적으로 생각하게 된다. 시간이 흐르면서 그들은 자신의 장점과 단점을 절충한 통합된 표상을 형성한다. 자기 개념과 자존감의 변화는 통합된 개인 정체성을 발달시키는 출발점이 된다.

청소년들은 자신에 대해 이야기할 때 성격적 특성을 사용할 수 있다. 초기에는 '똑똑하다', '재능 있다'라는 표현에서 조금 더 추상적인 '지적인'이라는 표현으로 발전시킨다(Harter, 2003). 사회관계가 넓어지면서 다양한 상황 속에서 자신의 모습을 다양하게 보여야 하는 것에 갈등을 느끼며 실제 자신의 모습에 대해 고민하게 되고 다른 사람에게 어떻게 보이는지를 염려하면서 사회적으로 바람직한 가치기준에 부합하는 자기를 통합하려고 노력하게 된다.

자아존중감은 청소년기에 분화되어 우정, 매력, 직업 수행을 위한 역량 등이 자기를 평가하는 자아존중감 요소에 첨가된다(Harter, 2003). 아동기와 마찬가지로 교사로부터의 격려와 칭찬, 부모님의 권위 있는 양육 경험은 자아존중감을 높여준다. 반면 부모님에게 비판과 모욕을 받거나 수행에 대해 부정적이거나 일관성 없는 피드백을 받는 경우 자신에 대한 확신을 갖지 못해 자아존중감을 낮추게 된다.

그러나 전반적으로 청소년은 사춘기 변화를 자랑스러워하게 되는데, 가족들은 이제 함께 자거나 함께 TV를 본다거나 안아주거나 하지는 않게 된다. 청소년들은 자신의 신체와 신체상에 대해 골몰하게 된다. 거울을 자주 보며 변화된 자신의 신체를 관찰하게 된다. 청소년기 내내 이런 행동을 보이나 특히 사춘기에 더욱 두드러진다(Berk, 2007/2009).

2. 자아정체성 확립

자아정체성의 확립은 특히 청소년기 후반기에 매우 중요하다. 신체적, 인지적, 사회정서적인 변화들이 먼저 진행되면서 서서히 아동기 자아정체성을 성인의 것과 연결시키는 작업이 되어야 한다. 정체성은 늘 안정된 개념은 아니며, 건강한 자아정체성을 소유한 사람은 융통성 있고 적응적이고 사회나 인간관계, 직업 등의 변화에 개방적일 수 있다. 또한 이러한 개방성은 자신의 정체성을 일생동안 계속적으로 재조직하도록 하게 한다.

정체성 형성은 이후 직업에 대한 방향성, 이념, 성적 기호 등에 영향을 미칠 수 있다. 그러나 정체성의 요소들을 통합한다는 것은 매우 오랜 시간이 걸리는 일이다. 정체성은 부분 부분들이 모여 만들어지게 된다. 마르시아(1980)는 에릭슨의 정체성 발달을 분석하여 4개의 정체성 상태를 제시하였다. 청소년기에는 이러한 4가지 중 하나의 정체성 상태에 놓이게 된다.

- 정체성 혼미(identity diffusion)는 정체성 위기나 수행을 아직 경험하지 않았고 직업이나 자신의 신념에 대한 의사결정도 하지 않은 상태이다.
- 정체성 유실(identity foreclosure)은 정체성의 위기 없이 수행을 한 경우로서 주로 부모나 다른 역할모델의 가치, 기대 등을 그대로 수용하여 그들과 비슷한 선택을 한 경우이다.
- 정체성 유예(identity moratorium)는 정체성 위기 상태에 있으면서 자아정체성 형성을 위해 다양한 역할, 신념, 행동 등을 실험하고는 있으나 아직 의사결정을 하지 못한 상태이다.
- 정체성 성취(identity achievement)는 정체성 위기를 성공적으로 극복하여 직업, 개인적 신념, 삶의 목표, 정치적 견해 등에 대해 스스로 의사결정을 할 수 있는 상태이다.

청소년 초기에는 대부분 정체성 혼미나 정체성 유예의 상태에 있으나 부모의 지원에 대한 신뢰감, 근면성의 발달, 미래에 대한 지속적인 관심 등이 초기 청소년의 정체성 형성에 중요하다.

부모는 청소년 정체성 형성에 많은 영향을 미친다. 부모 양육 유형 중 권위 있는 유형은 자녀로 하여금 가족의 주요결정에 참여시키고, 정체성의 성취를 돕는다. 그러나 권위주의적인 방식은 자신의 견해를 말하는 것을 통제시키며 정체성 유실을 조장하게 된다고 한다. 허용적 방식은 자녀가 결정을 스스로 내리도록 지침을 주지 못하여 정체성 혼미를 갖게 한다고 한다. 가족이 자녀에게 독립성을 인정해 주는 동시에 가족 내의 소속감을 보장해줄 때 정체성 발달에 긍정적인 영향을 미친다.

3. 친구관계

1) 동성 친구와의 우정

청소년기는 가족들과 보내는 시간이 줄어들면서 또래가 점차 중요해진다. 청소년기 우정은 이후 성인기의 심리적 안정, 건강과 관련이 있다. 이는 가까운 우정을 통해 자신을 탐색하고 다른 사람을 깊게 이해하는 능력을 발달시키는 기회를 주는데, 이 과정에서 자아 개념, 조망 수용, 정체성 발달을 지원하게 된다. 또한 서로의 고민을 공유하여 문제를 해결하는 과정들을 경험하도록 하여 미래에 있을 친밀한 관계를 위한 기반을 마련해주며, 청소년들이 자신의 스트레스를 해소하여 심리적 행복감을 갖도록 도와주고, 학교생활에 대해 긍정적인 시각을 갖도록 하여 학교에 대한 우호적인 태도 및 참여를 증진시켜주기 때문이다(Berk, 2007/2009).

청소년기(혹은 아동기 후기)에는 가장 친한 친구가 만들어진다. 가장 친한 친구에게 존중받을 때 자기를 가치 있게 여기게 되며(Sullivan, 1953), 교감을 이루게 된다. 친구관계는 또한 어떠한 특성과 능력을 개발하는 맥락이 된다. 단짝 친구가 없는 청소년과 비교해, 단짝 친구가 있는 청소년은 타인의 정서를 더 잘 인식하였고 매우 높은 친밀감과 애착, 솔직함, 자발성, 민감성, 표현력, 교감 등을 관계에서 보여준다. 이것은 청소년기 친한 친구와의 경험이 성인기 지지적 관계의 기초가 될 수 있다는 것이다.

청소년기 공감능력과 이타심 발달은 사회적 인식을 발달시켜 친사회적 행동을 하도록 도와준다.

청소년들은 더 높은 수준의 친밀감을 통해 우정을 형성하길 원한다. 아동기와 비교해 볼 때, 청소년들은 우정이 더 높은 수준의 헌신과 충성, 수용, 인내, 지지를 바탕으로 하며 서로 털어놓고, 서로 의논하며, 서로 친밀감을 공유하는 것으로 생각한다. 청소년들은 친구들과 함께 보내는 시간이 가장 즐거운 시간인 동시에, 가장 중요하거나 사소한 일들까지도 규칙적으로 의논해야 한다고 생각하고 있다.

2) 이성친구와의 관계

사춘기 호르몬의 변화는 성적 관심을 증가시키나, 이성교제의 시작 시기는 문화마다 다르다. 예를 들어 아시아 청소년들은 서구보다 더 늦게 시작하고 이성의 수도 더 적다. 서구에서는 중학교 때부터 이성끼리 사랑하는 것을 관대히 봐주고 격려도 해준다. 12~14세까지 이러한 관계는 아주 짧게 지속되지만, 16세가 되면 평균적으로 거의 2년 정도 지속된다(Carver, Joyner, & Udry, 2003). 어린 청소년들은 기분전환이나 함께 어울리기 위해서 이성을 사귄다고 하나, 청소년 후기에는 심리적인 친밀감을 감당할 준비가 되면서 우의, 애정, 사회적 지원을 위한 누군가를 찾게 된다(Furman, 2002).

보통 동성 친구들과 친밀감을 형성한 뒤 이성 친구와의 친밀감을 갖게 되는데, 부모와 안정애착을 형성했거나 부모와의 상호작용이 지지적이면 우정에 대해서도 안정된 관계를 형성할 수 있다. 십 대들은 우정에 있어 안전감을 맛보았을 때 이성친구 관계에서도 안전감을 느끼게 된다고 한다(Furman et al., 2002). 따라서 부모와의 경험이 청소년들의 우정의 질에 영향을 주며, 우정에서 배운 것을 애정에도 적용시키게 된다.

너무 일찍 시작되지만 않는다면, 이성교제는 협동, 예절, 다양한 상황에서 사람들을 대하는 방식 등을 배우도록 해준다. 십 대 후반에 사랑하는 사람이 생기면 민감성, 공감, 사회적 지원, 정체성 발달이 향상된다(Collins, 2003). 그러나 첫사랑의 절반 정도는 고등학교 졸업 때까지 이어지지 않고 이어지더라도 점차 만족도가 떨어지게 된다(Shaver, Furman, & Buhrmester, 1985).

4. 부모와의 관계

초기 청소년기 및 사춘기에는 부모와의 갈등이 최고조를 이루면서 고등학생 때 유지되다가 17세에서 20세 사이 완화되며 고등학교를 졸업하고 대학을 가거나 집을 떠나게 되면서 차차 다시 좋아지게 된다.

아동기 이후 부모와의 갈등을 겪게 되는 이유는 생물학적인 변화와 인지적 변화 때문이다. 즉, 이상화나 논리적, 합리적 사고가 생기게 되어 독립성이 생기고 자아정체성 등에 집중하게 됨으로써 부모의 기대에 반해 자신의 생각을 주장하게 되기 때문이다. 말이나 규칙 등에는 논리적인 설명을 요구하게 된다. 많은 부모들은 불순종하고 반항적인 청소년들의 의견을 무조건 바꾸려 하며 강압적인 태도를 취하게 된다. 청소년 자녀가 보다 성숙한 성인이 되기 위해서는 10년에서 많게는 15년이 걸릴 수 있다. 이렇듯 시간을 두며 지켜봐야 한다고 인식하는 부모는 청소년 자녀를 보다 효율적이면서 조용하게 다룰 수 있다. 반대로 단시간에 부모의 기준을 따르도록 하거나 반대로 방임하는 태도는 좋지 않다.

또한 부모의 문제와 자녀의 문제를 함께 성숙시켜 나아가는 태도도 필요한데, 부모의 문제로 부부간 갈등, 경제적 어려움, 직업의 문제, 건강의 문제 등이 있을 수 있다. 부부간 불화는 청소년 자녀에게 가장 부정적인 영향을 미칠 수 있다. 반대로 청소년기 자녀에게 부모의 직업관과 직업적 성공은 긍정적인 영향을 줄 수 있다. 자녀에게는 미래에 대해 낙관적으로 생각하도록 하고, 앞으로 하고 싶은 것을 위한 시간이 많음을 강조해야 한다(Berk, 2007/2009).

적용과 실천

청소년기 적용과 실천

청소년기는 갑작스러운 신체성숙과 동시에 성적 성숙이 일어나는 변화의 시기이며, 이러한 과정에서 경험하는 일시적인 신체 불균형 현상이 때로는 부정적인 신체 이미지를 만들게 하기도 한다. 또한 이 시기 여러 미디어 속 대중스타들이 큰 영향을 미치므로 일부 청소년들은 그들을 닮기 위해 무리한 다이어트를 하고 약물을 과다 섭취하기도 하는 등 영양 불균형상태를 유발하고 생식기능의 장애까지 초래하기도 한다. 심한 경우 음식 섭취의 장애를 가져오는 섭식장애를 야기할 수도 있다. 청소년기의 신체변화에 대한 올바른 이해와 적응방법, 건강한 생활을 위한 식이요법, 운동 프로그램 등을 실시하여 신체발달을 지원하여야 한다.

청소년들에게 만연된 잘못된 성 가치관과 물질주의 문화로 인해 일부 청소년에게 있어 십 대 임신과 출산, 성매매, 원조교제 등이 큰 사회문제가 되고 있다. 이러한 현상은 성인들이 만든 잘못된 성 개방 사회풍조, 정신연령에 비해 좀 더 빨라진 성적 성숙연령, 대중매체 등을 통한 성적 자극의 무분별한 노출 등이 원인이 되어 점점 증가되고 있다. 이를 위해 우선 청소년들에게 맞는 성에 대한 올바른 이해와 가치관을 형성할 수 있는 프로그램의 개발이 절실하며 학교나 성교육 관련기관의 적극적인 협력을 통해 시대에 맞는 적절한 성교육이 실시되어야 한다. 청소년기에 있을 수 있는 이성관계의 문제, 성적인 갈등 등을 상담을 통해 해결해 줄 수 있어야 한다. 또한 십 대의 미혼부모에게는 출산과 양육, 불안정한 심리상태를 위해 체계적인 지원이 필요하고 성폭력 피해자와 가족, 가해자에 대한 대책과 치료적 접근이 강화되어야 한다. 사회적으로는 성폭력 및 청소년 성매매의 근절을 위해 모든 국민이 노력해야 한다.

한편으로 우리나라 청소년들은 과도한 입시경쟁과 학벌주의에 많은 스트레스를 받고 있다. 초록우산어린이재단에 따르면 2022년 11월22일부터 12월29일까지 초등학교 5학년~고등학교 2학년 2천231명을 대상으로 한 '2023 아동행복지수' 조사에서 86.9%인 1천940명의 행복지수가 '하(下)'로 집계됐다(연합뉴스, 2023). 청소년의 과도한 입시 스트레스 및 각 가정의 과도한 사교육비의 지출은 가정경제를 위축시키며 부모의 노년기 준비마저도 어렵게 하는 요인이 되고 있어 이러한 교육문제는 앞으로 우리 사회가 모두 함께 노력하여 해결해야 한다. 우선 청소년들의 스트레스를 줄이기 위하여 인성개발 및 건전한 여가 선용을 위한 좋은 프로그램과 시설, 여건 등을 마련하여 전인적 성장을 지원할 수 있어야 하며 사교육의 부담을 덜기 위한 환경을 조성하기 위해 지역사회가 함께 힘써야 한다. 예를 들어 공공기관 등에 무료 독서실을 만들어 개방하거나 지자체에서 운영하는 무료 사이버 학습강좌 등을 더욱 활성화시키도록 한다.

청소년의 주요 과업 중 하나는 자아정체성의 확립이다. 이를 위해 자아발견과 성장, 원만한 대인관계 형성을 위한 프로그램을 실시하고, 다양한 직업을 탐색하고 경험하며 봉사, 문화예술과 관련된 활동 등을 통해 자신의 적성과 능력을 발견할 수 있도록 지원해야 한다.

심리적으로 청소년들은 불안정한 측면을 가진다. 가정환경, 대인관계 문제나, 과도한 스트레스가 결부되면 정신건강에 영향을 주어 정신분열증, 불안장애, 우울증, 자살, 약물남용 등과 관련된 다양한 장신장애를 유발한 가능성도 높아진다. 청소년들의 정신건강과 건전한 심리적 발달을 돕기 위해 개별상담, 스트레스의 예방과 대처방법, 약물남용 교육과 치료, 청소년 가족을 위한 개입 프로그램을 개발하여 실천하여야 한다.

학교 부적응, 약물, 성매매, 폭력, 절도 등 범죄와 관련하여 청소년 비행은 최근 연령이 점차 낮아지며 성범죄화하고 조직적인 형태를 띠며 증가하고 있다. 가정적인 측면으로는 핵가족화로 인한 청소년 보호, 훈육기능의 저하와 부모세대와의 차이, 가정의 결손, 부모와의 갈등과 긴장, 때로는 부모의 맹목적 사랑과 과잉보호가 원인이 되며 학교환경적으로는 입시위주의 풍토, 개성을 무시한 교육과 성적부진 학생에 대한 무관심, 소외집단의 문제 등이 있고 사회 환경적으로는 유해환경, 즉 불량유흥업소, 퇴폐숙박업소, 주류판매 등과 인터넷을 통한 음란물 접촉, 매스컴의 영향 등이 원인이 되고 있다. 따라서 이러한 문제를 해결하기 위해서는 청소년 비행의 예방과 대처에 대한 종합적 차원의 검토가 필요하며 가정, 학교, 사회 및 국가 차원에서의 부단한 관심과 협력 하에 그 노력이 강구되어야 한다.

인터넷이나 모바일을 장시간 사용하거나 지나치게 몰두함으로써 '중독'의 문제가 발생하여 청소년들에게 여러 가지 문제를 가져올 수 있다. 인터넷이나 모바일 중독에 대한 치료 및 예방을 위해 중독 정도를 판별하는 적절한 척도가 개발되어야 하며 청소년이 주로 접근하는 인터넷과 프로그램 사이트의 특성 및 역할에 대한 분석을 하여야 한다. 또한 인터넷이나 모바일 등 정보매체에 관한 법령을 재정비하고 올바른 사용에 대한 교육과 홍보, 예방과 치료를 위한 개입이 지원되어야 한다.

CHAPTER 6

성인 전기와 사회적 적응

개요

성인 전기에는 신체적 건강상태나 힘이 최고 정점에 도달하며 그 이후 점차 쇠퇴하기 시작한다. 부모로부터 심리적으로 독립하여 자율적인 활동을 하고 성역할 정체성을 형성하고, 직업선택을 위한 준비에 들어가야 한다. 신체 상태를 유지하기 위해 건강관리가 요구되며, 가족이나 주변 사람들과의 친밀감 형성으로 사회적 만족감을 형성하고 배우자를 만나 결혼을 하고 부모로서의 역할을 수행하고 직업을 통해 활발한 사회적응이 이루어지는 시기이다.

1. 성인 전기 발달과정

성인 전기는 청소년기가 끝나는 약 만 20세에서 40~45세까지의 기간이다. 성인 전기에는 공통적으로 해야 할 과업으로서, 부모와 함께 살던 집에서 떠나는 것, 교육을 마치는 것, 전일제 직업을 가지는 것, 경제적으로 독립하는 것, 그리고 성적으로 또 정서적으로 한 사람과 장기간 친밀한 관계를 형성하고 자신의 가정을 갖는 것이다. 이 시기는 인생의 다른 어떤 시기보다도 미래에 대해 결정해야 할 것이 많은 활기찬 시기이다.

성인 전기에는 청소년기를 마치고 장기적인 교육 경험 및 훈련을 위해 많은 시간을 보내게 된다. 직업을 위해 자주 거처를 옮기거나 직업을 바꾸기도 한다. 이 과정에서 결혼과 가정 꾸리는 것을 미루게 되기도 한다. 청소년기에는 자신의 정체성을 위해 고민하지만 성인기가 되면 자신의 직업적 역할과 생활양식을 위해 고민을 하며 자율적이면서도 사회에 기여하기를 바란다. 성인이 되는 가장 뚜렷한 지표는 영구적이든 아니든 간에 전업(full-time) 직장을 갖는 것이다.

그러나 청소년기에서 성인기로의 뚜렷한 구분은 없다. 경제적인 독립성이 성인의 기준선이 될 수도 있다. 그러나 이것도 오랜 시간이 걸린다. 성인 전기에 신체적 상태가 가장 최고조에 도달하게 된다. 성인 전기 건강에 관심이 증가하게 되며 특히 다이어트, 체중, 운동 및 중독 등에 특히 관심을 두게 된다.

1) 신체 및 운동

아동기와 청소년기를 거치면서 신체가 더욱 크고 강해지고, 신체 협응이 향상되며, 감각기관이 정보를 더 효율적으로 받아들일 수 있다. 그러나 신체구조가 최대 역량과 효율성에 도달하게 되면, 생물학적 노화가 시작된다. 노화는 신체에 따라 다르고 개인차도 크다. 각 개인의 유전적 성향, 삶의 형태, 생활환경, 그리고 역사적 시대 배경 등의 여러 요인이 생물학적 노화에 영향을 미치고, 촉진하기도,

늦추기도 한다(Arking, 1998).

20~30대에는 신체적 외관의 변화와 신체기능의 감소가 서서히 진행되므로 거의 눈에 띄지 않는다. 그러나 그 이후에는 변화가 빨라진다. 많은 종류의 운동기술은 20~35세 사이 정점에 도달하고 그 이후 서서히 쇠퇴하게 된다. 질병으로부터 보호하는 면역체계의 능력은 청소년기까지 증가하다가 20세 이후부터 감소한다. 생식능력도 연령에 따라 쇠퇴한다. 여성의 출산 능력의 감소는 배란이 줄고 난자의 질이 떨어져 생긴다. 남성의 경우 정액의 양, 정자의 농도와 활동성이 40세 이후 점차 줄어 남성의 생식능력이 감소한다.

또한 소득 수준, 교육, 직업 수준은 성인기 거의 모든 질병 및 건강 지표와 관계를 보인다(Adler & Newman, 2002).

2) 인지

성인기에는 아동기와 청소년기의 인지적 변화를 넘어서 질적으로 다른 새로운 방식의 사고를 하게 된다. 또한 성인기는 특정 분야의 깊은 지식을 획득하는 시기이다.

성숙하고 합리적인 사고를 하는 사람은 다른 사람의 것과는 다른 자신의 결론을 고려한다. 이러한 이유를 정당화할 수 없으면 지식을 얻기 위해 보다 균형 있고 적절한 길을 찾아 자신의 결론을 수정한다. 여러 주제에 대한 의견이 다양할 수 있음을 알고, 사고가 더 유연해지고 관대해진다. 성인기의 성숙한 인지는 서로 반대되는 두 관점 중에서 하나를 택하는 대신 관점을 통합하는 쪽으로 가게 된다.

이러한 실용적 사고는 실제적인 생활의 문제를 해결하기 위해 필요하다(Labouvie-Vief, 2003). 전문 지식을 가지고자 하는 욕구가 이러한 사고의 변화를 동기화하며 여러 대안 중 하나를 선택함으로써 일상생활의 제약 속에서 어려운 것들을 균형 맞춰 가게 된다(Labouvie-Vief, et al., 1995). 이처럼 성인들은 불일치함을 인생의 한 부분으로 수용하게 되고, 불완전과 타협을 통해 다양한 사고방식을 발전시키게 된다. 또한 자신의 생각을 되돌아보면서 숙고하는 능력은 여러 다양한 정서를 경험한 후에 향상된다고 하였다.

이 시기에는 지식이 확장되면서 이미 알고 있는 것과 관련한 새로운 정보를 기억하는 능력도 향상된다. 전문성(expertise)은 특정 분야에서 전문적 지식을 습득하는 것인데, 한 분야를 숙달하는 데 여러 해가 걸리므로 대학의 전공이나 직업을 선택하는 전문화 과정에서부터 시작해야 한다(Horn & Masunaga, 2000). 전문성은 일단 획득되기만 하면 정보처리에 막강한 영향을 미치게 된다. 전문가는 초보자에 비해 보다 빠르게 또 효율적으로 기억하고 추론한다. 이미 아는 것을 활용하여 자동으로 해결책에 도달할 수 있고, 문제가 어려울 경우에는 계획을 세우고, 문제의 요소들을 분석하고 범주화하여 여러 가능성 중 가장 좋은 것을 선택한다. 전문성은 문제해결뿐 아니라 창의성에도 필요한데, 성인기 창의적 성과는 독창적이라기보다 사회적 요구와 심미적 요구에 부응하는 것이라는 점에서 아동기의 것과 다르며 성숙한 창의성은 새로우면서도 문화적으로 의미 있는 것을 만들고, 전에는 제기되지 않았던 중요한 문제를 제기하는 능력을 필요로 한다.

3) 사회정서

안정된 자아 정체성을 형성하고 부모로부터 독립하게 되면서 젊은이들은 가깝고 애정이 깃든 유대관계를 찾게 된다. 성인 전기는 새로운 가정을 만들고 부모가 되는데 이는 다양한 삶의 맥락에서 이루어진다. 동시에 젊은 성인들은 자신이 선택한 직업분야의 기술과 과제에 숙달해야 한다. 그러므로 정체성, 사랑, 그리고 일이 서로 엮어진다. 이 세 가지를 이루는 과정에서, 젊은 성인들은 다른 어떤 시기보다 계획하고 선택하고 바꾸는 일을 많이 하게 된다. 자신의 결정이 자신과 잘 맞고 또 사회적·문화적으로 잘 맞을 때 새로운 역량을 가지게 되며 인생을 충만하고 보람된 것으로 느끼게 된다.

2. 배우자 선택과 결혼

1) 가족발달주기

(1) 듀발의 가족발달주기

가족발달주기란 한 인간의 발달적 변화처럼 가족체계가 한 단위가 되어 겪는 발달과정을 설명하는 것으로, 가족구성원들과 그들이 수행하는 역할이 시간이 감에 따라 변한다고 가정한다. 듀발(Duvall, 1977)은 첫 자녀의 성장을 기준으로 그림과 같은 8개의 단계로 구성된 가족생활주기를 기술하였다(표 2-6-1).

표 2-6-1 Duvall의 가족생활주기

가족생활주기의 단계	가족 내의 신분	발달과업
1. 결혼한 부부	남편 아내	상호적으로 만족스러운 결혼생활을 확립하기, 임신과 부모 역할 적응하기
2. 첫 자녀 출산	아내-어머니 남편-아버지 딸이나 아들 혹은 양자	아기를 출산하고 신생아와의 생활에 적응하며 영아의 발달을 촉진시키기, 부모와 영아 모두에게 만족스러운 가정 꾸미기
3. 첫 자녀의 초등학교 입학 이전	아내-어머니 남편-아버지 딸-자매 아들-형제	성장을 촉진시키는 방식으로 초등학교 입학 이전 아동의 욕구와 관심에 적응하기, 부모로서 에너지 고갈과 사생활 부족에 대처하기
4. 첫 자녀의 초등학교 재학	아내-어머니 남편-아버지 딸-자매 아들-형제	건설적인 방식으로 초등학교 아동이 있는 가족공동체를 형성하기, 아동의 교육적 성취를 격려하기
5. 첫 자녀의 십 대	아내-어머니 남편-아버지 딸-자매 아들-형제	성숙한 십 대로서 자유와 책임 간에 균형을 이루고 부모로부터 독립하기, 부모 후기의 관심사와 성장하는 부모로서의 직업생애 확립하기

가족생활주기의 단계	가족 내의 신분	발달과업
6. 진수(進水)기	아내–어머니–조모 남편–아버지–조부 딸–자매–아주머니(이모, 고모, 숙모, 백모 등) 아들–형제–아저씨(백부, 숙부, 외삼촌 등)	성인 자녀가 적절한 도움을 받으면서 대학진학, 군입대, 취업, 결혼 등으로 가정을 떠나기, 지원적 가정을 유지하기
7. 중년부모	아내–어머니–조모 남편–아버지–조부	결혼관계를 재확립하기, 윗세대 및 아랫세대와 친족관계 유지하기
8. 노화하는 가족	미망인/홀아비 아내–어머니–조모 남편–아버지–조부	노화에 적응하기, 사별과 혼자의 삶에 적응하기, 은퇴에 적응하기

출처: 강기정(2011).

8개의 단계는 독특한 가족발달과업(family developmental task)을 포함하고 있다. 가족발달과업이란 가족생활주기의 각 단계에서 반드시 성취해야 하는 역할이나 책임으로서, 성공적 성취는 현실의 만족과 사회적 승인을 가져오고 이후 단계에서의 성공을 가능하게 한다. 반면에 과업의 실패는 가족 내의 불행과 사회의 불승인을 초래하고 이후 단계의 발달과업 성취를 어렵게 한다. 가족생활주기가 변화하면 가족의 책임이나 역할도 변화한다.

2) 배우자 선택

친밀감은 사랑의 중요한 요소가 된다. 우정도 중요하나, 대부분의 젊은 성인들은 인생을 함께할 애인이나 친구로서 배우자를 얻기 원한다. 요즈음 젊은이들은 이전 세대보다 결혼을 늦게 하고 대부분은 결혼 전 애인이나 성적인 파트너와 사랑의 관계를 경험하고자 한다. 사랑은 우정과도 다르며 사람들마다 다르고 심지어 같은 사람에게도 상대에 따라 다르게 나타날 수 있다. 사람처럼 사랑도 시간이 감에 따라 변화하게 된다.

성인 전기에는 배우자를 선택하게 된다. 이 과정에서 두 사람 간 유사성은 낭만적이고 성적인 관계로 이끌게 된다. 연구 결과에서도 배우자간에 인종/문화, 나이, 교육 수준이 비슷한 경우가 더 많았다(Michael et al, 1994).

대부분의 사람들은 매우 우연히 만나게 된다. 즉, 잘 아는 사람으로부터 소개를 받거나 비슷한 사람들끼리 모이는 친숙한 곳에서 소개받게 된다. 자신의 생활망을 벗어난 곳에서 만나게도 되지만 대부분 이 경우에는 단기적 만남이 된다. 대부분 가족이나 친구, 동료, 같은 학교 동문, 이웃의 소개로 만나게 된다. 사람을 만나기 가장 쉬운 장소는 학교, 직장, 사적인 파티, 종교기관 등인데, 이러한 곳은 이미 한번 걸러진 곳이기에 친구들과 가족들에게 그러한 관계를 허락받기 쉽고 지속될 수 있게 도움을 받을 수 있다.

우드리(Udry)는 6개의 여과망을 거치며 결혼 상대자를 결정하게 된다는 배우자 선택과정을 설명하였다(장선철, 2007, 재인용). 첫째, 근접성(propinquity)의 여과망을 통해 지리적으로 가깝고 만날 기회, 상호작용의 가능성이 많은 사람들로 제한한다. 둘째, 매력(attractiveness)의 여과망을 통해 서로 매력을 느끼고 끌리는 사람들로 좁힌다. 셋째, 사회적 배경(social background)의 여과망을 통해 인종, 연령, 교육수준, 종교 등 사회적 배경이 유사한 사람들로 범위를 좁히게 된다. 넷째, 일치(consensus)의 여과망을 통해 태도나 가치관이 자신과 비슷한 사람만 남기게 된다. 다섯째, 상호보완성(complementarity)의 여과망을 통해 욕구와 성격특성에서 서로의 단점을 보완해 줄 수 있는 사람을 고른다. 여섯째, 결혼준비상태(readiness for marriage)라는 여과망을 통과함으로써 최종적으로 결혼에 이른다.

3) 결혼

성인 전기에 대부분의 사람들은 결혼 상대자를 찾는다. 대부분은 그 이전 세대보다는 결혼을 늦게 하지만, 대부분 30대 전후로 결혼을 하게 된다. 모든 성인이 결혼하는 것은 아니지만 흔한 생활양식이다. 결혼은 남녀 간 사회적으로 승인된 결합인데, 어떠한 의미로는 성인이 되는 것을 상징한다. 새로운 가정, 새로운 가족의 출발이며 사랑, 동료애, 정서적 만족, 자아 발달을 위한 제도가 된다. 그러나 사람들마다 결혼에 대한 기대도 다르고, 사회적인 변화가 다양하고 사람들도 다양하기에 결혼의 모습도 매우 다양하게 변화하고 있다.

(1) 결혼의 의미와 행복한 결혼생활

결혼을 통해 사랑을 실현하고 합법적으로 성적 욕구를 충족할 수 있게 되며 남녀 간의 경제적 협력이 가능하게 되므로 경제적 안정을 얻을 수 있고 자녀를 출산할 기회를 얻고 정서적 안정이 추구되며 성인으로서의 신분을 획득하며 사회적 기대에 부합하기 위해 결혼을 한다고 그 의미를 부여할 수 있다.

부부가 행해야 할 주요한 역할의 내용으로는 자녀 양육과 사회화의 역할과 가계부양자의 역할, 성적인 역할, 치료적 역할, 오락 및 휴식의 역할과 적절한 가족여가, 안정된 가정 분위기 갖기, 가족구성원 간의 화합과 조화, 즐거움 노력, 마지막으로 친족관계를 조정해야 하는 역할이 있다(조추용·오정옥·한성심·이채식, 2001).

여성의 권리가 높아졌지만 전통적인 결혼생활은 여전히 존재하고 있다. 이러한 결혼생활에서 남편과 아내의 역할은 분명하게 구분된다. 남성은 가장으로서 가족의 생계를 유지할 일차적인 책임이 있는 반면, 여성은 남편과 자녀를 돌보고 안락한 가정을 꾸려야 한다. 아내가 직업을 가지고 있을 때에도 어머니 역할이 우선이기 때문에, 자녀가 어릴 때에는 아내는 직업에서 떠나 자녀양육에만 전념하고 자녀가 성장한 이후에 다시 직업으로 돌아가는 생활을 가지게 된다. 평등주의적인 결혼생활에서는 남편과 아내가 동등한 관계를 형성하고 힘과 권위를 나눈다. 따라서 부부는 직업, 자녀양육 및 가사 일에 투자할 시간과 에너지의 균형을 이루기 위하여 노력한다. 주로 교육 정도가 높고 직업지향적인 부부들이 이러한 유형의 결혼생활을 한다.

평등주의적인 결혼생활을 하는 가정의 남편들은 전통적 결혼생활을 하는 가정의 남편들보다 가사 일에 훨씬 더 많이 참여하기는 하지만, 아직도 여성의 가사노동 시간이 남성들보다 매일 평균 3시간 정도 더 많다(Starrel, 1994). 한국 사회에서도 가사노동을 공평하게 분담한다는 부부는 2002년만해도 전체 인구의 8.1%에 지나지 않아, 사실 평등주의적 결혼생활을 하는 부부는 많지 않았었다. 실제로 평등주의적 결혼생활은 한국 사회는 물론 서구 사회에서도 아직까지는 드문 형태의 유형으로, 현대사회의 많은 부부들은 전통적 결혼생활과 평등주의적 결혼생활의 중간 형태의 생활을 한다고 볼 수 있다(장휘숙, 2006). 그러나 최근 가구주 연령이 적을수록 가사분담이 공평해지는 경향을 보이고 있다.

결혼생활의 행복에 영향을 주는 요인들은 많이 있다. 배우자의 가족배경이 서로 비슷하고 20세 이후에 결혼하며 구혼기간이 6개월 이상일 때, 그리고 결혼 1년 이후에 첫 임신을 했을 때 가장 행복한 결혼생활을 할 수 있다. 또한 확대가족과 따뜻하고 긍정적인 관계를 형성하고 있으며 부모나 친인척의 결혼생활이 안정적일 때, 경제적으로 안정되어 있을 때 그리고 부부의 성격특성이 긍정적이고 갈등해결의 기술을 지니고 있을 때 행복한 결혼생활이 가능해진다.

이 외에도 결혼생활 만족에 영향을 주는 요인으로 부부간의 의사소통이 있다. 부부간의 의사소통이 빈번하고, 솔직하고, 분명하고, 친밀할수록 결혼생활의 만족도는 커진다. 효율적인 의사소통을 하는 부부들은 서로 성의 있게 예의 바르게 솔직하게 대화한다. 그들은 개방적 의사소통을 통하여 서로를 이해하고 상대방의 의견을 존중함으로써 합의점을 찾으려고 노력한다.

부부는 자신의 배우자의 역할에 대해 만족해야 하고, 부부간의 역할에 대한 생각 및 기대에 일치하도록 실천하는 행동이 중요하며 부부 역할을 합의하여 역할을 공유하도록 수행하는 것이 좋다. 종교, 취미, 특기 등 서로 공통점이 많아야 하고 두 사람 다 아동기가 유복한 것이 바람직하며 부모의 결혼 생활이 행복하며 시부모와의 갈등이 적어야 하고 사회경제적, 교육 수준이 비슷한 것이 좋으며 적령기 이후에 결혼하는 것이 좋다.

(2) 독신생활

오늘날 많은 사람들은 다양한 삶을 인정하기에 따라 독신으로 남을 것인지, 동거할 것인지, 아이를 낳지 않을 것인지, 또는 이혼할 것인지 등에 대한 선택이 가능해졌다. 어떤 사람은 이러한 결정들을 신중하게 하나 어떤 사람은 떠밀려서 하게 될 수도 있다. 친밀한 파트너와 함께 살지 않는 독신생활은 특히 젊은 성인들 사이에서 최근 증가하고 있다. 남성들은 여성보다 더 늦게 결혼하므로 여성보다 남성들이 더 독신이 많다. 그러나 여성들은 더 오랜 기간 또는 전체 인생에서 독신일 가능성이 남성보다 더 높다. 나이가 듦에 따라 대부분의 여성이 배우자로 원하는 찾는 특성, 예를 들어 나이가 같거나 조금 많고, 교육 수준이 같거나 조금 높으며 전문 분야에서 성공적인 남성의 수가 준다. 이에 반해 남성들은 결혼하지 않은 많은 젊은 여성 중에서 배우자를 선택할 수 있다(Berk, 2007/2009). 우리나라 2022년 기준 평균초혼연령은 남성 33.7세, 여성 31.3세로 집계됐다. 10년 전과 비교해 남성은 1.6세, 여성은 1.9세 늘어난 수치다. 혼인건수는 19만2000건으로 전년 대비 0.4%(−800건) 감소했고 인구 1000명당 혼인건수를 뜻하는 조혼인율은 3.7건으로 0.1건 줄었다(뉴스핌, 2023).

동성과의 친밀한 우정을 통해 사회적 지원을 많이 받을 수 있는 여성에 비해, 독신 남성은 신체건강과 정신건강의 문제를 더 많이 가지고 있다(Pinquart, 2003).

(3) 부모 되기와 자녀양육

초혼의 연령이 높아지고 자녀를 원하지 않는 부부들도 늘어나고 있지만, 대부분의 부부들은 어느 시점에서 부모가 된다. 첫 자녀 출산 연령은 우리나라뿐만 아니라 다른 나라에서 높아지는 추세이다. 이러한 지연된 출산은 사회는 물론 개인 생활방식에 영향을 주는데, 예를 들어, 막내자녀가 집을 떠나는 시기가 늦어져 부모 역할에서 해방되는 기간이 감소하고, 자녀와 노부모 부양에 어려움을 경험하게 되고, 조부모가 되는 시간도 늦어지며, 가족생활주기 패턴이 달라지며 이제 인생사건을 경험하는 전형적 시기도 없어질 수 있다(장휘숙, 2006).

결혼이 부부 행복감을 증가시키는 것과 대조적으로 부모 역할의 시작은 부부 행복감과 만족감을 감소시킨다. 자녀출산은 많은 부부들에 있어 두 가지 이상의 역할을 동시에 하도록 한다거나 역할에 대한 능력이 부족하다고 느껴 긴장하도록 할 수도 있다.

그러나 자녀의 출생과 양육은 인생의 더 큰 목적의식이나 가치감, 삶의 의미와 개인적 성장의 느낌을 줄 수 있다.

바움린드(Baumrind, 1971)는 부모가 처벌 지향적이어서도 안 되고 무관심해서도 안 된다고 하면서 바람직한 양육을 위하여 부모는 자녀를 위한 규칙을 자녀와 함께 만들어야 하며 애정 어린 접촉을 해야 한다고 강조하였다. 바움린드는 수용과 반응이라는 차원과 요구와 통제라는 차원에 의해 부모의 양육방식(parenting styles)을 4가지로 구분하였다.

① 권위주의적인(authoritarian) 양육방식

제한적이고 처벌적인 유형이다. 자녀를 자신이 정한 틀에 맞추려고 한다. 자녀와 거리감이 있고 관계가 따뜻하지 못하며 언어적 상호작용을 거의 하지 않는다. 자녀가 부모의 기준에 위배되는 행동을 했을 때 강하게 벌을 주고 체벌을 하기도 한다. 규칙을 엄격하게 강요하면서도 규칙에 대해서 적절하게 설명하지 않으며 이를 따르지 않았을 때 자녀에게 분노를 나타낸다. 따라서 사회적으로 유능하지 못하며 불만족스럽고 위축되어 있다. 벌에 의해 엄격히 통제되므로 자신의 행동을 스스로 선택하지 못한다.

② 권위 있는(authoritative) 양육방식

자녀가 독립적으로 행동하도록 격려한다. 온정적이며 즐거움을 표현한다. 자녀에게 성숙되고 독립적이면서도 연령에 적합한 행동을 기대한다. 자녀의 행동에 대해 규칙을 만들고 통제하지만, 규칙을 자녀와의 의사소통을 통해 결정하며 명확하게 알려준다. 필요할 때는 강하게 통제하지만 그 이유를 합리적으로 설명해 준다. 자녀의 독립적인 의사결정을 존중하지만 한정된 범위 안에서 벌을 주기도 하며 양육 기준을 일관성 있게 지켜나간다. 자녀는 사회적으로 유능하다. 명랑하며 통제력이 있고 책임감이 있다. 성취 지향적이며, 안정감이 있으며, 또래와 우호적인 관계를 유지하며, 스트레스를 잘 극복한다. 부모로부터 사랑받고 있다는 것과 자신에게 요구되는 것이 무엇인지를 알고 있다.

③ 허용적인(permissive) 양육방식

자녀에게 매우 관심을 가지지만 요구나 통제를 거의 하지 않는다. 자녀가 원하는 대로 하도록 내버려두고, 벌을 거의 주지 않는다. 자녀와의 관계가 비교적 따뜻하다. 어떤 부모들은 관심은 많이 가지되 자녀의 행동에 제한을 두지 않아야 창의적이고 자신감 있는 자녀를 키울 수 있다고 믿기 때문에 이러한 방식으로 자녀를 양육하기도 한다. 자녀는 또래에게 인기가 없고 타인에 대한 배려가 부족하며 자신의 행동을 통제하지 못한다. 미성숙하고 자제력이 부족하며, 부모로부터 지도를 받지 않기 때문에 자신의 행동이 올바른지에 대해 불확실해하고 불안해한다.

④ 무관심한(neglectful) 양육방식

자녀에게 거의 관여하지 않고, 요구를 하지 않으며, 자녀를 거부하거나 부모 자신의 스트레스나 문제로 인해 자녀 양육에 시간과 에너지를 투자하지 못한다. 따라서 사회적으로 무능력하며, 특히 자기통제력이 부족하다. 자아존중감이 낮으며 미성숙하다. 적개심이 많고 이기적이며 반항적인 성향을 갖게 되며 반사회적인 비행을 저지르기 쉽다.

따라서 부모는 애정적인 관계로 일관되게 상호작용하면서 자녀 행동기준에 명확한 기준을 제시하므로 자녀 발달에 긍정적인 영향을 미칠 수 있다(강문희·이광자·박경, 2002). 그 밖에 가정에서 좋은 부모로서 자녀들에게 유념할 점은 첫째,

부모들은 올바른 교육관을 확립하고 장기적인 교육적 안목을 가져야 한다. 둘째, 부모와 자녀 간의 대화를 많이 해야 한다. 셋째, 자녀의 바람직하지 못한 행동에 대해 감정적인 벌을 주지 말아야 한다. 넷째, 자녀의 지적 발달을 촉진할 수 있는 풍부한 지적 자극과 감각경험의 기회를 제공한다. 다섯째, 화목한 가정 분위기로 자녀에게 안정감을 준다.

읽·어·보·기

아버지 육아휴직 제도

정부가 최근 내놓은 제4차 저출산 고령사회 기본계획(2021~2025년)에는 남성 육아휴직을 지원하는 제도가 여럿 포함됐다. 대표적인 것이 '3+3 육아휴직제'다.

생후 12개월 이내의 돌봄이 필요한 자녀를 둔 부모가 모두 3개월의 육아휴직을 쓰면 각각 월 최대 300만 원의 휴직급여를 받는다. 첫 달에 최대 200만 원, 둘째 달에 최대 250만 원, 셋째 달에 최대 300만 원까지 지원금이 늘어나는 구조다. 부부 중 한 명만 육아휴직을 사용하면 지금과 마찬가지로 월 최대 150만 원을 받는다. 3개월 기준으로 부부가 모두 육아휴직을 하면 2명이 최대 1,500만 원까지 받을 수 있는데 한 명만 육아휴직을 쓰면 같은 기간 450만 원을 받는 데 그친다. 현금 지원액을 차등화해 '아빠 휴직'을 늘리겠다는 의도다. 부모가 한 자녀에 대해 동시 육아휴직을 쓰는 것은 2020년 2월 말부터 이미 가능해졌다.

육아휴직, 특히 남성의 육아휴직은 공무원이나 대기업에 다니는 회사원들의 전유물이라는 인식이 많다. 실제 2019년 남성 육아휴직자의 절반이 넘는 1만 2,503명(56.1%)이 '300인 이상' 기업에 근무하고 있었다. 정부는 2022년부터 업종별로 상시근로자 100~500명인 우선지원대상기업 직원이 3개월 이상 육아휴직을 쓰면 기업에 3개월간 월 200만 원씩 지원하기로 했다.(동아일보, 2020. 12. 22)

2022년 전체 육아휴직자가 전년대비 18.6% 증가한 13만1087명을 기록했다.

특히 육아휴직을 사용한 남성 근로자 수가 전년 대비 30.5% 크게 뛰었고, 중소기업(우선지원대상기업) 소속 근로자의 육아휴직제 활용 수도 7만명을 처음 돌파했다.

◆ 남성 육아휴직자 30.5% 늘어…매년 증가 추세

고용노동부가 25일 발표한 '육아휴직 및 육아기 근로시간 단축 관련 통계'에 따르면, 지난해 육아휴직자 수는 남성 3만7885명, 여성 9만3202명 등 전체 13만1087명으로 집계됐다.

1년 전인 2021년(11만555명)과 비교해 18.6%(2만532명) 증가했다. 김성호 고용부 고용정책실장은 "육아휴직제도 개선과 부모 공동육아 확산으로 남성 근로자를 중심으로 육아휴직 및 육아기 근로시간 단축 사용이 크게 늘었다"며 "앞으로도 부모 맞돌봄 문화 확산 및 근로자의 일·가정 양립을 위해 적극적으로 노력하겠다"고 말했다(뉴스핌 2023. 1. 25).

3. 직업선택과 직장생활 적응

돈을 벌고 직업을 선택하며 경력을 만들어가고 개발하는 것은 성인 전기에 매우 중요한 주제이다. 다양한 경력을 위한 직업들이 있으나 자신에게 맞는 직업을 선택하기 위해 여러 가지 직업군을 생각해보는 것이 필요하다.

(1) 직업 선택하기

직업이 다양하게 존재하는 사회에서 직업 선택은 청소년기 이전부터 시작되는 점진적 과정이다. 여러 이론가들은 직업발달이 몇 개의 단계를 거쳐서 진행되는 것으로 본다(Gottfredson, 2005).

① 환상 시기(fantasy period)

초기 아동기와 중기 아동기에 아동은 직업 선택에 대해 환상적이긴 하나 직업 선택에 대한 통찰을 가지게 된다.

② 시험적 시기(tentative period)

11~16세 사이에 청소년들은 직업에 대해 보다 복잡하게 생각하게 되어, 처음에는 재미있어 보이는 것부터 생각하나 곧 여러 직업이 요구하는 개인적 조건과 교육 조건을 알게 되어 능력과 가치의 차원에서 생각하게 된다.

③ 현실적 시기(realistic period)

십 대 말이나 20대 초까지이며, 이제 곧 진입하게 될 성인기의 경제적·실제적 현실에 맞추어 젊은이들은 선택범위를 좁혀가기 시작한다. 첫 단계는 흔히 탐색하는 단계로 자신의 개인적 특성과 잘 어울리는 직업에 대해 더 많은 정보를 수집한다. 결정화 단계에서는 일반적인 직업범주를 중점적으로 생각하고 한동안 실험을 하여 한 가지 직업을 선택하게 된다.

(2) 직장생활과 인간관계

직장생활의 주기는 4단계인데, 선택과 입사, 적응, 유지, 은퇴로 이루어진다. 직업세계에 들어간다는 것은 새로운 역할과 책임을 부여받는 것이다. 성인기 직업 역할에 대해 기대는 높고 요구는 현실적이 된다. 일단 직장에 들어가면 생각지 못했던 문제들과 상황에 직면하게 된다. 새로운 직업에 적응하기 위해서는 자신을 끊임없이 변화시켜야 하고 이러한 변화와 적응은 성인발달에 중요한 영향을 미치게 된다.

일단 직업을 가지게 되면 관련된 정체성을 확립하고 자신의 직업 세계를 확립해야 한다. 실패하거나 중간에 포기하거나 새로운 길을 만들어나가게 되기도 하는데, 적응을 위해 때론 길을 더 좁혀 한 가지만을 추구하거나 때로는 몇 가지 길을 함께 시도해야만 한다. 이러한 적응의 기간은 몇 년 동안 지속된다.

직업 생활에서 개인은 개인으로서 자신에게 맡겨진 업무를 수행하면서 전체조직이 목적을 달성하는 데 기여하게 된다. 이때 다른 사람들과의 관계는 매우 중요하다. 직장에서 상대해야 하는 사람들은 상사나 동료, 후배, 그리고 고객 등 무수히 많다. 직장 내 동료들과 협동하고 조화를 이루려는 태도가 필요하다(강문희 외, 1999).

적용과 실천

성인 전기 적용과 실천

청소년기를 지나 성인 전기는 지금까지의 사회적 제약들에서 자유로워지며 자신의 뜻에 따라 생활방식이나 학업수행을 펼쳐나가게 된다. 이러한 분위기에 젖어 학업이나 자기개발을 위한 노력과 목표보다는 무질서한 생활을 할 수 있다. 성인 전기에 올바른 직업선택과 이를 위한 훈련 프로그램, 바람직한 이성교제와 사랑, 건전한 여가생활, 자기관리 등에 개입이 이루어져 보다 생산적인 시기로 만들도록 도와줄 수 있어야 한다. 성인 전기는 신체적으로 가장 활력이 있는 시기이나, 개인의 여러 가지 생활 조건과 습관, 예를 들어 불규칙한 생활습관, 운동부족, 과도한 스트레스 등으로 건강을 해칠 수도 있다. 이러한 조건들이 합쳐져서 이후에 있을 신체적 노화에 영향을 주기 때문에 이 시기 건강에 관심을 가지고 노력을 하는 것도 여러 질병의 예방을 위해 중요하다. 지역사회에 운동시설을 설치하고 체육활동 프로그램과 올바른 식습관에 대한 정보제공, 금주 · 금연교실, 스트레스 관리 프로그램을 개발하여 실시할 필요가 있다.

우리나라 청년의 경우 의무적으로 군대생활을 해야 한다. 조직적인 군대생활은 지금까지 영위했던 행동양식과는 전혀 다른 새로운 양식을 요하기 때문에 부적응의 문제를 발생시킬 수 있다. 예를 들어 군 생활 중 일어나는 총기사건이나 탈영, 자살 등은 군인들의 정신건강에 관한 문제의 심각성을 보여주는 것이라 할 수 있다. 남성의 성인 전기는 매우 중요한 의미를 가지는 시기이므로 입대 전 군에 대한 다양한 정보를 제공하고, 군대생활을 하는 청년의 생활실태 및 심리상태를 정확히 파악하여 복지를 위해 노력해야 할 것이다(이종복 · 전남련, 2009).

직업선택과 준비는 성인 전기에 중요한 과업이다. 자신의 적성, 취미, 흥미, 성격, 가치관, 태도, 자아기대 등에 맞춰 자신에게 알맞은 직업을 선택할 수 있도록 직업에 대한 다양한 정보와 전문적 자질을 기를 수 있는 환경을 마련하는 것이 중요하다. 특히 현재 청년실업은 심각한 문제가 되고 있고 자신의 의지와 상관없이 학생 시기를 연장시키고 늦은 나이까지 부모에게 독립되지 못하거나 결혼연령이 늦춰지는 등 성인 전기 삶의 방식조차 변경시키는 요인이 되었다. 따라서 보다 적극적으로 직업적성검사를 실시하고 이를 손쉽게 받을 수 있도록 하거나 실질적인 고용정보의 제공 등이 필요하다. 무엇보다 사회에서 여러 각도로 지혜롭게 일자리를 창출하려는 노력 또한 요구된다. 또한 직업을 구한 청년들이 원만한 직장생활을 할 수 있도록 직장 내 인간관계 갈등을 해결하고 잘 적응할 수 있는 개입 프로그램, 바람직한 직장인의 태도 등에 대한 정보를 제공하고 계속적인 경력 개발에 대한 상담 등을 실시하면 좋겠다.

성인 전기에 또 하나의 중요한 과업으로는 사랑과 결혼이다. 이 시기 사랑과 결혼에 관한 정보와 교육프로그램이 실시되어 올바른 이성 관계를 만들고 바람직한 결혼을 할 수 있도록 도와야 한다. 결혼은 남녀 두 사람의 결합으로만 생각하기 쉽지만, 실제로 두 집안의 결합이므로 복잡하고 적응하기 어려운 과정이다. 더욱이 현대의 부부들은 부부관계에 있어 많은 것을 고려해야 한다. 성역할의 개념이 변화하고 있고 가족 구성원들이 더 멀리 떨어져 살 가능성이 많고, 결혼적령기를 지나서 한 결혼들이 많기 때문이다. 특히 교육 정도가 높고 경제적으로 여유 있는 만혼 부부들은 각자의 개성은 물론 결혼생활과 직업생활에서 오는 갈등을 해결해야 하기 때문에, 부부관계를 정립하는 것이 생각만큼 쉽지 않다(장휘숙, 2006). 이를 위해 성인 남녀 간의 만남의 장을 제공하거나 올바른 결혼관을 정립하고 좋은 부모가 되기 위한 예비교육 프로그램도 필요하다. 또한 바람직한 결혼생활을 지원하기 위해 사회복지기관이나 건강가정지원센터 등에서는 올바른 부부 역할 및 결혼생활 적응, 부부갈등을 해결할 수 있는 교육, 부부 친밀감, 성적 친밀감, 부부상담, 성 상담 등 다양한 프로그램들이 필요하다. 또한 이 시기 자녀 출산과 부모가 되는 것도 중요하다. 대부분은 갑자기 부모가 되는 느낌을 가지게 되므로 이 시기 이러한 스트레스에 적응하기 위해 부부가 어느 때보다도 협력해야 한다. 자녀양육을 위해서 임산부 교실이나 부모 역할 훈련프로그램을 실시하고 자녀양육 지원사업을 전개할 필요가 있다. 최근 맞벌이 부부들이 점점 더 많아지면서 남성들이 가사 일에 참여하는 시간이 점점 더 길어지고, 생계유지자로서 여성의 책임이 증가하고 있으며 남성들은 가사일과 부모 역할에 더 많은 관심을 보이고 있다. 이러한 현대 사회에서의 가족문제와 실태가 주기적으로 잘 파악되어 정말 필요한 개입의 노력이 있어야 한다.

현대 가족의 규모가 축소되고 기능이 약해지면서 과거의 전통적인 가족 형태가 변화하여 매우 다양한 가족들이 출현하게 되었다. 따라서 성인기에 이러한 가족의 형태에 맞춰 여러 가지 통합적인 가족 지원 프로그램이 필요하게 되었다. 바람직한 가족을 만들기 위해 가족갈등의 문제, 가정폭력, 이혼 및 재혼의 문제 등이 중요하게 다뤄져야 할 것이다. 우리 사회의 경제적 문제로 인해 가장의 실업, 가출, 가족 유기, 자살, 생계형 범죄 등의 아픔을 겪고 있는 가정이 있을 수 있고 그 밖에 직업이 없거나 경제적으로 어려운 성인 여성, 장애인, 이러한 가정의 자녀와 관련된 문제 등이 사회적으로 중요하게 다루어져야 할 것이다.

CHAPTER

7

성인 중기와 자녀양육 및 직업성취

개요

성인 중기는 성인 초기부터 시작되었던 노화에 의해 신체적 능력과 건강 상태가 점진적으로 쇠퇴하기 시작하면서 동시에 경제적·사회적으로 안정기에 들어가고 삶의 경험을 통해 지혜를 터득해가는 시기이다. 노화로 인한 신체적·생리적 변화에 적응하고 가족생활주기 변화에 따라 발생하는 문제를 해결하며, 사회활동에 적극적으로 참여함으로써 생산성을 얻고 부부간 애정관계 재정립, 직업 활동을 통해 경제적 안정을 유지하면서 은퇴 이후 생활에 대비가 요구된다.

1. 성인 중기 발달과정

성인 중기는 연령이 정해져 있지는 않으나 대략 40~45세부터 시작하여 60대까지 이어지는 시기이다. 성인 중기 많은 사람들은 신체적 기능이 쇠퇴하고 책임은 더욱 많아지는 시기라고 생각한다. 젊음과 나이 듦의 양면을 생각하며 이제 남은 시간이 얼마 남지 않았음을 경험하게 된다. 다음 세대를 위해 뭔가 의미 있는 것을 해야 한다고 지각하고 직업적인 만족감에 도달하고 이를 유지하려 한다.

그러나 이러한 특성들은 중년의 모든 사람들을 설명하진 못한다. 성인 중기엔 많은 변화와, 뜻밖의 사건, 전환점들이 존재한다.

1) 신체 및 운동

건강의 문제는 성인 중기에 가장 중요한 관심사가 된다. 성인 전기보다 건강에 대한 염려를 더욱 많이 하게 된다. 즉, 성인 중기는 신체적 쇠퇴와 건강문제 등이 일어날 수 있기 때문이다. 예를 들어 심장관련 질환이나 암, 체중문제 등이 그것이다. 정서적인 안정성과 성격도 성인 중기 건강과 관련된다.

수정 능력이 감소하는 것을 갱년기라고 부른다. 여성은 이때 생식 능력이 끝나는 데 반해, 남성은 수정 가능성이 줄어들기는 하지만 여전히 유지된다. 갱년기는 월경과 생식능력이 끝나는 폐경을 포함한다. 폐경이 일어난 후, 에스트로겐은 더욱 감소하여 생식기관의 크기는 줄어들고, 생식기는 쉽게 흥분되지 않으며, 그 결과 성 기능에 대한 불만이 늘어난다. 또한 에스트로겐의 감소는 피부 탄력의 감소와 골밀도 감소의 원인이 된다.

폐경으로 이르는 시기 및 폐경 후에는 흔히 정서적·신체적 증상이 동반되는데, 기분의 동요와 자주 열이 나는 느낌, 땀을 흘리고 난 후 체온이 상승하는 것, 주기적으로 더운 느낌을 가지는 것, 얼굴, 목, 가슴이 붉어지는 것이다. 젊었을 때 우울증 병력이 있었거나, 신체적으로 비활동적이거나 혹은 경제적인 어려움을 가지고 있는 여성이 갱년기 동안 우울을 더 경험할 수도 있다. 이러한 관점에서 볼 때, 수면 곤란이나 우울증을 폐경의 일시적 부산물로서 대충 넘겨서는 안 되며 이러한 문제에 대해 진지한 평가와 치료를 받아야 한다.

남성들 또한 갱년기를 경험하지만 폐경과 같은 경험은 없다. 40세 이후, 비록 정액과 정자의 양은 감소하지만 정자 생산은 평생 동안 계속되므로 90대의 남성도 아이를 가질 수 있다. 테스토스테론 생산은 나이와 함께 점차적으로 감소하지만, 성생활을 계속하는 건강한 남성에게서는 그 변화가 미미한데, 성생활이 테스토스테론 분비 세포들을 자극하기 때문이다(Berk, 2007/2009).

(1) 건강과 체력

젊은 사람들은 대개 병을 일시적 것으로 생각하나, 중년의 성인들은 만성적 질병으로 간주하고 병원을 찾는 횟수도 늘어난다. 또한 자신의 건강을 좋지 않은 것으로 평정하는 중년 성인들 중, 남성들은 치명적 질병을 더 많이 겪고, 여성들은 치명적이지는 않지만 건강을 제한하는 질병으로 더 많이 고생한다.

갱년기의 신체적 변화 때문에 성인 중기에는 성적 반응의 강도가 감소한다. 암과 심혈관계 질환은 중년 사망의 주요 원인이다. 나이와 관련된 뼈의 손실이 심각한 경우에 골다공증이 생겨 골절의 위험을 크게 증대시킨다. 또한 적개심과 분노에 쉽게 휩싸일 수 있는데, 특히 지나친 경쟁심, 야망, 성급함, 적개심, 분노폭발, 시간 압박감을 자주 경험하게 되는 A 유형 성격일 경우 심혈관계의 높은 각성, 건강에 대한 불평, 그리고 스트레스 호르몬이 상승되어 극단적인 신체반응을 경험하게 된다.

성인 중기는 인생 전체에서 가장 큰 성취를 이루고 만족을 얻는 생산적인 시기이다. 그럼에도 이 시기에 생기는 수많은 변화들에 대처하기 위해서는 상당한 체력이 소모된다. 성인들이 가정과 직장에서 문제에 부딪히면, 이것은 일상의 사소하고 성가신 일들과 합쳐져서 심각한 스트레스를 줄 수 있다. 스트레스를 잘 관리하는 것은 어느 연령에서나 중요하지만, 특히 성인 중기에는 나이와 관련된 질병의 위험을 줄여 줄 수 있고, 만일 질병이 발생하였다 하더라도 심각성을 감소시켜 준다.

운동은 신체적인, 심리적인 이득을 가져다준다. 또한 운동에는 스트레스를 보다 효과적으로 처리할 수 있는 능력도 포함되어 있다.

2) 인지

성인 중기는 직업, 지역사회, 그리고 가정에서 책임이 확장되는 시기이다. 다양한 역할을 효과적으로 처리하기 위해 쌓아온 지식, 언어 유창성, 기억, 빠른 정보 분석, 추론, 문제해결, 그리고 자신의 전문 분야에서의 전문적 지식을 포함한 다양한 종류의 지적 능력을 요구한다. 인지적 기능에 있어 다양한 변화 양상을 보인다. 비록 어떤 영역에서는 쇠퇴가 일어나지만, 대부분의 사람들은 인지적 능력을 보여주고, 심지어 어떤 사람은 뛰어난 성취를 이룬다. 결정성 지능(crystallized intelligence: 축적된 지식과 경험, 뛰어난 판단, 그리고 사회적 관습의 숙달에 의존하는 기술)은 그 개인의 문화에서 가치가 있기에 획득된 것들인데, 이러한 지능은 성인 중기를 거쳐 꾸준히 상승한다. 반면 유동성 지능(fluid intelligence; 기본적인 정보처리 기술들로, 시각 자극들 사이의 관계를 알아차리는 능력, 정보를 분석하는 속도와 작업 기억 역량)은 20대에 감소하기 시작한다는 결과를 보인다. 결정 지능이 성인 중기에 상승한다는 것은 직장, 가정, 그리고 여가 활동에서 사람들의 지식과 기술이 끊임없이 증가하고, 매일 연습하기 때문이다.

성인 중기에는 처리 속도가 느려지면서 주의와 기억능력의 일부는 감퇴한다. 그러나 매일 부딪치는 세상에서의 문제를 해결하기 위해 거대한 지식과 삶의 경험을 적용하기 때문에 성인 중기는 동시에 인지적 역량이 가장 확장되는 시기이다. 물론 나이에 따라 인지적 처리가 느려지는 것은 뉴런이 사멸할 때 신경망의 변화가 발생하기 때문이다. 그러나 뇌는 그에 대한 우회로(새로운 시냅스)를 형성함으로 적응하나 효율성이 이전보다는 떨어진다(Cerella, 1990). 나이가 들면 정보가 인지

체계를 통과할 때 상실되어 정보를 점검하고 해석하는 전체 체계가 느려진다고 한다. 그러나 행동적 보상(미리 문제를 보고 준비한다든가 하는)이나 그 영역의 지식과 경험은 처리 속도의 감퇴를 극복할 수 있다.

나이가 들면서 두 가지 정보에 동시에 주의를 기울이는 것과 억제(관련 없는 정보의 방해에 저항하는 것) 또한 어려워진다(Hasher, Zacks & May, 1999). 그러나 연습을 통해 이러한 능력은 또한 향상이 가능하다.

20대에서 60대까지 작업 기억에 보유할 수 있는 정보의 양은 감소한다. 이것은 노년기 성인들이 기억 전략을 덜 사용하기 때문이다. 시연, 조직화, 정교화 전략 등을 덜 사용하고 효과적이지 않게 사용한다. 그러나 일반적인 사실적 지식(역사적 사건과 같은), 절차적 지식(어떻게 운전하는지 혹은 어떻게 수학 문제를 푸는지와 같은), 그리고 자신의 직업에 관한 지식은 성인 중기에도 변하지 않고 그대로 유지되거나 혹은 증가한다(Baltes, Dittmann-Kohli, & Dixon, 1984). 또한 어떻게 하면 수행을 최대화할 수 있는지에 관해 수십 년 동안 축적해놓은 상위 인지적 지식을 사용한다. 예를 들어, 중요한 발표 전에 핵심 부분을 다시 검토하고, 문서나 서류를 체계적으로 조직화하여 정보를 빨리 찾을 수 있게 하고, 그리고 매일 주차장의 일정 구역에 주차를 하는 것 등이다. 이렇듯 노화는 상위인지에는 거의 영향을 미치지 않는다고 한다(Berg, 2000). 문제해결을 위해 현실세계를 판단하고 분석하는 능력은 성인 전기에 발달하여 성인 중기 최고에 이른다. 전문적 지식은 추상적 원리와 귀납적 판단을 요구하는 문제를 해결하기 위해 매우 효율적이고 효과적인 접근을 하도록 도와주며 이러한 암묵적인 지식의 적용은 오랜 시간의 학습과 경험의 결과이다(Ackerman, 2000). 창조적 성취는 30대 후반과 40대 초반에 절정을 이루고 그 후로 감소하나, 개인과 훈련에 따라 상당한 차이가 있다. 어떤 사람은 후반 몇십 년 동안 가장 큰 창조성을 보인다. 창조성의 질은 나이가 들어감에 따라 비범한 작품을 만드는 것에서부터 다양한 지식과 경험을 독특한 방식으로 결합시키는 쪽으로(Sasser-Coen, 1993), 자기표현에 대한 자아중심적인 관심에서 보다 이타적인 목표로 전환하도록 한다(Tahir & Gruber, 2003).

3) 사회정서

성인 중기에 도달하면 인생의 반 혹은 그 이상이 끝났고 앞으로의 시간이 제한되어 있다는 인식이 증가하게 된다. 성인들은 자기 인생의 의미를 다시 생각하고 자신의 정체성을 재정립하며 강화시키고, 또한 미래 세대와 접촉하려고 한다. 대부분의 성인 중기의 성인들은 자신의 관점, 목표, 그리고 일상생활을 조정하려 한다. 하지만 어떤 사람들은 깊은 내적 동요를 경험하게 된다. 나이를 먹는 것, 가족과 직업의 변화가 정서 발달과 사회성 발달에 크게 영향을 준다.

성인 중기 말에는 지나간 안타까운 것들에 대해 어떻게 해석하느냐가 안녕감에 중요한 역할을 한다. 자신의 실망을 해소하지 못했지만 그것을 수용하였거나 주로 좋은 면을 보려고 노력했던 사람들은 더 나은 신체적 건강과 더 높은 인생 만족을 보였다(Torges, Stewart, & Minter-Rubino, 2005).

성인 자녀가 독립하면서 중년의 성인들에게는 부모 역할과 함께 조부모 역할과 노부모 돌보기 역할이 첨가되면서 시부모 역할이나 장인장모 역할도 새로운 역할로 등장하게 된다. 그러나 역할 변화를 경험하는 시기는 가족생활주기의 시작 시점에 따라 큰 차이를 나타낼 수 있다(장휘숙, 2006).

(1) 성인 자녀의 독립 – 빈 둥지 기간

성인 중기 동안 부모 역할이 끝나기 때문에 이 시기는 부모 역할 후기(post-parental period)라고도 하지만, 실제로 부모 역할이 끝나는 것은 아니다. 부모는 계속해서 자녀에게 충고하고, 재정적 도움을 제공하며 손자녀를 돌보고 확대가족의 중심으로서, 안정감의 원천으로서 역할을 수행한다. 비록 매일의 부모 역할은 끝났다고 해도, 이와 같은 변화된 부모 역할은 죽는 날까지 지속된다. 전통적으로 자녀가 떠나 버린 빈 둥지(empty nest)는 성인기 여성의 주가 되었던 어머니의 역할을 잃어버리게 됨으로써 스트레스가 많을 것 같으나, 오늘날 여성들은 이 시기를 자신을 위한 시간으로 활용함으로써 자녀가 떠남을 오히려 긍정적 사건으로 지각하고(Harris, Elicott, & Holmes, 1986), 더 큰 부부만족을 경험한다(Antonucci et al., 2002).

그러나 자녀들이 떠나기에는 너무 어리고 성공적으로 적응하지 못한다고 느끼면 부모들은 죄책감을 느끼고, 반대로 자녀들이 성공적으로 생활하고 있으면 자신을 긍정적으로 지각하기에, 빈 둥지 시기 부모들의 정신건강과 자녀들의 성공적인 적응이 밀접한 관련이 있다(Ryff, Schmutte, & Lee, 1996).

(2) 샌드위치 세대

출산율이 감소하면서 살아 있는 세대는 점점 많아지지만 새로운 젊은 구성원은 적어져서 점점 '머리가 큰' 형태로 가족구조가 변해가고 있다. 따라서 성인 중기에 나이 든 부모를 보살피는 부담이 커질 수 있다. 샌드위치 세대(sandwich generation)는 윗세대와 아랫세대들을 동시에 보살펴야 하는 중년 나이의 성인을 말한다(Riley & Bowen, 2005). 비록 노인 부모를 모시는 중년 성인들이 자신의 어린 자녀와 한 집에 사는 경우는 드물지만, 많은 중년 성인들은 젊은 성인 자녀와 손자녀에게 도움을 주고 있다. 이와 같은 중년 성인의 역할은 젊은 세대와 노년 세대 중간에 낀 샌드위치와 같은 느낌을 주고 있다.

2. 가족관계의 변화

1) 자녀와의 관계

성장한 자녀와 부모와의 긍정적인 관계는 아동기에 시작하여, 사춘기에 좀 더 탄력이 붙고 자녀가 독립할 때가 되어 절정에 이르게 되면서 점차적으로 '손을 놓게 되는' 과정이다. 대부분의 성인 중기 부모들은 가족인생주기의 새로운 단계에 잘 적응하고 단지 소수만이 어려움을 겪게 된다. 부모들은 전형적으로 자신의 자녀들이 성인이 된 것을 환영한다(Dennerstein, Dudley, & Guthrie, 2002). 부모들이 자신의 직업을 강하게 지향하는 것이 자녀들이 가정을 떠난 후의 인생 만족에 도움을 준다고 한다(Seltzer & Ryff, 1994).

부모와 성인 자녀들의 관계는 그전 양육의 질과 관련이 있다. 중기 아동기와 사춘기에 온정적이고 지지적이었던 부모는 성인 전기기의 자녀들과 접촉과 친밀감을 경험하기가 더 쉽다(Belsky et al., 2001).

성인 중기 동안, 계속해서 많은 지원을 자녀에게 주는데, 특히 자녀들이 결혼 상태에 있지 않거나 결혼이 깨지거나 실직을 당하는 것과 같이 자녀들이 어려움에 직면했을 때는 더욱 그러하다(Ploeg et al., 2004). 자녀의 학업적 성공이나 직업적 성공보다 자녀의 심리적 적응이 성인 중기 부모의 적응에 더 중요하다(Ryff, Schmutt, & Lee, 1996). 젊은 성인 자녀가 정서적 문제나 사회적 문제가 거의 없을 때 자녀들은 자신의 부모와 더 긍정적인 관계를 맺는다. 자녀를 세상으로 내보내는 이 시기에 자녀들과 멀어졌다는 느낌이 아닌, 부모로서 성공적이라는 느낌을 가지면 더 잘 적응하게 된다.

2) 부부관계

노화는 부부관계에도 영향을 미치나 노화의 문제만은 아니다. 특히 부부관계는 전 연령을 통해 즐거움을 얻을 수 있다. 오히려 연령과 관련된 변화는 이점을 가져다 줄 수 있는데, 40대 이후 남성의 경우 자신의 신체를 더욱 잘 조절할 수 있게 되어 서로에게 즐거움을 줄 수 있고 이로 인해 부부간 더욱 친밀감을 유지할 수 있다. 신체적 쇠퇴에 집중하기보다는 자신의 신체적 변화와 배우자의 신체적 변화를 이해하고 서로에게 즐거움을 줄 수 있는 것들을 함께 찾아보는 과정이 필요하다. 또한 성적인 욕구와 즐거움의 목적은 결국 부부관계의 행복에 있음을 기억해야 한다.

3. 직업에서의 성취

성인 중기 시간과 에너지를 가장 많이 투자하는 삶의 영역은 가족 역할과 직업 역할이다. 두 가지 역할 모두 개인의 자아정체성을 구성하는 핵심요인들로서 중요한 의무와 책임을 포함한다.

1) 직업성취

직업의 만족감은 20대에서 60대까지 직장생활 동안 꾸준히 증가하게 된다. 이러한 경향은 대학교육을 받거나, 성별에 따라 크게 차이가 없다고 한다. 이것은 연령이 높아지면서 수입이 늘어나고, 지위가 높아지고, 직업적 숙련도가 높아짐에 따라 그렇다. 나이가 들면서 더욱 직업에 헌신하게 되는데 더욱 일에 진지하고 성실하며 성인기 초기보다 성인 중기로 갈수록 더욱 열심히 하게 된다. 성인 전기에는 직업에 있어 실험적이며 더욱 자신에게 맞는 것을 찾아보게 되는데, 점차 직업에서 자신에게 맞지 않는 부분보다는 더욱 맞는 부분에 집중하게 된다.

남편이 직장에서 성공적일 때 여성들의 부부생활 만족이 높아진다. 그러나 남편이 직장 일에만 지나치게 몰두하여 가족과 함께할 시간이 없을 때는 여성들의 부부생활 만족도는 낮아질 수밖에 없다. 더욱이 남성들은 직장에서의 생활방식을 가정에서도 요구하게 되는데, 단순하고 권위주의적이며 위계체제로 운영되는 직장에 근무하는 경우 가정에서도 융통성이 없고 자녀에게도 일방적인 복종을 요구하고 훈육을 하는 경향이 있다고 한다. 반면, 높은 지식과 기술을 요구하고 권위주의적이지 않은 직장에서 근무하는 남성들은 가정에서도 자율성을 보장하고 융통성을 가진다. 어머니들의 직장도 마찬가지 효과를 가지는데, 어머니가 복잡한 지적 기술을 요구하는 직장에 근무할 때 자녀에게 온정적이고 인지적 자극을 더 많이 제공한다고 한다(Parcel & Menaghhan, 1994).

남편의 실직은 가족생활에 가장 큰 영향을 준다. 전 세계의 남성들은 실직한 후에 우울이나 불안을 경험하고 신체적 질병에 걸릴 확률이 높다고 한다. 또한 실직은 부부의 이혼 가능성을 높이고 자녀를 방임하거나 신체적 학대를 하는 등 심각한 문제들의 원인이 된다(Price, 1992). 이와 같이 극단적인 경우가 아니더라도 실직한 남편의 적대적, 부정적 행동 때문에 부부생활 만족은 거의 없어지게 된다. 여성들의 취업은 그 직업의 특성과는 상관없이 취업하는 것만으로도 가족 역할에 영향을 준다. 취업한 여성들은 남편만 취업한 가정의 여성들보다 가정 내에서 더 큰 힘을 갖고 발언권과 통제권을 행사한다(장휘숙, 2006). 그러나 가사일은 직업의 유무와 상관없이 남성과 비교해 볼 때 여성이 더 많이 하게 된다. 자녀양육을 포함한 남편의 가사일 참여는 남편의 성역할 태도와 관련이 있는데, 남편이 평등주의적 성역할 태도를 지니고 있을 때 남편의 가사일 참여는 증가하고, 전통적 성역할 태도를 지니고 있을 때 부부의 결혼생활 만족도는 낮아진다(Schwartz, 1994).

2) 여가활용

성인으로서 일을 열심히 하는 것과 동시에 얼마나 잘 쉬고 여가를 즐길 것인가에도 관심을 가지게 된다. 여가(leisure)는 일하고 남은 자유로운 시간에 취미나 운동, 독서 등 자신이 좋아하는 일이나 활동들을 즐기는 것을 말한다. 특히 성인 중기에 여가는 중요한데, 성인 중기에는 삶이 안정되면서 여유 시간을 쓰는 것에 관심을 두며 삶의 우선순위를 정비하는 시기라고 할 수 있다. 성인 중기에는 신체적 변화, 배우자와 자녀 간의 관계의 변화, 직업의 변화 등을 경험한다. 따라서 이러한 변화들은 여가의 기회들을 확장시킨다. 더 많은 자유시간과 유급휴가 등이 주어질 수 있기 때문이다. 어떤 이들은 성인 중기에 처음으로 자신의 흥미를 다양하게 만나볼 수 있는 기회를 얻기도 한다. 성인 중기에는 앞으로 다가올 은퇴에 대비하여 재정적, 심리적 변화에 대한 준비를 하기도 하는데, 성인 중기에 참여하는 건설적이며 충만한 여가는 이러한 은퇴 이후 삶에 대한 가치 있는 중요한 준비가 될 수 있다. 여가 생활을 잘 마련해 놓은 경우 은퇴 이후 삶에 있어 스트레스를 덜 받을 수 있다.

적용과 실천

성인 중기 적용과 실천

이 시기 신체변화와 이로 인한 심리적 변화, 사회적인 변화로 인해 다양한 인생문제에 당면하게 되고 또한 이전의 대처방식이 더 이상 소용없어짐을 느끼게 될 수 있다.

신체구조나 기능의 저하로 성인병에 걸릴 위험성이 높아진다. 정기적인 건강검진과 성인병 예방을 위한 건강교육, 상담 프로그램이 필요하고 체력관리를 위하여 운동시설을 설치하고 개방할 필요가 있다. 만성질환을 앓고 있는 중년 성인, 혹은 병약한 노부모를 모시는 가족에 대해서는 봉사자를 가정에 파견하거나 간병인을 연결해 줌으로써 회복과 간호를 지원할 수 있어야 한다. 성인 중기의 나타나는 갱년기의 신체변화에 적응하고 우울증이나 불안 등 정신적인 문제를 사전에 예방하기 위해 개인, 집단, 부부상담 등이 강화되어야 한다. 특히 중년기 위기를 극복하기 위해 신체적 · 생리적 변화, 실직 및 조기은퇴, 부부갈등, 이혼 등에 대해 이해하고 이를 극복하고 대처할 수 있도록 혹은 예방할 수 있도록 지원하여야 한다.

중년 여성의 경우 그 이전 시기와 다른 발달적 위기를 경험하게 된다. 많은 여성들은 자녀양육과 가사노동으로 인해 자신의 신체적, 경제적 힘을 대부분 소모한 뒤 중년기를 맞이하게 되어 더욱 우울할 수 있다. 이러한 좌절감과 우울감을 극복하기 어려운 경우 사회적 고립에 더욱 빠지거나 심한 우울증, 알코올 중독에까지 이르기도 한다. 사회활동을 해 왔던 여성의 경우도 연령과 성별 차이라는 이중고를 겪게 된다. 이를 위해 중년기 여성을 위한 적응 프로그램 및 여가문화활동, 자아실현을 위한 프로그램 등이 마련되어야 한다. 중년기 성인에게 과거의 후회스러웠던 것들, 예를 들어 경력, 매력적이었으나 자신이 추구하지 못했던 도전들, 자신이 이루지 못했던 인생의 변화방식 등에 대해 물어보면, 인생변화를 이루지 못했다는 후회를 하는 사람들은 자신의 삶을 수정했던 사람들보다 심리적 안정감이 낮고 신체 건강이 나빴다고 한다(Stewart & Vandewater, 1999). 이렇듯 중년기에 있어서는 후회에 대한 해석이 안녕감에 중요한 역할을 한다. 중년기 성인들은 보편적으로 지나간 인생들을 평가하게 되나, 이 시기를 인생의 '전환점'으로 이해하도록 유도하는 것이 필요하다.

성인 중기는 직업적으로 가장 활발하고 높은 직위에 오를 수 있기에, 직업적으로나 경제적으로 인생의 최대 전성기가 될 수 있다. 그러나 기업의 경쟁력 및 여러 가지 사회변화로 인해 조기퇴직을 하는 경우가 있다. 남성과 여성 직장인 모두 젊은 사람들의 빠른 승진으로 밀려나게 되며 상대적으로 연령이 많아 일찍 퇴직하게 되기도 한다. 이러한 경우 수입이 감소하고 사회에서 더 이상 불필요한 존재라고 생각하게 되는 등 자존감의 저하와 심리적 위축감, 자괴감 등을 경험하게 된다. 따라서 이러한 것에 대처하기 위해서 조기퇴직자 및 그 가족을 대상으로 한 상담 및 예방 교육 등이 실시되어야 한다. 중년취업에 대한 사회의 부정적 인식을 타파하도록 하고 고령자의 재취업을 위한 사회 여러 부분의 노력이 필요할 것이다.

마지막으로 중년 성인의 부모가 신체질환을 가지고 있을 때 이에 대한 재정부담과 간병으로 인해 여러 가지 어려움이 있을 수 있다. 육체적 · 정신적인 부담이 커져 우울감이나 불안, 좌절과 무력감 등을 경험하게 되고 여가 생활이나 사회활동 등이 축소되어 신체활동의 제약을 경험하게 된다. 특히 고령화 사회가 되면서 이러한 중년기 성인의 부모 부양에 대한 사회적 개입이 절실하다고 보고 이를 위해 신체적 질병을 앓고 있거나 질병으로 인해 거동이 불편한 노인, 치매노인을 위하여 낮 동안 이들을 전문적으로 보살펴 줄 수 있는 주간보호시설, 재가노인복지 등이 체계적으로 마련되고 활성화되어야 한다.

중년기 심리적 안녕감을 촉진시키기 위해서는 좋은 건강과 운동이 필수가 되어야 한다. 또한 건강, 가족, 직장 등 인생의 다양한 측면에서 통제감을 맛보고 어떠한 일에든지 목표를 세우고 달성을 위해 힘쓰는 생활이 되어야 하며, 긍정적인 사회적 관계, 행복한 결혼, 다양한 역할을 성공적으로 처리할 수 있어야 한다. 중년 여성의 경우에는 과거에 비해 다양한 역할을 할 수 있게 되었는데, 주로 아내, 엄마, 아픈 부모를 보살피는 사람, 직장인, 4가지 역할을 하고, 이 역할들을 어느 정도 성공적으로 수행하는 것이 안녕감에 좋은 영향을 준다고 한다(Berk, 2007). 따라서 이러한 안녕감을 이루기 위해 중년 성인 본인이 힘써 최선을 다해야 할 것이며 이를 위한 사회의 공동 노력이 필요할 것이다.

CHAPTER 8

노년기의 건강한 생활

개요

일반적으로 노년기는 신체적 건강이 쇠퇴하고 직장에서의 은퇴, 배우자와의 사별, 사회적 관계에서의 소외감을 경험하게 된다. 노년기 삶에 적응하고 보다 의미 있는 생활을 영위하기 위해서는 자기 가치에 대한 새로운 인식이 필요하며, 사회활동에 보다 적극적으로 참여하고 사회적 관계를 유지하기 위한 노력이 요구된다.

노년기의 은퇴와 인간관계의 변화, 노년기 사회문제에 대해 알아본다.

1. 노년기 발달과정

노년기는 65세 이후 연령기를 말한다. 평균수명이 증가했기 때문에 다시 이 시기를 젊은 노인(young-old: 60대에서 70대 초반)과 늙은 노인(old-old: 70대 후반에서 80대 초반), 아주 늙은(very old: 80대 후반 이후) 시기로 구분할 수도 있다. 노년기를 연상할 때 전형적으로 매우 연약하고 매우 노쇠한 모습으로 생각하지만, 모든 사람들을 그렇게 묘사할 수는 없다. 오늘날 사회가 변화함에 따라, 인종, 성별, 교육수준, 수입, 직업적 지위, 가족 형태와 건강상태 등에 따라 매우 다양한 노년층의 삶의 모습들을 볼 수 있다.

1) 신체 및 운동

중추신경계의 노화는 복잡한 사고와 활동에 광범위하게 영향을 준다. 성인기에 걸쳐 뇌의 무게가 계속 줄어들지만, 뇌 영상 연구와 사후 검시에 따르면 60대부터 그 손실이 커져서 80세가 되면 5~10%에 이른다. 그 원인은 뇌 속에서 뉴런이 죽고 뇌실(공간)이 커지기 때문이다(Vinters, 2001).

뉴런의 손실은 대뇌피질 전체에서 일어나는데, 그 영역에 따라서는 다른 속도로 진행되고 한 영역 내에서도 일관성이 없다. 그러나 뇌는 이러한 쇠퇴의 일부를 극복할 수 있는데, 노화하는 뉴런은 다른 뉴런들이 퇴화한 후 새로운 시냅스를 만들거나, 노화하는 뉴런도 어느 정도는 새로운 뉴런을 생성할 수 있으며 가끔은 젊은 성인들보다 더 넓은 범위의 대뇌피질 활동을 보여주기도 하는데, 이것은 노인이 뉴런의 손실을 보완하는 방법 중 하나로 인지적 처리를 위해 부가적인 뇌 영역이 활동하여 지원한다는 것을 시사한다(Berk, 2005).

여러 가지 생명유지 기능에 관여하는 자율신경계 역시 나이가 들면 효율성이 떨어져 장기간의 더위 및 추위에 위험을 가질 수 있다. 또한 높은 스트레스 호르몬을 방출하여 노인의 면역체계를 약하게 하고 수면에 문제를 일으키게 된다.

감각기능의 변화 중 시력은 중년부터 노년까지 백내장(cataracts)이라 불리는 수정체의 탁한 부분이 증가하게 되는데 이 때문에 앞이 흐릿하게 보이고 수술을 받지 않으면 결국에는 시력을 잃게 된다. 또한 망막의 중심부인 황반에 있는 빛을 감지하는 세포가 파괴되면, 황막 변성(macular degeneration)이 생기기 쉽다. 이것은 중심 시력이 흐려지면서 점진적으로 시력을 잃는 증상이다. 내이(內耳)와 청각피질에 혈액 공급이 잘 안 되고 세포가 자연스럽게 죽는 현상은 고막이 딱딱하게 굳어지게 하여 청력을 감퇴시킨다. 작은 소리를 탐지하는 능력과 깜짝 놀라게 하는 큰 소리에 대한 반응성이 줄고 복잡한 음의 패턴을 식별하는 것이 더욱 어려워진다. 60세 이상이 되면 달고, 짜고, 시고, 쓴, 네 가지 기본감각이 감퇴하고 미각만으로는 익숙한 음식을 알아내는 것이 매우 어렵다. 미각 예민성 감퇴는 노화와 별개로 흡연, 틀니, 약물치료, 환경 오염물질이 원인이 되어 맛의 지각에 영향을 줄 수도 있다. 노화함에 따라 손, 특히 손가락 끝의 촉각이 급격하게 쇠퇴하고 팔과 입술은 덜 쇠퇴한다. 촉각이 무뎌지는 것은 피부 특정 부위 촉각 수용기의 손실에 기인할 수도 있고 사지로 가는 혈액순환이 느려져서 그럴 수 있다. 70세가 지나면 거의 모든 노인들이 이러한 경험을 한다(Stevens & Cruz, 1996). 심장혈관계와 호흡기계의 노화는 서서히 진행되며 보통 성인기 초기와 중기에는 인식되지 않다가 성인기 후기 변화의 신호가 분명해지면서 걱정을 일으킨다. 면역체계는 자동면역반응(autoimmune response)으로 인해 정상적인 체세포를 공격함으로써 역기능을 하기 쉽다. 면역체계가 제대로 기능하지 못함에 따라 다양한 질병에 대한 위험률이 증가한다. 독감과 같은 전염병, 심장혈관질환, 몇몇 종류의 암, 류머티스성 관절염과 당뇨병과 같은 다양한 자동면역질환이 포함된다. 노인도 거의 젊은이와 비슷한 약 7시간 정도의 전체 수면시간이 필요한데, 수면의 질이 나빠져서 나이가 들면 잠이 드는 것, 깨지 않고 계속 자는 것, 그리고 깊이 자는 것이 모두 어려워진다. 또한 남자 노인은 전립선이 커져 밤에도 소변을 자주 봐야 하고 과체중에 술을 많이 마시는 사람은 수면 중 호흡정지의 위험이 있고 수면 중 다리 떨림의 증상이 함께 오기도 한다. 피부의 주름과 처짐, 거칠어짐, 반점, 얼굴의 변화,

머리카락의 변화 등의 신체 외관의 변화와 특히, 체격의 변화로 인한 근육강도, 골밀도, 관절과 힘줄과 인대의 강도와 유연성의 약화 등으로 기동성이 떨어지게 된다. 알츠하이머병은 대표적 노인성 치매로서 한때는 드문 질환이었으나 평균수명의 증가와 노인인구의 증가로 이제 비교적 흔한 노년기 문제이다. 특히 90% 정도가 65세 이후 발생하기에 노년기 질환으로 분류된다.

2) 인지

정신능력이 유동성 지능에 많이 의존할수록 쇠퇴하기 시작하나, 결정성 지능은 더 오래 유지된다. 그러나 이러한 지능을 유지하려면 인지 기술을 향상시키는 기회가 계속 마련되어야 한다. 노인들이 자신의 인지적 자원을 잘 활용하기 위해서 목표의 범위를 좁히고 그들의 감소하는 에너지를 잘 회복하기 위해 개인적으로 가치 있는 활동을 선택한다. 또한 상실을 보상하는 새로운 방법을 찾는다(Baltes, 1993).

노인들은 정보를 받아들이는 것이 느려지고, 책략을 적용하고 부적절한 정보를 억제하고 장기 기억으로부터 적절한 지식을 인출하기가 보다 어려워지면서 기억 실패 확률이 증가한다. 그러나 암묵적 기억(implicit memory) 혹은 의식적으로 인식하지 못하는 기억에서는 명시적 기억 혹은 의도적 기억과 비교해 볼 때 젊은이와 연령 차이가 훨씬 작게 나타난다. 구어나 산문의 의미를 이해하는 언어이해의 측면은 암묵기억과 유사하게 노년기 거의 변화하지 않는다. 이와 대조적으로 언어 산출은 장기기억으로부터 특정 단어를 산출하는 것, 무엇을 말하고 어떻게 말할 것인가 계획하는 것이 어려워진다. 풍부한 인생경험이 노인의 이야기하기와 문제해결을 증진시킬 수 있다. 노년기에 최고조에 이르는 능력은 지혜(wisdom)이다. 지혜는 넓고 깊은 실용적인 지식, 그러한 지식을 성찰해보고 적용하는 능력, 경청하고, 평가하고, 충고해 주는 능력을 포함하는 정서적 성숙이다. 또한 인간을 존중하고 타인의 삶을 풍요롭게 해주는 것과 관련된 것이다. 그러나 나이가 많다고 반드시 지혜를 가지게 되는 것은 아니고 인간문제를 다루는 훈련과 연습을 하고, 지도자의 위치에 있었던 사람, 역경에 직면하여 극복한 경험 등이 관련되었다. 동년배들과 비교하여, 지혜를 가진 노인들은 보다 좋은 교육을 받고, 신체적으로 보다 건강하고, 남들과 보다 긍정적인 관계를 형성하고, 경험에 대한 개방성 차원에서 높은 점수를 받았다(Kramer, 2003). 지혜는 또한 심리적 안녕과 관련이 있다(Peterson & Seligman, 2004). 지혜로운 노인들은 심지어 신체적, 인지적 어려움에 직면할 때에도 잘 지내는 것으로 보인다.

3) 사회정서

에릭슨(Erikson, 1968) 이론의 마지막 심리적 갈등인 자아통정감 대 절망(ego integrity vs. despair)은 삶과 타협하는 것을 포함한다. 통정감에 도달한 성인은 삶에 있어 성취를 완전하고 완벽하고 만족스럽게 느낀다. 또한 노인들은 정서 최적화(affect optimization)가 향상되는데, 정서 최적화는 긍정적인 감정을 최대화하고 부정적인 감정을 억제하는 능력으로, 뛰어난 적응유연성에 기여한다(Labouvie-Vief, 2003). 신체적 쇠퇴, 건강문제의 증가, 제한된 미래, 사랑하는 이들의 죽음 등에도 불구하고 대부분의 노인들은 낙관성과 좋은 심리적 안녕을 유지한다. 노인들은 또한 회상(reminiscence)에 잠기게 되는데, 과거의 사람들과 사건들에 대해 이야기하고 그와 관련된 생각과 느낌을 보고한다. 인생회고에서 사람들은 과거 경험을 상기하고, 성찰하고, 재고함으로써 자기 이해를 더 잘하려는 목표를 가지고 그 의미를 잘 생각해보게 된다. 노인들은 일생동안 축적해 온 자기 지식으로 인해 젊었을 때보다 자신에 대해 더 안정되고 복합적인 개념들을 갖게 된다(Labouvie-Vief & Diehl, 1999). 따라서 노년기에 성격이 완고해지고 의욕이 쇠퇴할 것이라는 고정관념보다는 삶에 대해 융통성 있고 낙관적으로 접근하고, 역경에 직면하여 적응유연성을 증진시킨다. 나이가 들어감에 따라 사교성에서 약간 하락을 보이는데 이는 인간관계에 있어 선택적이 되어 가고 가족과 친구들이 죽으면서 사회적 접촉의 범위가 좁아지기 때문이다. 마지막으로 변화를 더 잘 수용하는 것인데, 노인들의 심리적 안녕과 관련하여 자주 이야기된다. 변화의 수용은 대부분의 노인들에게 배우자의 죽음을 포함, 사랑하는 사람들의 상실에 대해 효과적으로 대처하는 것과 관련된다. 또한 노인들은 쇠퇴와 상실을 받아들이면서 죽음을 평온하게 기다리기 위해서 영성에 대해 더욱 관심을 가지게 된다. 영성은 종교와 동일하지는 않으나 인생의 의미에 대해 영감을 가지게 한다. 종교에 참여해 얻는 이점으로는 신체적 안녕과 심리적 안녕이 증가하고, 활동성을 증가시켜주고 가족과 친구들과 더 가깝게 느끼고, 사망률을 줄여 수명을 연장시켜준다고 한다(Helm et al., 2000). 또한 좋은 생활양식을 만들고, 스트레스에 대해 효과적으로 대처하도록 하며, 신체적 괴로움을 감소시키고, 행복감의 지각을 향상시켜줄 수 있다.

우울은 식욕상실과 에너지 상실 및 정상적 삶에 대한 관심과 즐거움의 상실로 특징되는 정신장애이다. 가족구성원이나 건강관리 전문가들, 심지어 노인 자신도 우울증상이 정상적 노화의 일부라고 생각한다. 그러나 노년기 우울도 진단이 가능하고, 항우울제를 투여하고 단기간의 심리치료를 실시하면 치료가 가능하다고 한다(장휘숙, 2006).

스위스 학자인 퀴블러 로스(Kübler-Ross)는 인간이 자신의 죽음을 맞이함에 있어 부정(denial)에서부터 분노(anger), 타협(bargaining), 우울(depression), 수용(acceptance)의 단계들을 거치면서 서서히 이를 받아들이는 심리상태를 가진다고 하였다(DABDA모델)(Kübler-Ross, 1969). 노년기 자신의 죽음을 충격과 두려움으로 강하게 부정하다가 주변 가족이나 의료진들에게 분노를 표현하며, 이후 죽음을 어느 정도 받아들이면서 절대자에게 협상하듯 죽음을 연기해 달라고 기원하고 지금까지 살아온 것들과의 이별을 아쉬워하며 우울증을 보이고 서서히 우울에서 벗어나 죽음을 완전히 수용하게 된다.

2. 은퇴

은퇴란 일터로부터의 완전한 중단으로 생각되나 사실 은퇴 후에 시간제 일을 계속하는 사람들도 많이 있다. 그러나 은퇴에 의해 직업생애가 끝나므로 은퇴는 직업적 정체성의 상실을 의미한다. 은퇴를 바라보는 가장 바람직한 방식은 그것을 하나의 사건으로 보기보다는 전 생애를 포함하는 하나의 과정으로 이해해야 한다는 것이다. 각 개인은 일련의 단계를 거쳐 은퇴자의 지위로 이동하므로 은퇴 과정을 하나의 발달과정으로 인식하여야 한다.

은퇴는 삶의 광범위한 맥락 내에서 일어나고 시간에 따른 변화와 적응을 포함하는 복잡한 과정이다. 다음과 같은 일련의 단계를 거쳐 은퇴를 설명할 수 있다(Atchley, 1988).

- 은퇴 이전 시기(preretirement phase): 은퇴에 대한 준비와 은퇴 시기를 결정하게 된다. 은퇴 후에 어떠한 삶을 살 것인지 결정하기 위해 정보를 수집하고 계획을 세운다. 은퇴 준비는 예상 은퇴 시기보다 약 15~20년 앞서 시작되며 배우자, 친척, 친구와 상의하기도 하고 은퇴와 관련된 서적을 읽기도 하며 은퇴 후의 경제문제에 대한 계획도 세운다.
- 밀월기(honeymoon phase): 은퇴 직후의 시기로 지금까지 바빠서 하지 못했던 여러 가지를 시도한다. 출근해야 하는 부담 없이 늦은 시간 TV 시청을 즐기기도 하고 장기간의 여행, 하고 싶은 운동도 실컷 하면서 여유를 즐긴다.
- 각성기(disenchantment phase): 은퇴 후 자유롭고 색다른 기분은 사라지고 여러 문제점이 나타나기 시작한다. 목적이나 목표의식이 사라졌음을 느끼고 사회로부터 버림받았다는 생각으로 불쾌감을 경험한다. 계획했던 것보다 더 일찍 은퇴하였다면 이 시기 외로움이나 불행감이 더 커질 수 있다.
- 적응기(reorientation phase): 은퇴 후 생활에 적응하고 직업을 대신할 새로운 관심거리와 활동을 찾아내며 일상을 회복할 수 있다.

문제는 이러한 과정이 사람에 따라 큰 차이를 나타낸다는 것이다. 어떤 사람들은 완전히 일을 손에서 놓고 대부분 잠시 쉬었다 전혀 다른 일을 시작하고 또 어떤 사람들은 바로 다른 일을 찾거나 조기퇴직하거나 취업을 원하나 못한 상태로 있기도 한다. 우리나라의 경우 은퇴 후에 새로운 일을 시작하는 사람들이 늘어나고 있기 때문에 점차 미국과 비슷해지는 추세에 있다(장휘숙, 2006).

3. 인간관계의 변화

은퇴에 잘 적응하기 위해서는 건강하고, 적절한 수입이 있고 적극적이고 활발하며 교육 수준이 높고 친구, 가족을 포함한 사회적 연결망이 잘 발달하여야 한다. 무엇보다 은퇴 이전 자신의 삶에 대해 만족감이 높은 사람들이 은퇴 후 잘 지낼 수 있다. 반면 적절한 수입이 없거나 건강이 좋지 않고 은퇴 즈음해서 또 다른 스트레스, 즉 배우자와의 사별 등으로 매우 힘들어한다.

또한 융통성도 매우 중요하다. 자신의 흥미를 잘 발견하고 일과 관련 없는 친구들을 사귀는 것이 중요하다. 너무 돈과 관련된 계획보다는 균형 잡힌 여러 가지 활동이 필요하다. 자신의 의지에 의해 은퇴한 경우 더욱 건강하고 우울하지 않게 잘 적응할 수 있다고 한다. 이것은 노년기 삶에 있어 중요한 일을 스스로 잘 통제하고 결정을 내릴 수 있다는 것이 정신적 건강과 관련이 있다는 것을 보여준다.

더 길어진 기대 수명은 성인들이 조부모의 역할로 그들 인생의 1/3 이상을 보낼 것임을 의미한다. 조부모가 된다는 것은 다음과 같은 의미를 가진다.

- 존중받는 연장자: 자신을 현명하고 후세대에 도움을 주는 사람으로 지각한다.
- 자손을 통한 영원한 생명: 이 세상에 살면서 한 세대로 끝남이 아닌, 후세대를 남긴다.
- 개인의 과거와의 새로운 관계: 앞으로 자랄 새로운 세대에게 가족 역사와 가

치를 넘겨줄 수 있다.

- 부담 없는 사랑: 자녀를 키울 때와 같이 일차적인 양육의 책임 없이 손자녀와 재미있게 지낼 수 있다.

손자녀와 관계를 맺는 조부모 형태는 그들이 새로운 역할에 어떠한 의미를 부여하는가에 따라 다양하고, 조부모와 손자녀의 연령과 성별에 따라 차이가 있다. 손자녀가 어릴 때는 애정어리고 즐거운 관계를 가지고, 나이가 들면서 조부모에게 정보와 조언을 구하고 손자녀가 사춘기에 다다랐을 때는 모델이 되고 가족 역사에 대해 알려주며 사회적, 직업적, 종교적 가치 등을 전달해 줄 수 있다. 전형적으로 같은 성의 조부모와 손자녀 관계가 더 가깝고 특히 할머니와 손녀의 관계가 더욱 가깝다(Brown & Rodin, 2004). 할머니들은 할아버지들보다 조부모의 역할에 더 만족하는데, 이것은 할머니들이 취미, 종교, 가족활동에 손자녀와 더 참여하는 경향이 있고 따라서 더 많은 접촉을 하기 때문이다. 조부모 역할은 성인 중기 여성들이 가족 지킴이 기능을 만족시키는 데 중요한 수단이 된다.

최근 우리 사회 많은 결혼한 여성들은 육아문제의 어려움을 가지는데, 육아 비용뿐 아니라 신뢰할 수 있는 육아시설이 부족하다. 아이를 믿고 맡길 수 있는 최고의 대안으로 조부모를 선택하게 되는데, 손자녀 양육을 기꺼이 담당하는 조부모들도 있다. 그들은 자녀들과 화목한 가족관계를 유지하고, 은퇴 후 무료함을 손자녀 양육으로 대치하려 하나, 강한 신체적 노동을 요구하고 사회적 활동을 제한하기에, 신체적·심리적 문제를 일으킬 수 있다. 성인 중기는 가사와 육아에서 벗어나 친구나 친인척을 만나고 사교활동을 즐기는 시기이나 손자녀를 양육하면 사회로부터 고립되고 고통을 겪을 수 있다(Bullock, 2004). 자신을 위한 시간이나 휴식시간이 감소하므로 우울해질 수 있다(박창기, 2002). 또한 손자녀 양육은 부부가 함께할 시간조차 감소시켜 결혼 만족도를 저하시키고 조부모와 성인 자녀 간 육아 방식에서 차이가 있을 때 심각한 가족갈등까지 초래하여 성인 자녀와의 관계를 오히려 악화시킨다(Bowers & Myers, 1999).

읽・어・보・기

격대교육(隔代教育)

"내가 편견 없이 자랄 수 있었던 것은 모두 외할머니 덕분이었다."

미국 최초의 흑인(혼혈) 대통령 버락 오바마의 말이다. 오바마가 격대교육을 받았다는 사실은 많이 알려진 사실이다. 이외에도 격대교육을 경험한 명사로는 오프라 윈프리, 빌 클린턴, 퀴리 부부, 빌 게이츠가 있다.

격대교육은 조부모가 손자녀에게 친근한 정서를 바탕에 둔 인성 교육을 행하는 '조손 교육'을 뜻한다. 오랜 세월 대가족을 이루고 살았던 과거 우리 전통사회에서 가계를 책임지는 부모를 대신해 조부모가 손자녀를 돌보는 가족 형태는 일반적이었고, 자연스럽게 한집에서 살면서 조손간의 교류와 교육이 이루어졌다. 손자녀들은 할아버지, 할머니와 함께 살며 규범 · 정서 교육 등 가정을 통해 이뤄질 수 있는 참된 교육을 받으며 자랐다.

대표적으로 손자에 대한 사랑을 글로 남긴 사람이 퇴계 이황이다. 그는 증손자가 태어났을 때 "우리집 경사 중에 이보다 더할 경사는 없다."면서 기쁨을 드러냈으며, 이렇게 예뻐했던 증손자가 두 돌을 갓 넘기고 세상을 뜨자 괴로운 심정을 토로했다. 퇴계는 종종 권유 · 격려 · 안타까움 · 책망이 담긴 편지를 손자 안도(安道)에게 보냈다. 좋은 벗과 교제하라, 인간애를 실천하라, 예절을 지켜라, 신중하게 처신하라, 근원을 공부하라 등의 내용이 주를 이루었다. 또한 과거 할머니가 손자녀를 돌보는 곳은 주로 안채였다. 이곳에서 조모의 모든 교육이 이루어졌다. 아이의 배변 훈련에서부터 옷 입기, 밥 먹기, 말버릇뿐 아니라 각종 놀이와 동요 등 교사로서의 역할까지 수행했다. 할머니의 무릎은 옛날이야기가 구연되는 장(場)이기도 했다. 할머니는 어머니를 대신하는 대리모로서, 아이들의 질병을 치료하는 의사로서, 심리치료사로서, 훈육자로서 많은 역할을 완벽히 수행했다.

동양에서뿐만 아니라 서양에서도 격대교육의 사례를 쉽게 찾아볼 수 있다. 할아버지, 할머니의 존재는 이른바 '회복탄력성' 개념과 결부시켜볼 수 있는데, 심리학에서 주로 시련이나 고난을 이겨내는 긍정적인 힘을 뜻하는 이 말은 아이 스스로 일상 속에서 부딪히는 크고 작은 시련과 문제를 이겨내는 힘을 조부모를 통해 얻을 수 있다는 뜻이다. 대표적으로 서구에서 찾을 수 있는 격대교육의 생생한 예로는 빌게이츠가 있다. 마이크로소프트사를 창업해 세계적으로 부의 상징이 된 빌게이츠는 외할머니가 키운 '독서 영재'였다. 바쁜 부모님을 대신해 외할머니가 그를 거의 키우다시피 했는데 어린 시절 할머니가 그에게 미친 영향은 컸다. 미국 첫 흑인 대통령 시대를 연 버락 오바마 역시 그의 뒤에는 외할머니가 있었다. 피부색이 다른 백인 노부부와 흑인 손자가 꾸려가는 가정은 화목했다. 그의 조부모는 손자가 피부색 때문에 상처받지 않도록 한없는 정성과 배려를 아끼지 않았다. 그를 두고 조국을 위해 케냐로 간 아버지에 대해서 한 번도 나쁜 이야기를 한 적이 없었고, 이에 오바마는 자신이 아버지로부터 버림받았다고 생각하지 않고 그가 살아가는 데 아버지라는 존재를 큰 힘으로 삼았고, 케냐를 사랑한 아버지의 모습은 오바마가 흑인으로서 미국 대통령의 꿈을 키울 수 있었던 에너지로 작용했다고도 볼 수 있다. 이런 배경에는 편견 없이 오바마를 키운 외할머니의 사랑이 있었다. 이외에도 외할머니로부터 영국식 교육을 받은 호르헤 루이스 보르헤스는 외할머니로부터

> 어린 시절에 배운 영어 덕분에 서구 문학계에서 변방으로 치부되던 아르헨티나 출신이 문학계를 주도하게 된 원동력이 되었으며, 퀴리는 홈스쿨링과 격대교육을 통해 노벨상을 세 번이나 수상하는 영광을 누릴 수 있었다.
>
> 이러한 교육은 몸소 보이는 행동과 재미있는 이야기를 통해 일상생활 속에서 이루어질 수 있으므로, 조손관계도 좋아지고 아이들의 인성 함양에도 도움이 되는 이중 효과가 있다. 노인이 사회에서 어떤 역할을 하기 위해서는 노인 스스로의 노력이 필요하다. 아무 것도 하지 않으면서 노인이라는 이유만으로 노인 대접을 받으려는 사람을 종종 보기도 한다. 노인은 그만의 멋을 갖추어야 한다. 우리 사회에서 노인이 경시되는 문제를 해결하기 위해 노인 스스로의 자기 계발과 배움은 필수다. 여기에 경로의 미풍양속을 회복하고, 국가가 제도적으로 노인 문제를 해결하기 위한 해결책을 통해 뒷받침한다면 미래 우리 사회 노인의 위상을 높이고 노인 문제를 해결할 수 있을 것이다.
>
> 출처: 윤용섭·김미영·장윤수·정재걸(2015).

4. 노년기의 사회문제

1) 황혼기 이혼

노년기에 이혼하는 부부는 그 해의 전체 이혼 중 1%도 차지하지 않았으나 새로운 노인 세대가 결혼의 파경을 더 많이 수용하면서, 그리고 재혼, 삼혼 등의 이혼 비율이 높아지면서, 65세 이상 노인의 이혼 비율은 증가하고 있다. 이혼 사유로는 남자 노인은 관심사와 활동을 함께 나누지 못한 것에 대해, 여자 노인은 정서적인 거리감과 배우자의 의사소통 거부를 자주 언급한다(Weingarten, 1988). 우리나라의 경우, 황혼이혼은 통계청의 '한국의 사회동향 2020'에 따르면 2019년, 20년 이상 결혼 상태였다 이혼한 '황혼이혼' 건수는 3만 8,446건으로 전체 이혼의 34.7%를 차지했고 20년 새 2배 넘는 수준으로 늘어나며 전체 이혼의 3분의 1을 넘고 1999년 1만 5,816건의 2.4배에 해당한다고 한다(연합뉴스 TV, 2020). 젊은 성인들과 비교해 오랫동안 결혼생활을 한 노인들은 이혼한 후에도 자신의 정체성을 과거 배우자의 것과 분리시키는 것이 어려워, 개인적으로 실패했다는 느낌으로 더욱 고통을 받는다. 가까운 유대관계가 심리적 안녕을 위해 매우 중요할 때에 가족과 친구와의 관계가 한꺼번에 바뀌게 된다. 전반적으로 여자가 남자보다 고통을 더 받는데, 그 이유는 여생을 혼자 살 가능성이 더 높기 때문이다. 재정적인 타격도 심각하다. 이는 사별했을 때보다 더 큰데, 모아놓은 자산의 많은 부분을 재산정리에 잃어버리기 때문이다(McDonald & Robb, 2004; Miller, Hemesath, & Nelson, 1997).

젊은이의 경우, 이혼을 계기로 부정적인 행동 양식을 변화시키려 결심하게 되나, 반대로 이혼한 노인의 자기비판은 죄의식과 우울증을 증대시키는데, 이는 노인들의 자기 가치가 미래보다는 과거에 의존하기 때문이다.

2) 황혼 범죄

우리나라 통계청의 발표에 따르면 한국인의 기대수명이 2009년 처음으로 80세를 넘게 되었다고 한다(통계청, 2009). 1970년과 비교하면 무려 18.2년이나 연장된 수치라고 볼 수 있다. 이토록 우리 국민의 기대수명이 연장되고 있다는 것은 노인인구의 급증은 물론 노후생활준비에도 불안이 커진다는 암시를 주는 것이다. 우리나라의 65세 이상 노인들의 빈곤율은 OECD 국가들 중 가장 높게 나타나고 있다. 독거노인 중 상당수가 부양가족이 없는 데다가 소득도 낮다. 보건복지부가 2018년 발간한 '제2차 독거노인 종합지원대책'에 따르면 독거노인 중 14.6%가 국민기초생활보장 수급자다(머니투데이, 2020). 결국 노인 빈곤층의 절반은 '독거노인'이라고 볼 수 있다. 그리고 노후준비를 해야 할 장년층의 통계를 보면 70% 이상이 노후를 준비할 여력이 없다는 대답이 나오고 있다. 또 고령화가 급속하게 진행되고 있는 사회적 환경 속에서 조기은퇴와 자녀들로부터 부양(扶養)을 받지 못한 소외감, 현실과의 괴리감, 사회로부터 소외되는 것에 대한 분노, 정신적 신체적 허약함과 공허감 등이 노인범죄를 유발시킬 수 있는 주요인이 된다. 2021년에는 61세 이상 고령층 범죄자가 소폭 감소해 21만370명이었지만 전체 범죄자 수가 124만

7680명으로 전년보다 줄어 고령층 범죄자 비율은 전체 범죄자의 17%에 해당해 5년 전보다 그 비율이 2배 이상 늘었고 성범죄의 13%를 고령 범죄자가 차지하고 있다(매일경제, 2023).

이러한 상황은 평생 동안 땀 흘려 일했지만 현실의 생활은 빈곤을 이기지 못하고, 믿고 믿었던 자식들은 부양을 거절하는 현실에서 노인범죄는 증가할 수밖에 없다.

3) 독거노인

독거노인(獨居老人, aged living alone)이란 일반적으로 만 60세 이상의 노인이 자녀나 친척들과 동거하지 않고 단독세대로 생활하는 노인들을 말한다. 통계청에 따르면 통계청에 따르면, 2021년 1인 가구는 716만6000가구로, 전년보다 7.9% 증가했다. 전체 가구 중 1인 가구가 차지하는 비율은 2005년 20% 수준이었던 것이 2021년에는 역대 최고치인 33.4%로 올랐다. 통계청은 2050년에는 1인 가구 비율이 39.6%에 달할 것으로 예상하고 있다(조선일보, 2023). 한국보건사회연구원의 '2022년 빈곤통계연보'에 따르면 2020년 1인 가구 중에서 가처분소득이 중위소득(전체 가구를 소득 순서대로 나열했을 때 한가운데에 해당하는 값)의 50% 미만인 가구의 비율(상대적 빈곤율)은 47.2%로 나타났다. 전체 인구의 상대적 빈곤율 15.3%에 비해 3배 이상 높다(조선일보, 2023). 보통 여성 독거노인이 남성 독거노인들보다 3배 정도 많은데, 노인들은 '자녀들이 결혼해서 독립했기 때문에'(30.3%), '자녀의 직장이나 교육관계로'(21.3%), '이렇게 사는 것이 편하고 좋아서'(9.2%), '자녀의 살림이 어려워서'(8.3%) 혼자 산다고 응답하였다. 최근에는 노인들이 자발적으로 선택해서 독거노인이 되는 경우도 많다. 그들은 자녀들과의 갈등을 피하고 심리적으로 보다 편안하게 생활하기 위해 혼자 살기를 원한다(최용민·이상주, 2003).

독거노인과 가족동거 노인들을 비교하면 신체적 건강상태에서는 큰 차이가 없었으나 정신적, 정서적 건강상태에서는 독거노인이 가족동거 노인보다 더 좋지 않은 것으로 나타났다(유관수, 박현선, 2003). 독거노인들은 건강문제와 경제적 문제 그리고 외로움 때문에 고통스럽다고 보고하였고(조완규, 1994), 그러나 가족이나 친척, 이웃 혹은 친구와 접촉빈도가 높을 때는 독거노인도 높은 생활만족도를 나타내었다(최정아, 1991).

4) 노인자살

노인의 경우 빈곤, 질병, 역할상실, 가족상실 등에 대한 적응력이 다른 연령층에 비해 현저히 저하되고, 최근 자살 사망률이 급증하고 있다. 노인자살의 심각성은 전체의 인구 중에서 노인이 차지하는 인구의 변화가 급격히 이루어지고 독거노인의 비중이 더 커지는 데 있다. 즉, 사회적인 고립이 자살로 인한 사망과 매우 밀접한 관계를 가지고 있다. 특히 65세 이상은 많은 연령층 중에서 가장 자살의 위험성이 높은 그룹이다. 그중에서도 남성의 경우가 나이가 높으면 높을수록 자살로 사망할 가능성이 더 많다. 노인의 자살은 여러 가지 상실 요인이 복합적으로 작용하여 발생한다. 은퇴와 노화로 인한 건강악화, 그리고 신체적 능력의 장애, 고립, 배우자의 상실 등과 홀로된 독거노인이 자살의 위험에 처할 가능성이 높다. 노후의 경제적인 불안정과 가족과의 관계를 포함한 사회적인 활동 관계의 축소가 노인의 삶의 질에 부정적인 영향을 끼치므로 우울증의 증상을 보이게 되고, 무력감과 절망감이 해결되지 않으면 노인자살이라는 극단적인 행동에 이른다(장휘숙, 2006).

적용과 실천

노년기 적용과 실천

노년기는 신체기능이 저하되고 만성질환으로 고통받을 가능성이 많아진다. 노년기 만성질환은 장기간의 치료와 보호를 요하기 때문에 의료비 부담과 간병의 문제가 발생한다. 65세 이상 노인의 86%가 만성질환을 앓고 있다(이종복, 전남련, 2009). 이를 위해 건강급여항목을 확대하는 등 노인을 위한 의료비 지원과 노인 간호를 위한 전문인력의 양성, 재활을 위해 노인을 전문으로 치료하는 물리치료나 작업치료센터를 개설할 필요가 있다. 또한 물리치료, 독거노인을 위한 재가노인복지 등을 실시하여야 하고 노인의 건강유지와 증진을 위한 건강상담, 건강 교육 및 각종 운동 프로그램을 개발하여 실시하여야 하겠다.

노년기 은퇴나 배우자의 사별, 건강문제, 소득의 감소 등으로 인해 우울증이나 소외감, 고립감을 느낄 수 있다. 이를 지원하기 위해서는 노인을 대상으로 하는 상담 및 다양한 여가활동, 봉사활동 등을 개발하여 교우관계를 넓히고 삶의 기쁨을 맛볼 수 있도록 도와줄 수 있어야 한다. 단순한 오락으로 끝나는 프로그램이 아닌, 취미생활, 체육, 컴퓨터, 건강관리, 외국어 회화 등이 되면 좋고 이것이 노년기 일자리 창출과도 연결될 수 있다면 더욱 삶의 원동력이 되며 활력소가 될 수 있을 것이다. 노년기 인지변화로 발생하는 치매에 대해서 예방 프로그램을 개발하고 치매를 조기에 진단하고 치료하기 위한 전문 의료기관과의 협력체계가 강화되어야 한다. 또한 치매노인의 부양가족을 지원하기 위한 상담과 교육, 간병 및 보호 지원 체계 등도 활성화되어야 한다.

노년기는 은퇴로 인해 심리적으로 위축됨은 물론 경제적인 어려움이 클 수 있다. 노년기 고용의 문제를 해결하고 소득을 보완해 주어야 한다. 고령화 사회에 맞게 합리적인 연령까지 정년이 보장되어야 하고 고령자고용이 법으로 보장되며 부업이나 일자리가 창출되도록 노력해야 한다. 사회적으로 노인이 일할 수 있는 분위기를 조성하고 여건이 만들어져야 한다. 노년기에는 삶의 지혜가 가장 큰 자산이 된다. 개인적으로나 사회적으로 노인의 지혜를 증진시키는 방법을 발견하는 것이 인간의 복지에 기여하고 만족스러운 노년기를 만드는 강력한 수단이 될 수 있다(Sternberg, 2001).

그러나 노년기에 있어 최근 위기를 겪고 있는 성인 자녀를 대신하여 손자녀를 양육하는 조부모가 있을 수 있다. 이외에도, 부모의 이혼이나 신체적, 정신적 질환, 알코올 남용 혹은 미혼모의 증가로 조손 가족이 증가하고 있다. 조손가족이란 조부모가 성인 자녀 없이 손자녀를 양육하는 가족형태를 말하는데, 통계청 자료에 의하면, 통계청에 따르면 최근 7년여간 조손가정은 매년 증가 추세다. 2015년 약 11만 3100가구에서 2017년 16만 2100여 가구, 지난해엔 약 21만 가구가 조손가정으로 조사됐다. 오는 2030년엔 조손가정이 국내에 27만여 가구, 2035년에는 약 32만 가구로 늘어날 전망이다(여성경제신문, 2022). 조부모-손자녀 가구의 문제는 조부모가 손자녀를 양육하는 일반적인 문제점 외에도 경제적 어려움이 첨가됨으로써 우리 사회의 전형적인 빈곤가정을 형성한다는 것이다. 조부모의 건강은 물론 손자녀의 양육과 교육이 제대로 이루어질 수 있도록 국가나 사회적 차원의 지원이 절실히 요구된다(장휘숙, 2006).

노년기 범죄도 하나의 사회문제가 되고 있다. 정신적으로나 육체적으로 안정과 평온을 유지할 수 없기에 심리적 압박으로 인해 현실을 일탈하게 되어 자살이 아니면 범죄적 행동을 유발하게 된다. 그러므로 정부 차원에서 노인문제를 종합적이고 구체적으로 계획하고 실천해야 할 것이며 가장 먼저 해결해야 할 부분은 일자리를 만들어 빈곤과 무료함에서 벗어나게 해야 할 것이다. 경제적 여유가 있으면 무력감에서 벗어날 수 있는 오락이나 여가 등에 집중할 수 있겠지만 그렇지 않은 경우 사회적 일탈행위로 변질되어 노인범죄가 성행하게 된다는 것이다. 국민의 평균수명이 늘어나고 고령화 사회로 전환되는 현실에서 노인범죄가 계속 증가하는 것은 심각한 사회문제이다. 국가의 노력으로 노인의 일자리정책을 다각적으로 연구하여 빈곤과 무력감에서 벗어날 수 있도록 특단의 대책이 마련되어야 한다.

또한 노인 자살의 문제에서 자녀와 별거한 독거노인의 경우 충동을 더욱 쉽게 느낀다고 한다. 자살에 대한 국민의 인식을 개선하여 우울증이 치료 가능하다는 것을 인식시키고, 자살의 위험에 대한 개인과 사회적 대응의 역량을 강화하며, 자살의 접근성을 감소시키기 위해 농약이나 제초제 독극물을 철저히 다루어야 한다. 자살에 대한 대중매체의 책임을 강화하고 자살의 위험군에 대한 정신 보건 서비스 강화로 중증의 정신질환자나 알코올중독자를 집중관리하여야 한다.

PART III

건강한 적응을 위한 노력

사회 환경 안의 인간은 일상 속에서 정도의 차이는 있으나 크고 작은 삶의 문제에 직면하며 해결해 나아간다. 더불어 사는 사회 속의 나의 삶을 위해, 궁극적으로 행복한 삶을 위해 스스로의 문제해결 능력을 기르는 것이 무엇보다 중요하다. 이를 위해서는 우선 나를 이해하고 위기를 극복해 나가면서 타인과 조화로운 관계를 형성하고 유지하는 노력이 필수적일 것이다.

따라서 3부에서는 인간의 건강한 사회적 적응에 영향을 줄 수 있는 다양한 요소들과 이에 필요한 실천 방법들을 담았다. 구체적으로 자아정체성, 사회 지능, 분노조절, 스트레스 대처, 회복탄력성, 몰입, 시간관리, 대인관계, 의사소통, 리더십 등의 주제를 3부에서 다뤘으며 이와 관련된 다양한 내용의 읽을거리와 활동들을 소개하였다.

Human Behavior & The Social Environment

CHAPTER

1

자아정체성

1. 자아정체성의 의미

에릭슨은 개인의 자아는 개인을 둘러싼 인적 환경, 사회문화적 환경 등의 영향을 받아 평생 동안 발달한다고 주장하는 심리사회적 발달 이론을 제시하였으며, 전 생애발달 단계 중 특히 청년기의 심리사회적 위기를 '자아정체성 대 역할 혼미'라고 명명하였다.

에릭슨은 자신의 개인적 배경으로 인해 많은 갈등과 고민을 했었고, 개인과 자아정체성이 불확실할 때 따르는 결과에 관심을 가졌다. 그는 자신이 청년기를 지날 때 자신이 누구이며, 무엇을 할 수 있고, 자신에게 의미 있는 것이 무엇인지에 대해 자기 정의(self-definition)를 내리는 위기의 시간을 겪었다. 그는 이러한 위기의 시간을 경험하며 자기 선택을 보류한 상태를 심리적 유예기(psychological moratorium)라고 명명하였고, 자신의 경험으로 비추어 볼 때, 심리적 유예기가 아동기에서 벗어나 자신의 의미와 목적을 찾는 유익한 시간이었다고 주장하였다.

에릭슨은 정체성을 심리사회적 정체성(psychosocial identity)과 개별적 정체성(individual identity)으로 구분하였다(허혜경·김혜수, 2015). 우선, 심리사회적 정체성은 개인이 속해 있는 사회나 집단에 대한 소속감을 의미한다. 예를 들면, '나는 한국 사람이다.' 또는 '나는 ○○고등학교 학생이다.'와 같은 정체의식이다. 우리나라와 같은 입시 위주 사회에서는 청년들이 대학교에 입학하지 못할 경우 학교에 대한 소속감이 흔들리는 경우를 흔히 볼 수 있다.

한편 개별적 정체성은 자신은 타인과 다른 고유한 존재라는 의식으로 이는 개인적 정체성(personal identity)과 자아정체성(ego identity)으로 구분할 수 있다. 우선, 개인적 정체성이란 시간이 지나도 변하지 않는 자신에 대한 지각이다. 예를 들어, '나의 이름은 이○○이다.' 혹은 '나는 이○○씨의 맏딸이다.'라는 인식으로 자기동질성(self-sameness)과 자기연속성(self-continuity)의 특징을 지닌다. 이에 비해 자아정체성은 좀 더 광범위한 개념으로 자기동질성과 연속성에 대한 자신감을 가지며 사회 환경의 자극과 내적인 욕구, 가치를 자기 나름대로의 방식으로 재통합하여 내가 누구인가를 아는 것이다.

자아정체성은 흔히 정체성이라고도 부른다. 자기와 타인과는 구별되는 독립적이고 고유한 존재라고 인식하고자 하는 욕구가 있는 동시에 외적인 자극, 환경, 감정적 변화에도 불구하고 일관되게 자신을 인식하여 안정된 느낌을 가지는 것을 의미한다. 그러나 자아정체성을 한마디로 정의하는 데에는 어려움이 있다. 이에 대해 에릭슨은 개념상의 혼란을 야기하기 위함이 아니라 자아정체성이란 용어 그 자체가 함축적 의미를 나타낼 수 있도록 열어 두는 것이 더 바람직하다고 보았다.

에릭슨의 저서를 통해 나타난 자아정체성의 의미를 살펴보면 다음과 같다(이형득·한상철, 1995).

- 자아정체성은 한 개인의 소유한 지위와 역할에 따른 다양한 '~로서의 나' 간의 통합감을 의미한다. 예를 들어 한 개인은 '○○○의 아들로서, ○○○의 친

구로서, 학생으로서, 한국인으로서' 등 수많은 지위나 역할의 나를 가진다. 자아정체성이란 이렇게 다양한 지위와 역할을 수행함에 있어서 일관성이 있으면서도 통일감 있게 수행해 나가는 자아에 대한 실제적인 느낌을 의미한다.

- 자아정체성은 과거, 현재 그리고 미래에 이르기까지 자아에 대해 일관되고 안정감 있는 시간적 연속감이다. 따라서 정체감이 형성된 경우 개인의 행동에 대해 자신이나 타인이 신뢰감을 가지며 같은 맥락에서 미래를 예측할 수 있다.
- 자아정체성은 내가 나 자신을 지각하는 주체적 자아(I)와 다른 사람 눈에 비친 객체적 자아(Me) 간의 조화감을 의미한다. 이러한 조화가 깨지는 경우 부적응적 행동이 빚어지기 쉽다. 예를 들어 주체적 자아가 발달하면 자신에게 너무 몰입하여 도취되기 쉬운 반면, 객체적 자아가 너무 발달하면 타인의 눈치와 평가에 지나치게 연연할 수 있다.
- 자아정체성은 실존적인 자아 상태를 의미한다. 청년기는 자아정체성을 형성하기 위해 자기 존재에 대한 새로운 인식, 자신의 능력, 그리고 자신의 존재에 대한 의미를 탐색하는 시기다. 나 자신은 누구의 간섭도 받지 않을 자유를 지니지만 또한 오직 나 혼자뿐이라는 근원적인 소외감을 지닌 실존적인 존재다.

2. 청년기 자아정체성 형성이 중요한 이유

에릭슨은 자아정체성의 기초는 인생 초기에 이미 형성된다고 하였다. 그리고 자아정체성은 청년기에 시작되어 끝나는 것이 아니라 전 생애를 통해 계속적으로 형성되는 과업이라고 주장하였다. 예를 들어, 아동기에도 자기에 대한 정체성이 문제시되지만 중년기에도 중년기 위기(midlife crisis)와 같이 정체성 위기를 겪게 된다.

실제로 자아정체성은 전 생애에 걸쳐 형성되는 발달 현상이데, 청년기에 와서 새삼 중요한 과업으로 부각되는 이유는 청년들이 직면한 몇 가지 내·외적인 상황에서 근원을 찾을 수 있다.

- 청년기는 신체적·심리적·성적인 면에서 급격한 변화가 일어나는 시기이다. 청년들은 성적 성숙과 내적 충동의 정도가 커진다. 아동기까지 비교적 균형을 이루었던 원초아(id), 자아(ego), 초자아(superego)는 신체적·성적 성숙으로 말미암아 불균형이 초래된다. 성적인 충동이 일고 심리적 역동이 일어남으로써 원초아의 활동이 강해지고, 이러한 내적인 욕구를 현실에 맞게 중재하는 자아의 통합능력이 요구되므로 자아정체성 형성에 관심이 높아진다.

- 피아제의 인지발달 단계에 따르면, 청년기의 발달은 추상적 사고가 가능한 형식적 조작기에 속한다. 이처럼 한층 더 발달된 인지능력은 자아정체성을 확립하는 데 결정적인 역할을 한다. 형식적 조작기 특성에 따라, 과거, 현재 그리고 미래에 이르기까지 그 원인부터 결과를 논리적으로 검토할 수 있게 된다. 그들은 자신의 존재에 대해 숙고하고, 자신의 능력, 가치관, 진로를 검토하며, 자기를 탐색할 수 있는 사고 능력이 있다.

- 청년들은 신체적으로 성인에 가깝지만 정서적으로나 경제적으로는 여전히 부모에게 의존하는 주변인으로 아동도 어른도 아닌 애매한 입장에 놓여 있다. 환경적으로 청년들이 받는 자극으로 성인다운 책임과 역할 수행을 요구하지만 막상 독립하여 자신의 삶을 살기에는 많은 한계에 봉착하므로 자아의 모호성을 탈피하고자 노력하게 된다.

- 청년기는 인생의 중요한 결정을 내려야 하는 시기이다. 진학, 취업을 두고 고민하고, 진학을 하면 무엇을 전공하여야 하며, 취업을 하면 어떤 직종을 선택해야 하는지 등 자신의 진로에 대해 중요한 선택을 해야 하는 상황에 직면한다. 그러나 청년들은 혼자만의 능력이나 판단으로 중요한 결정을 내리기 어렵다는 것을 경험한다. 그리고 부모나 타인의 도움을 받더라도 궁극적으로는 자신의 삶이기 때문에 자신이 책임져야 한다는 것을 자각하게 된다. 그러므로 청년들은 가능한 한 자기 자신의 다양한 면모를 탐색하고 검토하면서 자신을 이해하고 정의하고자 한다. 이 과정을 통해 내린 결정은 자아정체성의 핵심을 이루게 된다.

- 자아정체성의 형성은 자신과 타인의 행동과 가치를 내면화하는 메커니즘인 동일시에 근원을 둔다. 아동에게는 주로 자신의 부모와 같은 의미 있는 타인이 동일시의 주된 대상이었으나, 청년기가 되면 동일시의 대상이 변화하게 된다. 청년기의 자아정체성 형성을 위해서는 과거 개인의 참조체계의 내용을 선택하거나, 현재 새롭게 내면화한 동일시 내용 및 미래 계획과 포부를 역동적으로 통합하고 재조직화 하는 것이 필수적이다. 만약 이 시기 청년들이 과거 참조체계를 바탕으로 현재의 동일시 내용을 통합하는 데 실패한다면 자아정체성 혼란 또는 역할 혼돈이 야기된다.

이와 같이 자아정체성은 전 생애에 걸쳐 진행되는 발달과업이나 청년기에 더욱 중요한 문제로 부각된다. 이 시기 청년들이 자기 자신에 대해 정의하고 무엇을 할 수 있을지에 대해 고민하고 탐색하는 시간은 시간 낭비가 아니라 자아정체성을 확립하는 데 중요하며 큰 도움이 된다.

읽·어·보·기

자아정체성의 혼란 그 중심에 '大2병'이 있다.

고3 입시를 마치고 대학에 입학하면 모든 것이 해결되는 줄 알았을 것이다. 그러나 요즘 대학생들에게는 고3병보다 더 무서운 대2병이 그들을 괴롭히고 있다. 학업은 고사하고 인생이 괴롭고 허무해지는 병이다. 대학 2학년이 왜 이렇게 힘들까.

많은 학생들이 대학입시 경쟁에 휘말려 자아정체성을 확립하지 못한 채 청소년기를 보낸다. 신체·연령적으로는 성인 반열에 올랐지만 정신적으로 성숙하지 못했을 때 대2병에 노출되기 쉽다. 발달 이론에 따르면 인간은 청소년기에 '자아정체성 대(對) 역할 혼미'시기를 맞는데 이때 내가 누구인지, 사회에서 어떤 역할을 할 수 있는지에 대한 개념이 형성되지 못하면 성인이 되어 정체성 혼란을 겪을 수 있다.

청소년기에 집단에 소속돼 집단의 책임과 의무를 완수하는 '소속감'과 가정을 벗어나 새로운 것을 찾는 '탐색'을 경험해야 정체성을 확립할 수 있다. 모범생으로 자라나 대기업에 취업해 부모가 원하는 배우자를 만나는 정형화된 삶을 선택하는 이들에게는 소속감은 있지만 탐색할 용기가 없다. 반대로 취업을 미룬 채 새로운 전공을 선택하거나 자격증 취득에만 골몰한다면, 집단에 소속되는 것을 기피하는 실체가 없는 인간이 될 수 있다. 대학 졸업하기 전, 취업 준비를 하면서 대학 2학년이라는 시기는 인생에서 최초로 책임을 느끼는 시기로서 자아정체성이 확립되지 않은 상태에서 책임과 성과를 내야 하는 심적 고통이 학생들이 겪는 대2병에 영향을 미쳤을 수도 있다.

오늘날 우리 사회의 대2병은 연애, 결혼, 출산 등을 포기하는 'N포 세대'의 출발점이기도 하다. 자아정체성이 확립되지 않았을 때 다음 단계인 '친밀감 대(對) 고립감' 시기로 넘어갈 수 없기 때문이다. 20~40대 가족이 아닌 이성에 친밀감이 형성돼야 연애든 결혼이 가능한데 정체성이 낮아 이성에 대한 관심이나 친밀감을 느끼지 못하는 것은 연애와 결혼 등을 포기하는 도미노 현상으로 이어질 수 있다.

대2병에서 탈피하려면 경쟁이 아닌 삶을 성찰하는 자세가 필요하다. 삶은 무엇인가를 마련해 놓고 즐기는 것이 아닌 하루하루 과정이 중요하다. 자아정체성, 가치관부터 세워야 대2병에서 벗어날 수 있다. 학과 친구·선배 등에게 취업 문제 등 고민을 털어놓는 것도 효과적인 방법일 수 있다. 우리 뇌는 타인에게 고민을 털어놓으면 문제를 객관적으로 인식하기 때문이다. 혼자 문제를 풀겠다고 고민하면 문제 자체가 왜곡될 수 있으며, 객관적으로 고민을 들어줄 수 있는 사람과 이야기하면 하지 않아도 될 염려와 걱정을 덜 수 있다.

출처: 한국일보(2016. 5. 31).

대2병 진단표

연번	내용	해당 여부
1	다른 사람과 스펙을 비교하며 자신을 비하한다.	
2	평소보다 우울해진다.	
3	미래에 대한 걱정이 많다.	
4	전과(轉科), 휴학을 고민한다.	
5	진로를 끝없이 고민하지만 결정하지 못한다.	
6	세상에서 나는 아무것도 아니다.	
7	SNS에 내 상태를 수시로 올리고 토론 · 주장을 펼친다.	
8	중고생을 보며 "저 때가 좋았지."라는 말을 자주 한다.	
9	자기 스케줄을 자꾸 확인한다.	
※ 9개 항목 중 5개 이상이면 '대2병'의심		

출처: 한국일보(2016. 5. 31).

적용과 실천 2

정체성발달척도

에릭슨에 따르면, 청년기에 개인은 정체성 형성의 과업에 직면한다. 발달의 다른 단계에서와 마찬가지로 이러한 위기를 어떻게 해결하느냐가 장래의 성격발달과 적응을 결정짓는다.

다음은 에릭슨의 이론에 따라 오체스와 플러그(Ochse & Plug, 1986)가 개발한 성인용 개인 정체성 검사이다. 진술문을 잘 읽고 해당 번호에 V표 하시오.

연번	내 용	전혀 그렇지 않다	거의 그렇지 않다	자주 그렇다	매우 그렇다
1	내가 진정 어떤 사람인지 궁금하다.	①	②	③	④
2	나에 관한 사람들의 생각이 바뀌는 것 같다.	①	②	③	④
3	내 인생에서 내가 무엇을 해야 할지 확신한다.	①	②	③	④
4	어떤 것이 도덕적으로 옳고 그른지 불확실하다.	①	②	③	④
5	내가 어떤 사람인지에 대한 대부분의 사람의 의견이 비슷하다.	①	②	③	④
6	내 방식의 삶이 나에게 어울린다고 느낀다.	①	②	③	④
7	다른 사람들은 나의 가치를 인정한다.	①	②	③	④
8	나를 아주 잘 아는 사람들과 떨어져 있을 때 진정한 나 자신이 되는 자유로움을 더 느낀다.	①	②	③	④
9	내가 하고 있는 일이 진정 가치 있는 것은 아니라고 느낀다.	①	②	③	④
10	나는 내가 살고 있는 지역사회에 잘 적응하고 있다.	①	②	③	④
11	나 자신에 자부심을 느낀다.	①	②	③	④
12	내가 나를 바라보는 것과 타인이 나를 바라보는 것이 매우 다르다.	①	②	③	④
13	무시되는 느낌이다.	①	②	③	④
14	사람들은 나를 인정하지 않는다.	①	②	③	④
15	삶에서 얻고자 하는 것에 대한 생각이 바뀐다.	①	②	③	④
16	사람들이 나에 대해 어떻게 느끼는지 확실하지 않다.	①	②	③	④
17	나 자신에 대한 느낌이 바뀐다.	①	②	③	④
18	마치 연극을 하고 있거나 남들 눈에 띄기 위해 무언가를 하는 듯한 느낌이 든다.	①	②	③	④
19	내가 살고 있는 사회구성원인 것이 자랑스럽다.	①	②	③	④

※ 채점방식

점수 계산을 위해 1, 2, 4, 8, 9, 12, 13, 14, 15, 16, 17, 18번 문항에 표시한 점수를 역으로 환산한다. 구체적으로, 해당 문항에 4로 표시했다면 1로, 2는 3으로, 3은 2로, 4는 1로 점수를 바꾼다.

나머지 문항은 그대로 두고, 전체 점수를 합산한다.

※ 해석

오체스와 플러그(1986)가 이 검사를 실시한 결과 평균 56~58점이었으며 표준편차는 7~8점이었다. 이를 기준으로 하여, 결과가 평균 범위보다 높으면 개인의 자아정체성이 잘 발달되었다고 해석할 수 있고, 더 낮으면 정체성이 아직 발달 단계에 있다고 해석할 수 있다.

출처: 노안영·강영신(2003).

CHAPTER 2

사회 지능

1. 사회 지능의 구성요소

리지오, 메사머, 스록모턴(Riggio, Messamer, Throckmorton, 1991)은 사회 지능을 크게 정서 영역의 비언어적 요소와 사회 영역의 언어적 요소로 구분하였으며 각 영역은 다시 세 가지 과정인 표현성, 민감성, 통제로 구분하였다.

정서 영역의 첫 번째는 정서적 표현성으로 비언어적 의사소통의 기술로 감정 상태를 정확하게 느끼고 표현하는 것을 의미한다. 정서적 표현성이 높은 사람은 활발하게 보이지만 정서를 적절하게 통제하는 능력이 부족할 수 있다.

두 번째는 정서적 민감성으로 타인의 정서, 태도, 상황과 같은 비언어적 의사소통을 빠르고 정확하게 이해하고 해석하는 능력을 의미한다. 정서적 민감성이 높은 사람은 타인의 반응에 정서적 각성이 잘 일어나며 정서에 따라 비언어적 의사소통을 효과적으로 할 수 있다.

세 번째, 정서적 과정은 정서적 통제로 비언어적 표현과 정서를 조절하고 통제하는 능력을 의미하는데, 정서적 통제가 높은 사람은 스스로 느끼는 정서를 강하게 통제할 수 있으므로 정서의 자발성을 줄이고 극단적인 정서를 보여주지 않는다.

사회성의 첫 번째 과정인 사회적 표현성은 사회적 상호작용에 참여하는 능력을 의미하며, 사회적 표현성이 높은 사람은 말을 많이 하는 특징을 보인다.

두 번째 과정은 사회적 민감성으로 사회적인 행동에 대한 표준화된 지식과 언어적 의사소통에 대한 이해 능력을 의미한다. 사회적 민감성이 높은 사람은 유난히 타인에게 주의를 기울이고 자신과 타인의 사회적인 행동의 적절성에 관심이 높아 자칫 사회적 불만 수준이 높은 것으로 비칠 수 있다.

세 번째 과정은 사회적 통제로 사회적인 자기표현에 대한 기술과 사회적 상황 변화에 대처하는 능력을 의미하는 것으로 사회적 통제가 높은 사람은 상황이 요구하는 대로 많은 사회적 역할을 수행할 수 있으므로 사회적으로 세련되어 있고 스스로 행동을 조절할 수 있다.

정서 영역: 비언어적 요소	사회 영역: 언어적 요소
정서적 표현성(emotional expressivity) 감정 상태를 정확히 느끼고 자발적으로 표현하는 능력	**사회적 표현성**(social expressivity) 사회적 상호작용에 언어적으로 참여하는 능력
정서적 민감성(emotional sensitivity) 타인의 비언어적 의사소통을 정확하게 이해하고 받아들이는 능력	**사회적 민감성**(social sensitivity) 적절한 사회적 행동의 표준 지식과 언어적 의사소통을 해석하고 이해하는 능력
정서적 통제(emotional control) 비언어적 표시를 조절하고 통제하는 능력	**사회적 통제**(social control) 사회적 상황에서 자기를 표현하는 능력과 변화하는 사회적 상황에 적응하는 능력

2. 사회 지능의 역할과 중요성

사회 지능은 평범한 일상보다는 위기 상황에서 더 중요한 역할을 한다. 캐나다의 거대한 지역 의료 서비스 회사에서 일하는 사람들의 사례를 살펴보자. 그들은 구조조정으로 많은 수의 인원을 감축하게 되었고, 감원으로 인해 일선에서 일하는 직원들은 더 이상 환자들에게 양질의 좋은 의료 서비스를 제공할 수 없는 현실에 상심하였다. 사회 지능이 낮은 관리자 아래서 일하고 있는 직원들은 사회 지능이 높아 그들을 지지해주는 관리자에 속한 직원들에 비해 환자에게 필요한 서비스가 3배나 부족했고 4배나 더 감정적 피곤함을 호소했다. 또한 사회 지능이 높은 상사 아래 있는 간호사들은 정서적 건강 상태를 유지했으며, 인원 감축에 따른 스트레스에도 불구하고 환자를 돌보는 능력은 강화되었다. 임원들은 전형적으로 어려운 시기에 조직을 이끌어줄 사람을 선택할 때 사회 지능이 높은 사람을 선호하는 경향이 있다(Goleman & Boyatzis, 2008).

미국 보스턴에 있는 한 대학병원의 사례를 통해서 이 같은 차이점을 다시 확인해 볼 수 있다. 이 병원과 여러 부속기관을 운영할 CEO 후보에 버크 박사와 훔볼트 박사가 경쟁에 올랐는데, 두 사람 모두 해당 분야의 수장이었으며 뛰어난 내과의사로 저명한 의학저널에 많은 연구 논문을 발표해 왔다. 그러나 이 두 사람은 매우 달랐고 큰 차이점이 있었다. 버크 박사는 집중도가 높았으며, 과업 중심적이고, 사적 감정을 잘 드러내지 않는 인물이었다. 투쟁적인 억양으로 완벽주의를 추구했으며, 부하 직원들을 계속 밀어붙였다. 반면에 훔볼트 박사는 부하들에게 많은 성과를 요구하지 않았고, 직원, 동료, 그리고 환자들에게 친근하게 다가갔다. 훔볼트 박사의 부서원들은 자주 웃고 농담을 했으며, 자신의 속마음도 자주 터놓고 이야기했다. 좋은 의사들은 훔볼트 박사 부서의 따뜻한 업무 환경을 더 선호했고 그의 리더십 스타일은 인정을 받아 병원 이사회로부터 새로운 CEO로 발탁되었다(Goleman & Boyatzis, 2008).

최근 인지심리학의 연구에 의하면, 사람에게는 자발적인 반응을 유발하는 거울 신경세포가 있어서 거울과 같이 다른 사람의 흉내를 내거나 그렇게 하고 싶은 충동을 느낀다고 한다. 거울 신경세포에 의해 유발되는 흉내는 동물적인 흉내와는 다른 것으로 사람의 흉내와 모방은 단순한 기계적인 모방이 아니라 상대방의 의도를 읽고 사회적 함의를 해석하고 감정을 파악하는 것을 포함한다. 타인의 생각을 개념적 추론 방식으로 읽어내는 것이 아니라 몸짓의 모방을 통하여 사고가 아닌 감정으로 파악하는 것이다. 타인의 감정을 알고 느끼며 반응함으로써 공감의 세계를 만들어 상대를 설득할 수 있게 된다. 사회 지능은 바로 이러한 자발적인 공감을 통해 타인과의 관계, 즉 사회적 관계를 성공적으로 이끌어가는 능력을 의미한다.

수직적 관계를 형성하고 조직을 이끌어가는 리더십의 관점에서뿐만 아니라 우리가 영위하는 일상생활에서의 수평적인 관계에서도 자신과 상대방의 감정, 사고, 행동을 이해하고 이러한 이해를 바탕으로 적절히 행동할 수 있는 능력인 사회 지능의 역할은 그 중요성이 매우 크다.

읽·어·보·기 ❶

공감세포 '거울 신경세포'

하품은 왜 주변 사람에게 전염되는 것일까? 오래 사귄 연인들은 왜 서로의 행동을 따라 하는 것일까? 술자리에서 음료수만 마셔도 취하는 분위기에 취하는 사람이 주변에 있는데 왜 이러한 현상들이 일어날까?

이러한 현상에 과학적 근거가 있다고 밝혀지고 있다. 바로 인간이 가지고 있는 거울 신경세포(mirror neuron) 때문이다. 거울 신경세포는 자신이 직접 경험하는 것이 아니라 타인의 행동을 보거나 듣고만 있어도 그 행동을 할 때와 동일한 반응을 하는 신경세포이다. 표정을 그대로 따라 할 때 단지 표정만 따라 하는 것이 아니라 그 감정도 같이 느끼게 된다. 그런 자동화 과정을 통해서 우리 인간은 남의 감정을 공감하도록 프로그램되어 있다. 우리가 공감하려고 하는 것이 누가 시키고 어떤 의도에 따라 하는 것이 아니라 우리 뇌 속에 다른 사람의 내면세계, 다른 사람의 표정에 대해서 자동적으로 따라 하고 공감하라는 프로그램이 되어 있는 시스템이 바로 인간이다.

거울 신경세포는 1996년 이탈리아의 저명한 신경심리학자인 자코모 리촐라티 교수에 의해 발견됐는데, 원숭이가 다른 원숭이나 사람의 행동을 보고 같은 반응을 보이는 것을 통해 밝혀냈다.

운동 영역에만 거울 신경세포가 있는 원숭이와 달리 인간의 뇌에는 거울 신경세포가 여러 곳 분포하고 있다. 때문에 인간은 단순한 행동뿐 아니라 고차원적인 정보들까지 모방할 수 있다.

거울 신경세포는 다른 사람의 모습을 보기만 해도 마치 자신이 똑같이 행동하는 것처럼 반응한다. 이는 감정을 담당하는 변연계(동기와 정서를 주로 담당하는 기관)를 자극해 다른 사람이 느끼는 감정까지 느끼기 때문이다. 따라서 거울 신경세포는 공감 능력과도 연결되어 있다. 타인과 공감하고 그 감정을 이해하는 데 거울 신경세포가 필수적인 역할을 한다. 이 과정은 모의 비행을 할 때와 유사하다. 실제로 하늘을 날고 있지는 않지만 화면을 보면서 자신이 직접 비행기를 탄 것 같은 체험을 한다. 그저 눈으로 보는 것뿐인데 비행기가 요동칠 때 두려움과 긴장감까지 함께 느끼게 된다.

거울 신경세포는 평균적으로 남성보다 여성들의 경우 활동성이 더 강하기 때문에 남성들과 달리 여성들이 유독 장소의 분위기를 더 강조하는 것이라고 한다.

또한 거울 신경세포가 공감능력과 관련되어 있기 때문에 거울 신경세포의 이상이나 발달상의 문제는 타인의 감정을 이해하지 못하거나 타인이 왜 아픔을 느끼는지 모르는 등 공감능력의 결여로 나타난다.

공감능력이 떨어지는 사람들은 타인의 감정을 배려하지 않고 함부로 말하는 '언어폭력' 또한 거울 신경세포와도 관련되어 있다. 분위기를 느끼기 위해서뿐만 아니라 타인과의 원활한 사회생활을 위해 우리에게 거울 신경세포가 꼭 필요한 이유가 여기에 있다.

출처: 프라임 경제(2017. 2. 8).

읽·어·보·기 ❷

은둔형 외톨이 – 부모의 지나친 방치 · 간섭이 낳은 결과… "이해받길 강력히 원해"

현대사회에서 핵가족화와 가족해체 등 가족 형태의 변화는 학교에서 청소년의 부적응 문제와 연관돼 부각되고 있다. 전문가들은 이 같은 문제의 발생 원인으로 부모의 양육 태도를 꼽는다. 이는 자녀가 은둔형 외톨이가 되는 직접적인 이유와도 관련돼 있다.

은둔형 외톨이는 부모와 의사소통에서 자신의 생각이나 감정을 잘 표현하지 못한다. 또 갈등을 겪었을 때 타인과 의견을 조정하는 등 대화로 풀어가는 것에 자신이 없어 하며 회피하는 경향을 보인다.

일반적으로는 의사소통할 수 있는 개인 · 가족 · 사회가 서로 연결돼 있어 여러 갈등을 해결할 방도가 다분하지만, 은둔형 외톨이의 경우 개인 · 가족 · 사회라는 3개의 영역이 서로 폐쇄적으로 작용하기에 문제 상황은 점점 악화하게 된다.

◆ 은둔형 외톨이 34.4% 방치 경험

실제로 한국청소년상담원이 은둔형 외톨이가 인지하는 부모의 양육 태도에 대한 조사를 진행한 결과, 34.4%가 방치를 경험한다고 응답했다. 또 17.4%는 부모의 권위적인 양육 경험을, 15.9%는 지나친 간섭을 경험한다고 답한 것으로 조사됐다. 은둔형 외톨이의 67.7%가 방치 또는 권위적이거나 지나치게 간섭하는 부모의 양육 태도에 영향을 받았다는 것이다.

이와 관련해 아동기의 방치 경험은 충동성에 영향을 미치고, 부모의 무관심한 태도가 자녀의 자기통제력 부족이나 문제행동에 영향을 준다는 연구결과도 있다. 부모가 방치하면서 자녀가 나타내는 감정표현에 아무런 반응도 보이지 않으면 자녀는 상상할 수 없을 정도로 큰 상처를 입는다.

특히 부모의 맞벌이 등으로 인해 자녀가 혼자 집에 있는 시간이 길어지면, 부모와의 대화가 줄어들어 관계적으로 단절되는 상황에 이르게 된다. 성인이 돼도 확실한 자아를 갖기 어렵고, 또 부모를 향한 원망과 분노가 존재하지만 이를 자각하지 못하게 된다.

◆ "과잉간섭, 자율성 형성 방해"

방치와는 반대로 부모의 기대수준이 매우 높아 자녀의 의사 결정이나 활동을 부모가 결정해 결국 자녀가 유약하게 되는 과잉간섭도 은둔형 외톨이가 되는 원인으로 거론된다.

◆ "정서적인 의사소통 시도해야"

불안정하게 성장한 자아를 가진 은둔형 외톨이와 부모 간 소통은 쉬운 일은 아니지만, 부모가 정서적인 의사소통을 시도하고 안정적이고 일관된 모습으로 은둔형 외톨이를 대한다면 점차 상황을 나아지게 할 수도 있다. 은둔형 외톨이는 인간관계를 외면하고 있는 것이 아니고 오히려 이해가 잘되는 서로를 강력하게 원하고 있다. 이들은 인터넷, 메일, 카카오톡, 밴드, 페이스북 등 SNS를 통해 열심히 친구 만들기를 하고 있지만, 진짜 속마음을 거리낌 없이 털어놓을 수 있는 친구가 없다고 호소하고 있다.

천지일보(2019. 3. 19).

적용과 실천

사회 지능 평가

아래에 있는 문항을 주의 깊게 읽고, 여러분이 지난 1년간 실제로 어떠했는지에 근거하여 여러분에게 해당하는 가장 적절한 번호에 V표 하십시오.

연번	내 용	전혀 그렇지 않다	거의 그렇지 않다	자주 그렇다	매우 그렇다
1	내가 진정 어떤 사람인지 궁금하다.	①	②	③	④
2	나에 관한 사람들의 생각이 바뀌는 것 같다.	①	②	③	④
3	내 인생에서 내가 무엇을 해야 할지 확신한다.	①	②	③	④
4	어떤 것이 도덕적으로 옳고 그른지 불확실하다.	①	②	③	④
5	내가 어떤 사람인지에 대한 대부분의 사람의 의견이 비슷하다.	①	②	③	④
6	내 방식의 삶이 나에게 어울린다고 느낀다.	①	②	③	④

※ 결과해석

6–9점: 사회 지능이 부족한 상태이므로 계발을 위한 적극적 노력이 필요함.
10–20점: 사회 지능이 보통 수준이므로 계발을 위한 노력이 필요함.
21–25점: 상당한 사회 지능을 지니고 있으므로 강점으로 계발하기 바람.
26–30점: 매우 탁월한 사회 지능을 지니고 있으며 대표 강점으로 계발하기 바람.

※ 사회 지능 증진을 위한 실천 노력

1. 누군가 다른 사람을 편안하게 느끼도록 해준다.
2. 친구나 가족이 괴로움을 느끼고 있을 때 이를 인식하고, 그들을 격려해준다.
3. 어떤 사람이 나를 화나게 할 때, 복수를 하기보다 그 사람의 의도를 이해해 보려고 노력한다.

출처: 권석만(2015).

CHAPTER 3

분노조절

재산분할이나 금전문제 등으로 갈등을 빚다 범행을 저지른 총기 살인 사건, 자신을 비하하고 무시한다는 이유로 동료 혹은 가족을 살해한 사건, 평소 여성을 혐오해온 남성이 화장실에서 여성을 살해한 강남역 묻지마 살인 사건, 층간 소음 문제로 윗집과 갈등을 빚다 끝내 침입하여 흉기로 살해한 사건, 운전 중 끼어들기 문제로 차량을 뒤따라가 진행차선에 끼어든 후 급정거하거나 급정거 후 내려 흉기로 위협한 사건 등 분노는 이렇듯 운전 중 빚어지는 시비에서부터 아동기에 겪었던 신체적 학대에서 연유된 사건에 이르기까지 우리 사회 곳곳에 퍼져 있다. 전문가들은 최근 들어 분노를 극단적인 방식으로 폭발시키는 사례가 늘고 있다고 우려를 표명한 뒤 대형 참사로 이어질 수 있는 분노 제어 장치를 시급히 손질할 필요가 있다고 강조했다.

분노를 조절하지 못하는 정신질환인 '습관 및 충동장애'가 해마다 늘고 있다. 건강보험심사평가원의 보건의료빅데이터에 따르면 '습관 및 충동장애'로 진료를 받은 사람은 2015년 5천 390명 2016년 5천 920명 2017년 5천 986명으로 증가 추세다(아시아경제, 2020). 분노조절장애는 유전자 문제, 피부질환 후유증 등과 같은 의학적 요인 때문이기도 하지만 대부분은 날로 심화하는 사회 양극화와 저출산 고령화 등이 야기한 상대적 박탈감, 소외감 등이 원인이라는 분석이다.

분노는 신체적 불만, 좌절, 자존심의 상실, 상대의 공격적 행동 등과 같은 분노를 유발하는 사건으로 인하여 분노 표적에 관한 사고나 신념과 같은 인지적 측면의 변화 및 혈압 상승 및 심장 박동 수 증가와 같은 생리적 변화를 수반하고 행동적, 언어적으로 표현될 수 있는 미미한 짜증으로부터 극단적인 격노까지의 비교적 강한 강도의 불쾌한 내적 경험이다.

분노(anger)는 학술용어로는 '자신의 욕구 실현이 저지당하거나 어떤 일을 강요당했을 때, 이에 저항하기 위해 생기는 부정적인 정서 상태'를 의미한다. 일반적으로는 자신의 이익을 침해당하거나, 손해를 강요당하거나, 위협을 당하거나 등등 여러 불합리한 상황에서 생길 수 있다. 흔한 감정이지만, 원초적이고 강렬한 감정이다 보니 어떤 인간이라도 분노를 통제하기 힘들다.

1. 분노의 표현

분노의 표출은 다양한 형태로 일어난다.

- 과격한 신체행위로 표출

책상이나 벽을 주먹으로 치거나, 온갖 집기를 걷어차거나, 주먹을 꽉 쥐는 등.

- 신체의 고통으로 전이됨

두통, 술에 취한 것 같은 기분 상태, 화병, 과민성 대장증후군, 고혈압이나 뇌졸중 등.

- 보상심리

A라는 사람에게 자신이 당한 부당한 행동을 B라는 사람에게 똑같은 형태로 풀어내는 행동. 또는 과거에 당한 부당한 사회 악습을 똑같은 형태로 나중에 다른 사람에게 가하는 행동.

- 사회 부조리에 대한 저항

사회를 바꾸고자 하는 세력들이 가장 즐겨 쓰는 슬로건 중 하나도 바로 "(젊은이들이여/대중들이여) 분노하라!"이다. 세상을 바꾼 수많은 혁명들이 이런 동기로 이루어진 경우가 많다.

- 분노의 대상에게 복수

물리적인 폭행이나 살인 등

분노의 표현 방식은 분노 표출, 분노 억제로 구분할 수 있다. 분노 표출은 자신의 분노를 느끼게 한 대상 혹은 타인에게 표현하는 것이다. 따라서 공격적인 행동으로 표출되기 쉽고, 상대방의 기분을 나쁘게 하는 폭언 등으로 드러난다. 이러한 이유로 분노를 경험하는 본인은 물론 타인의 감정까지 매우 불쾌하게 만들고 인간관계를 악화시킬 수 있다. 또한 분노 억제는 내적으로 분노를 통제하는 것이다. 억제된 분노는 의식 속에 오랫동안 남아 있게 되어 불안, 우울, 초조 등의 증상으로 나타날 수 있다.

2. 분노로 인해 잃는 것들

분노를 조절하지 못해 생기는 피해로는 우선 분노의 대상이 되는 인물과의 인간관계가 매우 악화된다. 예를 들어, 군대나 직장생활 같은 계급 사회에서 상급자에게 분노를 드러내면 '욱하는 사람이니 쫓아내야겠다.'는 결과를 낳는다. 하급자에게 분노를 드러낼 경우에도 '저 사람은 쉽게 화내는 하급자들을 소중히 여기지 않는 사람이다.'라는 평판을 들으며, 아무도 자신을 따르지 않는 결과를 초래한다. 둘째, 자신이 납득할 수 없는 상태에서 억지로 참으면 화병이 난다. 셋째, 분노할 대상을 찾아 화를 풀다 보면, 상대의 복수에 의해 애꿎은 대상들을 희생하기 쉽다. 넷째, 누구에 대해서 분노해야 할지 명확하지 않으면, 엉뚱한 사람을 희생양으로 삼거나 아무 것도 바꾸지 못하는 경우가 많다. 특히 가족관계가 제일 먼저 붕괴한다. 다섯째, 분노를 참지 못하고 겉으로 화난 표시를 드러낸다면, 강한 사회적 압박을 받게 된다. 자신이 분노의 대상이 아니더라도 곁에 있기 꺼린다. 언제 그 분노의 대상이 자신이 될지 알 수 없으며, 감정 조절을 못하는 불쾌한 사람으로 느껴지기 때문이다. 그리고 당신을 '이상한 사람, 반사회적인 사람, 가까이하지 말아야 할 사람, 피해야 할 사람, 우습고 하찮은 사람'으로 취급하게 된다. 아무 말을 하지 않더라도 태도, 제스처, 얼굴 표정, 경직된 자세를 통해 분노가 드러나더라도 대인관계에 피해를 입는다.

3. 분노의 조절

분노의 감정은 흥분과 건강 상태를 수반하는 매우 불쾌한 공격적인 감정이다. 분노의 감정 상태에서는 상대방이 밉고 싫어지며 상대방을 때리거나 소리를 지르는 등 공격하고 싶고 자신이 당한 불쾌감을 돌려줌으로써 보복하고 싶어진다. 분노감정을 직접적으로 표현하고 상대방을 공격하게 되면 자기 자신이 화를 잘 내는 편협한 사람으로 보일 수 있고 원만한 대인관계가 어렵게 된다. 그렇다고 분노감정을 표현하지 않고 가슴속에 담아두기만 하면 마음이 답답해지고 속으로 울화가 치밀어 불쾌했던 일이 계속 생각되는 등 마음이 산란해진다. 또한 일시적이고 일반적인 분노는 그 상처가 오래가지 않기 때문에 크게 문제가 되지 않지만, 만성적이고 지속적인 분노는 신체를 급속도로 응급상황으로 만들어 고혈압, 심장마비

의 원인이 될 수 있으며 수명을 단축시킬 수 있다.

그렇다면 어떻게 분노를 다스려야 할까? 다양한 가설과 모델이 난립하고 있긴 하지만 어느 쪽이든 외적 자극이나 귀인에 대해서 문제 중심적 대처나 인지적 재평가(cognitive reappraisal)를 하는 것이 가장 좋은 분노의 관리방법이라고 알려져 있다. 냉정하고 객관적이게 한걸음 떨어져서 봐야 한다는 뜻이다.

한편 정신 분석학의 관점에서는 승화(sublimation)라는 방어기제를 활용할 것이 권장되어, 복싱이나 드럼 등으로 분노를 해소할 것을 권유하기도 한다.

- 분노를 일으키는 기억을 잊으려는 강박관념을 버려야 한다.
  차라리 빨리 잊어야 한다는 생각도 하지 말고, 반드시 기억해야 한다는 생각도 하지 않으면, 더 빨리 잊어버릴 수 있다. "빨리 잊어버려야지." 하면 할수록 그 장면이 더 생생하게 떠오를 것이다.

- 누구나 겪을 수 있는 일인지, 아니면 자신이 잘못해서 일어난 일인지 생각해 보는 게 좋다.
  예를 들어, 애인이 나와 다른 사람을 동시에 사귀다 결국 떠나가 버렸다면 상당한 분노를 겪을 수 있다. 그런데 주변에서 "네가 매력 없거나 소홀하게 행동했으니까 바람을 핀 거겠지." 하면서 어처구니없는 소리를 하는 사람이 있다면 자신에게 찾을 수 없는 원인을 헤매면서, 억울함 때문에 더욱 분노하고 괴로워하게 되는 것이다. 그러나 냉정하게 보면, 아무런 부정적인 원인이 없더라도 소위 양다리를 걸치는 사람은 얼마든지 있다. 인간관계도 마치 교통사고 난 것처럼, 서로 아무 잘못 없는데 운이 없이 겪게 되는 문제도 많다. 그런데도 불구하고, 잘못을 억지로 자기 자신에게서 찾고 있거나, 충분한 위로를 받지 못한다면, 억울함 때문에 분노가 더 길게 갈 수 있다. 다른 사람에게서 충분한 위로를 받지 못하더라도, "그럴만하다. 누구라도 이런 일을 겪을 수 있다. 그 사람이 나쁜 거다. 내가 문제가 아니다." 하고 스스로에게 힘을 줘야 할 필요가 있다.

- 자기 자신이 전적으로 잘못해서 생긴 일이라면, 그 문제를 해결하고 앞으로 다시 일어나지 않게 할 방법을 생각한다.

- 분노를 잊을 만한 다른 취미나 관심거리를 찾아본다.

- 하소연을 해 본다.
  위로받을 곳이 없어 답답하면 분노가 오래간다. 그러나 온라인이건 오프라인이건 하소연하다 주변의 핀잔, 안 좋은 시선만 받게 될 수 있다. 그러니 웬만하면 '전문가와 상담'해라. 가족, 친구조차도 당신의 말을 이해해 줄지는 모를 일이다.

- 분노를 일으킨 누군가에게 범죄를 저질러서라도 복수하고 싶다는 생각이 드는지 확인하라.
  이런 생각이 든다는 것은 비합리적인 생각을 하고 있다는 뜻이다. 정말로 급박한 상황에서도 이성을 잃지 말자. 마음속으로 심호흡을 하거나 10을 세는 등, 스스로에게 '잠깐 멈추라'는 생각을 해서 폭발적인 반응을 보이지 않도록 해야 한다. 잠시 그 자리를 피하는 것만으로도 최악의 사태는 면할 수 있다.

- 당신을 좋아하는 사람, 당신을 위해 이바지하는 사람을 대상으로 분노를 표출하고 싶은 생각이 든다면 일단 멈춰라.
  상대가 비꼬는 투로 말했다고 생각했는데 실제로는 좋은 의도로 한 말이었다면? 상대가 버릇없는 말을 했다고 생각했는데, 실제로는 내 기분이 나빠서 잘못 들은 것이었다면? 상대가 '오는 길에 버스가 폭발해서 늦었다.' 같은 말도 안 되는 거짓말을 하고 있다고 생각했는데, 실제로 확률적으로 말도 안 될 것 같은 사고가 일어났다면 그때 가서는 어떻게 할 것인가? 한두 개만의 증거와 말로 판단하려 하면, 이런 판단 오류로 인해 소중한 사람에게 상처를 주게 되고, 운이 나쁘면 영영 절교당할 수도 있다. 정말로 상대가 문제인지는 적어도 15분 정도 그에 대한 대화를 해 보고 나서 판단해도 늦지 않을 것이다.

- 상대방을 용서한다.

  용서는 개인의 종교적 또는 철학적 가치관에 근거하여 상대방에 대한 분노감정과 공격충동을 스스로 해소하는 것이다. 흔히 분노는 공격행동을 낳고, 공격행동은 상대방의 분노를 유발하여 다시금 공격행동을 받게 되는 복수의 순환과정으로 발전될 수 있다. 이러한 상호적 공격행위를 통해 승부를 떠나 쌍방은 힘을 낭비하고 피해를 입는 경우가 대부분이다. 이러한 분노감정과 공격충동의 파괴성을 깊이 인식하고 상대방과의 대결적 관계를 협력적 또는 비대결적 관계로 전환하며, 서로의 성장과 발전을 위한 미래지향적인 대처가 용서이다. 용서는 분노감정을 처리하는 가장 성숙된 방법인 동시에 가장 어려운 방법이기도 하다.

분노의 감정은 우리의 삶을 방해하고 공격하는 대상에 대해 느끼는 자연스럽고 정당한 감정으로서, 지혜롭게 잘 승화시킬 수만 있다면 어떤 일을 강력하게 추천하는 삶의 에너지가 되기도 한다.

그러나 분노를 승화시키지 못하고 원색적으로 표출할수록 상대방에게 상처와 복수심을 유발하고 자신에게도 독약이 될 수 있음을 명심해야 한다. 분노를 다스리는 방법을 연습하며 살아가야 한다. 그리고 분노를 야기하는 사람을 가엾이 여기며 측은지심의 마음으로 상대방을 바라보며 용서하도록 노력해야 한다.

읽 • 어 • 보 • 기

病으로 폭발하는 분노

한국인만의 독특한 정서적 질병이 화병(火病)이다. 억울한 감정, 욕구불만, 분노 등으로 생긴 스트레스인 화(火)를 오래 가슴에 담아두고 해소하지 못하면 가슴이 답답하거나 화끈거리는 등의 증상으로 나타난다. 일순간 울화가 치미는 느낌을 한두 번씩 받아 본 사람은 누구나 화병에 걸릴 수 있다.

◆ 분노를 과도하게 억눌러 생기는 병

화병은 우리나라 사람만 겪는 정신적 증후군이다. 1995년 미국정신의학회는 '정신과질환통계분류(DSM)'에 화병을 우리말 그대로 'hwa-byung'이라고 넣고 '분노를 과도하게 누를 때 생기는 '분노증후군'으로 설명했다.

화병은 한(恨)이 병리화한 형태라는 분석도 있다. 국민건강보험공단 질병코드에 화병은 등록돼 있지 않다. 우울증을 비롯한 몇 가지 즉, 우울증과 범불안장애, 공황장애, 공포증 등의 정신질환 증세가 합쳐진 것으로 여기기 때문이다.

◆ 두통·불안감·공격 성향이 뒤섞여 나타난다.

화병은 40대 후반의 여성이 많이 겪는다. 중년 여성은 가족과 함께 지내는 시간이 줄면서 자신의 존재감이 사라진다고 느낀다. 이런 심리적 상태가 화병으로 이어진다. 폐경기로 여성호르몬 분비가 줄면 감정의 기복이 심해져 화병이 악화될 수 있다.

◆ 응축된 공격성 배출할 방법 찾아야 한다.

화병은 환자를 둘러싼 여러 가지 스트레스 상황이 오랫동안 복합적으로 작용해 발병하며, 특정한 하나의 심리적 충격 때문에 생기는 것이 아니므로 직접적인 치료가 힘들다. 이럴 때는 간접적으로 화를 표출할 방법을 찾아야 한다. 예를 들어 활동량이 많은 운동이나, 가족이나 주면 사람들과의 대화를 통해 하소연 등을 서로 나누고 들어주면 분노를 발산하는 데 도움이 된다.

출처: 헬스조선(2010. 4. 6).

적용과 실천

'분노조절장애'에 대해 알아보자

쉽게 '버럭'하고 화를 내는 사람이 많은데, 이때 주변 사람의 스트레스는 이만저만이 아니다. 그러나 화를 잘 참지 못하고 쉽게 폭발시키는 것은 단순한 성격 문제가 아닌 병(病)일 수 있다. 흔히 '분노조절장애'라 부르는 질환의 정확한 명칭을 '간헐성 폭발장애'라고 하고, 이때는 치료가 필요하다.

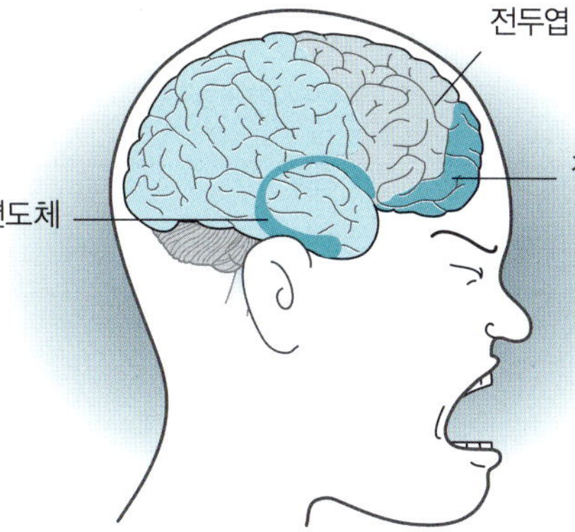

◆ 주 2회 이상 폭언하면 의심

1주일에 두 번 이상, 3개월 넘게 폭언을 하면 간헐성 폭발장애를 의심할 수 있다. 1년에 세 번 이상 폭력을 쓰는 것도 의심 증상이다. 뇌 속에 편도체라는 부분이 감정을 느끼면 전전두엽이 감정을 조절하고 통제하는데, 과도하게 스트레스가 쌓이면 전전두엽에 과부하가 걸리면서 제 기능을 못해 병이 된다. 또한 평소 화를 너무 안 내는 사람도 고위험군일 수 있다. 겉으로 화를 내지 않아도 편도체는 그 감정을 모두 느끼기 때문에 받아들인 감정이 전전두엽이 제어할 수 있는 한계를 넘으면 결국 폭발할 수 있다.

◆ 화날 때 숫자부터 세는 것 도움

병원에서는 간헐성 폭발장애를 치료할 때 감정기복이나 충동조절을 해주는 약물 복용과 함께, 감정조절을 훈련하게 한다.

분노조절장애 진단기준표

당신은 분노조절장애?			
전혀 그렇지 않다 1점 약간 그렇다 2점	꽤 그렇다 3점 확실히 그렇다 4점		
			점수
1. 나는 때때로 싫어하는 사람 앞에서 그의 험담을 늘어놓는다.			점
2. 나는 화가 나면 가끔 물건을 던진다.			점
3. 나는 상대방과 다른 의견이 있다면 그의 입장을 고려하지 않고 나의 입장을 말한다.			점
4. 사람들이 나에게 호통을 칠 때 나도 맞서서 호통을 친다.			점
5. 나는 매우 흥분했을 때 누군가를 때릴 수 있다.			점
6. 나는 때때로 시비조로 행동한다.			점
7. 나는 거짓 협박을 자주 한다.			점
8. 나는 논쟁할 때 언성을 높이는 경향이 있다.			점
9. 나는 나를 궁지에 빠지게 한 사람을 알면 그 사람과 싸운다.			점
10. 나는 때때로 다른 사람을 해치고 싶은 충동을 느낀다.			점
			점
합산점수 26~27점 약간 위험	28~29점 위험	30점 이상 매우 위험	총 점

출처: 헬스조선(2016. 12. 12).

우선 자신이 화가 났다는 사실 자체를 빨리 알아채야 한다. 자신의 감정을 알아야 폭발적인 행동으로 표현하기 전 빠른 대처를 할 수 있다. 그러려면 자신만의 '분노신호'를 미리 알아둬야 한다. 얼굴이 붉어지거나, 가슴이 두근거리거나, 목소리가 떨리는 등 자신만의 분노신호가 나타날 때가 있다. 이때 머릿속으로 숫자를 세자. 숫자를 세는 것은 이성에 관여하는 '좌뇌'를 쓰게 해, 잠시 흥분된 '우뇌(감정에 관여)'의 작용을 제어한다. 화를 유발하는 대상을 보지 않는 것도 좋다. 아무리 강한 분노도 15분 이상 지속되지 않기 때문이다.

출처: 헬스조선(2016. 12. 12).

CHAPTER 4

스트레스 대처

1. 스트레스의 개념

스트레스(stress)는 '팽팽하게 죄다.'라는 뜻의 라틴어에서 유래된 말로 17세기에는 환경적인 어려움, 경제적인 곤란, 고생이나 역경 등을 의미하는 단어로 사용되다가 18세기에 이르러 물리학, 공학에 도입되어 어떤 고형의 물체가 외부적 힘에 의해 물체 표면의 연속성을 잃게 된 상태라는 의미로 사용되었다. 그리고 20세기에 들어 스트레스는 본격적으로 의학 용어로 사용되기 시작했는데 셀리에(Selye) 박사는 스트레스를 외부에서 가해지는 상해나 자극 등에 대해 신체 내부에서 일어나는 비특이적 생물학적 반응이라고 정의하였다. 현재는 여러 학자들이 스트레스를 다양하게 정의하고 있으나, 크게 볼 때 다음 세 가지 측면에서 정의할 수 있겠다.

1) 반응으로서의 스트레스

"스트레스를 받으면 혈압이 올라가고 심장이 뛴다.", "스트레스를 받으면 두통이 생긴다.", "짜증 난다.", "우울해."라고 말하는 것처럼, 스트레스를 받으면 생리적, 신체적인 반응 또는 심리적인 반응을 경험한다. 사람들은 새로운 자극, 즉 스트레스에 시달리다 보면 이에 대응하려는 과정에서 신체적이거나 심리적인 증상들이 나타나는데, 그것이 우리가 흔히 경험하는 증상들이다.

2) 자극으로서의 스트레스

흔히 사람들이 스트레스라는 단어는 충격적이고 엄청난 사건을 같이 떠올린다. 전쟁, 지진, 홍수 같은 천재지변이나 갑작스러운 가족의 사망이나 실직, 교통사고 등은 분명 스트레스 사건들이다. 그러나 이러한 사건들이 우리 인생에서 일어나는 경우는 그렇게 많지 않고 오히려 중요한 발표가 있는 날 전철이 연착되거나 시내 교통이 밀려 제시간에 도착하지 못하는 일, 아파트의 층간 소음, 도시의 미세먼지 등과 같은 일상적인 일들이 스트레스가 될 때가 많다. 이러한 일상적이고 사소한 사건들은 그것 자체로는 우리의 심신을 위협할 정도로 엄청나게 크지는 않지만, 그것들이 쌓이면 큰 부작용을 낳기도 한다.

3) 개인의 지각과 평가를 강조한 심리적 관점으로서의 스트레스

라자러스(Lazarus)는 스트레스의 자극과 반응을 모두 고려한 상태에서 자극이나 사건에 대한 개인의 지각과 평가를 강조한다. 스트레스 사건 자체보다 그 사건에 대한 개인의 평가와 해석이 중요하며 그에 따라 스트레스에 대한 반응도 달라진다는 것이다.

예를 들어, 취업을 앞둔 한 대학생이 자신의 낮은 토익점수 때문에 스트레스를 받고 있다고 하자. 그 이면에는 '노력해도 점수가 더 올라가지 않으면 어쩌나?', '내 영어 실력이 여기까지인 것은 아닐까?'와 같은 부정적인 생각들이 내재해 있다.

2. 스트레스 요인

1) 좌절

일상생활 속에서 우리는 소망, 욕구 또는 기대를 성취하는 과정에서 방해받고 장애에 부딪칠 때 욕구좌절을 경험한다. 그리고 이처럼 어떤 목표를 추구하는 것이 방해받는 상황에서 좌절은 곧 스트레스라는 결과로 이어지게 된다.

개인의 목표달성을 방해하는 장애물은 외적인 것과 내적인 것으로 구분할 수 있다. 외적인 장애물로는 아침 출근시간의 교통체증이나, 태풍으로 농사를 망치는 것과 같은 물리적 요인과 직장에서의 남녀차별 등 사회적 요인으로 구분할 수 있다. 또한 내적인 장애물로는 건강문제나 외모와 같은 신체적 요인과 정서 및 자존감 등과 같은 심리적 요인으로 구분할 수 있다.

2) 갈등

갈등(conflict)이란 두 가지 이상의 대립된 가치를 가지고 있는 힘이나 선택 가운데서 겪는 압박감을 말한다. 갈등은 같은 수준의 가치나 힘을 지녔지만, 그 두 가치나 힘이 양립할 수 없는 목표나 행동 경향성이 동시에 존재하며, 그중 어떤 것 하나만을 선택해야 할 때 발생한다.

우리는 점심에 무엇을 먹을지에 대한 사소한 갈등에서부터 진로를 선택하는 상황, 배우자를 선택하는 것과 같은 인생의 중요한 순간에도 갈등을 경험한다.

르윈(Lewin, 1935)은 갈등의 세 가지 유형을 다음과 같이 제시하였다.

(1) 접근-접근 갈등

접근-접근 갈등은 두 가지 목표가 모두 바람직하거나 매력적인 것일 때 하나를 선택해야 하는 과정에서 발생한다. 예를 들어, 여름휴가를 바다로 갈 것인가? 산으로 갈 것인가? 점심식사로 짜장면을 먹을 것인가? 짬뽕을 먹을 것인가? 하는 것이다.

(2) 접근-회피 갈등

어떤 목표가 긍정적인 측면과 부정적인 측면을 가지고 있어 어떤 목표를 추구할 것인지 말 것인지 선택하는 과정에서 발생한다. 예들 들어, 방학 동안 좋은 아르바이트 기회가 주어졌지만, 일을 하러 지방에 가야 하는 선택을 해야 하는 선택에서 발생할 수 있다. 또, 대학 졸업반의 어느 학생이 여러 군데의 취업원서를 제출했으나 번번이 실패하여 낙심하던 중 합격통지서를 받아서 너무 좋았는데, 막상 확인해 보니 그 회사의 연봉이 너무 낮아 실망을 하게 된다면 그는 이때 접근-회피 갈등을 느낄 수 있다.

(3) 회피-회피 갈등

두 개의 마음에 들지 않는 목표 사이에서 선택하는 과정에서 발생하며, 갈등 유형 중 가장 큰 스트레스와 좌절감을 유발시킨다. 예를 들어, 시험공부는 하기 싫지만 성적이 나쁜 것도 싫은 경우가 이에 속한다. 많은 사람들은 이런 갈등상황에서 쉽게 결정을 내리지 못하고 미루는 경우가 많지만, 성숙한 사람은 자신이 궁극적으로 원하는 목표를 선택하고 자신이 내린 결정에 책임을 질 줄 알며, 용기를 가지고 대처하려고 한다. 그러나 미숙한 사람은 두 개의 양립할 수 없는 불쾌한 상황 중에서 어느 하나를 선택하지 않고 우유부단하게 선택을 지연시켜서, 결국 어떤 것도 선택하지 못해 모두 잃기도 한다.

3) 압력

압력은 개인이 어떤 식으로 행동하기를 바라는 욕구나 기대를 말한다. 우리는 자신이 처한 외부환경이나 상황에서 압력을 받는 경우가 많은데 예를 들어 학생은 부모님 기대에 부응하여 좋은 학교에 입학해야 하는 압력, 국가대표 운동선수들은 국민들 기대에 맞는 좋은 성적을 내야 하는 압력, 대통령은 국가 경제를 성장시키고 민생을 안정시켜야 한다는 압력을 받는다. 이렇게 사람들로부터 자신의 과제를 성공적으로 수행하도록 요구받는 압력을 수행압력이라고 한다. 또한 사회 관습에 맞추어 행동해야 하는 압력, 결혼 적령기에 결혼을 해야 한다는 압력 등과 같이 일반사람들이 그렇게 하도록 순종하거나 동조하도록 하는 순종압력을 받기도 한다.

반면 압력은 외부환경이나 상황에서만 발생하는 것이 아니라 스스로 부여하기도 한다. 즉, 날씬한 몸매를 유지하기 위해서 다이어트를 해야 한다는 압력, 자신이 목표한 성적을 얻기 위해서 잠을 줄여야 한다는 압력 등은 스스로 부여한 것일 수 있다. 압력은 주로 경쟁에서 비롯되는 경우가 많은데, 남들보다 성공하거나 잘해야 한다, 돋보여야 한다는 강한 압력이 과도한 목표 설정으로 이어지기도 한다.

4) 변화

삶의 변화는 스트레스를 유발시키는 중요한 요인이다. 변화는 그전과는 다른 생활방식을 요구하며 그러한 방식에 익숙해지거나 적응하기 위해서는 많은 에너지와 노력이 소모된다. 삶의 변화에는 부정적인 변화나 긍정적인 변화가 모두 포함된다. 배우자나 가족이 사망하는 것, 교통사고를 당하는 것, 실직하는 것 등과 같은 변화에 대처하기 위해서 많은 적응능력이 요구되고 때로는 정신적인 고통뿐만 아니라 신체적인 고통을 받기도 한다.

그러나 결혼을 하는 것, 새로운 직장에 들어가는 것, 학교 입학과 같은 변화도 심리적, 신체적 고통을 수반할 수 있다. 기존과는 다른 새로운 상황이나 환경에 적응한다는 것 자체가 우리에게 많은 스트레스와 에너지를 요구하며, 다시 새로운 무엇인가에 적응하기 위해서는 그만한 고통과 인내의 시간을 필요로 하기 때문이다. 특히 나이 들수록 적응력이 떨어지는 경향이 있어서, 변화를 두려워하고 회피하는 경향이 있다.

3. 스트레스 대처

현대인의 삶에 있어서 부정적인 생활사건이나 스트레스는 일상적이며, 특히 성공지향적인 삶일수록 스트레스가 더 많다. 그런 스트레스가 신체적, 정신적 건강에 해롭다는 것은 누구나 다 알고 있는 사실이다. 그러나 모든 스트레스가 해로운 것은 아니다. 약간의 스트레스는 생활에 긴장감을 더해주고 그러한 긴장감은 일의 능률을 높이기도 한다. 또한 스트레스가 없이 긴장감 없는 평화로운 날들만 계속된다면 우리가 지니고 있는 잠재력을 발휘할 기회가 없으며 우리의 능력은 점점 퇴화될 것이다. 이처럼 적당한 스트레스는 우리의 잠재능력을 계발시켜 주는 긍정적인 역할을 한다.

중요한 것은 우리가 경험하는 스트레스에 어떻게 대처하느냐이다. 부정적인 생활사건 자체를 바꾸기는 쉽지 않은 일이지만 이 사건들에서 파생되는 스트레스에 대한 대처(coping)는 개인의 노력으로 가능한 부분이며, 이러한 대처행동이 개인의 신체적·심리적 안녕에 중요한 역할을 한다는 것이 많은 연구들을 통해 밝혀져 왔다(Aldwin & Revenson, 1987).

우리는 일상생활에서 다양한 스트레스 대처 방식을 사용한다. 그러나 사용하고 있는 대처방식 모두가 적응적이거나 스트레스 해소에 도움이 되는 것은 아니다. 그렇다면 적응적이고 건설적인 대처방식에는 어떤 것들이 있는지 그리고 반대로 부적응적인 스트레스 대처 방식에는 어떤 것들이 있는지 알아보자.

1) 부적응적 스트레스 대처

우리는 때때로 술 마시기, 포기하기, 잠자기, 쇼핑하기, 자신을 비난하기 등과 같은 방법으로 손쉽게 스트레스에 대처하기도 한다. 이러한 대처법은 특별한 노력이나 시간이 들지 않아서 쉽게 사용되며, 스트레스로부터 일시적으로 벗어나게 해 준다. 하지만 그 결과는 또 다른 스트레스로 다가올 수도 있다.

(1) 포기하기

사람들은 스트레스 상황에 처했을 때, 특히 그 상황을 자신이 해결하기 어렵다고 생각할 때 포기하고 그 상황에서 물러나는 경우가 많다. 때로 불가항력적인 스트레스 상황에서 빠른 포기가 효과적인 대처방법이 되기도 하지만, 대체로 우리의 능력이나 자원을 충분히 발휘해 보지 않은 채 포기하곤 한다. 쉽게 포기하는 사람들의 경우 스트레스를 경험하게 되면 그 상황에 직면하거나 문제를 해결하기 위해 노력하지 않고 쉽게 포기하는 반응을 보이는 경향이 있으며, 포기하게 되는 상황에서 그 상황의 결과를 자신이 부족한 탓으로 돌리는 경우가 많다. 이와 같이 자신의 능력에 대한 부정적인 해석은 앞으로의 성취에도 부정적인 영향을 미친다. 자신의 능력이나 자원의 한계를 인정하지 않고 지나치게 높은 목표를 세우고 잦은 실패와 좌절감을 경험하는 것보다는 자신의 한계를 인정하고 포기하는 것이 훨씬 더 건강하고 적응적인 삶을 영위하는 데 도움이 될 수 있다. 그러나 더욱 중요한 것은 계획과 목표를 세우는 단계에서부터 자신의 능력에 맞는 목표를 설정하여 지나친 책임에서 스스로 벗어나는 것도 중요하다.

(2) 회피하기

스트레스를 받으면 '잠을 잔다.', '친구와 함께 맛있는 것을 먹으러 간다.', '술을 마신다.' '쇼핑한다.' 등의 대답을 하는 대학생들이 많다. 이러한 방법들은 괴롭거나 힘든 상황을 생각하지 않으려는 회피하기 대처방식에 속한다.

이러한 대처방식은 스트레스로 인한 우리의 부적 감정을 일시적으로 조절하는 데는 도움이 된다. 그러나 문제해결을 위한 노력 없이 시간만 보내게 되면 스트레스 상황은 더 악화되고 회피는 결국 포기의 대처방식으로 이어지기도 한다. 따라서 문제에 따라서 회피 방식이 효과적이고 일시적으로는 도움이 될 수 있지만, 시간이 지나도 여전히 그 문제는 남아 있는 경우가 많다. 스트레스로 인한 부적 감정을 완화시킬 수 있는 시간을 보낸 후에는 문제해결을 위한 적극적인 탐색 노력이 필요하다.

(3) 타인에게 표출하기

자신이 스트레스를 받을 때 아무 관련이 없는 다른 사람에게 무참하게 공격적인 행동을 함으로써 자신의 스트레스를 해소하는 경우이다. 돌라드와 밀러(Dollard & Miller, 1939)는 좌절-공격성 가설에서 좌절을 일으킨 일차적인 대상에게 공격행동을 보일 뿐 아니라, 자신의 좌절과는 아무런 관련이 없는 간접적이거나 이차적인 대상에게까지 공격적인 행동을 하는 경우도 많다고 주장하였다. 특히 자신에게 좌절을 안겨 준 진짜 근원에 대해서 화를 내거나 공격행동을 할 수 없을 때 자신과는 아무런 상관없는 대상에게 그가 단지 그 시간에, 그 장소에 있었다는 이유만으로 공격행동을 하는 경우도 있다. 때로는 자신이 화를 낼 수 없거나 분노를 유발시킨 상대에게 화내는 것이 두렵거나 제한될 때 아무런 관련이 없는 사람에게 공격행동을 하기도 한다.

프로이트는 자신의 부적 감정을 외부로 표출하여 타인에게 화난 감정을 표출하게 되면 마음의 답답함이 해소되고 시원함을 느끼기도 한다고 한다. 그러나 이와 같이 스트레스를 타인에게 표출하는 것은 사회적으로 바람직하지 않으며 대인관계에서 갈등을 일으키거나 주변 사람들로부터 사회적 지지와 정서적 교류의 기회를 잃게 되는 등 긍정적인 면보다는 부정적인 손실이 더 크다.

(4) 쾌락의 추구

스트레스를 받게 되면 흔히 말수가 적어지고 늘 하던 일에 흥미를 잃으며 위축되는 경향을 보이기도 하지만, 경우에 따라서는 이와 다른 행동 패턴으로 나타나기도 한다. 스트레스를 받은 날 술을 더 마시며 괴로운 마음을 달래기도 하고 담배를 더 자주 피우기도 한다. 또한 쇼핑으로 필요하지 않은 물건들을 사들이기도 하고, 폭식으로 그전에 있었던 괴로운 일을 잊으려 하기도 한다. 이렇듯 사람들은 나름대로 쾌락적이며 자극을 추구하는 행동을 통해 스트레스에 대처한다. 인터넷 중독이나, 게임중독, 도박 등도 이러한 심리적인 문제들과 관련이 있다. 즉 불안하거나 우울한 사람들은 부정적인 심리 상태를 해소하기 위한 방법으로 도박을 선택했을 가능성이 높은데, 도박을 하는 동안에는 기분이 고조되고 자신이 살아 있는 것 같고, 우울감이나, 권태감, 낮은 자존감과 같은 부적 상태를 피하거나 경감시키기 위한 회피적 동기가 작용하는 것으로 볼 수 있다(Jacobs, 1987). 그리고 더욱 문제가 되는 것은 이러한 경험들은 강화로 작용하여 습관화된 행동을 유발하고, 그 행동의 결과로 인해 하지 않으면 불안과 우울을 경험하는 악순환의 고리가 되기도 한다(Dickerson et al., 1991). 이러한 대안적인 방법을 통한 스트레스 역시 스스로 적절하게 통제할 수 있다면 현실적으로 유용하게 사용될 수 있다. 예를 들어 사람들과 만나서 술 한 잔 기울이며 웃고 떠들고 격려를 받으면서 스트레스가 사라지기도 한다. 그러나 중요한 것은 스트레스 상황을 극복하기 위해 적극적인 노력을 하기보다 지나친 쾌락 추구에 몰두하게 되면 뒤따르는 또 다른 스트레스로 인해 더 많은 것을 잃을 수도 있다.

(5) 자신을 비방하기

모든 상황의 원인이 나한테 있다고 생각하는 것이다. 분명한 상황에 대한 객관적인 원인 분석과 이해에 따라 자신의 문제점이나 부족한 점을 인정하는 것은 성공적인 삶을 사는 데 도움이 되기도 하지만, 현실적인 근거나 판단 기준 없이 무조건 자기 자신을 비난하는 것은 스트레스에 대한 부적 정서를 경험하게 할 뿐만 아니라 전반적인 자기 가치감에도 부적적인 영향을 미친다.

2) 적응적 스트레스 대처 유형

이영호(2006)에 따르면, 스트레스에 효과적으로 대처하려면 두 가지 접근방식이 중요하다. 우선 그 첫째는 평소에 개인의 대처능력을 향상시키는 예방적인 준비 노력이 필요하다. 이러한 노력으로는 생활방식을 성장지향적으로 변화시키는 것, 자존심을 높이고 자신의 능력을 개발하는 것, 인간관계 기술을 향상시키는 것 등이 포함된다. 둘째는 특정 스트레스 상황에 잘 대처하는 방법을 익히는 것이다. 스트레스 상황이 다양한 만큼 모든 상황에 효과적인 대처방식을 익힐 수는 없기 때문에, 중요한 것은 스트레스 효율적으로 대처하는 마음가짐이 중요하다. 스트레스 대처를 위한 다섯 가지 마음가짐을 제시하면 다음과 같다.

- 스트레스를 인생의 불가피한 일부분으로 받아들인다. 일상생활의 스트레스는 피할 수 없는 경우가 훨씬 많으며 또한 반대로 인생에서 스트레스가 전혀 없다고 가정했을 때 행복하기만 할까? 자극이 전혀 없는 삶은 변화와 발전이 없으며 무의미하다.

- 스트레스를 해결할 수 있는 문제로 인식한다. 스트레스를 '운명' 혹은 '남의 탓'으로만 여긴다면 해결이 불가능하다. 그것을 나의 문제로 인식하고 대처하려고 할 때 해결이 가능하다.

- 스트레스를 성장을 위한 도전으로 받아들인다. 스트레스 그 자체는 부정적이고 위협적인 것이 사실이지만, 그것을 극복함으로써 자신의 잠재력을 계발하고 성취감을 경험할 수 있다.

- 자신의 스트레스를 잘 파악하고 이해한다. 내가 느끼는 스트레스가 긴장, 두려움, 우울, 분노 중 어떤 감정인가? 무엇이, 누가 내 기분을 이렇게 만들어

놓았는가?를 잘 살펴보아야 한다.

- 지금까지 행해 왔던 습관적인 비효율적인 대처방식을 바꾸려고 노력하고 새로운 방식을 배워야 한다.

(1) 평가 중심적 대처 전략

많은 사람들이 같은 종류의 스트레스 사건이나 어려움을 경험하지만 그 스트레스에 대한 반응은 각기 다르며 그렇게 다른 반응과 결과가 초래되는 데에는 여러 가지 이유가 있다. 그중 하나는 자신이 처한 스트레스 사건이나 상황을 어떻게 해석하느냐 하는 문제로 스트레스와 관련된 사고방식이나 해석, 평가방식이 각기 다르기 때문이다. 많은 사람들은 스트레스 상황에 처하게 되면 상황에 압도되어 스트레스 상황에 대한 자신의 평가는 생각하지 못하거나 과소평가하는 경우가 많은데, 스트레스를 다루는 유용하고 적응적인 방법 중의 하나는 자신에게 스트레스가 되거나 위협을 주는 사건이나 상황에 대한 자신의 해석과 평가를 바꾸는 것이다.

마우스 등(Mauss et al., 2007)의 연구에서는 사건에 대한 인지적 재평가를 많이 한 집단일수록 심혈관계 반응과 부적 정서가 그렇지 않은 집단에 비해서 더 낮았다고 보고하고 있다. 즉, 스트레스 상황을 어떻게 해석하느냐에 따라서 죽을 만큼 힘든 상황일 수도 있고, 그래도 견딜 만하거나 오히려 자신을 성장시킨다고 받아들일 수도 있다. 이처럼 스트레스를 보다 효과적이며 적응적으로 다루기 위해서는 스트레스로 인한 부정적인 결과를 초래하는 부정적인 사고를 인식하고 이를 보다 합리적이고 적응적인 사고로 바꾸는 연습이 필요하다. 이러한 대처 전략이 평가중심적 대처 방법(appraisal focused constructive coping)으로, 사람들이 가지고 있는 비합리적이고 왜곡된 사고가 스트레스에 중요하게 작용한다고 보고, 이러한 개인의 비합리적이고 왜곡된 사고를 변화시킴으로써 스트레스를 관리하는 방법이다. 그렇다면 사람들이 흔히 갖는 부정적인 사고 왜곡이나 비합리적인 신념에 대해 알아보고 이와 관련된 대처 전략에 대해 살펴보자.

① 다양한 사고의 오류

사람들이 빠질 수 있는 사고 왜곡에는 어떤 것이 있는지 알고 이러한 생각의 함정을 미리 알고 있으면 감정이 극단적으로 치닫는 것을 예방할 수 있다. 다음은 흔히 나타나는 사고방식의 오류, 부정적인 인지 왜곡의 유형들이다.

② 이분법적 사고

사물을 흑과 백의 두 가지 부류로만 보는 경향을 말하는 것으로, '성공과 실패', '사랑과 미움'과 같이 모든 것을 이분법적으로 평가하는 것이다. 이러한 사고를 하는 사람들은 중간상태가 없으며 성공 아니면 실패일 뿐이다. 완벽하지 않으면 실패했다고 생각하기 때문에 완벽하기 위해서 애쓴다. 그러나 완벽하게 성공하는 것은 불가능하다. 때문에 이들은 자신이 항상 완벽하지 않거나 실패한다고 생각하는 경우가 많고 완벽함에 더욱 매달리게 된다.

③ 과잉일반화

한두 차례의 경험이나 증거에 비추어 모두 상황에서 그러할 것이라고 과도하게 일반화하여 결론을 맺는 오류이다. 예를 들어, "데이트 신청을 거절당하다니, 나는 여자를 결코 사귈 수 없을 거야." "두 번이나 프로젝트에 실패하다니, 내가 하는 것은 제대로 되는 것이 없어." 등으로 한두 차례의 경험으로 자신을 평가 절하함으로써 자신을 능력이 없는 쓸모없는 존재로 확대 해석하는 경향이 있다. 이렇게 하고 나면, 더 이상 도전할 의욕이나 동기가 매우 저하되고 비관적이고 부정적인 생각이 현실로 나타나는 악순환이 반복될 수 있다.

④ 과잉확대 혹은 과잉축소

자신의 실수나 불완전성, 불안감은 과대평가하는 반면 자신의 장점이나 잠재력은 과소평가하는 것이다. 또한 타인의 성공이나 재능은 과대평가하는 반면 타인의 단점이나 어려움은 과소평가하는 것이다. "내가 무난하다는 말은 내가 별 볼일 없다는 것을 증명하는 말이야."라고 한다거나 "전화번호를 잘 기억하는 것을 보니 너는 천재가 분명해!"와 같은 진술이 이와 같은 인지 왜곡의 예시가 될 수 있다.

⑤ 개인화

자신과 상관없는 사건을 자신과 관련된 것으로 해석하는 사고의 오류이다. 예를 들어, "오늘 회의가 취소된 것은 내가 발표할 차례였기 때문이야."라고 판단한다거나 "옆 테이블에 앉은 사람들이 웃는 것은 내가 입은 옷 때문이다."라고 자신과 관련지어 생각하는 사고의 오류이다.

⑥ 감정적 추론

자신의 느낌이 사실의 증거라고 주장하는 것으로 '내가 그렇게 느끼는 걸 보니 사실임에 틀림없다.'는 식으로 생각하는 것이다. 한 예로, "부장님이 기분이 안 좋은 것을 보니 내가 뭔가 잘못한 게 틀림없어."라고 생각한다거나, "친구가 약속에 늦는 것을 보니 날 싫어하는 것이 분명해."라고 판단하는 것으로 객관적 사실에 근거하지 않고 자신의 느낌에 비추어 판단하는 사고의 오류이다.

이 밖에도 다양한 사고의 오류와 부정적 인지 왜곡이 우리의 정신건강을 위협하고 있다. 우리가 즐겁고 적응적인 생활을 영위하기 위해서는 비합리적인 생각을 버리고 현실적이며 논리적인 생각을 해야 한다. 비합리적인 사고의 기저에는 '반드시', '절대로', '완벽하게', '꼭~ 해야만'과 같은 사고가 깔려 있는 경우가 많은데 현실에서 늘 계획한 대로 완벽하게 과제를 수행하기는 불가능하며 그러한 것을 상대에게 요구하는 것 또한 비합리적이다. 따라서 이러한 비합리적인 사고를 '바람직한', '가능하면', '~할 수도 있다'와 같은 사고로 바꾸는 것이 보다 합리적이다. '나는 반드시 성공해야만 해!'라는 사고에는 자신을 위험에 빠뜨리는 재앙적이고 파국적인 사고도 내포하고 있음을 기억할 필요가 있다.

(2) ABCDE 모델에 적용해 보기

엘리스의 ABCDE 모델은 사람들이 스트레스 사건에 대한 평가나 생각을 바꾸어 스트레스에 대한 정서적 반응을 줄일 수 있다는 대처 전략이다. 다음에서 스트레스 상황에서 우리를 힘들게 하는 비합리적인 사고가 무엇이고, 그러한 사고를 합리적이고 논리적인 사고로 변화시키는 과정을 알아보자.

① A(activating events): 스트레스를 유발하는 사건 찾기

부정적인 사고를 변화시키기 위해서는 우리를 불쾌하거나 스트레스받게 하는 촉발사건을 먼저 찾는다. 불안하거나 우울하고 화가 날 때에는 절망하게 하는 사건 예를 들어, 시험에서 낙방한 일, 연인과 헤어진 사건, 부모님께 꾸중 들은 일 등이 사전에 발생한다.

② B(belief): 사건에 대한 자신의 신념 발견하기

취업시험을 앞둔 한 대학생이 합격을 위해 열심히 노력했지만 안타깝게 떨어진 예를 들어보자. 그는 이런 상황을 엄청난 비극이라고 생각하고 크게 낙담했다. 그리고 '난 능력이 없나 봐.', '이제 더 이상 취업하긴 어려울 것 같아.', '사람들은 나를 비웃겠지.', '내 인생은 실패한 인생이야.'라고 생각했다. 이 대학생의 생각에는 많은 비합리적인 신념이 포함되어 있다. 취업시험에 떨어졌다는 사실 하나로 자신에게는 어떤 능력이 없다고 과잉 일반화하고 있으며, 사람들이 자신을 보고 비웃을 것이라고 임의적인 추론을 하고 있으며, 시험에 떨어진 것을 실패 자체라고 인식하는 등의 극단적인 생각을 하고 있다.

③ C(consequence): 그 일 이후 어떤 결과가 일어났는가?

취업에 실패한 후 자신에게 능력이 없다는 생각이 들자, 앞으로 어떤 일에도 도전할 자신감이 없어졌다. 공부도 잘되지 않았고, 사람들 앞에 나설 용기도 없어서 사람들이 모이는 자리를 피하게 되고 집 밖에 나가지 않게 된다. 또한 우울하고 절망스럽고 자신이 한심하다는 생각에 스스로 분노하기도 한다.

④ D(dispute): 과연 내가 이렇게 생각하는 것이 옳은가?

지금까지의 자신의 사고방식에 문제가 있거나 비합리적인 면이 있는지 찾아내고 비합리적인 면이 있다면 스스로 다음과 같은 질문을 던지며 논박하는 과정이 필요하다.

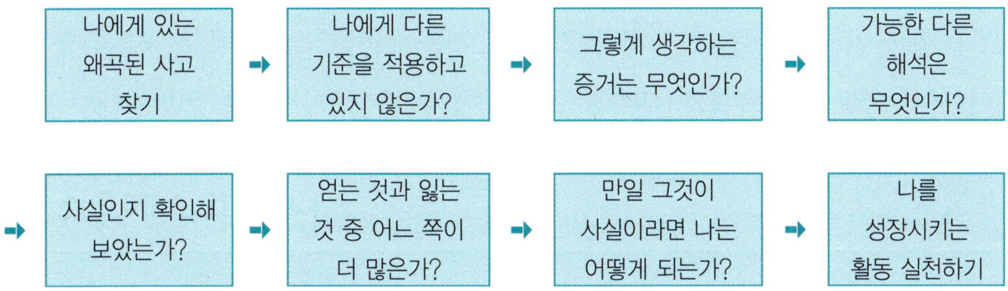

⑤ E(effect): 합리적인 신념으로 바꾸면 정서와 행동이 달라진다.

앞에서 스트레스를 유발하는 사건, 그 사건에 대한 신념, 그리고 그 신념이 정서와 행동에 미치는 결과를 보았고 자신의 잘못된 신념을 논박하여 합리적인 신념으로 이끄는 과정을 살펴보았다. 앞에서 연습했던 것처럼 지금 자신을 괴롭게 하거나 우울하게 하는 사건이 있다면 부정적인 생각을 멈추고 다시 천천히 되짚어 보며 논박해 보자.

적용과 실천 2

생각의 틀을 다시 짓는 ABCDE 훈련

과정	예	훈련 1	훈련 2
A (activating event) 내게 일어난 일	회사에서 하는 중요한 발표에서 실수를 했다.		
B (belief) 나의 핵심적 믿음	본부장 앞에서 실수하면 끝장이라고 생각한다.		
C(consequence) 결과	창피하고 실망스러워서 회의에 집중이 안 된다.		
D(dispute) 천사의 논박	실수 안 하는 사람 있어? 본부장님도 지난번에 바이어 앞에서 실수하셨잖아? 식사 자리에서 유머로 웃어넘기시니까 더 듬직하고 포스가 느껴지시던데…. 까짓 것, 남은 회의에서 당당하게 행동하자.		
E(effect) 변화와 효과	자신감을 회복한다.		

(3) 문제 중심적 대처 전략

문제 중심적 대처(problem focused constructive coping)는 스트레스를 유발시키는 문제 자체를 해결하고자 하는 노력을 말하며 구체적인 문제를 해결하기 위해 의도된 행동들을 포함한다. 예를 들어, 실직상황에서 문제 중심적 대처는 주로 재취업을 위한 구체적인 노력을 포함하고 있다. 체계적 문제해결 전략은 대표적인 문제 중심적 대처 전략 중의 하나로 건설적인 문제해결 태도 및 기술훈련을 적용하는 절차를 포함하고 있다. 다음에서 이러한 문제 중심적 대처 방법으로서 대표적인 방법인 체계적 문제해결 전략을 단계별로 살펴보자.

① 1단계: 문제 명료화하기

우리의 일상은 해결해야 할 과제들로 가득 차 있다. 흔히 사람들은 '난 너무 힘들어!'라는 말로 자신의 어려움을 얘기하지만 '힘들다'는 말은 추상적이고 모호하다. 즉, 사람들은 자신의 문제를 명확하게 인식하지 못하고 모호하게 일반화시킨다. 또한 사람들은 '난 화가 나!', '책이 눈에 들어오질 않아!'와 같이 때로 자신의 부정적인 감정에 더 몰두하는 경우가 많아서, 나중에는 근본적인 문제가 무엇이었는지 문제 자체와 문제로 인한 결과를 혼동하기도 하며 오히려 문제로 인한 결과에 초점을 맞추기도 한다.

이처럼 자신의 문제가 무엇인지 명확하게 파악하지 못한다면 자신의 문제나 갈등을 다루기 어렵다. 그러므로 체계적 문제해결 노력의 첫 번째 단계는 현재 해결하고자 하는 문제를 명확히 하고 구체화시키는 것이 중요하다.

② 2단계: 대안행동 마련하기

두 번째 단계는 대안행동을 마련하는 것이다. 사람들은 자신의 문제를 완벽하게 해결하기 원하지만 완벽한 해결책을 찾기는 어렵다. 다만 가장 가치가 높거나 상황을 지금보다 더 낫게 해 주는 대안을 찾는 것이 현실적인 방법이다. 따라서 문제해결을 위해서는 가능한 한 많은 해결책을 내놓은 것이 중요한데, 이때는 대안이 얼마나 실용적인가 현실적인가, 좋은가 혹은 나쁜가를 평가하지 말고 가능한 한 많은 의견들을 내놓은 후 그들 중에 최선책을 찾는 것이 중요하다. 이와 같이 대안을 찾는 과정에서 생각하지 못했던 창의적인 아이디어가 나타나기도 한다.

③ 3단계: 대안을 평가하고 행동하기

2단계에서 많은 대안을 찾았다면 3단계에서는 그 대안들이 얼마나 현재 가능성이 있는지, 얼마나 가치 있는지, 얼마나 이득이 있는지를 평가한다. 그러나 각각의 대안들에 대한 절대적인 판단기준이 있는 것은 아니며 다만 다음과 같은 세 가지의 일반적인 기준으로 대안들의 가치를 평가해 볼 수 있다. 우선, 각 대안이 얼마나 현실적인 계획인가? 즉, 자신이 선택한 대안을 행동으로 실행하는 것이 성공할 가능성은 얼마인가? 혹시 예상치 못한 장애물은 없는가? 있다면 어떻게 할 것인가? 등에 대해서 생각해 보는 것이다, 두 번째로는 각각의 대안과 관련된 위험이나 부담을 생각해 본다. 여러분이 문제를 해결하고자 내 놓은 대안이 문제를 더 악화시키거나 예상치 못한 부정적인 결과를 낳을 수도 있다. 그렇다면 여러분이 문제해결을 위해 선택한 대안행동을 수행했을 때 발생할 수 있는 부정적인 결과는 없는지 미리 살펴본다. 마지막으로, 각 대안의 예상되는 결과의 유익함이나 가치를 비교해 본다. 자신이 추구하는 것과 가장 가깝고, 가장 가치가 높거나 현실적이고 위험부담이 적으면서도 상황을 더 개선시켜주는 대안을 비교하며 선택한다.

④ 4단계: 융통성 있게 대안 실행하기

선택한 대안을 행동으로 옮기는 단계이다. 완벽한 선택은 없다. 어제까지만 해도 가장 최선이라고 선택한 대안이 오늘 발생한 다른 요인들로 인해 예상치 못한 결과를 초래할 수도 있기 때문이다. 그렇기 때문에 융통성 있고 유연하게 대안을 바꾸거나 전략을 수정할 수 있어야 한다. 또한 행동과정을 평가할 때 실패했다고 자책하거나 극단적으로 부정적인 사고를 가질 필요는 없다. 오늘의 실패가 내일의 성공에 밑거름이 되기도 하는 법이다.

(4) 정서 중심적 대처 전략

정서 중심적 대처 전략은 스트레스로 야기된 부정적 감정의 완화에 초점을 두는 것을 목적으로 하는 스트레스 대처 방법이다. 구체적으로 부정적인 정서를 유발시킨 문제 자체에 초점을 두기보다는 불안감이나 우울 또는 분노의 감정을 경감시키는 데 우선적으로 노력을 기울이는 것으로 감정노출하기, 명상하기 등이 이에 속한다.

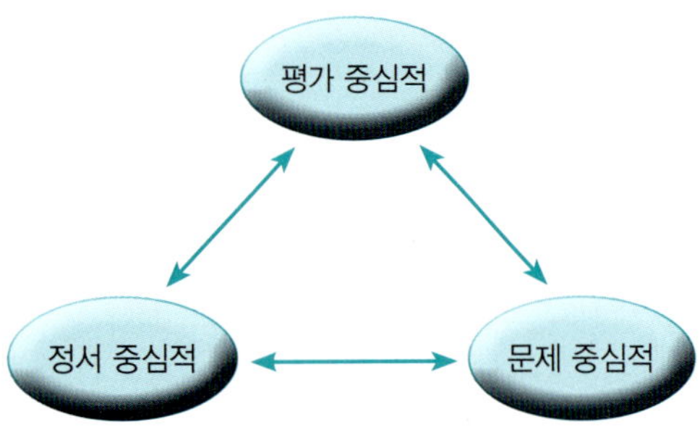

그림 3-4-1 적응적 대처 전략의 유형

그림 3-4-2 스트레스 해소를 위해서는 무조건 감정을 억누르기보다 자신의 감정을 적당히 그리고 적절한 방법으로 표출할 필요가 있다.

적용과 실천 2

스트레스 대처 전략

최근에 있었던 가장 스트레스받았던 일을 생각해 보십시오. 그 일을 해결하는 데 여러분은 어떻게 하였는지 각 항목에 대한 서술을 읽고 해당하는 번호에 V 표하여 주십시오.

연번	사건에 대처하기 위하여 나는	사용하지 않음	약간 사용	어느 정도 사용	아주 많이 사용
1.	다음에는 어떻게 해야 할 것인지에 대하여 전념한다. –다음 단계의 준비	①	②	③	④
2.	그 문제를 더 잘 이해하기 위하여 그것을 자세히 분석해 본다.	①	②	③	④
3.	그 일을 잊기 위하여 다른 일이나 다른 활동을 한다.	①	②	③	④
4.	시간이 지나면 달라질 것이라고 생각한다. –할 수 있는 일은 단지 기다리는 것뿐이다.	①	②	③	④
5.	그 일 또는 상황에서 무엇인가 바람직한 것을 얻어내려고 협상하거나 타협한다.	①	②	③	④
6.	잘 안 되리라고 생각하지만, 적어도 무엇인가를 해보기로 한다.	①	②	③	④

7	상대방이 마음을 바꾸도록 시도해 본다.	①	②	③	④
8	그 일에 대해 좀 더 알아보려고 누군가와 이야기한다.	①	②	③	④
9	자신을 반성하거나 교훈을 얻는다.	①	②	③	④
10	최후의 수단을 쓰기보다는 어느 정도 여지를 남겨둔다.	①	②	③	④
11	기적이 일어나기를 바란다.	①	②	③	④
12	때로 나쁠 때도 있으니까 하고 운으로 돌린다.	①	②	③	④
13	아무 일도 안 일어난 것처럼 군다.	①	②	③	④
14	내 감정을 아무에게도 알리지 않으려고 노력한다.	①	②	③	④
15	보통 때보다 더 오래 잔다.	①	②	③	④
16	그 문제를 일으킨 사람이나 물건에 대해 화를 낸다.	①	②	③	④
17	다른 사람들의 동정과 이해를 받아들인다.	①	②	③	④
18	기분 전환이 될 수 있을 만한 말을 자신에게 한다.	①	②	③	④
19	그 일에서 무엇인가를 창조적인 일을 할 수 있는 단서를 얻는다.	①	②	③	④
20	모든 것을 잊어버리려고 노력한다.	①	②	③	④
21	전문가의 도움을 청한다.	①	②	③	④
22	인간적으로 꽤 변모하거나 성장하게 된다.	①	②	③	④
23	어떤 대책을 시도해 보기 전에 우선 무슨 일이 일어날 것인지를 기다려 본다.	①	②	③	④
24	사과를 하거나 보상을 하기 위해 어떤 일을 한다.	①	②	③	④
25	활동 계획을 세우고 그것에 따른다.	①	②	③	④
26	그 일이 지금보다 더 나쁠 수 있었음을 스스로 일깨운다.	①	②	③	④
27	어떻게든 기분을 풀어버린다.	①	②	③	④
28	나 스스로 문제를 일으켰음을 깨닫는다.	①	②	③	④
29	시작 때보다 좋은 경험을 얻고 끝낸다.	①	②	③	④
30	문제를 구체화할 수 있는 사람과 이야기를 한다.	①	②	③	④
31	잠시 거기에서 물러나 앉는다.	①	②	③	④
32	무엇을 먹거나, 담배를 피우거나, 약물을 복용하는 등으로 기분을 전환한다.	①	②	③	④
33	되든 안 되든 한 번 시도해 보거나 매우 위험 부담이 큰일을 한다.	①	②	③	④
34	조급히 굴거나 육감에 따르지 않으려고 노력한다.	①	②	③	④
35	새로운 신념을 얻는다.	①	②	③	④
36	술을 마신다.	①	②	③	④
37	긍지를 가지고 꿋꿋이 버텨 나간다.	①	②	③	④
38	일어난 일 또는 상황이 나의 느낌을 바꿀 수 있기를 바란다.	①	②	③	④
39	일이 잘되어나갈 수 있도록 무엇인가를 변화시킨다.	①	②	③	④
40	대체로 사람들과 어울리기를 피하고 혼자 있으려 한다.	①	②	③	④

41.	그것에 대해 너무 깊이 생각하지 않으려고 한다.	①	②	③	④
42	존경하는 친척이나 친구에게 조언을 구한다.	①	②	③	④
43	이 일이 얼마나 잘못되었는지를 사람들이 눈치채지 못하도록 한다.	①	②	③	④
44	그 일을 무시해 버린다.: 너무 심각하게 받아들이지 않는다.	①	②	③	④
45	자신이 느끼고 있는 바를 누구에게 말한다.	①	②	③	④
46	내 입장을 지키면서 바라는 바를 말한다.	①	②	③	④
47	다른 사람에게 분풀이한다.	①	②	③	④
48	과거의 경험에 의존한다.: 전에도 비슷한 일 또는 상황이 있었다.	①	②	③	④
49	다음에는 일이 좀 다를 것이라고 자신에게 다짐한다.	①	②	③	④
50	문제해결을 위해 몇 가지 대책을 세운다.	①	②	③	④
51	내가 한 말이나 생각을 속으로 되풀이한다.	①	②	③	④
52	내 감정 때문에 다른 일들이 너무 방해받지 않도록 애쓴다.	①	②	③	④
53	인생에 있어서 중요한 것이 무엇인가를 재발견한다.	①	②	③	④
54	자신이 취한 지금의 상황보다 더 좋은 경우를 상상하거나 공상한다.	①	②	③	④
55	그 일이 사라지거나 끝나버리기를 바란다.	①	②	③	④
56	일이 어떻게 되었으면 좋겠다는 공상이나 소망을 한다.	①	②	③	④
57	그 일이 잘되게 해달라고 기도를 한다.	①	②	③	④
58	최악의 경우를 각오한다.	①	②	③	④
59	무엇을 해야 할지를 알기 때문에 일이 잘되도록 더 열심히 노력한다.	①	②	③	④
60	내가 존경하는 사람은 이런 때 어떻게 했을까를 생각해보고 그대로 따른다.	①	②	③	④
61	다른 사람의 입장에서 그 문제를 생각해보려고 한다.	①	②	③	④
62	내가 가장 바라던 것이 안 되면 그 다음 차선책이라도 받아들인다.	①	②	③	④

※ 채점방식

대처유형	하위 전략	문항번호
적극적 대처	문제 중심적 대처[1]	1,2,5,6,9,19,22,25,26,28,29,33,34,35,37,38,39,46,48,50,59
	사회적 지지 대처[2]	8,17,21,30,42,45
소극적 대처	정서 중심대처[3]	3,4,7,10,11,12,13,14,15,16,18,20,23,24,27,31,32,36,40,41,43,44,47
	소망적 사고 대처 (거리 두기)[4]	49,51,52,53,55,56,57,58,60,61,62

읽 • 어 • 보 • 기

7가지 스트레스 해소법

만병의 근원으로 꼽히는 스트레스. 어떻게 해야 쉽게 해소할 수 있을까. 다음은 1분 안에 스트레스를 날릴 수 있는 7가지 방법이다.

1. 순간 신체 스캔: 먼저 편하게 앉거나 누워서 눈을 감는다. 그리고 발부터 머리까지 올라오면서 몸의 각 부위를 떠올리며 스캔을 하듯이 그 상태를 느껴보고, 긴장을 푼다. 이런 신체 스캔 명상을 통해 갈등과 불안감을 없애고 평정심을 찾을 수 있다.
2. 자연음 듣기: 대양이나 열대우림, 개울 등의 자연 풍광에서 나오는 소리를 1~2분 정도 들어보라. 고래나 새, 고양이 소리도 좋다. 이런 자연의 소리는 스트레스 호르몬이 생산되는 것을 막는다.
3. 소리 내어 웃기: 예전에 재미있던 기억을 떠올리며 짧게라도 웃어라. 연구에 따르면 웃음은 두뇌에서 엔도르핀을 샘솟게 하고, 근육은 이완시키는 것으로 나타났다.
4. 심호흡: 1분 정도만 깊게 숨을 들이켰다 뱉는 것을 반복해 보라. 정신과 신체가 생기를 되찾는 데 도움이 된다. 연구에 따르면 심호흡을 하면서 명상을 잠깐만 해도 신체의 스트레스 반응이 휴식 반응으로 바뀌는 것으로 나타났다.
5. 천연오일: 냄새를 처리하는 뇌의 부위는 감정과 기억력을 관장하는 부위 가까이에 있다. 따라서 향기는 즐거운 감정을 유도하고, 마음을 안정시키는 데 아주 강력한 수단이 될 수 있다. 일랑일랑이나 페퍼민트, 라벤더 향이 나는 천연오일을 책상 주변에 배치해 놓거나 피부에 조금만 발라도 스트레스를 없앨 수 있다.
6. 목과 어깨 마사지: 목과 어깨는 소위 '스트레스 삼각지대'로 불리는 곳이다. 하던 일을 멈추고 목과 어깨 부위 근육의 긴장 상태가 풀리도록 마사지를 하면 스트레스로 인한 긴장감도 사라진다.
7. 춤추기: 춤을 추면 몸의 긴장이 누그러지고, 기분도 좋아진다. 어떤 모양의 춤동작이건 엔도르핀을 솟아오르게 만든다. 컴퓨터 앞에서 물러나 헤드폰으로 자기가 좋아하는 곡을 들으며 1분 정도만 몸을 흔들어 보자.

---

1) 스트레스를 유발한다고 생각되는 개인 및 환경과 관련된 문제를 직면하여 변화시켜 스트레스 근원에 작용하려 노력하는 대처방식
2) 스트레스 사건이나 상황을 해결하기 위하여 누군가의 도움을 요청하는 대처방식
3) 스트레스와 관련되거나 스트레스로부터 초래되는 감정 상태를 통제하려는 대처방식
4) 스트레스나 그것을 유발하게 되는 상황, 사건에 거리를 두고 바람직한 상황을 생각하거나 상상함으로써 대처하는 방식

CHAPTER 5

회복탄력성

회복탄력성(resilience)은 물리적 개념으로는 다시 튀어 오르거나 원래 상태로 되돌아온다는 뜻인데, 심리학에서는 환경에서는 오는 스트레스, 역경 또는 위험에도 불구하고 행동적, 정서적 문제를 보이지 않고 건강하게 적응해 나가는 정신적 저항력을 의미하는 말로 쓰인다(홍은숙, 2006). 이러한 회복탄력성은 유전적인 요인에 의해 어느 정도 결정되기도 하지만. 매우 역동적으로 시간의 흐름에 따라 변화하며 환경 요인과 문화, 교육, 개인의 노력 등 다양한 요인에 의해 결정되는 것으로 밝혀지고 있다.

회복탄력성의 초기 연구는 하와이 카우아이섬에서 1955년에 태어난 833명의 신생아를 대상으로 이루어진 종단연구에서 시작되었다. 처음에 이 연구는 인간을 사회부적응자로 만드는데 어떠한 요인이 영향을 미치고 그들의 삶을 불행으로 이끄는가에 초점을 두었으나, 가정환경과 양육환경이 매우 열악한 고위험군 속에서 자란 아이들 중에 유능하고 따뜻한 성인으로 성장한 아이들의 특성을 분석하면서 회복탄력성에 대한 연구가 본격적으로 진행되었다(Werner & Smith, 1982). 연구 결과에 따르면, 회복탄력성이 높은 사람들과 낮은 사람들 뇌의 반응이 다르게 나타났는데, 회복탄력성이 높은 사람들은 실수를 두려워하지 않고 실수로부터 받은 피드백도 적극적으로 받아들이는 긍정적인 태도를 지닌 반면, 회복탄력성이 낮은 사람들은 실수를 지나치게 두려워하고 그 실수로 인해 받은 피드백도 거부하고 무시하려는 무의식적인 태도가 작동하였다. 40여 년에 걸친 카우아이섬 종단연구의 결론은 사람마다 역경을 극복하는 능력이 있는데 그 능력이 바로 회복탄력성이며, 가족들로부터 헌신적인 사랑과 신뢰를 받고 자란 사람일수록 회복탄력성이 높았으며, 성인이 된 후에도 개인의 노력과 훈련에 의해서 회복탄력성은 얼마든지 높아질 수 있다고 밝히고 있다(김주환, 2011).

최근 회복탄력성의 개념은 기존에 논의되었던 회복탄력성이 특징적인 속성이라는 것에서 보편성을 강조하는 입장으로 확대되고 있다(이아라, 2013). 이는 특별히 어려운 상황에 처하지 않은 개인에게도 회복탄력성이 영향을 미칠 수 있음을 시사한다. 매스턴(Mastern, 2001)은 회복탄력성이란 특별한 사람들만이 가진 특별한 특성이 아니라 모든 사람들이 위험한 환경이나 스트레스 상황에 적응하는 과정에서 발휘할 수 있는 보편적인 적응기제라고 언급함으로써 회복탄력성이 지닌 보편성을 강조하였다. 이러한 입장에서는 회복탄력성을 누구나 학습할 수 있고 발달시킬 수 있는 행동 및 생각과 관련된 것으로 정의를 내리고 있다(Wicks, 2005). 이처럼 회복탄력성의 정의는 위험한 상황에서 성공적으로 적응하고 회복하는 능력에서 모든 사람들이 경험할 수 있는 환경적인 어려움, 개인적인 역경 또는 장애를 극복하는 개념으로 확대되었다.

읽·어·보·기

회복탄력성을 키워 봅시다!

몸의 힘이 근육에서 나오듯 마음의 힘은 회복탄력성에서 나온다. 마음의 힘도 근육처럼 체계적인 훈련이 뒷받침된다면 높아질 수 있다. 평소 꾸준한 훈련으로 회복탄력성을 높이면 역경에 굴하지 않을 수 있다.

◆ 뇌의 긍정성을 습관화하라!

회복탄력성을 높이기 위해선 뇌의 긍정성을 높여야 한다. 물이 반 컵이 있을 때 비관적인 사람은 "반밖에 없다", 낙관적인 사람은 "반이나 있다"고 한다는 사실을 누구나 안다. 그렇지만 비관적인 사람이 '이제부터 긍정적인 사람이 되어야지.'라고 마음먹는다고 저절로 '물이 반이나 있는 것'으로 보이진 않는다. 이는 어느 날 갑자기 근육질의 '몸짱'이 되겠다고 마음먹는다고 하루아침에 그렇게 될 수 없는 것과 같은 이치다.

뇌의 긍정성을 높이려면 긍정성을 '습관화'하는 작업이 필요하다. 하버드대 심리학과 교수가 정년보장 심사를 앞둔 교수 수십 명의 행복 수준을 측정했다. 그리고 심사 결과가 나온 직후 다시 그들의 행복수준을 측정했다. 그 결과 정년보장을 얻은 교수들의 행복 수준은 매우 높아졌고, 실패한 교수들은 상당한 불행감에 빠진 걸로 나타났다. 하지만 수개월 뒤 이들의 행복 수준은 두 부류 모두 정년보장 심사 이전에 본인이 지녔던 기본적인 행복 수준으로 되돌아가 있었다.

외부적 사건에 의해 발생하는 만족감은 늘 일시적인 행복만 가져올 뿐이다. 그러나 긍정적 정서의 훈련을 통해 뇌를 긍정적으로 변화시키면 바로 행복의 기본 수준을 끌어올릴 수 있다. 행복의 기본 수준이 올라가면 회복탄력성도 향상된다. 뇌를 긍정적으로 변화시키려면 수개월 이상 지속적인 연습과 노력이 필요하다.

◆ 감사하고, 운동하라

일상생활에서 뇌의 긍정성을 높이기 위한 습관 중 하나는 '감사하기'다. 신경심장학에 따르면 심장과 뇌는 서로 정보를 밀접하게 주고받고, 특히 감정의 변화는 심장박동수의 변화에 민감하게 반응한다. 신경질적이고 짜증을 자주 내는 사람은 화가 나서 심장박동수가 불규칙한 게 아니라 불규칙한 심장박동수가 그 사람을 불안하고 짜증나게 만드는 것이다. 이처럼 심장박동과 감정 사이의 밀접한 관련성에 주목한 학자들은 심장박동수의 변동 주기를 가장 이상적으로 유지시켜 주는 긍정적 정서가 무엇인지 찾으려 했고, 연구 결과 '감사하기'가 해답이란 사실을 밝혀냈다.

'규칙적인 운동' 역시 뇌의 긍정성을 높이는 좋은 습관이다. 운동은 늙은 신경세포 사이에 새로운 연결망을 만들어 내며 뇌세포에 혈액과 영양을 공급한다. 규칙적인 운동은 몸뿐만 아니라 뇌를 긍정적으로 변화시키는 핵심 키워드다.

출처: 동아일보(2011. 4. 30).

적용과 실천

회복탄력성

다음 문항을 잘 읽고 각 문항의 내용이 자기 자신과 어느 정도 일치하는지를 가장 잘 나타내는 숫자에 V표 해 주십시오.

연번	문항	전혀 그렇지 않다	그렇지 않다	보통이다	어느 정도 그렇다	매우 그렇다
1	문제가 생기면 여러 가지 가능한 해결방안에 대해 먼저 생각한 후에 해결하려고 노력한다.	①	②	③	④	⑤
2	어려운 일이 생기면 그 원인이 무엇인지 생각한 후에 해결하려고 노력한다.	①	②	③	④	⑤
3	나는 대부분의 상황에서 문제의 원인을 잘 알고 있다고 믿는다.	①	②	③	④	⑤
4	나는 어려운 일이 닥쳤을 때 감정을 통제할 수 있다.	①	②	③	④	⑤
5	내가 무슨 생각을 하면 그 생각이 내 기분에 어떤 영향을 미칠지 잘 안다.	①	②	③	④	⑤
6	이슈가 되는 문제를 가족이나 친구들과 토론할 때 감정을 잘 통제할 수 있다.	①	②	③	④	⑤
7	당장 해야 할 일이 있으면 나는 어떠한 유혹이나 방해도 잘 이겨낼 수 있다.	①	②	③	④	⑤
8	아무리 당황스럽고 어려운 상황이 닥쳐도 나는 내가 어떤 생각을 하고 있는지 스스로 잘 안다.	①	②	③	④	⑤
9	일이 생각대로 잘 안 풀리면 쉽게 포기하는 편이다.	①	②	③	④	⑤
10	나는 감사해야 할 것이 별로 없다.	①	②	③	④	⑤
11	내가 고맙게 여기는 것들을 모두 적는다면 아주 긴 목록이 될 것이다.	①	②	③	④	⑤
12	세상을 둘러볼 때 내가 고마워할 것이 별로 없다.	①	②	③	④	⑤
13	내 인생의 여러 가지 조건들은 만족스럽다.	①	②	③	④	⑤
14	나는 내 삶에 만족한다.	①	②	③	④	⑤
15	나는 내 삶에서 중요한다고 생각한 것들은 다 갖고 있다.	①	②	③	④	⑤
16	열심히 일하면 언제나 보답이 있으리라 생각한다.	①	②	③	④	⑤

연번	문항	전혀 그렇지 않다	그렇지 않다	보통이다	어느 정도 그렇다	매우 그렇다
17	맞든 아니든, "아무리 어려운 문제라도 나는 해결할 수 있다."고 믿는 것이 좋다고 생각한다.	①	②	③	④	⑤
18	어려운 상황이 닥쳐도 나는 모든 일이 다 잘 해결될 것이라고 확신한다.	①	②	③	④	⑤
19	나와 정기적으로 만나는 사람들은 대부분 나를 싫어하게 된다.	①	②	③	④	⑤
20	서로 마음을 터놓고 얘기할 수 있는 친구가 거의 없다.	①	②	③	④	⑤
21	서로 도움을 주고받는 친구가 별로 없는 편이다.	①	②	③	④	⑤
22	나는 재치 있는 농담을 잘한다.	①	②	③	④	⑤
23	나는 내가 표현하고자 하는 바에 대한 적절한 문구나 단어를 잘 찾아낸다.	①	②	③	④	⑤
24	나는 분위기나 대화 상대에 따라 대화를 잘 이끌어 갈 수 있다.	①	②	③	④	⑤
25	사람들의 얼굴 표현을 보면 어떤 감정인지 알 수 있다.	①	②	③	④	⑤
26	슬퍼하거나 화를 내거나 당황하는 사람을 보면 그들이 어떤 생각을 하는지 잘 알 수 있다.	①	②	③	④	⑤
27.	친구가 화를 낼 경우 나는 그 이유를 꽤 잘 아는 편이다.	①	②	③	④	⑤

※ 채점 방식

주요 요인	하위 요인	문항 번호	문항 수
통제성	원인분석력	1, 2, 3	3
	감정통제력	4, 5, 6	3
	충동통제력	7, 8, 9*	3
긍정성	감사하기	10*, 11,12	3
	생활만족도	13, 14,15	3
	낙관성	16, 17,18	3
사회성	관계성	19*, 20*, 21*	3
	커뮤니케이션 능력	22, 23, 24	3
	공감 능력	25, 26, 27	3

출처: 신우열·최민화·김주환(2009).

*는 역채점 문항임. 5점은 1점, 4점은 3점, 3점은 3점, 2점은 4점, 1점은 5점.

CHAPTER 6

몰 입

공장 조립 라인에서 일하는 어느 노동자의 업무는 제품을 43초 안에 처리해서 다음 사람에게 넘기는 일이었다. 이런 단순 작업을 600번 이상 반복했다. 아마 웬만한 사람은 이런 작업에 즐거움을 느끼기는커녕 쉽게 지칠 것이나, 5년 이상 같은 작업을 반복하고 있는 이 노동자는 그 직업을 즐기고 있다. 그는 마치 자신의 일을 올림픽 선수가 기록을 줄이기 위해 최선을 다하는 상황으로 생각하여 자기의 조립 시간 단축을 위해 기회가 있을 때마다 훈련하였다. 그는 조립 연장을 사용하는 방법 및 자기가 움직이는 시간을 줄일 수 있는 개인적인 비법들을 개발하였다. 그리하여 5년 후에는 최고 기록을 세울 수 있었다. 그는 처음에는 이렇게 일을 하여 회사에서 주는 보너스와 동료들의 칭찬을 얻고 싶었지만 이후에는 스스로 세워 둔 목표치를 달성하는 일 자체에 대단한 스릴을 느꼈기 때문에 조립 시간을 늦추면 못 견뎠다. 이것은 누가 지적하거나 강요했기 때문이 아니었으며 자발적으로 이 일을 즐겼고 자신의 일이 TV를 보는 것과는 비교도 할 수 없는 일이라고 생각하고 있었다. 그는 앞으로 인간으로서는 더 이상 단축시킬 수 없는 기록을 만드는 것에 목표를 두고 있었고 일주일에 두 번씩 전기공학 과목을 야간에 수강하고 있고 학위를 받게 되면 좀 더 고난도의 직업을 구할 것이며 새로운 일에도 지금처럼 재미있게 임할 것이다.

위의 노동자의 예는 몰입을 표현한 것이다. 몰입이란 최적의 경험으로서, 의식이 질서 있게 구성되고 또한 우리의 주의가 오직 목표만을 위해서 자유롭게 사용될 때를 말하는 것이다. 즐거운 일을 하거나 심지어 일을 할 때에도 이러한 몰입 상태에 빠지면 시간이 흐르는 것을 전혀 느끼지 못해 식사시간도 잊어버릴 때가 많고 배가 고프다고 느낄 때에는 이미 바깥이 어두워진 것을 보게 될 수도 있다.

1. 몰입이란?

몰입은 칙센트미하이(Cikzentmihalyi)에 의해 처음 이야기된 개념으로, 개개인이 주어진 환경과의 최적의 상호작용을 할 때 발생하는 경험이라고 할 수 있다(칙센트미하이 2004). 이것을 다른 말로는 flow(플로우), 최적의 경험(optimal experience)이라고 한다. 칙센트미하이 교수는 행복 및 창의성을 '개인이 가지고 있는 능력의 완전한 구현'으로 정의하며 삶의 많은 순간에서 행위 그 자체가 목적인 활동을 마음에서 우러나 하게 되면 그 시간에 우리들은 플로우(몰입)를 경험한다고 하였다. 그리고 그 결과 우리들의 삶은 창의적으로 변화될 수 있다.

우리의 인식 속으로 들어온 정보가 우리의 목표들과 일치하게 되면 심리적 에너지가 무리 없이 작용하게 된다. 별다른 근심이 없고 자신에 대해 의문을 갖지 않게 되며 이러한 긍정적 피드백은 우리의 자아를 튼튼하게 하며 그 결과 더 많은 주의력을 발휘하고 집중할 수 있게 된다.

몰입의 경험을 했던 많은 사람들이 이 최적의 경험을 묘사할 때 '마치 하늘을 자유롭게 날아가는 느낌', 또는 '물 흐르는 것처럼 편안한 느낌'이라고 하였기 때문에 칙센트미하이는 플로우(flow) 경험이라고 하였다. 이러한 상태를 경험하는 사람은 그의 심리적 에너지가 그 자신이 선택한 목표의 성공적 수행을 위해서 대부분 사용되기 때문에 더 강하고 자신에 찬 자아를 만든다. 따라서 가능한 한 자주 몰입 경험을 할 수 있도록 의식을 조절하면 삶의 질은 저절로 향상되게 마련이다. 즉, 어찌보면 따분한 일상도 목적이 있는 즐거운 경험으로 변화되기 때문이다. 몰입에 이르는 지름길은 없으나 이것이 삶에 어떻게 기능하는가를 알게 되면 불안과 권태에 빠지기보다는 좀 더 조화롭고 에너지가 넘치도록 변화시킬 수 있다.

2. 몰입의 조건

몰입, 즉 최적의 경험이란 주어진 도전을 잘 해결할 수 있는 능력이 있고, 목표가 명확하고, 분명한 규칙과 즉각적인 피드백이 있는 상태를 말한다. 인간이 몰입을 경험할 때면 집중의 정도가 높아서 다른 것을 생각할 여지가 없고 걱정도 사라진다. 또한 그 순간에는 자의식이 사라지고 시간이 흘러가는지도 인식하지 못한다. 몰입을 하도록 하는 활동은 너무나 만족스럽기 때문에 스스로 그 활동을 계속하게 되는 것이며 심지어 그 활동이 어렵거나 위험한 경우에도 그로 인해 오게 될 결과에 대해 고민하지 않는다.

몰입의 경험이 어떻게 일어나는가에 대해서는 그 순간은 외적 또는 내적 조건들이 운 좋게도 서로 일치하는 경우에 우연히 발생할 수 있다. 예를 들어 친구 여럿이 함께 모여 저녁식사를 하고 있을 때 한 친구가 모든 친구들과 관련된 이야기를 하기 시작했다. 한 사람이 그 주제와 관련된 농담도 주고받으며 재미있는 경험을 나누었다. 결국 얼마 지나지 않아 모두가 즐거워했고 서로를 더 잘 알게 되었다고 느끼게 되었다. 이런 경우 모든 조건들이 운 좋게도 자연스럽게 일어났으나, 엄밀히 말하면 몰입은 구조화된 활동 속에서, 혹은 몰입을 유발할 수 있는 개인의 능력이 있을 때, 혹은 두 요소 모두가 작용할 때 주로 일어난다.

일련의 많은 연구를 통해 플로우(몰입) 활동은 어떠한 형태의 것이든 간에 분명한 특징을 공통분모로 갖고 있음을 발견되었다. 즉, 개인에게 발견의 느낌, 새로운 세계를 접하는 듯한 창의적 깨달음을 준다는 것이다. 이러한 몰입 활동은 한층 더 높은 수준의 수행을 할 수 있도록 도와주고, 이전에 경험해 본 적이 없는 인식의 상태를 느끼게 해 준다. 즉, 플로우 활동의 핵심은 '자아의 성장'에 있다(칙센트미아히, 2004).

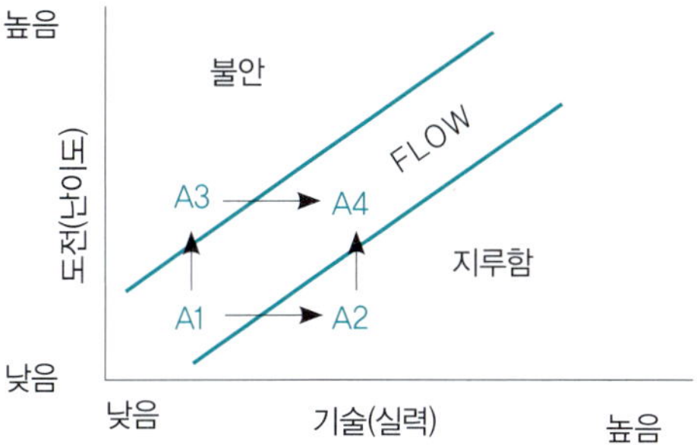

그림 3-6-1. Flow의 본래 모델(1975)

출처: 칙센트미하이(2004). pp. 146-147.

위의 그림은 경험의 가장 중요한 두 차원인 기술(실력)과 도전(난이도)을 x축과 y축에 각각 표시하였다. 만일 축구를 처음 배우는 남자 아이가 있다고 가정하면 이 아이가 제일 처음 축구를 배우기 시작할 때(A1)는 실제로 아무 기술이 없고 그때 당면한 도전은 그저 공을 차는 것뿐이다. 이것은 그리 어려운 과업은 아니지만 초보자인 자신의 수준에 맞기 때문에 매우 좋아한다. 하지만 이 아이는 그 수준에 오랫동안 머물러 있지 않는다. 머지않아 연습을 계속하여 기술이 향상되고, 단순히 공을 차는 일은 재미없어진다(A2). 혹은 축구를 잘하는 형을 만난다면, 공을 단순히 받아 차는 것 이상의 더 큰 기술과 도전이 있을 것이라는 느낌을 가질 수 있다. 이때에는 자신의 부족한 실력에 대해 불안감을 느낄 수도 있다(A3). 플로우의 상태로 다시 돌아가기 위해서는 도전의 수위를 높이는 것뿐이다. 자신의 능력을 감안할 때 더 어렵기는 하지만 자신보다 조금 더 잘하는 사람을 이기는 새로운 목표를 설정하면 다시 플로우의 단계(A4)로 진행할 수 있다.

따라서 몰입(플로우) 상태를 경험하기 위한 조건으로는 첫째, 기술(skill, 능력)이다. 기술은 주어진 과제를 해결할 수 있는 정신적·신체적 기술이나 능력을 의미한다. 기술은 어떤 일을 정확하고 능률적으로 해내는 솜씨이다. 그러나 여기서는 심리적인 솜씨까지도 내포한다. 또한 실제로 일을 해낼 수 있는 능력만을 의미하는 것이 아니라 본인이 스스로 생각하는 자신의 능력과 어떤 일을 해낼 수 있는 힘인 능력도 포함한다.

둘째, 도전(challenge, 난이도)이다. 도전은 '한 번 도전해 볼까'라는 마음이 드는 '행위 또는 과제의 난이도'이거나 '이를 수행하기 위해 필요한 요구 조건' 등으로 이해하면 된다. 주로 '도전'이지만 가끔은 '난이도'로 표현한 것은 객관적인 어려움이 아니라 본인이 지각한 난이도하는 것을 이해해야 한다.

셋째, 행동의 기회이다. 이것은 '주어진 도전에 대응하여 본인의 기술을 조화롭게 사용할 수 있는 여러 가지 행동의 기회들'로 이해하면 된다.

그림에서 A4는 복합적이고 즐거운 경험이지만 안정적인 상태는 아니다. 축구를 배우는 아이는 계속 축구를 하다 보니 자기 수준에서 할 수 있는 반복적인 기술에 신물이 날 수 있고 혹은 상대방에 비해 부족한 자기 능력 때문에 좌절할 수도 있다. 따라서 또 다시 플로우를 경험하려는 동기가 생긴다. 이 경우 그 복합성의 수준, 즉 플로우의 수준은 A4 수준보다 높아진다. 플로우 활동이 성장과 발견을 이끌어내는 이유는 바로 이 역동적인 특성에 있다. 어느 누구도 같은 수준에서 같은 일을 장기간 할 때 즐거움을 느끼지 않는다. 싫증을 느끼거나 좌절을 하게 되고, 이후 다시 즐거움을 찾고 싶은 바람에서 자기 기술을 향상시키거나 혹은 그 기술을 사용할 새로운 기회를 발견하려는 행위를 취하려 하기 때문이다. 도전은 객관적인 잣대로 평가되기보다는 내가 얼마나 그 과제가 어렵고 도전감을 주는 것인가를 느끼는가에 좌우된다. 능력 또한 실제로 가지고 있는 능력뿐만 아니라, 본인 스스로 가지고 있다고 생각하는 능력도 매우 중요하다는 것이다. 어떠한 플로우 활동이라도 우리가 느끼는 감정은 객관적 조건에 의해 영향을 받는다. 그러나 우리의 의식이 그 객관적 조건을 어떻게 평가하는가도 중요하다.

읽・어・보・기

Flow 경험의 특징

최적의 경험 상태를 표현하는 플로우 경험의 특징은 다음과 같다(정용각, 2000).

(1) 한정된 자극에 정신집중

다른 정보나 생각이 제어된 상태에서 오직 한 가지 자극에만 정신을 집중하여 있는 상태를 말한다. 예를 들면, 독서를 할 때 책 속에 빠져들면 전혀 다른 생각이 안 나고 오직 시각적으로 보이는 책의 내용에만 집중되어 있는 상태를 말한다.

(2) 자아의식의 불식상태를 초래하는 완전한 몰입

자신의 존재를 망각한 채 완전히 그 활동에 몰입되어 있는 상태이다. 예를 들면, 영화 속에 완전히 몰입되어 있으면 자신이 마치 영화의 주인공인 것처럼 같이 슬퍼하고 즐거워하면서 완전히 몰입되어 있는 상태를 말한다.

(3) 불안감이나 제약감의 불식

몰입경험 동안에는 불안감이나 제약감이 없어지는 상태가 된다. 예를 들면, 사업이 안 되거나 부부싸움을 하였을 때 낚시를 간 사람은 낚시를 하는 동안 특히, 대어가 물렸을 경우 그 순간에는 사업에 대한 걱정이나 제약감이 사라지고 오직 낚시에만 집중을 하게 되는 상태를 말한다.

(4) 시공간 개념의 초월

플로우 상태에는 시간이 얼마나 흘렀는지 또는 어느 공간에 위치하고 있는지조차 모르는 상태가 된다. 이러한 상태에서는 지루함이 없이 시간이 빠르게 지나간 것 같고 공간에 대한 개념도 없어지는 상태를 말한다.

(5) 인지력의 증진

플로우 경험을 하게 되면 인지력이 증진된다. 예를 들면, 테니스를 좋아하게 되면 테니스에 대한 자료나 정보가 빠르게 눈에 보이고 테니스를 보는 능력도 증진되어 테니스에 대한 매력이 더욱 높아지게 된다.

(6) 즐거움

상기의 경험들은 결국 즐거움(enjoyment)의 현상으로 나타난다. 칙센트미하이는 플로우 경험으로 오는 즐거움을 진정한 행복감이라고 하였다(Csikszentmihalyi, 1990).

적용과 실천

몰입에 이르는 다섯 단계

과학사에 이름을 남긴 천재들이 특별한 연구 비법을 가지지는 않는다고 해도 재미난 공통점이 있다고 한다. 그것은 바로 몰입이다(황농문, 2007). 한 가지 의문에 몰입하고 몰입해서 해결책을 찾아내는 것이다. 이들은 몰입을 통해 극한의 집중력을 발휘함으로써 두뇌를 100% 활용하는 재능을 지닌 사람들이라고 볼 수 있다. 또한 몰입은 삶을 훌륭하게 가꾸어주는 것으로, 무엇을 몰입한 뒤에 이어 오는 행복감은 스스로의 힘으로 만들어낸 것이어서 우리의 의식을 고양시킨다. 결국 일과 놀이가 하나로 어우러지는 것이 바람직하고 건강한 삶이 될 수 있다.

몰입을 문제해결에 적용할 경우, 몰입은 적어도 3일 이상 일상의 모든 것을 잊고 오로지 풀어야 할 문제만을 생각해야 들어갈 수 있는 고도의 정신 활동이다. 따라서 사전에 충분한 사고 훈련과 강한 의지가 있어야만 몰입에 들어갈 수 있다. 초보자도 꾸준히 실천한다면 몰입에 이를 수 있는 다섯 단계를 소개한다. 1단계부터 차례대로 실천해나가면 궁극적으로 몰입을 체험할 수 있을 것이다. 마지막 몰입까지 가지 않고 각각의 단계만 습득해도 학생이라면 학습 능력을, 직장인이라면 업무능력을 향상시킬 수 있을 것이다.

1단계 생각하기 연습을 마스터하면 문제 해결력이 비약적으로 상승하고, 2단계 천천히 생각하기를 마스터하면 스트레스에서 해방되어 즐겁고 자발적으로 공부하고 일할 수 있다. 3단계인 최상의 컨디션 유지 단계를 마스터하면 자신감에 차서 일관된 목표를 가지고 살아갈 수 있다. 그러고 나면 4단계 몰입에 들어갈 준비를 마친 것이고, 몰입을 지속적으로 경험하면 5단계인 인생에 대한 여러 깨달음을 얻게 될 것이다.

처음부터 마지막 단계인 몰입을 목표로 할 필요는 없다. 우선 자신이 지금 실천할 수 있는 단계부터 꾸준히 연습해 봅시다(황농문, 2007).

▶ 1단계 – 생각하기 연습(20분 생각하기)

- 방법: 풀리지 않는 문제를 20분간 생각한다.
  하루에 5번, 2주 이상 연습한다.
- 의미: 몰입 준비 단계로 생각하는 습관을 들인다.
- 목표: 자신의 능력에 대해 자신감을 갖는다.

- 나의 풀리지 않는 문제:
- 실천과정에서 어려운 부분:
- 느낀 점:

▶ 2단계 – 천천히 생각하기(2시간 생각하기)

- 방법: 풀리지 않는 문제를 2시간 동안 생각한다.
  하루에 한 번, 2주 동안 연습한다.
- 의미: 힘들이지 않고 오래도록 생각하는 방법을 터득하는 과정
- 목표: 생각하는 것이 전혀 힘들지 않고 하루 종일이라도 생각할 수 있는 상태에 도달한다.

- 나의 풀리지 않는 문제:
- 실천과정에서 어려운 부분:
- 느낀 점:

▶ 3단계 – 최상의 컨디션 유지(하루 종일 생각하기)

- 방법: 좋아하는 운동을 규칙적으로 매일 1시간씩 한다.
  풀리지 않는 문제를 매일 2시간 동안 생각하고 일요일에는 하루 종일 생각한다.
- 의미: 며칠이고 생각할 수 있는 최상의 컨디션 유지 과정
- 목표: 자신의 능력을 최대한 발휘하기 위해 규칙적인 운동이 필수임을 깨닫고 습관으로 만든다.

- 나의 풀리지 않는 문제:
- 실천과정에서 어려운 부분:
- 느낀 점:

▶ 4단계 – 두뇌 활동의 극대화(7일간 생각하기)

- 방법: 풀리지 않는 문제를 7일간 생각한다.
- 의미: 고도의 몰입 체험
- 목표: 하루 종일 그 문제만을 생각하게 되어, 문제에 대한 생각과 함께 잠들고 문제에 대한 생각과 함께 잠에서 깬다.

- 나의 풀리지 않는 문제:
- 실천과정에서 어려운 부분:
- 몰입 체험의 느낌:

▶ 5단계 – 가치관의 변화

- 방법: 한 달 이상의 지속적인 몰입 체험
- 의미: 몰입 체험을 통한 변화
- 목표: 최상의 삶에 대한 깨달음

- 나의 풀리지 않는 문제:
- 실천과정에서 어려운 부분:
- 몰입체험의 느낌:

몰입에 이르는 다섯 단계는 이러한 순서로 몰입도를 올리는 방법이다. 단계가 높을수록 몰입도가 높으며 더 높은 단계를 습득할수록 더 재미있고 효율적으로 일할 수 있다. 중요한 점은 이 다섯 단계를 실천하면 선순환을 탈 수 있다는 것이다. 학교에서의 악순환은 공부를 잘해야 한다는 부담 때문에 스트레스를 받아서 공부하기가 싫어지고, 그러면 공부의 능률이 떨어져서 성적이 낮아지고, 결국 엄마에게 꾸지람을 받아 또 스트레스를 받으니 공부하기가 점점 더 싫어지는 것이다. 이러한 악순환의 고리에 빠지면 생활은 점점 권태에 빠지게 된다. 몰입에 이르는 다섯 단계를 습득하면 이런 악순환에서 벗어날 수 있다. 몰입에 이르는 다섯 단계는 당신의 생활을 긍정적인 에너지가 넘치는 시간으로 차근차근 바꿔줄 것이다.

CHAPTER 7

시간관리

시간관리란 '자기관리'의 한 부분으로 자기관리를 잘한다는 것은 그만큼 자신의 시간도 잘 관리한다는 것을 의미한다. 시간관리는 묘기나 자잘한 기법이 아니다. 왜 살아야 하는지 하는 인생의 근본 문제부터 지금 어떻게 행동해야 하느냐에 이르기까지, 삶의 태도와 지식과 기술을 모두 포함하는 종합예술이다. 이렇게 볼 때, 넓은 의미의 시간관리란 주어진 시간을 최대로 활용하여 자아를 실현하는 방법이고, 좁은 의미로는 시간표를 잘 짜서 일을 계획적으로 실행하는 것을 의미한다.

시간관리의 중요한 목적은 시간의 노예가 되지 않고 해야 할 바를 여유 있게 실행하는 데 있다. 시간을 관리하지 못해 시간의 노예가 된 사람은 시간에 속박당해 끌려다닌다. 자유의지를 발휘할 여지가 없으며, 결국 자신이 원하는 바를 이루지 못하는 결과로 이어진다.

현대인들은 매일 시간과 전쟁을 벌인다. 아침 출근길에 분초를 다투며 시간과 전쟁하는 것이 예사이다. 사람들은 시간과의 전쟁을 반복하면서도 왜 자신이 바쁜지 생각하지 않고 그저 다람쥐 쳇바퀴 돌듯 반복적인 일상을 산다.

그러나 시간을 잘 관리하는 사람은 불리한 상황 속에서도 다음의 사례들처럼 자신의 꿈을 펼쳐 나간다.

■ 사례 1

세계 직물업의 거물 올브라이트 캉은 사업적으로 큰 성공을 거두었지만, 가슴 한편에는 어릴 때 품었던 화가의 꿈이 남아 있었다. 고민 끝에 그는 아무리 바쁘더라도 매일 한 시간씩 그림을 그리겠다는 계획을 세웠다.

매일같이 그림을 그리는 것이 쉽지만은 않았다. 그럼에도 매일 한 시간씩 일찍 일어나 아침식사 전까지 그림을 그렸다. 수년이 지났을 때 결과는 어땠을까. 그가 그린 그림은 많은 사람의 관심과 사랑을 받았으며 몇 차례의 개인전도 열었다. 그림은 높은 가격에 팔리기도 했는데, 그는 그림의 수익금을 우수한 예술가 지망생을 위해 장학금으로 내놓았다.

■ 사례 2

한 벤처기업을 운영하던 사장이 IMF 때 부도나서 큰 빚더미와 함께 실업자가 되고 말았다. 집과 대부분의 재산이 은행으로 넘어갔고, 신용불량자가 된 그는 직장을 구하는 데도 어려움을 겪었다. 할 수 없이 그는 가족이라도 먹여 살리기 위해 새벽 일용직을 시작했다.

그러던 중 시간관리 컨설턴트로 활동하고 있는 한 친구를 만났는데 그 친구와 비전과 희망을 찾도록 시간설계 상담을 해주었다. 호구지책에 연연하던 그는 자신의 비전과 꿈을 바탕으로 목표와 계획을 세우고 철저한 시간관리를 하여 재기에 성공하였다.

그는 자신도 자신의 멋진 미래를 향하여 열심히 달려가고 있다. 시간관리 혁신이 없었더라면 그는 지금까지도 미래에 대해 전전긍긍하며 살아가고 있었을 것이다.

1. 시간관리의 필요성

모든 일의 시작은 그 일에 관심을 갖는 것이다. 올바른 시간관리 방식에 관심과 의욕을 가져야 한다. 그러나 사람들은 대개 시간을 관리할 필요성을 느끼지 못하고 산다. 무조건 더 열심히, 그리고 더 많은 시간 일하면 되는 줄 안다. 그들은 왜 바쁜지 모르고 시간부족만 탓하며 살아간다. 그런데 시간이나 돈 모두 의도적으로 관리하지 않으면 대부분 허공에 날려버리게 되는 것이다.

그렇다면 시간관리를 통해서 얻는 이점은 무엇인가?

① 주어진 시간 내에 목표를 달성할 수 있다.
② 질서 정연하게 일을 처리해 나갈 수 있다.
③ 일과 휴식을 적당한 비율로 조합하게 되어 능률적으로 기분 좋게 일할 수 있다.
④ 계획을 잘 세우기 때문에 시간과 물질이 낭비되는 것을 최대로 막을 수 있다.
⑤ 서두름과 분주함을 다스리게 되어 사고와 스트레스를 예방한다.
⑥ 여유시간이 충분히 생겨 가정생할, 취미생활, 자기계발 등을 할 수 있다.
⑦ 일생의 꿈과 소원을 만족스럽게 달성할 수 있다. 시간관리의 달인이 되면 더 많은 시간을 갖게 되고, 시간부족으로 이루지 못했던 꿈도 펼칠 수 있게 될 것이다.

2. 시간관리가 어려운 이유

시간을 관리하기 어려운 이유는 여러 가지가 있다. 외적인 조건으로는 제한된 시간에 많은 일을 해야 하기 때문이다. 내적인 조건으로는 시간관리 훈련이 부족하기 때문이다. 그런데 눈에 보이지 않는 중요한 장애 요인도 있다. 바로 지금까지 길들여온 타성, 곧 습관이라는 것이다.

매일 택시를 타고 출근하는 여직원이 있다. 어느 날 이상하게 생각한 수위가 여직원에게 말했다. "아가씨는 돈이 많은 모양이네요. 매일 택시를 타고 출근하니까 말예요." 그러자 여직원은 "돈이 많은 게 아니에요. 잠이 많아요."라고 대답했다. 집에서 5분만 일찍 나오면 대중교통을 이용할 수 있는데, 그렇게 하지 못해서 매일 택시를 이용하고 있는 것이다. 또 다른 직장인은 "매일 3시간 이상 TV를 보는데요, 보고 나서 시간낭비라는 생각에 허탈감을 느끼지만, 그것을 끊기가 어려워요."라고 말한다. 뿐만 아니라, 요즈음에는 스마트폰이나 SNS 등에 많은 시간을 소비하고 끊기 어렵다는 호소를 하는 이들을 흔히 볼 수 있다.

사람의 습관은 강력한 것이다. 왼발부터 내딛는 사람에게 오른발부터 내디디라고 하면 어려움을 느낀다. 신발도 마찬가지다. 오른편 신발을 먼저 신는 사람에게 왼편 신발을 먼저 신으라고 하면 어색해한다. 왜 그럴까? 이때 바로 습관의 힘이 작용하기 때문이다.

그러나 습관에는 좋은 습관이 있는가 하면, 나쁜 습관이 있다. 나쁜 습관 중의 하나가 바로 타성, 곧 매너리즘이다.

이미 많은 사람이 매너리즘에 빠져 있다. 대부분의 일이 표준화되어 있기 때문이다. 이치에 맞느냐, 맞지 않느냐를 따지지 않고 "늘 그래왔어.", " 그게 규정이야.", "그것이 매뉴얼이다."라고 주장하기만 하면 새로운 것이 들어설 여지가 없다. 더욱이 사람은 익숙하고 현상을 유지하는 것을 편안하게 여기기 때문에 매너리즘을 극복하기 어렵다. 그러나 자신의 생각과 행동을 매일 검토하고 새로운 시각과 행동을 취할 때, 매너리즘을 극복하고 변화와 발전을 가져올 수 있다. 매너리즘에 빠질 때 사람은 퇴보한다. 따라서 우리는 자기도 모르게 빠져드는 매너리즘을 경계해야 한다.

그렇다면 매너리즘에 빠지지 않기 위해서는 어떻게 해야 할까? 그 방법 중 하나는 몸에 밴 좋은 습관을 통해 늘 정신을 일깨우는 것이다. 존 스토트 목사는 『행복을 부르는 마법의 원칙』이란 저서에서 올바른 인생을 위해서 반드시 익혀야 하는 습관을 다음과 같이 제시하고 있다.

- 매일 계획을 세우는 습관
- 포기하지 않고 노력하는 습관
- 인내를 기르는 습관
- 시간을 아끼는 습관
- 일찍 일어나는 습관
- 만나는 사람, 모두로부터 무엇인가를 배우는 습관
- 생각, 행동에 자기 나름의 기준을 갖는 습관
- 무엇이든지 성실히 처리하는 습관
- 감정을 억제하는 습관
- 정확한 판단을 하는 습관
- 주변 사람들을 중요시하는 습관

좋은 습관을 기르는 법을 어렵지 않다. 좋은 습관의 가치를 깊이 깨닫고 작은 행동을 매일 반복하면 된다. 매일 반복하는 것이 지루할 수도 있지만, 일단 익숙해지면 즐거운 것이 된다(유성은, 2016).

읽·어·보·기

결코 포기하지 말라

에드가 게스트(Edgar A. Guest)

하나의 깨어진 꿈은 모든 꿈의 마지막이 아니다.
하나의 부서진 희망은 모든 희망의 마지막이 아니다.
폭풍우와 비바람 너머로 별들은 빛나고 있으니
그대의 성곽들이 무너져 내릴지라도
그래도 다시 성곽 짓기를 계획하라.
비록 많은 꿈이 재난에 무너져 내리며
고통과 상한 마음이
세월에 물결 속에서 그대를 넘어뜨릴지라도
그대로 신앙에 매달려라.
그리고 그대의 눈물에서
새로운 교훈을 배우기를 힘쓰라.

기회를 잡아라

조지 엘리엇(George Eliot)

생활의 흐름 속에서
황금의 순간들은
우리 옆을 스쳐 지나간다.
그러나 우리는 단지 모래만을 볼 뿐이다.
천사들이
우리를 방문하러 온다.
그러나 우리는
천사들이 떠난 후에야
그들이 왔었다는 사실을 알게 된다.

적용과 실천 1

나의 우선순위 결정력은 어느 정도인가?

아래의 문항을 읽고 자신의 우선순위 결정력을 판단해 보자.

1) 책상에 놓인 일 중에 보이는 것, 손에 잡히는 것부터 하는 경향이 있다. (　　)
2) 내가 좋아하는 일부터 먼저 한다. (　　)
3) 어려운 일보다 쉬운 일을 먼저 시작한다. (　　)
4) 마감이 코앞에 닥쳐서야 일을 처리한다. (　　)
5) 다른 사람이나 외부의 의견에 따라 무비판적으로 결정하거나, 할 필요가 전혀 없는 일을 할 때가 있다. (　　)
6) 과거에 해온 방식대로 일을 처리한다. 시대가 변했음에도 행동방식은 고치려고 하지 않는다. (　　)
7) '시간만 더 주어지면 일을 잘 마무리할 수 있는데'라는 생각을 자주 한다. (　　)
8) 사소한 일도 선택과 결정을 내리지 못해 우물쭈물한다. (　　)
9) 스케줄 계획표를 만들지 않고 일한다. (　　)
10) 휴일을 효과적으로 이용하지 못한다. (　　)
11) 모든 일이 똑같이 중요해 보인다. (　　)
12) '어떻게 하면 모든 일을 잘할 수 있을까'하고 고민하는 때가 많다. (　　)
13) 무조건 더 많이 일하는 것이 시간을 가장 잘 활용하는 방법이라고 생각한다. (　　)
14) 다른 사람으로부터 업무요청이 들어오면 바쁘더라도 대부분 수락한다. (　　)
15) 마감시간이 되어서도 일을 완성하지 못해 초조하다. (　　)
16) 업무량이 과도해서 고통을 받는다. (　　)
17) 무엇인가에 지배당한다는 느낌을 종종 갖는다. (　　)
18) 자신이 하는 일에서 보람을 느끼지 못한다. (　　)
19) 항상 바쁘고 지쳐 있다. (　　)
20) 시간과 물질, 노력을 많이 투자했음에도 이룬 것이 별로 없어 허탈하다. (　　)

위의 문항 중 해당사항이 12개 이상이면 우선순위 감각에 심각한 문제가 있다. 자신의 취약점을 살펴보고 개선하고자 노력해야 한다.

적용과 실천 ❷

시간 관리 노하우

1. 해야 할 일들에 대해 목록을 만들자.

- 해야 할 일들은 자신의 가치, 동기, 목표에 따라 좌우된다.
- 일상적으로 해야 할 일과 그렇지 않은 일을 구분하자.
- 비일상적인 일의 경우 생각나는 대로 해야 할 일을 나열하는 것이 아니라 해야 할 일들에 대해 중요성과 긴급성 측면에서 일들의 우선순위를 매겨야 한다.

2. 시간표를 작성하자.

- 해야 할 일들의 목록을 고려하여 월간, 주간, 하루의 계획표를 작성할 수 있다. 이것은 여러분이 하루에 해야 할 일들을 계속적으로 떠올리게 하는 역할을 해 줄 수 있다.
- 매일 이러한 모든 목록을 상세하게 만들 필요는 없으며, 주말에 주간계획표를 작성하거나 매일 아침 자신이 해야 할 일들을 우선순위별로 적어 놓는 것이 적합하다.
- 시간표를 만드는 일 자체가 절대적인 것이 아니며 자기에게 맞게 습관화하는 것이 더욱 중요하다.
- 시간표나 해야 할 일을 기록한 목록은 항상 눈에 자주 보이는 곳에 두거나 붙여 놓는 것이 좋다.
- 매일 자신이 한 일에 대해 점검함으로써, 스스로 뿌듯한 느낌을 경험해 보는 것도 바람직하다.

<예: 심난이가 이번 주에 해야 할 일>

- 일상적으로 하는 일: 각 과목의 예습, 복습, 강의듣기, 아르바이트 등
- 비일상적으로 하는 일: 여권 만들기, 병원 가기 등

연번	이번 주에 해야 할 일	중요성	긴급성	종합점수	우선순위
1	입사지원서 작성 및 정보 구하기	7	9	7*9/10=6.3	1
2	토익시험 및 자격증 관리	6	8	6*8/10=4.8	3
3	여권 만들기	5	10	5*10/10=5.0	2
4	방 정리하기	3	8	3*8/10=2.4	4

※ 주계획

	월	화	수	목	금	토	일
1 주							

※ 일계획

우선순위	할 일	한 일	평가

출처: 성균관대학교 학생상담센터(2005).

CHAPTER 8

인간관계

1. 인간관계의 유형

해리스(Harris, 1967)는 삶에 대한 기본 태도를 네 가지 유형으로 제시하였다. 네 가지 태도는 사람들이 세상을 대하는 자세를 의미하기 때문에 삶의 위치(life position)라고 하며, 이러한 인간관계 유형은 아동이 어렸을 때 부모들이 어떠한 양육태도를 보였는가에 의하여 결정된다고 하였다. 즉, 지나치게 금지를 많이 한 부모와 허용적인 부모와는 많은 차이를 가진다는 것이다. 인간은 성장하는 과정에서 자기 자신이나 자기 주변의 타인들에 대해서 일정한 가정을 형성하게 되는데 이러한 가정은 자신과 다른 사람들에 대한 기본적인 사고를 형성하는 기반이 되고 있다.

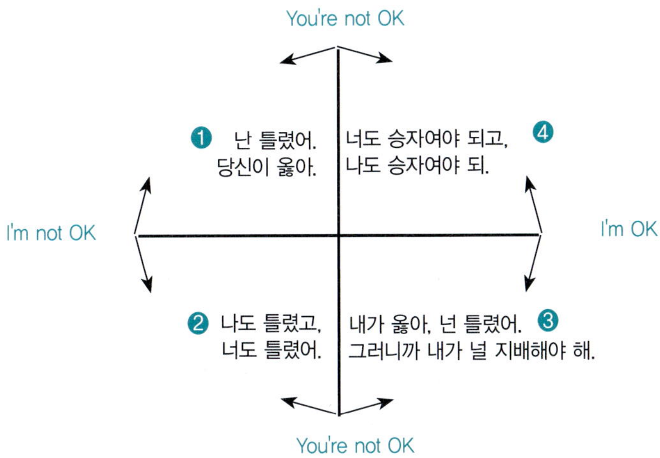

그림 3-8-1 인간관계 유형

① 나는 옳지 않다 - 너는 옳다 (자기부정-타인긍정의 태도)

이 자세를 취하는 사람들은 자기 자신을 무가치한 것으로 생각하는 경향이 있고, 다른 사람에게 의존하려는 욕구를 지니고 있다. 아기처럼 주로 부모의 애정어린 보살핌에 의해서 자신의 욕구가 달성되므로 타인에 대한 긍정성을 인정하게 된다. 그러나 자신은 아무것도 할 수 없으므로 늘 좌절감 속에서 생활하게 되며, 무슨 일이든 쉽게 포기하며, 다른 사람들을 신뢰하지 않는다. 다른 사람으로부터 칭찬과 인정을 받으려고 노력한다. 특히 삶의 초기동안 충분한 사랑을 받지 못했던 사람은 우울감, 자기비하, 사기저하, 소외감을 느낀다.

② 나는 옳지 않다 - 너는 옳지 않다 (자기부정-타인부정의 태도)

아동이 걷기 시작하고 조금 성장하면 부모의 돌봄이 이전처럼 자상하지 않다. 갓난아기 때처럼 행동하면 무시되거나 거부되기 쉽고 오히려 가끔 벌까지 받게 된다. 그것을 극복할 능력은 아직 자신에게 없고 겨우 돌아다니며 이것저것 주워서 입으로 가져가면 야단을 맞는다. 따라서 '나도 옳지 않지만 너도 옳지 못하다.'의 도식을 내재화하게 된다. 이런 위치에 있는 사람들은 자신뿐만 아니라 타인에 대해서도 부정적으로 생각하고 반항적이며 인생을 체념하는 태도로 살아간다. 이런 사람은 일상생활에서 기분 좋은 게 없다고 느껴서 어떤 것에도 의미를 부여하지 못하고 시간만 보내게 되며 위축된 채 살아간다. 더 나아가 냉담한 부모 아래, 애정적인 관계를 갖지 못하고 방임을 경험하게 되면 체념, 삶의 의미상실, 정신분열, 자살 및 타살(파괴충동) 욕구를 가지게 된다.

③ 나는 옳다 - 너는 옳지 않다 (자기긍정-타인부정의 태도)

부모나 외부로부터 세심한 관심과 돌봄을 받을 수 있는 아동은 보행도 자연스러워졌고, 음식도 먹을 수 있는 것과 못 먹는 것을 구분할 수 있게 된다. 그리고 신체적으로도 더욱 성장하므로 보다 더 많은 것들을 독자적으로 처리할 수 있게 된다. 결국 '나는 그런 것쯤은 어려울 것이 없어. 하지만 너는 틀렸어'의 도식을 가지게 된다. 이런 사람은 다른 사람과 거리를 두고 있으며, 다른 사람을 심하게 불신하고 경계하여 다른 사람과의 관계를 끊는 방향으로 나아간다. 또한 타인을 엄격하게 감독하는 경향이 있다. 이러한 사람은 권위적이고 자기중심적인 성격을 형성하게 된다. 더 나아가 어린 시절 부모로부터 학대의 경험이 있을 때 우월감, 자만심, 다른 사람을 심하게 불신, 경계, 항상 남의 잘못, 남의 탓을 하게 된다.

④ 나는 옳다 - 너는 옳다 (자기긍정-타인긍정의 태도)

인간은 성장함에 따라 신체적으로는 보다 더 많은 것들을 할 수 있게 되고, 지적으로도 그동안 부모가 얼마나 자기를 위해 보호해 주었는지를 이해하게 된다. 자기를 따뜻하게 돌보아 주고 있는 온화한 가족의 분위기로 인해 자기 자신에 대해서도 높은 평가를 하게 되며, 인생은 도전할 가치가 있는 수많은 가능성의 세계라고 생각하고 긍정적으로 낙천적인 생활관을 갖게 된다, 나는 나대로의 가치가 있고 당신도 당신 나름대로의 가치가 있는 '나도 옳고, 당신도 옳다.'의 도식을 갖게 된다.

이러한 상태에 있는 사람은 대인관계에서 진정한 관계를 갖기 위해 시간을 투자하며 문제를 건설적으로 해결할 능력을 지니고 있으며, 건강하고 행복한 방식으로 삶을 이끌어 나갈 힘이 있는, 행복하고 활동적이며 적극적인 사람이다. 가장 바람직한 인간관계로서 긍정적이고 만족스러운 삶의 주체가 될 가능성이 크다.

2. 발달단계에 따른 인간관계 유형

1) 영유아기의 인간관계

영유아기 부모로부터 어떠한 양육태도를 통해 보살핌을 받았는지, 자녀의 수가 몇 명인지, 출생순위 등 이러한 요건은 아동의 성장과정에 지대한 영향력을 지닌다. 영유아들은 매우 활동적이고, 또래에 대한 관심을 바탕으로 초기 친구관계를 형성하게 되고, 그것을 통해 사회성을 발달시키게 된다.

2) 학령기의 인간관계

학령기 때는 정서와 언어, 인지능력이 발달하게 되고, 이것을 바탕으로 양적, 질적으로 전보다 다른 많은 변화를 가져오게 된다. 또한 학교에 입학하게 됨에 따라 주로 동성친구들과 또래 집단을 형성하게 된다. 이때에는 교사의 역할이 아동의 발달에 지대한 영향을 끼치므로 그 중요성이 매우 크다.

3) 청년기의 인간관계

청년기 때는 부모로부터의 독립과 부모로부터의 여전한 사랑을 동시에 원하게 된다. 또한 새로운 욕구와 복잡한 감정, 갈등과 자아정체감을 획득하게 되는데 이러한 과정 속에서 친구의 의미가 크게 부각되고 그것에 의존적인 경우도 있다. 상호신뢰와 애정을 바탕으로 한 이성교제를 통해 성인남녀의 역할을 배우고, 사랑하는 삶과 생을 함께하기로 함으로써 친밀한 관계를 이룬다. 또한 결혼을 통해 독립된 가정에서 남편, 아내의 역할을 하고 아이를 출산함으로써 부모라는 위치를 경험하게 된다.

4) 중년기의 인간관계

중년세대는 십 대 자녀의 부모로서 부모 역할뿐만 아니라, 노부모를 부양하는 자녀역할이라는 이중역할을 수행하게 된다. 오로지 자녀만을 위해 헌신해온 부모의 경우, 자녀가 독립해서 떠났을 때, '빈둥지증후군'을 경험하기도 한다. 또한 이때의 노부모의 봉양은 노부모와의 관계를 증진시키고, 여러 가지 삶의 지식을 습득하면서 인간적으로 더욱 성숙하게 만든다. 이 시기는 사회경제적 능력이 최고수준에 이르는 때이고, 부하직원을 지휘하고 통솔하는 상급자로서 리더십을 발휘해야 하는 경험을 하게 된다.

5) 노년기의 인간관계

노년기는 신체적, 심리적, 사회적으로 위축되는 시기이다. 은퇴로 인해 생활반경과 인간관계의 폭이 축소되고 자녀들도 완전히 독립해 떠나간다. 그래서 이때, 부부관계가 가장 중요한 의미를 지니게 된다. 자녀가 출산을 함에 따라 조부모의 역할이 주어지는데, 이때 지혜, 사랑, 관용으로 손자녀를 대하며, 그 역할을 통해 자신의 존재가치를 확인하고 상실감을 극복할 수 있다. 또한 노년기는 해체기이다. 주위에 함께했던 사람들이 하나 둘 떠나게 되는 것이다. 결국, 자신도 죽음을 받아들이게 됨으로써 세상과 영원한 이별을 하게 된다.

읽·어·보·기

조해리의 창(Johari's window)

당신의 사정을 잘 알고 있는 사람은 누구인가? 당신의 이름은 자타가 인정하는 것이기에 당신 자신은 물론, 주변 사람들도 알고 있다. 그러나 당신이 언제 한 사람의 이상적인 파트너를 만날 수 있을지, 그것은 주변 사람은 물론 당신 자신조차도 알 수 없다. 그렇다면 당신의 이런 측면에 대해서 당신은 알고 있지만 주변 사람은 모른다고 하는 경우는 무엇인가? 당신의 이런저런 측면에 대해 당신은 알고 있지만 주변 사람은 모른다고 하는 경우는 무엇인가?

Johari(조해리)의 창은 원래 자아개방과 피드백이란 두 가지 중요한 개념을 명료화하기 위하여 Luft와 Ingham이란 두 명의 심리학자에 의해 개발된 개념으로, 두 사람의 이름을 본 따서 Joe+Harry=Johari(조해리) 유리창이라 명명되었다.

자아개방은 한 개인이 타인과 정보와 감정을 공유할 수 있을 만큼의 신뢰수준이 높아질 때 가능하게 된다. 신뢰수준이 더 높아지고 어떤 사람이 기꺼이 모험을 감행하려고 하면 할수록, 사람은 더욱더 자아를 공개할 것이다. 피드백은 타인들이 우리를 개방적이고 수용적이라 지각하고 이해할 때 일어난다. 그러면 타인들은 '우리'에 대한 자신들의 지각을 말해 주고, 우리가 그들에 대해서 어떤 영향을 갖는지를 말해 주게 된다. 신뢰 수준이 높아진다는 것은 생각을 공유하고 모험을 감행하는 정도가 높다는 것을 의미한다.

1) Johari 유리창의 네 가지 영역

타인에게 알려짐	열린	보지 못하는
타인에게 알려지지 않음	숨겨진	알려지지 않은

그림 3-8-2 조해리의 창

출처: 강문희 외(1997), p. 52.

그림은 Johari 창의 네 가지 영역을 보여준다. 이를 '유리창(panes)'이라고 한다. 네 가지 영역은 열린 영역(open), 보지 못하는 영역(blind), 숨겨진 영역(hidden), 알려지지 않은 영역(unknown)이다.

창틀의 크기와 형태는 상호신뢰의 수준과 피드백 및 자아 개방을 교환하는 정도에 따라 결정된다.

① '열린 영역' – 나 자신에 대하서 내가 알고 동시에 타인이 알고 있는 경우를 말한다. 이 영역에서는 개인에 관한 정보가 자신이나 타인에게 개방되어, 즉 모든 사람이 자유롭게 그 사람에 대해 알고 있는 정보에 해당된다.

② '보지 못하는 영역' – 내가 나 자신에 관하여 미처 인지하지 못하는 부분을 타인이 알고 있는 정보들에 해당한다. 사람은 누구나 본인이 모르는 부분을 갖고 있다. 우리는 자신이 모르는 각자의 습관과 틀에 박힌 버릇들을 가진다. 아주 사소한 습관부터 자주 쓰는 언어, 틀에 박힌 버릇, 비언어적 신호와 같은 것들이다. 이러한 면모를 알 수 있는 유일한 방법은 자신이 어느 특정한 타인가 신뢰관계를 만들어 그 사람이 자신을 면밀하게 보살펴 주고, 이러한 부분을 자신에게 말해 주는 것이다. 이러한 역할을 하는 타인은 나에게 피드백을 주고 있는 것이다.

③ '숨겨진 영역'은 내가 나 자신에 대하여 알고 있으나, 타인들은 모르는 것과 관련된다. 여러 가지 이유에서 나는 이러한 정보를 타인에게 알리지 않거나 다른 사람이 알지 못하도록 숨긴다. 즉, 나만 지니고 있는 나 자신의 비밀이다. 대수롭지 않은 정보에서 심층적인 것까지 매우 광범위할 수 있다. 특히 내가 신뢰하지 않는 사람들에게는 이러한 정보를 알려 주지 않을 것이다. 타인에게 나를 드러내면 공격받을 위험과 약점 잡히고 상처받을 수 있기 때문이다. 즉, 나를 노출시킴으로써 타인이 나를 싫어하지 않을까 하는 두려움을 갖게 되어 나에 대한 정보를 밝히기를 꺼리게 된다. 그러나 타인이 나에게 얼마나 '의미 있는'사람인가, 그리고 우리들 사이에 존재하는 신뢰수준의 정도에 따라 내가 감수하려는 위험부담의 정도는 달라질 것이다.

④ '알려지지 않은 영역'은 나 자신에 대하여 나 자신도 타인도 모두 모르는 부분이다. 이곳에는 수많은 정보가 숨겨져 있다. 어떤 사람은 심리치료, 충격적인 경험, 우발적인 사건 등이 계기가 되어 전에는 전혀 알지 못하던 정보들이 표면화되어 공개적인 영역에서 알게 될 수 있다.

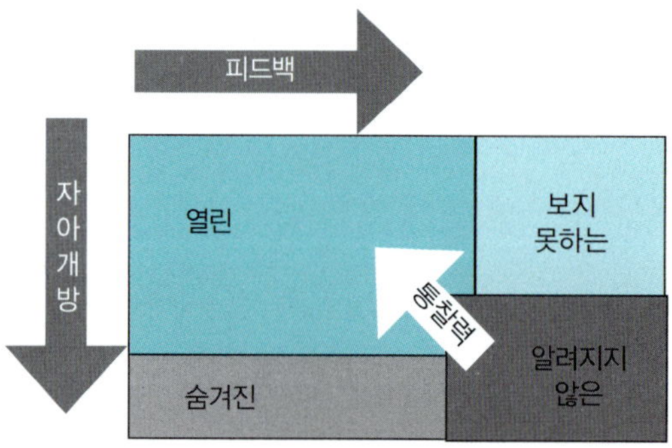

그림 3-8-3 집단 과정

출처: 강문희 외(1997), p. 55.

자아개방과 피드백 과정이 알려지지 않은 정보를 열린 영역으로 이동을 촉진시키기도 한다. 이것은 '아하!' 하는 경험과 같이 갑자기 우리에게 새로운 의미나 생각이 떠오르게 한다. 이것을 통찰력이라 한다. 열린 영역의 경계는 내가 타인에게 스스로 피드백을 요청하고 자아를 개방함으로 열린 영역이 점점 커질 수 있다. 자아를 공개함으로써 숨겨진 영역은 줄어들고 열린 영역은 늘어나게 된다.

인간관계를 맺는 초기에는 열린 영역이 매우 좁았다. 즉, 서로에 대해 공통적으로 알고 있는 부분은 가장 좁았다. 그러나 인간관계가 지속되고 신뢰 수준이 증가되면서 나를 더 많이 공개하며 타인에게 자아개방을 하게 되고 내가 전에 나에게 알지 못했던 정보를 타인이 나에게 피드백하도록 함으로써 열린 영역은 넓어지게 된다.

두 사람 사이에 있는 신뢰성, 개방성, 수용성의 정도는 자아개방과 피드백의 정도를 결정하는 데 매우 중요하다. 내가 타인을 신뢰하면 할수록, 나는 나만 알고 있는 개인적이고 사적인 일들을 더 많이 이야기하려 할 것이다. 또한 내가 더 많이 수용적이고 개방적일수록, 타인들이 나에 대한 그들의 지각과 생각을 알려 줄 것이고 내가 그들에게 미쳤던 영향에 대해 더 많이 이야기해 줄 것이다.

적용과 실천

조해리의 창

이하의 사건(일)에 대하여 당신 자신이 잘 알고 있음 · 모름, 부모나 가족 또는 친구가 알고 있음 · 모름을 4개 영역으로 구분하여 그 번호를 4개의 영역에 기입해 보세요.

사건(일)

1) 당신이 몰래 사랑하고 있는 마음속의 이성 친구
2) 친구의 당신에 대한 비난
3) 당신이 친구와 자주 가는 음식점
4) 장래 어떤 사람과 만나서 결혼할까?
5) 당신의 잠꼬대
6) 아기 때 병력(病歷) 혹은 질병
7) 술좌석에서 잘하는 노래

8) 선생님이나 선배와의 관계
9) 당신의 거짓말이나 속임수
10) 초등학교 시절의 성적
11) 등에 있는 사마귀
12) 당신의 무의식적 바람 또는 소원
13) 당신 첫사랑의 상대
14) 언제, 어떻게 죽을까?
15) 당신 은행구좌의 총액

당신의 일(사건)	자신이 알고 있음	자신이 모름
가족(친구)이 알고 있음	A:	B:
가족(친구)이 모름	C:	D:

출처: 김세곤·정성애(2007). pp. 44-45.

CHAPTER 9

의사소통

인간관계의 시작과 끝은 의사소통을 통해 일어난다. 대부분 인간관계의 문제는 대화가 부족하거나 대화를 제대로 하지 못해서 일어난다고 할 수 있다. 영어 'communication' 라틴어 'commicare'에서 유래되었고 그 의미는 '나누다', '공통의', '공유하는'의 의미를 가진다. 하나 또는 그 이상의 유기체가 다른 유기체와 지식, 신념, 정보, 감정 등을 공유하는 행동이다. 의사소통은 언어를 포함, 상징을 매개로 하여 인간과 인간의 상호작용의 과정이다. 인간은 의사소통을 통해 공통된 의미를 형성하고 사고와 감정을 전달하고 전달받으며 서로의 행동에 영향을 미치게 된다.

이러한 의사소통에는 언어적 의사소통과 비언어적 의사소통이 있다. 비언어적 의사소통이 전체 의사소통의 60~70%를 차지한다(강기정 외, 2009). 예를 들어 의사소통할 때 가장 중요하고 우선시해야 하는 행동은 눈 맞추기이다, 눈을 마주하지 않으면 상대방이 보내는 비언어적 의사소통을 놓쳐 의도하는 내용의 진정한 의미를 파악할 수 없다. 또한, 적극적인 경청, 신뢰, 존중, 감정이입, 공감 등은 효율적 의사소통이 되지만, 상대방을 불신하거나 선입견(편견)을 가지거나 이중 메시지를 주고받으면 의사소통의 장애를 일으킨다.

1. 언어적 의사소통

상대방이 하는 말의 내용과 감정을 이해하기 위해 주의 깊게 들으면서 적절하게 반응하며 정보를 확인하는 대화방식은 효과적이다. 이런 대화방식은 수평적이고 쌍방적이고, 인격을 존중해주려는 태도가 나타난다. 반면에 상대방을 인격적으로 존중해 주지 않는 명령, 지시, 경고, 협박, 훈계, 설교, 설득, 충고, 판단, 비난, 지나친 칭찬의 말투는 수직적이고 일방적인 대화방식이다. 듣는 사람 마음에 상처를 주게 된다. 첫째로, 명령과 지시는 상대방의 생각, 감정, 욕구는 중요하지 않고 말하는 사람 위주이고 여기에 순종해야 한다는 의미를 내포하기에 일방적이다. 그런 분위기에서 자라면 의식적 혹은 무의식적으로 자기를 비하하고, 인간의 자율성과 자주성으로 인해 반발심, 적개심, 분노와 같은 감정을 유발시키기 쉽다. 둘째로, 경고나 위협 역시 힘과 권위 있는 사람들이 일방적으로 따르기를 기대하는 화법이다. 경고나 위협은 상대방을 존중해 주고 인격적인 대우를 하는 것이 아니라 상대방을 불신하고 무시할 때 사용하는 화법이다. 경고나 위협하는 사람들을 두려워하게 되어 불안한 성격을 형성하게 된다. 경고나 위협을 하는 사람에게 면전에서는 순종하는 것처럼 행동하나 마음속에서 자라나는 적개심이 문제를 일으키기 쉽다. 셋째로, 훈계나 설교도 상대방에 대한 불신을 내포하고 있기 때문에 상대방에게 죄책감을 불러일으키고 자존심을 상하게 하고 자기비하를 일으킨다. 넷째로, 상대방의 문제를 채 이해하지도 못한 상태에서 성급하게 충고나 설득을 하면 상대방에게 도움이 되지 못하는 경우가 많다. 뿐만이 아니라 충고나 설득을 자주 받는 상황에서 자라나는 청소년들은 지나치게 의존하려는 미숙한 인간으로 남게 된다. 다섯째로, 비난과 판단은 상대방을 위축시키게 된다. 상대방의 약점을 자꾸 들추려는 상황에서는 상대방 역시 자신을 방어하고자 반격을 하게 되기 때문에 상처만 주고받는 인간관계가 일어나기 쉽다. 여섯째로, 동정이나 위로는 자신이 상대방으로부터 인정받고 있다는 느낌보다는 상대방이 자신의 감정을 너무 가볍게 보거나 무시하는 것 같다고 느끼기 쉽다.

마지막으로, 칭찬은 적절하게 그리고 솔직하게 사용하면 상대방의 자존심을 높여주게 되고 긍정적인 인간관계 형성에 도움이 된다. 하지만 칭찬도 지나치거나 상대방을 조종하려는 의도로 사용될 경우에는 부작용을 일으킬 수 있다. 칭찬보다는 격려가 더 효과적이다. 격려는 옆에서 따뜻하게 북돋아주는 것인데, 수용과 신뢰, 공헌이나 가치인정, 노력과 개선을 인정하는 말 등이 포함된다.

2. 비언어적 의사소통

좋은 청자가 되기 위해서는 우선, 비언어적인 반응에 주의를 기울여야 한다. 말할 때의 몸짓, 자세, 시선, 거리, 얼굴표정 등과 같은 비언어적인 반응도 중요하다.

상대방의 인격을 존중하고 수용하여야 한다. 상대방을 비난하거나 성급하게 판단함이 없이 상대방의 입장에서 이해하고 상대방의 장점을 격려해 주는 것이 존중하고 수용하는 태도이다. 우리가 상대방을 일방적으로 공격하지 않고 조건 없이 받아들일 때, 상대방은 자신을 방어하려 하지 않고 자유롭게 대화에 빠져들 수 있다. 상대방의 단점을 확대하고 지적할 때, 상대방은 공격받고 있다는 느낌을 받게 되어 자신을 보호하기 위하여 방어하거나 반격을 가하려 하기 때문에, 결과적으로 서로 상처를 주고받는 인간관계가 된다(표 3-9-1).

표 3-9-1 대화 시 피해야 할 사항과 그 대안들

대화 시 피해야 할 상황	대안
상대방의 자존심을 깎는 상황 ('바보', '형편없어', '멍청이')	자신의 감정을 말로 잘 설명하기
과거의 일을 계속 말하는 것	현재에 초점을 두기
'항상' '전혀' '언제나'의 용어는 피할 것	'대부분' '가끔'을 써서 이야기하기
상대방의 마음을 단정하기	자세히 묻기
비판과 평가하는 대화	그냥 격려하고, 구체적이고 건전한 대안을 말해주기
상대방의 시선을 피하기	눈을 맞추고 이야기하기
'당신은' '너 때문에' 등 책임 전가	자신의 책임 인정하고 '내 생각에는...' 식으로 말하기
기분 나쁜 억양, 표정, 자세	부정적인 기분을 표현하고 원하는 것 밝히기
인신공격	구체적으로 상대방 행동을 지적하기

출처: 채규만(2006).

소극적인 경청은 상대방의 말을 조용히 들어주거나, 때에 따라서 "음….", "그래서…", "그렇군요…"와 같은 간단한 반응을 하는 것이다. 소극적인 경청을 하더라도 상대는 자신의 마음을 이해하고자 노력하고 있다는 것을 알게 되어 마음의 문을 조금씩 열려고 할 것이다. 이러한 소극적 경청기법도 중요하다.

그러나 소극적인 경청만으로 부족할 때가 있다. 상대방이 전하는 의미가 분명하지 않거나 이해하기 힘든 상황이어서 보충이 필요할 때, 아니면 상대방의 말을 들으면서 잘 집중하지 못했을 때이다. 이런 경우에 경청하는 방법이 서투르면, 나 혼자서 '이런 말인가 봐!'라고 추측하고 오해하기 시작하다. 이런 식의 대화는 결국 인간관계에 걸림돌로 작용하기 쉽다. 따라서 남의 말을 잘 듣기 위해서는 기술의 습득과 부단한 연습이 필요하다. 특히 남의 말을 잘 들어주어야 하는 입장에 있는 상담자, 부모, 교사와 같은 사람들에게는 경청기술이 필수적이다. 이외에도 직장에서의 인간관계, 친구관계, 가족관계, 등 모든 관계가 오해 없이 이루어지려면 일단 남의 말을 제대로 들을 수 있어야 한다.

3. 나 전달법

대화에는 명령과 비난을 바탕으로 하는 '너 전달법(You message)'과 설득과 이해를 바탕으로 한 '나 전달법(I message)'이 있다. 너 전달법은 '너'를 주어로 하여 표현함으로써 상대방에 대한 나의 감정을 노출시켜 상대방에 대한 비난의 뜻이 담긴 표현법이다. 듣는 사람의 기를 꺾어놓는 말들이 이에 해당한다. 이에 반해 나 전달법은 '나'를 주어로 하여 상대방을 존중하며, 내 생각을 확실하게 전달할 수 있는 방법으로, 솔직하고 개방적이어서 원만한 인간관계 형성에 도움이 된다(표 3-9-2).

표 3-9-2 '너 전달법' 과 '나 전달법' 비교

	너 전달법	나 전달법
정 의	'너'를 주어로 상대방 행동을 표현한다.	'나'를 주어로 상대방 행동에 대한 나의 생각이나 감정을 표현한다.
표현 방식	"너는 왜 밥먹을 때 꼭 책을 보니?"	"내가 빨리 준비하고 나가야 하는데 네가 밥 먹으며 책을 보면(행동) 난 조마조마 해.(느낌) 왜냐하면 치우는 게 늦어져서 지각하거든(영향)"
결 과	상대방에게 일방적으로 강요하거나 비난하는 느낌.	상대방은 나의 상황과 감정을 이해하고 문제를 해결하려고 함.

나 전달법은 행동 그 자체보다는 행동의 결과에 중심을 둔다. 일반적으로 세 부분으로 나누어 설명할 수 있다. 첫 번째, 나에게 방해가 되는 행동을 말한다(단순히 서술만 하고 비난은 하지 않는다). 예를 들면 "네가 TV 앞에 가까이 서서 보면…." 등이다. 두 번째, 행동의 결과 때문에 생긴 나의 느낌을 말한다. 예를 들어 "나는 걱정이 되고 신경질이 난다."이다. 세 번째 결과를 말한다. 예로서, "눈이 나빠질 것이고 뒤에 있는 사람이 화면이 가려져 안 보인다." 등이다.

'나 전달법'을 만들기 위해서는 다음과 같은 공식을 이용하면 도움이 될 것이다.

당신이(네가) … 하면 (상대방의 행동)

나는 … 라고 느낀다 (나의 느낌)

왜냐하면 … 이기 때문이다. (결과)

이와 같이 나 전달법을 사용하여 상대방에게 행동, 느낌, 결과를 표현하면 보다 효과적으로 자신의 의도를 전달할 수 있게 된다.

읽・어・보・기 ❶

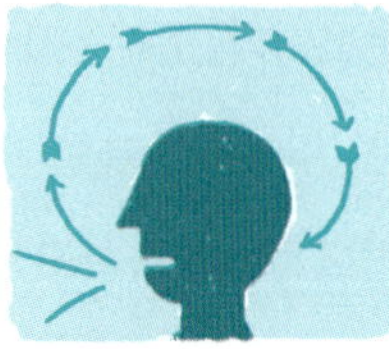

지도자의 말

◆ 나폴레옹은 키가 작았고 고향 코르시카 섬의 이탈리아 사투리가 뒤섞인 프랑스어를 썼다. 연설가로서 조건이 보잘 것 없었다. 대신 그는 침묵으로 카리스마를 창출했다. 출정에 앞서 병사들을 몇십 초 동안 말없이 둘러보곤 했다. 그 사이 병사들은 단신의 나폴레옹이 거인처럼 커지는 느낌을 받았다. 히틀러도 전략적 침묵의 대가였다. 군중 앞에서 5분씩 가만히 있다. 군중이 잔뜩 신경을 집중하면 그제야 말을 꺼내곤 했다.
5대 미국 대통령의 연설문을 쓴 제임스 흄스는 '링컨처럼 서서 처칠처럼 말하라'(시아출판사)에서 "침묵이 말보다 소리가 크다."고 했다. 링컨도 쉰 목소리와 켄터키 산골 사투리를 고민했다. 처칠은 혀 짧은 소리에 말을 더듬었다. 두 사람이 결점을 극복하고 명연설가로 올라선 비결도 핵심을 찌르는 간결한 연설이었다. 흄스는 "성공한 지도자의 화술은 남 다르다."며 "준비된 말이 성공을 부른다."고 했다.

◆ 부시 대통령은 지난 7년 내내 문법에 어긋난 말과 말실수를 연발했다. 그걸 가리켜 '부시즘(Bushism)'이라는 용어까지 생겨났다. 임기를 7개월 남긴 부시가 영국 더 타임스 인터뷰에서 그간 썼던 호전적 표현들이 후회스럽다고 밝혔다. "조금 다른 수사적(修辭的) 표현을 쓰고 수위를 조절했더라면 이라크전을 두고 벌어진 국민 분열과 국제사회 오해가 덜 했을 것"이라고 했다.

◆ 부시는 이라크 저항세력을 비롯한 적들에게 걸핏하면 "덤벼봐, 한판 붙자(Bring them on)."고 했었다. 9・11테러 배후 빈 라덴을 "죽이든 살리든(dead or alive)잡아오라."고 했다. 폭력영화에나 나올 법한 말들이다. 부시는 "그 때문에 미국이 세계에서 호전적 국가로 오해 받았다."고 했다. 그러나 더 타임스의 인터뷰 기사 제목은 "세계를 전쟁으로 끌고 간 매가 비둘기의 언어를 말하다"였다. 때는 늦었다는 얘기다.

◆ 『논어』에 '사불급설(駟不及舌)'이라고 했다. 네 마리 말이 끄는 빠른 마차라도 혀의 빠름에 미치지 못한다는 뜻이다. 말은 한 번 하면 거둬들일 수 없는 것이니 조심하고 또 조심해야 한다. 잘 생각하지 않고 불쑥 하는 말은 아무 데나 총을 난사하는 것과 같다. 특히 지도자의 말은 거듭 고민하고 가다듬은 말이어야 한다. 사람이 귀 둘, 입 하나인 것은 남의 말을 좀 더 잘 듣고 필요 없는 말은 삼가게 함이라는 말도 있다. 지도자에겐 과묵과 경청의 미덕이 절실하다.

출처: 조선일보(2008. 6. 13).

읽·어·보·기 ❷

대화와 소통의 비법… "우선 듣자"

대화란 무엇인가? 내 이야기를 상대방에게 하고, 상대방의 이야기를 듣는 것. 근데, 이게 참 어렵다. 취업포털 사람인이 직장인 1,441명을 대상으로 '직장생활 말하기(회사어) 구사능력'에 관한 설문조사를 실시했다. 그 결과 응답자의 95.6%가 '대화 기술은 업무에 중요한 역할을 한다'고 답했다. 직장인들이 생각하는 회사에서 꼭 필요한 '회사어'로 꼽은 것은 세대별로 달랐다. 20대와 30대는 '지혜롭게 잘 거절하는 거절어'(각 44.4%, 41.7%, 복수응답)를 1순위로, 40대는 '타인을 존중하고 배려하는 표현의 겸손어'(38.1%, 복수응답)를 1위로 꼽았다.

응답자의 47.4%는 회사어 구사에 어려움을 느끼고 있었다. 이들이 꼽은 직장 내 의사소통 시 가장 하기 어려운 말로 '부당하지만 일단 'YES'라고 해야 하는 긍정어'(40.5%, 복수응답)를 택했다. 이어 '지혜롭게 거절하는 거절어'(36.4%), '인맥 확산 및 승진을 위한 정치어'(26.6%), '팀 및 회사분위기를 주도하는 유희어'(16.9%) 등에 어려움을 느꼈다. 또, 10명 중 7명은 '회사어'를 더 잘하기 위한 커뮤니케이션 코칭이 필요하다고 답했다.

책 『1등의 대화습관』의 저자 오수향은 "말이 바뀌면 인생이 달라진다"고 말한다. 잘 말하려면 무엇보다 잘 들어야 한다고 강조한다. 그는 "자신의 주장만을 고집하지 않고, 상대방의 의견을 수렴하는 자세가 필요하다. 토론에 참여한 모든 사람이 자신의 주장만 펼치기보다, 경청의 자세를 갖춘다면 차이를 극복하고 창의적인 결론을 도출할 수 있다"고 강조한다. 저자는 ▲고개를 가볍게 끄덕이며 가벼운 추임새 넣기 ▲상대방이 말을 할 때 말을 자르지 않고 끝까지 듣기 ▲상대방의 말이 주제와 어긋났을 때는 타이밍을 놓치지 않고 호응한 뒤 반박하기 ▲상대방의 말이 길어질 때, 정리 및 요약 후 질문을 던져 대화의 방향 잡기 ▲상대방이 했던 말 일부를 따라하면서 자신에게 관심을 갖고 있다는 사실을 느끼게 하기 등을 통해 잘 경청하는 방법을 전한다.

책 『말하지 말고 대화를 하라』의 저자 김선형 역시 대화는 말하기와 듣기가 결합한 행위라는 간명한 이치를 일깨운다. 그는 "최고의 대화는 잘 듣는 것이다. 자신의 주장만 내세울 뿐, 상대방 이야기는 전혀 들으려하지 않는 것, 즉 들을 줄 모르고 말할 줄만 아는 것은 진정한 대화의 자세가 아니니다"라고 말한다. 그는 경청의 방법으로 ▲정신을 집중해 진지한 자세로 듣고 ▲시선을 마주쳐 상대방에게 경청의 의지를 전달하고 ▲적절한 질문을 던져 상대방의 의도와 입장, 계획 등을 다시 듣는 과정을 통해 말하는 사람이 더욱 활기에 넘쳐 이야기할 수 있도록 안내할 것을 강조한다.

일찍이 노자는 "아는 자는 말하지 않고, 말하는 자는 알지 못한다"고 했다. 이는 단순히 말을 '적게' 하는 것의 중요성을 뜻하는 게 아니다. 노자는 적게 말하는 것 이상으로 잘 듣는 것을 강조했다. 노자의 말을 빌려서 표현하면, 아는 자는 상대방의 말을 경청할 줄 알고, 듣는 자야 말로 비로소 알 수 있다. 결국 대화는 서로의 이야기를 '하는' 행위보다 '듣는' 행위에 더 가닿아 있다. 제대로 들어야 제대로 답할 수 있기 때문이다.

독서신문(2020. 11. 2)

적용과 실천

나 전달법 연습하기

[연습 1]

다음의 문장들을 읽고 ________ 안에 행동, 느낌, 결과 중 하나를 써 넣으세요.

1. 책을 책장에 넣지 않으면 ________엄마가 정리해야 하니까 ________ 귀찮구나 ________.

2. 네가 주스를 카펫에서 마시다가 엎지르면 ________ 카펫도 더러워지고 ________엄마가 세탁을 해야 하므로 ________ 속이 상한다.

3. 자기가 먹은 밥그릇을 싱크대에 갖다놓지 않으면 ________ 엄마가 일일이 치워야 하기 때문에 ________ 짜증이 나 ________.

[연습 2]

다음의 상황에 대하여 나 전달법을 사용하여 상대방에게 할 말을 써 보세요.

- 남편(아내)이 아침식사를 하고 해도 먹고 나가지 않는다.

- 동생이 밤늦은 시간에 큰 소리로 전화통화를 하고 있다.

- 아이가 학교에서 올 시간이 지났는데도 오지 않는다.

CHAPTER 10

리더십

최근 우리는 국내외를 막론하고 리더십의 혼란에 직면한 사회에서 살고 있다. 사회 각계각층에서 리더십 부재의 혼란을 겪고 있고 그 와중에 가장 애를 먹는 사람들은 구성원일 것이다. 가정에서는 부모 리더십의 부재로 자녀들이 고생을 하며, 학교에서는 교사의 리더십 부재로 학생들이 어려움을 가지며, 직장에서는 경영자를 비롯한 리더들의 문제로 직장 구성원들이 존재의 혼란을 겪을 수 있다. 즉, 리더십은 리더의 영향력의 범위 안에 있는 다수의 사람들에게 커다란 영향을 끼치기 때문에 단순히 리더 한 사람의 문제로 끝나지 않는다. 리더 한 사람의 문제로 당사자뿐만 아니라 수많은 구성원들에게 피해를 줄 수 있다는 점에서 리더십은 중요하고 민감하다.

리더(leader)는 우리말로 '지도자'이고, 리더십에 대한 우리말은 '지도자상'이다. 지도력(指導力) 또는 영도력(領導力), 지도성(指導性)이라고 할 수 있고 이는 공동의 일을 달성하려고 한 사람이 다른 사람들에게 지지와 도움을 얻는 사회적 영향 과정이다. 링컨, 예수, 마호메트, 부처, 칭기즈칸, 나폴레옹, 아인슈타인, 다윈, 잔

다르크, 헨리 포드, 에디슨, 피카소 등 역사적으로 정치, 종교, 군사, 사상, 과학, 여성, 기업가/발명가, 외교, 예술 등의 분야에서 각각 뛰어난 리더십을 발휘한 리더들이 존재한다. 이들은 위대한 리더로서 불가능해 보이는 일을 가능케 한 능력을 발휘하였다.

따라서 리더십은 조직의 목적을 달성하려고 구성원을 일정한 방향으로 이끌어 성과를 창출하는 능력이다. 리더십이란 어휘 자체가 일반화되어 통상적으로 리더십이라 말하고 있다. 영어의 리더십이란 말은 약 200년 전부터 사용되기 시작한 것으로 알려져 있으나, 리더(leader)라는 어휘는 서기 1300년경부터 문헌에 등장하는 것으로 나타났다. 리더십의 정의는 리더십을 정의하려고 시도했던 사람들 숫자만큼 많다. 이 말은 학자마다 견해가 다양하고 조직이나 공동체에서 리더십의 적용 형태가 다양하므로 당연한 것이라고 볼 수 있다. 따라서 다양하게 정의될 수 있는데 리더십의 정의에 대해 정답을 찾기보다는 리더십의 본질적인 의미와 방향을 이해하는 것이 중요하다.

몇 가지 리더십의 정의를 살펴보면, 쿤츠와 오도넬은 '조직 구성원들이 공동의 목표를 달성하는 데 따라오도록 영향력을 행사하는 것'이라고 하였고, 허시와 블랜차드는 '주어진 상황 하에서 목표 달성을 위해 개인 또는 집단이 노력하도록 모든 활동에 영향을 주는 행위'라고 하였으며, 국민대학교 백기복 교수는 '전 방향의 조직원들이 이슈를 통한 공동의 성과창출 노력에 자발적, 지속적으로 몰입하도록 이끌어가는 과정', 아이젠하워 장군은 '리더가 성취하고자 하는 일을 구성원이 원해서 하도록 만드는 능력'이라고 했다(민승기, 2015, 재인용).

공통된 사항이 도출된다면, 리더십이란 목표지향성, 사람 간의 영향력, 상호교류, 힘, 자발성, 영향력행사 과정 등과 관련된다. 각 이론에 따라서 일정한 요소에 더 큰 비중을 둔다(백기복, 2002).

첫째, '리더십은 누군가에게 영향력을 발휘하는 것'이다. 어느 조직이든 리더는 구성원들에게 어떤 형태로든지 영향력을 미치고 그 영향력으로 인해 구성원들이 움직인다. 이런 영향력의 크기가 바로 리더십의 크기이다. 리더가 되기 위해서는 이런 자신의 영향력을 키우는 것이다. 예를 들어 가정에서는 부모가 자녀에게 영향력을 미치게 되기에 부모는 자녀의 리더가 된다. 부모의 영향력과 방향에 따라 자녀의 양육모습도, 가정의 분위기도 달라지게 된다.

둘째, 공통적인 요소는 바로 '구성원들이 리더를 따른다.'는 사실이다. 어느 리더라도 따르는 구성원이 있다, 만약 따르는 구성원이 없다면 그는 리더가 아니다. 즉, 리더십은 '무엇인가의 영향력을 통하여 구성원들이 스스로 따르도록 하는 것'이라고 정리할 수 있다. 특히 여기서 주목할 것은 구성원들이 스스로 따르도록 하는 것이다. 현대 리더십의 개념은 예전처럼, 소위 카리스마라는 명목으로 구성원들을 강압적이고 일방적인 힘의 분출을 통해 구성원들을 강제하고 억압하는 것이 아니다. 구성원들 스스로의 자발성이 필요하다

리더십에는 다음과 같은 유형이 있다(정종진, 2016).

- 카리스마 리더십(charisma leadership): 지도자의 행동과 동기가 구성원의 심리적 변화에 영향을 주는 과정이다. 사회적 위기상황에서 출현하여 구성원에게 해결책을 제시함으로써 구성원들이 지도자를 특별한 존재로 인식하게 된다.
- 변혁적 리더십(transformational leadership): 지도자와 구성원 모두의 동기와 도덕의 수준을 높이는 연결을 강조하고 다른 사람들과 관계를 맺는 사람에 의해 이루어지는 과정이다. 지도자는 구성원의 욕구와 동기에 관심을 두고, 구성원이 자신의 잠재력이 극대화된 곳에 도달하도록 도와준다. 구성원은 지도자를 신뢰하고 존경하며 충성을 다하게 된다.
- 윤리적 리더십(ethical leadership): 지도자가 책임과 윤리를 갖고 구성원에게 영향력을 행사하는 과정이다. 윤리적 리더십의 다섯 가지 핵심원리는 ① 구성원을 존중, ② 구성원을 위해 봉사(servant leadership), ③ 공정성과 정의로움을 추구(authentic leadership), ④ 정직함을 나타냄(moral leadership), ⑤ 공동체의 구축(team leadership, culture leadership)이다.

- 감성적 리더십(emotional leadership): 지도자를 진정으로 믿고 따르도록 하기 위해 구성원의 감정을 헤아리고 이해하는 능력(지도자의 자기인식, 자기관리, 사회적 인식, 관계능력이 중요)이 요구된다.

리더십은 시대에 따라, 강조하는 부분에 따라 여러 가지 유형이 있고 그 의미가 다소 다를 수 있지만 부패방지 및 청렴도가 강조되는 현 시대적 상황에서는 도덕적 리더십이 크게 부상하고 있다. 도덕적 리더십은 지도자가 도덕적 신념과 권위를 바탕으로 조직의 이상과 비전을 제시하고 자율성을 부여하여 구성원들로 하여금 자발적으로 조직의 목표달성을 위하여 헌신하도록 하는 리더십을 말한다.

'LEADERSHIP'이란?

Listening – 구성원들의 의견을 귀담아듣고
Establishing – 규칙과 원칙을 잘 수립하고
Achieving – 목표를 추구 성취하고
Decision making – 합리적이고 효율적으로 의사결정을 하고
Exampling – 손수 모범을 보이고
Responsibility – 주어진 직분의 책임을 다하고
Spiritual gifts – 정신적 지주의 역할을 하고
Humbleness – 매사 겸손해하고
Integrity – 청렴결백하게 직무를 수행하며
Pioneer – 개척정신을 갖고 솔선수범한다.

출처: 정종진(2016), p. 166.

Boss와 Leader의 차이점

보스는 혹사시킨다.	리더는 인도한다.
보스는 권위에 의존한다.	리더는 협동에 의존한다.
보스는 '나'라고 말한다.	리더는 '우리'라고 말한다.
보스는 공포를 조장한다.	리더는 자신감을 조장한다.
보스는 방법을 안다.	리더는 방법을 보여준다.
보스는 분개를 야기한다.	리더는 열정을 야기한다.
보스는 책임을 전가한다.	리더는 실수를 인정한다.
보스는 일을 고되게 한다.	리더는 일을 재미있게 만든다.

출처: 정종진(2016), p. 166.

1. 리더십의 5단계

존 맥스웰(민승기, 2015, 재인용)의 리더십 5단계는 리더십의 개념을 알기 쉽게 정의하고 체계적으로 정리하였다.

1) 1단계: 권한과 지위

가장 낮은 단계로, 권한과 지위(right & position)에 의한 것이다. 이 단계의 리더는 자신이 가진 지위, 직위, 직책, 권한 등에 의해 리더십을 발휘하고 구성원들을 이끌어간다. 구성원들은 그 리더를 단지 지위가 있으므로 따르게 된다. 그 지위만 아니라면 따르지 않을 수도 있다. 우리는 흔히 과거의 리더십 패러다임에 익숙하여 이러한 것을 리더십이라고 생각할 수 있다. 사실 리더라기보다는 보스나 관리자에 가깝다. 물론 1단계 리더도 저절로 되는 것은 아니라 자신이 노력하여 일정한 지위를 얻는 것이다.

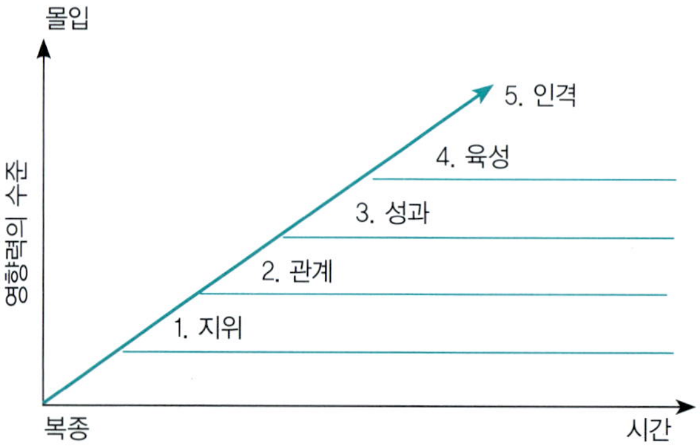

그림 3-10-1 존 맥스웰의 리더십 5단계

출처: 민승기(2015), p. 68.

2) 2단계: 관계와 허용

이 단계는 관계와 허용(relationship & permission)에 의한 것이다. 구성원들이 리더를 위해서 움직이는 단계이다. 단지 리더의 지위나 권한 때문만이 아니라 리더와 긍정적인 관계가 형성되었기 때문에 따르는 것이다. 이 단계가 되려면 리더는 구성원들의 마음을 알아야 한다. 구성원들은 리더가 얼마나 다양한 지식을 알고 있는지는 관심이 없고 오히려 리더가 자신들에 대해서 얼마나 알고 있으며 관심을 가졌는지에 더 주목을 한다. 만일 직장에서 리더였던 분이 다른 부서로 옮겨 갔음에도 여전히 그 리더를 따른다면 2단계 리더이다. 야근을 해야 하는 상황에서 리더가 시켜서 하는 것이 아니라 팀장을 믿고 좋아하니까 야근을 해야 한다고 생각하게 되면 2단계 리더가 된다. 여기서 관계는 단순히 인간적인 친한 정도를 말하는 것이 아니라 신뢰와 존중의 관계를 말한다. 회식자리에서 술 마시고 밥 먹는다고 관계가 좋아지는 것이 아니라 평소의 언행을 통하여 관계의 틀이 만들어진다고 봐야 한다.

3) 3단계: 결과와 성과

이 단계의 리더십은 결과와 성과(result & production)의 의한 것이다. 많은 조직에서 보면 일정한 지위를 가지고 있으면서 구성원들과 좋은 관계를 유지하고 있는 리더가 있다. 이 리더는 그 조직에서 성과를 만들어 내지는 못하는 경우라면 그 리더를 따르는 데도 한계가 있다. 조직에서 리더를 세우는 것은 바람직한 성과를 내기 위함이다. 만일 리더가 구성원들과 좋은 관계만 유지하고 궁극적인 성과를 만들어내지 못한다면 조직의 존재 목적에도 도움이 되지 않기에 문제가 된다. 이런 의미에서 3단계 리더는 조직에서의 성과를 만들어 내는 능력을 갖추었기에 구성원의 인정을 받는 것이고 그들이 따르도록 만드는 것이다. 기업이든 가정이든 3단계 리더가 되기 위한 각각의 역량이 무엇인지 파악하고 그 역량을 강화하는 노력이 없이는 3단계 리더가 될 수 없다.

4) 4단계: 재생산과 육성

이 단계는 재생산과 육성(reproduction & people)에 의한 것이며 이 단계가 가장 중요하고 어려운 것이다. 궁극적으로 이 4단계 리더가 되는 것이 목표이다. 이 단계의 리더십은 보통의 리더십에 대응하여 위대한 것인데 3단계까지의 리더십은 리더 자신에게 초점이 맞춰져 있다. 즉, 리더 자신이 지위를 얻는 것이고 리더 자신이 관계를 형성하는 것이며 리더 자신이 능력을 발휘하여 성과를 내는 것이었다. 그러나 4단계 리더십은 초점이 구성원에게 맞춰져야 한다. 이제는 리더만 잘해서는 안 되며 리더처럼 잘할 수 있는 타인을 육성해 내야 하는 것이다. 리더 자신은 승진 및 조직 내에서 인정을 받지만 직원들을 못 챙기거나 안 챙기는 경우가 있다. 한 술 더 떠 부하가 성장하는 것을 경계하며 경쟁하는 리더도 있다. 이 경우 3단계에 머물러 있는 것이다. 후계자를 육성하는 일에 소홀한 조직은 리더 자신만이 혼자서 해야 한다고 생각하고 후계자를 경계하고 억압하거나 투명하지 못한 후계 구도 때문에 혼란스럽고 그러한 조직에 대한 비전과 신뢰를 잃게 된다. 최근 기업의 리더십 평가 목록 중 가장 역점을 두는 것이 '얼마나 유능한 인재를 많이 육성했는가'이다. 만일 자신만 성과를 낸다면 단지 유능한 실무자에 지나지 않을 것이다. 4단계 리더십을 위해서는 먼저 리더의 자세가 중요하다. 구성원들을 사랑하고 진심으로 위하는 자세가 없으면 불가능하다. 자신의 성과를 위한 도구나 수단으로 육성하는 것이 아니고 진정으로 그들을 위해서 육성해야 한다. 또한 육성할 수 있는 실력이 필요하다.

5) 5단계: 인격과 존경

이 단계의 리더십은 이것은 시간과 공간을 초월하기 때문에 위대한 것이다. 인격과 존경(respect & personhood)을 통한 리더십이다. 4단계까지는 비록 쉽지는 않으나 자신의 노력과 의지로 올라갈 수 있지만 5단계의 리더십은 자신의 의지로 되는 것이 아니다. 이것이 특별한 점이다. 4단계의 리더에서 시간과 인내가 필요하다. 누군가가 없는 자리에서 그에 관한 이야기를 하면서 아직도 그분의 리더십에 영향을 받고 있다면 그는 바로 5단계 리더가 되는 것이기에 5단계의 리더는 자신의 의지로 되는 것이 아니라 주위의 사람들이 인정할 때 가능하게 된다. 누구든지 시간과 노력을 들여 진정한 리더가 되기 위해 배우고 힘써야 하며 5단계의 리더가 될 수 있도록 훈련하고 격려하는 조직이나 공동체가 많이 생겨나야 사회도 건강해질 수 있다.

이 다섯 가지 리더십은 각 사람에게 독립적으로 적용될 수 있다. 즉, 누군가에 대해서는 1단계일 수 있지만 다른 누군가에 대해서는 3단계의 리더가 될 수 있다. 예를 들어 직장에서 김 대리에게 박 팀장은 단지 팀장인 이유로 일하게 만드는 1단계 리더이지만 홍 대리에게 박 팀장은 실력과 성과를 통해 따르게 하는 3단계의 리더일 수 있다. 단순히 몇 단계의 리더인가를 파악하기보다는 개별적인 관계 가운데 몇 단계인가를 파악하여 전체적인 리더십의 단계를 향상시키려는 노력이 필요하다.

적용과 실천

내가 지도자가 된다면?

일반적으로 지도자는 행위자, 학습자로 하여금 적절한 행동을 끌어내기 위해 조언하는 사람입니다. 당신이 지도자가 되어 생활 중에 누군가의 행위를 적절하게 인도할 경우가 있다면 당신은 어떤 지도자가 되고 싶습니까? 다음 물음에 답해주세요.

● Q1 당신이 가까운 사람을 상담하고자 한다면 어떤 지도자가 되고 싶은가요?

① 그 사람이 자신의 마음대로 행동하도록 자유에 맡긴다.
② 평소에는 자유에 맡기지만 큰일이 있을 때는 조언을 해 준다.
③ 항상 옆에서 세심하게 지도 조언한다.

● Q2 그 사람에 대한 지도 조언으로 당신은 어떤 방법을 선택합니까?

① 미소 띤 얼굴로 얘기를 들으며 고개를 끄덕여준다.
② 힘내라고 격려해준다.
③ 모범을 보여주고 방법을 가르쳐준다.
④ 그 사람이 스스로 자신의 행동을 조정하도록 힌트를 준다.
⑤ 그 사람의 행동을 평가하여 칭찬하거나 꾸짖는다.

당신은 몇 번을 선택하였습니까? 아래의 박스에 당신이 선택한 번호에 밑줄을 그어 보세요. 여기서는 2가지 문제를 묶어서 당신이 답한 타입을 살펴보기로 하겠습니다.

Q1 거리: ① 맡기는 타입 ② 요소관여형 ③ 밀착형
Q2 방법: ① 지켜보기 ② 격려 ③ 본보기 ④ 힌트 ⑤ 평가

Q1은 당신이 지도자가 되었을 때 상대와의 거리를 어떻게 하는가에 따라 나누어 본 것입니다. 당사자의 생각과 판단을 존중한다면 ① 맡기는 타입을, 당사자의 자유를 존중하면서 필요에 따라 지도를 한다면 ② 요소관여형, 그리고 옆에서 작은 것까지 지도를 하고 싶다면 ③ 밀착형을 고를 것입니다.

Q2는 당신의 지도자 스타일을 보는 것입니다. ① 지켜보기는 지도자가 있다는 것만으로 영향을 미치는 가장 간접적인 지도법이라 할 것이다. ② 격려는 동기부여를 중시하는 방법입니다. ③ 본보기는 구체적으로 본보기(모델)를 보여서 가르치는 방법입니다. ④ 힌트는 행위자에게 적절한 참고가 될 만한 의견을 내는 방법이며, ⑤ 평가는 결과를 평가하여 피드백을 주어서 행동을 수정하는 방법입니다.

출처: 김세곤 · 정성애(2007). pp. 169–170.

참고문헌

강기정(2011). 건강가정론. 경기: 양서원.

강문희·이광자·박경(2003). 인간관계의 이해. 서울: 학지사.

권석만(2008). 긍정심리학: 행복의 과학적 탐구. 서울: 학지사.

권석만(2015). 현재 성격심리학. 서울: 학지사.

권중돈·김동배(2005). 인간행동과 사회환경. 서울: 학지사.

김교헌·김경의·김금미·김세진·원두리·윤미라·이경순·장은영(2010). 젊은이를 위한 정신건강. 서울: 학지사.

김세곤·정성애(2007). 자기 이해를 위한 심리학. 경기: 공동체.

김신옥·민혜영·이혜란·홍길회(2014). 유아발달. 서울: 창지사.

김유미(2009). 뇌발달 접근에서 본 사교육의 문제점. 한국아동의 삶과 상장과정, 한국아동학회 추계 학술대회 자료집, 87-96.

김윤정(2011). 알기 쉬운 인간행동과 사회환경. 서울: 학지사.

김정희(1987). 지각된 스트레스, 인지 세트 대처방식의 우울에 대한 작용. 서울학교 박사학위청구 논문.

김주환(2011). 회복탄력성: 시련을 행운으로 바꾸는 유쾌한 비밀. 경기: 위즈덤하우스.

노안영·강영신(2003). 성격심리학. 서울: 학지사.

미하이 칙센트미하이(2004). 몰입, 미치도록 행복한 나를 만난다. 서울: 한울림.

민승기(2015). 다시 생각하는 리더십. 서울: 나비의 활주로.

박미정·이인숙·신은경·정효지·조성일(2006). 한국 청소년의 성 성숙 시기 및 장기간의 초경연령 추세 분석. 대한소아과학회, 49(6), 610-616.

박수진(2001). 유아기 자녀를 둔 학부모의 조기. 특기교육에 관한 실태 분석. 이화여자 대학교 대학원 석사학위 논문.

박영아(2010). 아동발달. 서울: 창지사.

박영아·박희숙·강민희(2015). 유아발달. 경기: 공동체.

박희숙·박영아(2010). 인간행동과 사회환경. 서울: 창지사.

백기복(2002). 조직행동연구. 경기: 법문사.

사주당(2011). 이수경·홍순석 공역. 태교신기. 서울: 한국문화사.

성균관대학교 학생상담센터(2005). 학생생활 가이드 시리즈 1: 대학공부의 길잡이. 성균관대학교 출판부.

손병덕·강란혜·백은령·서화자·양숙미·황혜원(2008). 인간행동과 사회환경. 서울: 학지사.

신경희(2015). 삶을 만점으로 만드는 스트레스 관리. 서울: 영림미디어.

신우열·최민화·김주환(2009). 회복탄력성의 세 가지 요인이 청소년의 온라인게임 중독 성향에 미치는 영향. 사이버커뮤니이션학보, 26(3), 43-81.

심의보·김영희·신성일·정혜숙(2016). 인간행동과 사회환경. 경기: 파워북.

오창순·신선인·장수미·김수미·김수정(2015). 인간행동과 사회환경. 서울: 학지사.

우남희·현은자·이종희(1992). 사설학원 및 가정중심의 조기 특기/과외교육 실태 연구. 조기 교육의 현황과 전망. 한국아동학회 추계학술대회 자료집, 63-85.

유관수·박현선(2003). 독거노인과 가족동거 노인의 건강상태에 관한 비교연구. 한국노년학, 23(4), 163-179.

유성은(2016). 내 인생을 바꾸는 시간관리 자아실현. 서울: 중앙경제평론사.

윤용섭·김미영·장윤수·정재걸(2015). 노인이 스승이다. 왜 지금 격대교육인가. 경기: 글항아리.

여성가족부(2023). 2023년 청소년 인터넷·스마트폰 이용습관 진단조사.

이기숙·장영희·정미라·홍용희(2002). 가정에서의 유아 조기. 특기교육 현황 및 부모의 인식. 유아교육 연구, 22(3), 153-171.

이근홍(2006). 인간행동과 사회환경. 경기: 공동체.

이부영(2001). 아니마와 아니무스. 서울: 한길사.

이상로·이관용 역(1987). 성격의 이론. 서울: 중앙적성출판사.

이아라(2013). 환경의 위험요인 수준에 따른 인지행동 상담 프로그램이 회복탄력성에 미치는 효과. 서울교육학교 교육학원 석사학논문.

이영·이정희·김온기·이미란·조성연·이정림·유영미·이재선·신혜원·나종혜·김수연·정지나(2009). 영유아 발달. 서울: 학지사.

이영호(2006). 정신건강론. 경기: 공동체.

이종복·전남련(2009). 인간행동과 사회환경. 서울: 학현사.

장선철(2007). 21세기 현대사회와 정신건강. 서울: 동문사.

장휘숙(2006). 성인심리학. 서울: 박영사.

정미경·문은식·박선환·박숙희·이주희·최순영(2009). 심리학개론. 경기: 양서원.

정미라·김명순·박은혜·신동주(2006). 한국의 현대적 아동관에 대한 탐색(신문기사 1960~2000년을 중심으로). 서울: 창지사.

정용각(2000). 여가행동 및 레크리에이션. 부산: PUFS.

정종진(2016). 교양으로 읽는 생활 속의 심리이야기. 경기: 공동체.

조완규(1994). 농촌노인의 생활실태에 관한 연구. 농촌사회, 4, 73-96.

조추용·오정옥·한성심·이채식(2008). 가족복지론. 서울: 창지사.

조흥식·김혜래·신은주·우국희·오승환·성정현·이지수(2010). 인간행동과 사회환경. 서울: 학지사

채규만(2001). 심리학자들이 쓴 행복한 결혼의 심리학. 서울: 집문당.

최경숙(2000). 발달심리학. 서울: 교문사.

최경숙(2006). 아동발달심리. 서울: 교문사.

최순남(2002). 인간행동과 사회환경. 경기: 법문사.

최옥채·박미은·서미경·진석균(2013). 인간행동과 사회환경. 경기: 양서원.

최용민·이상주(2003). 사회적 지원망이 독거노인의 삶의 질에 미치는 영향. 한국노인복지학회. 노인 복지연구, 22, 193-217.

최원수(2009). 광고 크리에이터의 감성·사회 지능과 창의 성향 직무성과 인식의 인과관계에 대한 다차원 분석. 홍익대학교 대학원 박사학위청구논문.

최정아(1991). 사회적 지원망과 노인의 생활만족도. 한양대학교 대학원 석사학위청구논문.

통계청 http://www.kostat.go.kr/

허혜경·김혜수(2015). 청년심리와 교육. 서울: 학지사.

홍은숙(2006). 탄력성(resilience)의 개념 이해와 교육 방안. 특수교육학 연구, 41(2), 45-67.

황농문(2007). *몰입*. 서울: 랜덤하우스.

Ackerman, P. L.(2000). Domain-specifc if knowledge as the "dark matter" of adult intelligence: Personality and interest correlates. *Journal of Gerontology, 55B*, 69-P84.

Adler, N. E., & Newman, K.(2002). Socioeconomic disparities in health: Pathways and policies. *Health Affairs, 21*, 60-76.

Aldwin, C. M., & Revenson, T. A.(1987). Does coping help? A reexamination of the relation between coping mental health. *Journal of Personality and Social Psychology, 53*, 337-348.

Allgood-Merten, B., & Stockard, J.(1991). Sex role identity and self-esteem: A comparison of children and adolescents. *Sex Roles, 25*, 129-139.

Anderson, D. R., Huston, A. C., Schmitt, K., Linebarger, D. L., & Wright, J. C.(2001). Early childhood viewing and adolescent behavior: The recontact study. *Monographs of the Society for Research in Child Development, 66*(1, Serial No. 264).

Anglin, J. M.(1993). Vocabulary development: A morphological analysis. *Monographs of the Society for Research in Child Development, 58*(10, Serial No. 238).

Antonucci, T. C., Akiyama, H., & Merline, A.(2002). Dynamics of social relationships in midlife. In M. E. Lachman(Ed.), *Handbook of midlife development*. N.Y.: Wiley.

Arking, R.(1998). *Biology of aging*(2nd ed.). M.A.: Sinaur Associates.

Atchley, R.(1988). *Social forces and aging: An introduction to social gerontology*. CA: Wadsworth.

Baltes, P. B.(1993). The aging mind: Potential and limits. *The Gerontology, 23*, 611-626.

Baltes, P. B., Dittmann-Kohli, F., & Dixon, R. A.(1984). New perspectives on the development of intelligence in adulthood: Toward a dual-process conception and a model of selective optimization with compensation. In P. B. Baltes & O. G. Brim, Jr.(Eds.), *Lifespan Development and Behavior(Vol. 6)*. San Diego: Academic Press.

Bandura, A.(2000). Social cognitive theory. In A. Kazdin(Ed.), *Encyclopedia of psychology.* Washington, DC, & New York: American Psychological Association and Oxford University Press.

Bandura, A.(1997). *Self-efficacy: The exercise of control*. N.Y.: Freeman.

Bartsch, K., & Wellman, H. M.(1995). *Children talk about the mind*. N.Y. Oxford University Press.

Baumrind, D.(1971). Current patterns of parental authority. *Developmental Psychology Monographs,*

4(1, Pt. 2).

Belsky, J., Jaffee, S., Hsieh, K., & Silva, P. A.(2001). Child-rearing antecedents of intergenerational relations in young adulthood: A prospective study. *Developmental Psychology, 37*, 801-813.

Bem, S. L.(1974). The measurement of psychological androgyny. *Journal of Consulting and Clinical Psychology, 42*, 155-162.

Berg, C. A.(2000). Intellectual development in adulthood. In R. J. Sternberg(Ed.), *Handbook of intelligence*. N.Y.: Cambridge University Press.

Berk, L. E.(1997). *Child development*(2nd ed.). M.A.: Allyn and Bacon.

Berk, L. E.(2007). *Development through the lifespan*. Boston, M.A.: Allyn and Bacon.

Berk, L. E.(2009). 생애발달 I, II.(이옥경, 박영신, 이현진, 김혜리, 정윤경, 김민희 역). 서울: 시그마프레스. (원전은 2007에 출판)

Berk, L. E. (2014). *Child Development.* New Jersey: Pearson education.

Bjorklund, D. F.(2000). *Children's thinking*(3rd ed.). CA: Wadsworth.

Bowers, B. F., & Myers, B. J.(1999). Grandmothers providing care for grandchildren: Consequences of various levels of caregiving. *Family Relations, 48*(3), 303-311.

Bowlby, J.(1989). *Secure and insecure attachment*. N.Y.: Basic Books.

Bropy, J. E.(1979). Teacher behavior and its effects. *Journal of Educational Psychology, 71*, 733-750.

Braine, J., Combes, F., Casoli, F., Dupraz, C., & Gerin, M.(1993). *Astron. Astrophys*. Suppl. 97: 887.

Brown, A. L.(1975). The development of memory: Knowing, knowing about knowing, and knowing how to know. In H. W. Reece(Ed.), *Advances in child development and behavior(Vol. 10)*. FL: Academic Press.

Brown, L. H., & Rodin, P. A.(2004) . Grandparent-grandchild relationships and the life course perspectives. In J. Demick & C. Andreoletti(Eds.), *Handbook of adult development*. N.Y.: Springer.

Bullock, K.(2004). The changing role of grandparents in rural families: The results of an exploratory study in Southeastern North Carolina. *Families in Society, 85*(1), 45-54.

Cairns, R., Xie,H., & Leung, M. C.(1998). The popularity of friendship and the neglect of socialnetworks: Toward a new balance. In W. M. Bukowski & A. H. Cillessen(Eds.), *Sociometry then and now building on six decades of measuring children's experiences with the peer group.* San Francisco: Jossey-Bass.

Carver, K., Joyner, K., & Udry, J. R.(2003). National estimates of adolescent romantic relationships. In P. Florsheim(Ed.), *Adolescent romantic relations and sexual behavior: Theory, research, and practical implications.* HJ: Erbaum.

Case, R.(1998). The development of conceptual structures. In D. Kuhn & R. S. Siegler(Eds.), *Handbook of Child Psychology:(Vol.2). Cognition, perception, and language.* N.Y.: Wiley.

Caspi, A.(1998). Personality development across the life course. In N. Eisnberg(Ed.), *Handbook of child psychology: Vol. 3. Social, emotional, and personality development*(5th ed., pp. 311-388). N.Y.: Wiley.

Cerella, J.(1990). Aging and information processing rate. In J. E. Birren & K. W. Schaie(Eds.), *Handbook of the psychology of aging*(3rd ed.), San Diego: Academic Press.

Chess, W. A., & Norlin, J. M.(1988). *Human behavior and the social environment: A social systems model.* M.A.: Allyn & Bacon.

Cillessen, A. H. N., & Bellmore, A. D.(2004). Social skills and interpersonal perception in early and middle childhood. In P. K. Smith & C. H. Hart(Eds.), *Blackwell handbook of childhood social development.* M.A.: Blackwell.

Cillessen, A. H. N., & Mayeux, L.(2004). From censure to reinforcement: Developmental changes in the association between aggression and social status. *Child Development, 75*, 147-163.

Clark, K. E., & Ladd, G. W.(2000). Connectedness and autonomy support in parent-child relationships: Links to children's socio-emotional orientation and peer relations. *Developmental Psychology, 36*, 485-498.

Coie, J. D., & Dodge, K. A.(1998). Aggression and antisocial behavior. In N. Eisenberg(ED.), *Handbook of child psychology: Vol. 3. Social, emotional, and personality development(*5th ed). N.Y.: Wiley.

Collins, F. S.(2003). *A brief primer on genetic testing.* Washington, DC: National Human Genome Research Institute.

Cornelius, N., Gooch, L., and Todd, S. (2001) Managing Difference Fairly: An Integrated 'Partnership' Approach. In M. Noon and E. Ogbonna (eds.), Equality, Diversity and Disadvantage in Employment. Hampshire: Palgrave, 32-50.

Corsini, R. J., & Wedding, D.(2000). *Current psychotherapies*(6th ed.). F. F. Peacoak. 현대

심리치료. (김정희 역. 서울: 학지사, 2004).

Crain. W. (2000). *Theories of development : Concepts and Applications(4th ed)*. Prentice Hill.

Crick, N. R., Casas, J. F., & Nelson, D. A.(2002). Toward a more comprehensive understanding of peer maltreatment: Studies of rational victimization. *Current Directions in Psychological Science, 11*, 98-101.

Csikszentmihalyi, M.(2004). 몰입, 미치도록 행복한 나를 만난다.(최인수 역). 서울: 한울림.(원전은 1990에 출판)

Dennerstein, L., Dudley, E., & Guthrie, J.(2002). Empty nest or revolving door? A prospective study of women's quality of life in midlife during the phase of children leaving and re-entering the home. *Psychological Medicine, 32*, 545-550.

Dickerson, M., Cunningham, R., England, S. L., & Hinchy, J.(1991). On the determinants of persistent gambling Ⅲ. Personality, prior mood, and poker machine play. The International *Journal of the Addictions, 26*(5),531-548.

Dietz, T. L.(1998). An examination of violence and gender-role portrayals in video games: Implications for gendersocialization and aggressive behavior. *Sex Roles, 38*, 425-444.

DiLalla, L. F., Kagan, J., & Reznick, J. S.(1994). Genetic etiology of behavioral inhibition among 2 year-old children. *Infant Behavior and Development, 17*, 405-412.

Dolgin, K.(1981). *The Importance of Playing Alone: Differences in manipulative play under social and solitary conditions.*, In Play as Context, A. Cheska.(ed.). N.Y.: Leisure Press.

Dollard, J., & Millers, N. E.(1939). *Personality and psychotherapy*. N.Y.: McGraw-Hill.

Dunkel-Schetter, C.(1999, August). Is maternal stress a risk factor for adverse birth outcomes? Paper presented at the meeting of the American Psychological Association, Boston.

Duvall, E. M.(1977). *Marriage and family development*(5th ed.). Philadelphia: Lippincott.

Ekwo, E. E., & Moawad, A.(2000). Maternal age and preterm births in a black population. *Pediatric Perinatal Epidemiology, 2*, 145-151.

Erikson, E. H.(1968). *Identity: Youth and crisis*. N.Y.: W. W. Norton.

Flavell, J. H.(1971). First discussant's comments: What is memory development the development of? *Human Development, 14*, 272-278.

Flavell, J. H., & Miller, P. H.(1998). Social cognition. In W. Damon(Series Ed.) & D. Kuhn & R. S. Siegler(Vol. Eds.), *Handbook of child psychology: Vol. 2. Cognition, perception, and language*(5th ed.).

N.Y.: Wiley.

Forte, J. A.(2007). *Human behavior and the social environment: Models, metaphors, and maps for applying theoretical perspectives to practice*. CA: Thomson.

Frost, J.(1992). *Play and playscapes*. N.Y.: Delmar Publisher Inc.

Furman, W.(2002). The emerging field of adolescent romantic relationships. *Current Directions in Psychological Science, 11*, 177-180.

Furman, W., Simon, V. A., Shaffer, L., & Bouchey, H. A.(2002). Adolescent's working models and styles for relationships with parents, friends, and romantic partners. *Child Development, 73*, 241-255.

Garvey, C.(1977). *Play*. Mass: Harvard University Press.

Gest, S. D., Graham-Bermann, S. A., & Hartup, W. W.(2001). Peer experience: Common and unique features of number of friendships, social network, centrality and socioeconomic status. *Social Development, 10*, 23-40.

Goleman, D. & Boyatzis, R.(2008). Social intelligene and the biology of leadership. *Harvard Business Review, 86*(9), pp.74-81.

Gottfredson, L. S.(2005). *Applying Gottfredson's theory of circumscription and compromise in career guidance and counselin*g. In S. D. Brown & R. W. Lent(Eds.), *Career development and counseling*. NJ: Wiley.

Gottman, J. M., & Mettetal, G.(1987). *Speculations about social and affective development: Friendship and acquaintanceship through adolescence*. In J. M. Gottman & J. G. Parker(Eds.), *Conversations of friends: Speculations on affective development*. New York: Cambridge University Press.

Hall, C. S., & Nordby, V. J.(1973). *A primer of jungian psychology*. N.Y.: Meridian book.

Harris, R. L., Elicott, A. M., & Holmes, D. S.(1986). The timing of psychological transitions and changes in women's lives: An examination of women aged 45 to 60. *Journal of Personality and Social Psychology, 51*, 409-416.

Hart, P. M., Wearing, A. J., Conn, M., Carter, N. L., & Dingle, R.(2000). Development of the School Organizational Health Questionnaire: A measure for assessing teacher morale and school organizational climate. *British Journal of Educational Psychology, 70*(2), 211-228.

Harter, S. (2003). The Development of Self-Representation during Childhood and Adolescence.

In M. R. Leary, & J. P. Tangney (Eds.), *Handbook of self and identity* (pp. 610-642). N.Y.: Guilford.

Hasher, L., Zacks, R. T., & May, C. P.(1999). Inhibitory control, circadian arousal, and age. In D. Gopher & A. Koriat(Eds.), *Attention and Performance(vol 17)*. M.A.: MIT Press.

Hoff, E.(2001). *Language development*(2nd ed.). CA: Wadsworth.

Hoffman, M. L.(1981). Is altruism part of human nature? *Journal of Personality and Social Psychology, 40*, 121-137.

Horn, J. I., & Masunaga, H.(2000). New directions for research into aging and intelligence: The development of expertise. In T. J. Perfect & E. A. Maylor(Eds.), *Models of cognitive aging*(pp. 125-159). Oxford: Oxford University Press.

Hughes, F.(1999). *Children and development*. Boston: Allyn and Bacon.

Huston, A. C., Wright, .J. C., Marquis, J., & Green, S. B.(1999). How young children spend their time: Television and other activities. *Developmental Psychology, 35*, 912-925.

Hutt, C.(1971). *Exploration and play in children.* In child's play. R. Herron and B. Sutton-Smith. (Eds.). New York: John Wiley & Sons.

Inhelder, B., & Piaget, J.(1958). *The growth of logical thinking from childhood to adolescence: An essay on the construction of formal operational structures*. N.Y.: Basic Books.

Izard, C. E.(1982). *Measuring emotions in infants and children*. N.Y.: Cambridge University Press.

Jacobs, D. F.(1987). A General theory of addiction: Application to treatment and rehabilitation planning for pathological gamblers. In Galski, T.(Ed). *The handbook of pathological gambling*(pp. 169-195). Springfield, US: Charles C. Thomas Publisher. Kostelnik, M., Whiren. A., Soderman. A., Stein. L., & Gregory. K.(2002). 유아를 위한 사회정서지도.(박경자, 김송이, 권연희 역). 서울: 교문사. (원전은 2002년 출판)

Kramer, D. A.(2003). The ontogeny of wisdom in its variations In J. Demick & C. Andreoletti(Eds.), *Handbook of adult development*. N.Y.: Springer.

Krimer. L. S., & Goldman-Rakic, P. S.(2001). Prefrontal microcircuits. *Journal of Neuroscience, 21*, 3788-3796.

Kuhn, D. & Franklin, S.(2006). The second decade: What develops(and how)? In W. Damon, R. M. Lerner, D. Kuhn, & R. Siegler(Eds.), *Handbook of Child Psychology(vol. 2)*, (6th ed.), pp. 953-994. N.Y.: Wiley.

Kübler-Ross, E. (1969). On death and dying. New York. NY: Macmillan Publishing.

Labouvie-Vief, G.(2003). Dynamic integration: Affect, cognition, and the self in adulthood. *Current Directions in Psychological Science, 12*, 201-206.

Labouvie-Vief, G., & Diehl, M.(1999). Self and personality development. In J. C. Cavanaugh & S. K. Whitbourne(Eds.), *Gerontology: An Interdisciplinary Perspective*(pp. 238-268). N.Y.: Oxford University Press.

Labouvie-Vief, G., Chiodo, L. M., Goguen, L. A., Diehl, M., & Orwoll, L.(1995). Representations of self across the life span. *Psychology and Aging, 10,* 404-415.

Lackmann, G. M., Salzberger, U., Tollner, U., Chen, M., Carmella, S. G., & Hecht, S. S.(1999). Metabolites of a tobacco-specific carcinogen in urine from newborns. *Journal of the National Cancer Institute, 91*, 459-465.

Ladd. G. W., & Burgess. K. B.(1999). Charting the Relationship Trajectories of Aggressive, Withdrawn, and Aggressive/Withdrawn Children during Early Grade School, *Child Development, 70*(4), 910-929.

LaFontana, K. M., & Cillessen, A. H. N.(1999). Children's interpersonal perceptions as a function of sociometric and peer perceived popularity. *Journal of Genetic Psychology, 160*, 225-242.

Law, M.R., Wald, N.J., & Rudnicka, A.R.(2003). Quantifying effect of statins on low density lipoprotein cholesterol, ischaemic heart disease, and stroke: systematic review and meta-analysis. BMJ. 28: 326(7404):1423.

Lepper, M. R., & Henderlong, J. R.(2001). Turning "play" into "work". In C. Sansone & J. M. Harakiewicz(Eds.), *Intrinsic and extrinsic motivation*. San Diego: Academic Press.

Levy, L. H.(1970). *Concept of personality*. N.Y.: Random House.

Lewis, M., & Brooks-Gunn, J.(1979). *Social cognition and the acquisition of self*. New York: Plenum Press.

Lewin, K.(1935). *Dynamic theory of personality*. N.Y.: McGraw-Hill.

Marcia, J. E.(1980). "Identity in Adolescence", in Adelson J.(Ed), *Handbook of Adolescent Psychology*, New York: Wiley.

Martin, P, Y., & O'Conner, G. C.(1989). *The social environment: Open systems applications*. N.Y.: Longman.

Maslow, A. H.(1970). *Motivation and personality*(2nd ed.) New York: Harper and Low

Masten, A. S.(2001). Ordinary magic: Resilience processes in development. *American Psychologist, 56*(3), 227–238.

Mauss, I. B., Cook, C. L., Cheng, J, Y. J., & Gross, J. J.(2007). Individual differences in cognitive reappraisal: Experiential and physiological responses to an anger provocation. *International Journal of Psychophysiology, 66*, 116-124.

Mayeiux, L., & Cillessen, A. H.(2003). Development of social problem solving in early childhood: Stability, change, and associations with social competence. *Journal of Genetic Psychology, 164*, 153-173.

McDonald, L., & Robb, A. L.(2004). The economic legacy of divorce and separation for women in old age. *Canadian Journal on Aging, 23*(Suppl.1), S83-S97.

Michael, R. T., Gagnon, J. H., Laumann, E. O., & Kolata, G.(1994). *Sex in America*. Boston: Little, Brown.

Miller, R. B., Hemesath, K., & Nelson, B.(1997). *Marriage in middle and later life*. In T. D. Hargrave & S. M. Hanna(Eds), *The aging family*. N.Y.: Brunner/Mazel.

Mulder EJ1, Robles de Medina PG, Huizink AC, Van den Bergh BR, Buitelaar JK, & Visser GH.(2002). Prenatal maternal stress: effects on pregnancy and the (unborn) child. *Early Human Development. 70*(1-2), 3-14.

Ochse, R., & Plug, C.(1986). Cross-cultural investigation of the validity of Erikson's theory of personality development. *Journal of Personality and Social Psychology, 50*(6), 1240-1252.

Okagaki, L., & Sternberg, R. J.(1993). Parenal Beliefs and children's school performance. *Child Development, 64*, 36-56.

Olson, H. C., & Burgess, D. M.(1996). Early intervention with children prenatally exposed to alcohol and other drugs. In M. J. Guralnick(Eds.), *The effectiveness of early intervention.* Baltimore: Paul H. Brookes.

Papalia, D. E., Olds, S. W., & Feldman, R. D.(2002). *A child's world: Infancy through adolescence*(2nd ed.). N.Y.: McGraw-Hill.

Parcel, T. L., & Menaghhan, E. G.(1994). *Parent's jobs and children's lives*. N.Y.: de Gruyter.

Parke, R. D., Simpkins, S. D., McDowell, D. J., Kim, M., Killian, C., Dennis, J., Flyr, M. L., Wild, M., & Rah, Y.(2004). Relative contributions of families and peers to children's social development. In P. K. Smith & C. H. Hart(Eds.), *Blackwell handbook of childhood social development*. M.A.: Blackwell.

Parrish, M.(2010). *Social work perspective on human behavior*. England: Open University Press.

Peterson, C., & Seligman, M. E.(2004). *Character strengths and virtues*. N.Y.: Oxford University Press.

Piaget, J.(1946). *The development of children's concept of time*. Paris: Presses Universitaires de France.

Piaget, J.(1983). Piaget's theory. In W. Kessen(Ed.), & P. H. Mussen(Series Ed.), *Handbook of child psychology(Vol. 1). History, theory, and methods*(pp. 103-126). N.Y.: Wiley.

Piaget, J., & Inhelder, B.(1969). *The child's conception of space*(F. J. Langdon & J. L. Lunger, Trans.). N.Y.: W. W. Norton.

Pinquart, M.(2003). Loneliness in married, widowed, divorced, and never-married older adults. *Journal of Social and Personal Relations, 20,* 31-53.

Ploeg, J., Campbell, L., Denton, M., Joshi, A., & Davies, S.(2004). Helping to build and rebuild secure lives and futures: Financial transfers from parents to adult children and grandchildren. *Canadian Journal on Aging, 23*, S131-S143.

Price, R. H.(1992). Psychological impact of job loss on individuals and families. *Current Directions in Psychological Science, 1*, 9-11.

Relier, J. P.(2001). Influence of maternal stress on fetal behavior and brain development. *Biology of the Neonate, 79*, 168-171.

Riggio, R. E., Messamer, J . & Throckmorton, B.(1991). Social and Academic Intelligence: Conceptually Distinct but Overlapping Constructs. *Personality and Individual Differences, 12*, pp. 695-702.

Riley, L. D., & Bowen, C. P.(2005). The sandwich generation: Challenges and coping strategies of multigenerational families. *Counseling and Therapy for Couples and Families, 13*, 52-58.

Roizen, N. J., & Patterson, D.(2003). *Down' syndrome*. Lancet, 361, 1281-1289.

Rosenthal, R., & Jacobson, L.(1968). *Pygmalion in the classroom.* N.Y.: Holt, Rinehart & Winston.

Rubin, K. H., Maconi, T., & Homung, M.(1976). Free Play Behavior in Middle and Lower Class preschoolers: Parten and Piaget Revisited. *Child Development. 47*, 414-419.

Ryff, C. D., Schmutt, P. S., & Lee, Y. H.(1996). How children turn out: Implications for parental self-evaluation. In C. D. Ryff & M. M. Seltzer(Eds.), *The parental experience in midlife.*

Chicago: University of Chicago Press.

Sanson, A., & Rothbart, M. K.(1995). Child temperament and parenting. In M. H. Borestein(Ed.), *Handbook of parenting(Vol. 4)*. Hillsdale, NJ: Erlabum.

Santrock, J. W.(2003). *Children*(7th ed.). N.Y.: McGraw-Hill.

Sasser-Coen, J. A.(1993). Qualitative changes in creativity in the second half of life: A life-span developmental perspective. *Journal of Creative Behavior, 27*, 18-27.

Schaffer, H. R., & Emerson, P. E.(1964). The development of social attachment in infancy. *Monographs of the Society for Research in Child Development, 29*(3, Serial No. 94).

Schoendorf, K. C., & Kiely, J. L.(1992). Relationship of sudden infant death syndrome to maternal smoking during and after pregnancy. *Pediatrics, 90*, 905-908.

Schreibman, L., & Charlop, M. H.(1989). *Infantile autism*. In T. H. Ollendick & M. Hersen(Eds.), *Handbook of child psychopathology*(2nd ed.). N.Y.: Plenum.

Schwartz, R., & Schultz, U.(2003). Stressful life events. In I. B. Wener(Ed.), *Handbook of Psychology: Vol. 9*, N.Y.: Wiley.

Shaffer, D. R.(1999). *Developmental psychology: Childhood and adolescence*(5th ed.). CA: Wadsworth Publishing.

Shaver. P., Furman. W., & Buhrmanester, D.(1985). Transition to college: New York, changes, social skills, and loneliness. In S. Duck & D. Perlman(Eds.), Understanding personal relationship: An interdisciplinary approach(pp. 193-219).

Siegler. R., Deloache. J., & Eienberg. N.(2003). *How children development*. N.Y.: Worth Publishers.

Singer, D. G., & Singer, J. L.(2005). *Imagination and play in the electronic age*. M.A.: Harvard University Press.

Smith, P. K.(1978). A Longitudinal Study of Social Participation in preschool Children: Solitary and parallel Play Reexamined. *Developmental Psychology 14*(1), 517-214.

Søndergaard, M., Jensen., J. P. & Jeppesen, E.(2002). *Role of sediment and internal loading of phosphorus in shallow lakes Hydrobiologia*, 506-509.

Starrel, M. E.(1994). Husband's involvement in female gender-typed household chores. *Sex Roles, 31*, 473-491.

Sternberg, R.(2001). *Psychology: In search of the human mind*. N.Y.: Harcourt College Publishers.

Stevens, J. C., & Cruz, L. A.(1996). Spatial acuity of touch: Ubiquitous decline with aging revealed by repeated threshold testing. *Somatosensory and Motor Research, 13*, 1-10.

Stewart, A. J, & Vandewater, E. A.(1999). "If I had it to do over again..." Midlife review, midcourse corrections and women's well-being in midlife. *Journal of Personality and Social Psychology, 76*, 270-283.

Sullivan, H. S.(1953). *The Interpersonal theory of psychiatry*. N.Y.: Norton.

Tahir, L., & Gruber, H. E.(2003). Developmental trajectories and creative work in late life. In J. Demick & C. Andreoletti(Eds.), *Handbook of adults development*. N.Y.: Springer.

Tanner, J. M.(1978). *Education and physical growth*(2nd ed.). London: Hodder and Stroughton.

Thomas, A., & Chess, S.(1991). Temperament in adolescence and its functional significance. In R. M. Lerner, A. C. Petersen, & J. Brooks-Gunn(Eds.), *Encyclopedia of adolescence(Vol. 2)*. N.Y.: Garland.

Thompson, R. A.(1990). Vulnerability in Research: A Developmental Perspective on Research Risk. *Child Development. 61*(1). 1-16.

Thompson, P. M., Giedd, J. N., Woods, R. P., MacDonald, D., Evans, A. C., & Toga, A. W.(2000). Growth patterns in the developing brain detected by using continuum mechanical tensor maps. *Nature, 404*, 190-193.

Timins, J. K.(2001). Radiation during pregnancy. *New Jersey Medicine, 98*, 29-33.

Tobin, J. J., Wu, D. Y. H., & Davidson, D. H.(1989). *Preschool in three cultures*. CT: Yale University Press.

Torges, C. M., Stewart, A. J., & Minter-Rubino, K.(2005). Personality after the prime of life: Men and women coming to terms with regrets. *Journal of Research in Personality, 39*, 148-165.

Tremblay, R. E.(2000). The development of aggressive behavior during childhood: What have we learned in the past century? *International Journal of Behavioral Development, 24*, 129-141

Vasta, R., Haith, M. M., & Miller, S. A.(1999). *Child psychology: The modern science*. N.Y.: Wiley.

Vinters, H. V.(2001). Aging and the human nervous system. In J. E. Birren & K. W. Schaie(Eds.), *Handbook of the psychology of aging*. San Diego: Academic Press.

Wang, X., Zuckerman, B., Kaufman, G., Pearson, C., Wang G,. Chen, C., Wise, P., Bauchner, H., & Xu, X.(2000, May). Maternal cigarette smoking genetic susceptibility, and birthweight. Paper presented at the joint meeting of the Pediatric Academic Societies and the American

Academy of Pediatrics, Boston.

Weinberger, L., & Starkey, P.(1994). Pretend Play by African Children in Head Start, Early *Childhood Research Quarterly, 9*, 327-343.

Weingarten, H. R.(1988). Late life divorce and the life review. *Journal of Gerontological Social Work, 12*(3-4), 83-97.

Werner, E. E., & Smith, R. S.(1982). *Vulnerable but invincible: A longitudinal study of resilient children and youth*. N.Y.: McGraw-Hill.

Wicks, C. R.(2005). *Resilience: An integrative framework for measurement*. Unpublished Doctoral dissertation, Loma Linda University, California, USA.

〈시사 자료〉

글로벌이코노믹(2016. 11. 28). 하품은 왜 전염될까… 거울 뉴런이 따라 하기 때문.

뉴시스(2019. 5. 22). [알아봅시다]고혈압·단백뇨 없다고 안심?…임신중독증 조기진단 필수

뉴시스(2020. 9. 2). [그래픽]초혼 평균연령, 여 30.6세·남 33.4세

뉴스핌(2023. 1. 25.). 작년 육아휴직 18.6% 늘어 13만명 돌파…'아빠 육아휴직' 30% 급증.

뉴스핌(2023. 3. 16.). 지난해 평균 초혼연령 남성 33.7세·여성 31.3세...외국인 결혼 27.2%↑ .

뉴스핌(2023. 5. 25.). 저출산 시대, 불임·난임 매년 증가…불임치료 진료비 5년간 두배로 급증.

독서신문(2020. 11. 2). 대화와 소통의 비법… "우선 듣자"

동아일보(2011. 4. 30.) 역경을 즐기는 33%, 그들이 역사를 끌고 간다.

동아일보(2020. 12. 22). '남성 육아휴직' 지원 늘려 여성 독박육아 없앤다.

매일경제(2017. 1. 7). 하하하, 깔깔깔 건강 100세의 비결소리 내 실컷 웃기.

매일경제(2017. 1. 12). 성공의 열쇠 '높은 자존감' 긍정적 시각 갖기 연습부터.

매일경제(2023. 4. 2.). 무서워진 노인 범죄…절도에 성범죄까지.

메디게이트(2022. 11. 25.). 정부, 세계 최저 출산율 문제 해결 의지 있나...난임 시술 지원 축소 아닌 확대하라.

머니투데이(2020. 4. 29). 독거노인 150만 시대…5명 중 1명은 월세.

머니투데이(2014. 6. 1.) 10분이 멀다 하고 휴대폰 본다면… 설마 나도 '팝콘 브레인?'

메디컬리포트(2020. 11. 16). 독거노인 매년 늘어나는데…3명 중 1명 이상 '복합 만성질환'

브레인미디어(2022. 7. 7). [집중리포트] 디지털 네이티브의 탄생.

수도권일보(2020. 11. 23). 용머리초, 〈I'm a good maker〉 스마트폰 과몰입 집단상담으로 자기통제력 기르기.

아시아경제(2020. 9. 21). '화투치다 살인하고 딸 '그림' 때문에 편의점 돌진… 분노범죄, 해법없나.

여성경제신문(2022. 11. 29.). 조손가정 지원 요청 80대 노인에게 "앱부터 까세요".

연합뉴스(2023. 5. 4.). 집콕·혼밥·운동부족…아동청소년 87% 행복지수 '하'.

연합뉴스TV(2020. 12. 11). 황혼이혼 20년 새 2.4배로…전체 이혼의 35%.

조선일보(2008. 6. 13.) [만물상] 지도자의 말.

조선일보(2023. 4. 10.). 1인가구 절반은 '가난'... 독거노인은 72%가 빈곤층.

천지일보(2019. 3. 15). [은둔형 외톨이 ③ 부모의 영향] 지나친 방치·간섭이 낳은 결과… "이해받길 강력히 원해"

프라임 경제(2017. 2. 8.) [아하!] 분위기에 취한다? '거울뉴런'의 힘.

하이닥(2023. 3. 21.). 점차 늦어지는 초혼 연령… 왜 '만 35세'를 노산이라고 부를까?

한국경제매거진(2017. 1. 3). 하루 1% 변화가 미래를 바꾼다.

한국일보(2016. 5. 31). 괜히 초조하고… 대2병을 아시나요.

헤럴드경제(2016. 10. 29). 직장인 10명 중 7명, "직장 내 커뮤니케이션에 불만 있다".

헤럴드경제(2020. 10. 18). 빈곤·고독에 심각해진 '노인 범죄'… 10년새 흉악범죄 184% 증가

헬스인뉴스(2020. 2. 26.). "스마트폰 중독되면 뇌 크기 변한다".

헬스조선(2010. 4. 6.) 분노 제대로 삭이지 못하면 火病으로 폭발한다.

FETV(2022. 6. 3). 고령 임산부 지속 증가 추세… 염색체 검사로 사전 이상 확인.

저·자·소·개

■ 박 희 숙

성균관대학교 아동학과
성균관대학교 석사 및 박사(아동심리 전공)

현)백석예술대학교 보건복지학부 아동보육전공 부교수

〈저서〉
인간행동과 사회환경(공저, 2010, 창지사)
언어지도(공저, 2012, 창지사)
협동적 문제해결을 통한 인지발달의 탐색(공저, 2013, 교문사)
유아발달(공저, 2015, 공동체)
보육학개론(공저, 2016, 창지사)
정신건강론(공저, 2016, 공동체)
영유아발달(2020, 어가)
아동생활지도와 상담(2021, 창지사)

■ 강 민 희

성균관대학교 아동학과
성균관대학교 석사 및 박사(아동심리 전공)

전)경복대학교 유아교육학과 교수
현)성균관대학교에서 강의

〈저서〉
유아발달(공저, 2015, 공동체)

제4판
인간행동과 사회환경

초 판 1쇄 발행 2017년 2월 25일
개 정 3쇄 발행 2020년 1월 15일
제3판 2쇄 발행 2022년 8월 11일
제4판 1쇄 발행 2023년 8월 16일

지 은 이 | 박희숙 · 강민희
펴 낸 이 | 김기섭
책임편집 | 이윤미 · 이현남
펴 낸 곳 | 창지사 www.changjisa.com
08589 서울시 금천구 가산디지털 1로 83 파트너스타워 1차 9층
전화(02) 719-2211~3
팩스(02) 701-9386
등 록 | 1977년 4월 28일 · 제1-421호

ISBN 978-89-426-1839-2 (93330)

값 20,000원